일본어학과 일본어교육

日本語学·日本語教育

3 어휘(語彙)

韓美卿 編

J&C
Publishing Company

머리말

어느덧 우리나라 대학의 정규교육에 일본어가 도입된 지도 반세기가 넘었다. 그 동안 한국과 일본은 정치적으로는 우여곡절을 겪으면서도 경제적으로는 동북아는 물론 세계 경제를 움직이는 중요한 존재가 되었으며 세계의 번영과 평화를 위한 협력자로서의 역할을 다 해야 한다는 책임감을 공유하고 이를 더욱 발전시켜야 할 단계에 와 있다. 이러한 가운데 일본관련 학문 연구도 장족의 발전을 거듭하였으며 일본어학과 일본어교육의 연구는 괄목할 만한 성과를 보이고 있다.

그동안 국내의 일본관련 연구를 중심으로 하는 학회도 많이 설립되었고 수준 높은 학술지도 다수 발행되고 있다. 이러한 학회와 학술지들의 등장과 양적 팽창은 한일간의 인적 교류의 필요성을 증명하는 것으로 한국 사회의 일본관을 보다 객관화하는 데 크게 기여했다. 현재에도 국내외 대학원에서 일본관련 학문을 전문적으로 연구하는 전공자들이 상당한 수에 달하고 있으며 이들에 의한 연구 성과 또한 대단한 것이다.

그동안 일본관련 대학과 연구는 학문을 쉽게 전달하여 이해를 넓히고자 하는 초기 단계를 거치며 관련 연구자와 일본어학에 관심을 갖는 일반인의 양적 팽창을 이루었다. 이를 바탕으로 현재 질적으로 수준 높은 연구들이 나오게 되었다. 그러나 이러한 연구들이 심화되면 될수록 연구자들은 각자의 분야에만 깊이 천착하여 서로간의 교류가 소홀해져 결국에는 소통이 단절되는 경우도 많았으나 이제는 일본어학 연구의 정제된 성과를 서로 공유하고 활발한 토론을 통한 새로운 학문 발전의 토대를 마련하는 것이 시대적 요청이 되었다. 이러한 시점에서 이제까지 논문이나 각 개인의 저술을 통해 소수에게만, 또는 개별 전공 영역

의 연구자들에게만 공유되었던 전문가들의 연구 성과를 모아 일본어학
연구총서를 간행하는 것은 전문분야간의 활발한 소통과 발전을 위해
반드시 필요한 일이며 의미 있는 일이라고 생각된다.

이 총서는 심도 있는 내용을 전제로 하면서도 개별 전문분야간의 활
발한 소통을 위해 다른 분야 연구자는 물론 앞으로의 연구자들에게 쉽
게 다가갈 수 있도록 노력하였다. 또한 일본어학과 일본어교육뿐 아니
라 한국어학, 언어학은 물론 다른 언어를 전공하는 전공자와의 교류와
소통을 위해 일본어로 작성된 원고를 모두 한국어로 번역하였다. 이러
한 점에서 이 총서는 기존의 기획에는 없는 새로운 시도라고 할 수 있다.

이 총서는 일본어학·일본어교육이라는 큰 테두리 안에서 일본어문
법, 음운음성, 어휘, 경어, 담화, 일본어사 그리고 일본어교육이라는 7
개의 분야로 나누어 국내와 해외 연구자의 연구를 아우름으로써 우리
나라에서의 일본어학 연구의 수준을 한 단계 향상시키는 역할을 하리
라 기대한다. 이 총서의 구성은 다음과 같다.

1권 문법(文法)
2권 음운·음성(音韻·音聲)
3권 어휘(語彙)
4권 경어(敬語)
5권 담화(談話)
6권 일본어사(日本語史)
7권 일본어교육(日本語教育)

이 총서의 특징의 하나는 그동안의 국제적 학문 교류의 성과를 보여주는 저서라는 점이다. 그동안 양적으로 많은 연구가 이루어지면서도 선행연구에서는 주로 일본 학자들의 이론이 인용되었던 것도 사실이다. 그러나 이제는 이 총서 여러 곳에서 확인할 수 있는 것처럼 국내와 국외 연구자들의 그동안의 활발한 교류의 흔적이 녹아든 내용이 많다는 사실에서 서로가 필요한 존재임을 여실히 보여주고 있다. 하나의 언어를 갖고 이론을 만들어내는 시대는 저물고 있다. 한국과 일본에서 이루어진 연구 결과를 서로 공유함으로써 각각의 언어의 객관화된 사실과 이론화가 가능한 시대가 되었다. 이 책은 이런 시대적 변화를 반영함과 동시에 앞으로의 공동연구를 위한 출발점이라는 의미도 담고 있다.

이 총서는 국내외의 해당 분야를 대표하는 연구자들이 함께 만든 책이다. 처음에 집필을 약속하였으나 건강상의 이유로, 개인적인 사정으로 아쉽게도 집필에 참여를 못하신 분들이 있다. 그러나 기획 초기 단계에서 모든 분들이 집필 의도에 대해 아낌없는 찬사와 격려의 말씀을 주셨다. 이 총서의 집필에 참여해 주신 국내외 모든 저자들께 이 자리를 빌려 심심한 감사의 마음을 표하고 싶다. 해외에서 집필에 참여해 주신 외국 연구자들은 다음과 같다.(경칭 생략)

文法：早津恵美子(東京外国語大学), 益岡隆志(神戸市外国語大学)

音韻・音声：田中真一(神戸大学), 高山知明(金沢大学),

　　　　　Pintér Gábor(神戸大学)

語彙：安部清哉(学習院大学), 影浦峡(東京大学),
　　　神崎享子(豊橋技術科学大学), 金水敏(大阪大学),
　　　笹原宏之(早稲田大学), 塩田雄大(ＮＨＫ放送文化研究所),
　　　田中牧郎(国立国語研究所), 横山詔一(国立国語研究所)

敬語：蒲谷宏(早稲田大学), 坂本惠(東京外国語大学),
　　　佐竹秀雄(武庫川女子大学), 滝浦真人(放送大学),
　　　吉川香緒子(早稲田大学)

談話：宇佐美まゆみ(東京外国語大学), 生越直樹(東京大学),
　　　岸本千秋(武庫川女子大学)

日本語史：齋藤文俊(名古屋大学), 白井純(信州大学),
　　　　　沖森卓也(立教大学), 池田証寿(北海道大学)

日本語教育：川口義一(早稲田大学), 小林ミナ(早稲田大学),
　　　　　　館岡洋子(早稲田大学), 戸田貴子(早稲田大学)

　　또한 이 기획의 구상부터 완성에 이르기까지 모든 과정을 함께 하며
적극적으로 참여해 주신 간행위원 선생님들께도 감사의 마음을 전하고
싶다. 나아가 편집위원 선생님들의 노고에도 감사의 말씀을 드리고 싶
다. 각 권마다 어떤 구성으로 집필자를 배치할지부터 국내외 선생님들
의 섭외와 들어오는 원고의 번역은 물론 여러 차례에 걸친 교정까지
모든 분들의 세심하고 적극적인 노력이 없었더라면 이 책은 완성될 수
없었을 것이다. 간행위원과 편집위원은 다음과 같다.

간행 및 편집위원장 : 한미경(한국외대)

간행위원 : 고수만(인하대)　　김광태(한서대)　　김준숙(백석예술대)
　　　　　송영빈(이화여대)　　윤상실(명지대)　　윤호숙(사이버한국외대)
　　　　　정상철(한국외대)　　정수현(동국대)　　최창완(가톨릭대)
　　　　　황미옥(인천대)

편집위원 : 권경애(한국외대)　　김동규(한국외대)　박민영(한국외대)
　　　　　송정식(인하공전)　　오미영(숭실대)　　이우제(백석예술대)
　　　　　이은미(명지대)　　　정상미(신라대)

　마지막으로 이 책의 기획이 갖는 의미에 공감하고 출판을 기꺼이 맡아주신 제이앤씨 윤석현 대표이사님과 결코 쉽지 않은 이런 종류의 총서에 대해 헌신적으로 교정을 맡아주신 최인노님께 감사의 뜻을 전하고 싶다.

2013년 5월
간행 및 편집위원장
한 미 경

차 례

일본어학과 일본어교육
日本語学·日本語教育

3 어휘(語彙)

일본어학과 일본어교육

日本語学・日本語教育

3 어휘(語彙)

일본어학과 일본어교육

日本語学・日本語教育

3 어휘(語彙)

전문어휘 연구의 기본적 시점과 틀

가게우라 쿄*
도쿄대학교 교수

I 머리말

본고에서는 전문용어를 데이터로 한 어구성과 단어구조, 어휘에 관한 일반적인 연구가 아닌 전문어휘 자체를 대상으로 한 연구를 가능하게 하는 기본적인 시점과 틀을 제시하고자 한다. 이를 위해 우선 어휘론의 위치를 밝히고 이어서 전문어휘 연구의 영역과 시점, 틀을 명확히 하고자 한다. 최근 급속도로 발전하고 있는 '코퍼스를 활용한 언어연구'의 위치를 염두에 두고 논의를 전개하고자 한다. 한편 본고의 많은 부분은 Kageura(2012) 제1장 및 제6장에 의거하고 있음을 밝히는 바이다.

---

* 影浦峡 : 東京大学

Ⅱ 어휘론의 영역

전문어휘에 관한 논의에 들어가기 전에 어휘론의 영역에 관해 간단히 정리하면 다음과 같다.

Crystal(1992)은 어휘론(lexicology)을 '어떤 언어의 어휘에 관한 연구'(the study of a language's lexicon)라 정의하고, lexicon으로서의 어휘는 '어떤 언어의 어휘(vocabulary), 특히 단어의 표제 집합으로 사전에 수록되는 것'(the vocabulary of a language..., especially when these are listed in a dictionary as a set of lexical entries)이라 하고 있다. 여기서 중요한 것은 '집합(set)'이라는 말이다. 다시 말해, 어휘론은 개개의 단어에 관한 분석을 통해 그것을 일반화하는 것이 아니라 집합으로써의 어휘의 특색을 연구 대상으로 한다. 이 정의가 널리 공유되고 있는 것은 아니지만(예를 들면 Mc Carthy 1991; Geeraerts 1994, Halliday 2004를 참조), 본고에서는 집합으로써의 어휘를 대상으로 하는 연구를 어휘론의 영역으로 한정하여 논의를 진행하고자 한다(그렇지 않으면 굳이 '어휘'라고 말할 필요가 없다). 이렇게 정의된 '어휘'는 문법과 함께 소쉬르(Saussure)가 언어(langue)의 기본적인 존재로 인정한 것이다. 이 가운데 문법은 추상적인 형식, 어휘는 구체적인 존재로 간주할 수 있다.

그런데 특히 최근에 발화(본고에서는 구두로 발화된 것 뿐 아니라 글로 쓰인 것까지 포함하는 넓은 의미로 사용한다)된 데이터의 집합인 코퍼스를 사용한 언어연구가 활발해지고 있으므로 발화된 데이터와 여기서 말하는 어휘와의 관계를 간단히 정리해보고자 한다. 그림1은 그 관계를 대략적으로 나타낸 것이다.

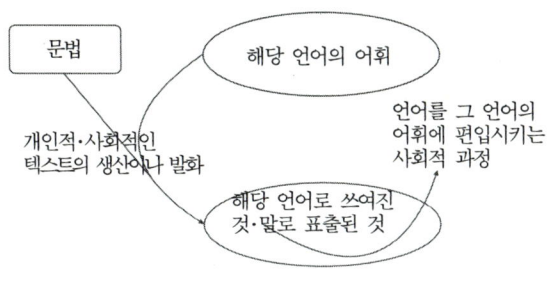

〈그림 1〉 어휘와 발화와의 기본적인 관계

　구체적인 발화와 어휘의 관계를 생각하기 위해서는 이 그림을 좀
더 구체화할 필요가 있다. 우선 우리가 '어떤 언어의 어휘'라고 할 때
는 사회적으로 공유되고 축적된 것을 이론적으로 상정한다. 이에 비해
발화의 경우에는 코퍼스언어학과 같은 구체적인 데이터를 상정할 뿐
만 아니라, 잠재적으로 가능한 발화 전체를 생각할 수도 있다. 중요한
것은 전자는 어휘에 대응하고 있지 않다는 점이다. 예를 들어 미국에
서의 영어 발화를 분석하면 '이슬람'은 '테러리즘'과 깊이 연관되지만,
어휘적인 의미에 있어서 '이슬람'과 '테러'와는 전혀 관계가 없다(양자
의 관계는 '이슬람'과 '테러'라는 단어의 의미에 관한 영역에 있어서가
아니라 미국의 발화에 반영된 미국인(의 일부)의 사회적 감성의 영역
에서 부여된 것이며, 어휘론적으로 '이슬람'이라는 말의 어떠한 측면
도 '테러'라는 용어와는 무관하다. 이점은 예를 들어 15세기에 남성이
기술한 여성에 관한 묘사가 당시 여성의 모습을 나타내는 것이라기보
다는 그 당시 남성의 여성관을 나타내고 있는 것에 불과한 사실과 동
일하다.)
　이 점을 고려한다면 <그림 1>은 <그림 2>와 같이 변경할 필요가 있
다. 즉 발화 측면에서는 잠재적으로 가능한 발화 전체를 상정하고, 어
휘론이 대상으로 하는 영역은 이에 대응하는 것으로 간주하는 것이 타

당하다. 실제 발화에서 추출한 '어휘'에 관한 정보는 그 일부만이 어휘론의 영역과 관련되는 데 그친다. 자연언어처리의 영역에서 텍스트·코퍼스에서의 전문용어 추출과 연어 추출 등이 이루어지고 있지만, 그것이 정보검색과 같은 텍스트를 중심으로 하는 응용에는 나름 유용하다고 해도, 사전구축을 비롯한 어휘론적인 응용에는 충분하지 않다는 사실도 바로 이러한 문제에 기인한다.

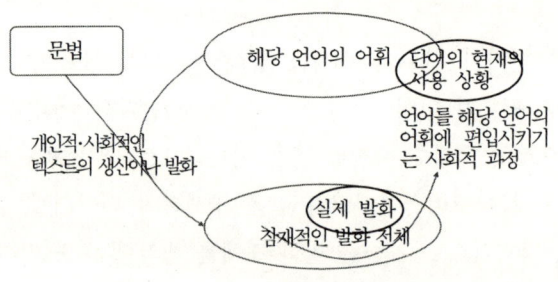

〈그림 2〉 어휘와 발화와의 구체적 관계

위의 그림은 어휘론의 기묘한 이론적 성질을 보여준다. 한편 적격문을 생성하는 추상적인 계산 메커니즘으로써의 문법(여기에는 어구성의 형식적 규칙까지 포함해도 무방하다)과 비교한다면 어휘론의 대상은 매우 구체적인 단어의 집합이라는 존재이다. 다른 한편으로 코퍼스와 비교하면 어휘론의 대상은 훨씬 추상도가 높은 존재이다. 따라서 구체적인 어휘의 데이터를 연구 대상으로 할 필요는 있지만 그런 데이터는 발화된 것의 집합인 코퍼스에서 자동적으로 가져 올 수 있는 것이 아니라, 어휘론 연구이기 때문에 요구되는 이론적 추상화의 조작이 필수적이다. 결국 우리는 사전의 표제어 집합과 같은 것을 어휘론의 기본 대상으로써 상정해야만 한다. 위에서 본 Crystal(1992)이 어휘를 '특히 단어의 표제 집합으로 사전에 수록되는 것'이라고 한 것은 이론적인 필연인 것이다. 그리고 어휘론 일반이 가지고 있는 이러한 성질은 전문어휘론에서도 타당하다.

III 전문어휘

1. 전문용어의 정의

많은 연구자가 전문용어 및 전문어휘에 대해 다양한 형태로 정의해 왔다. 대표적인 정의로는 다음과 같은 것이 있다.

> 전문용어는…하나 이상의 개념에 부여되는 언어적 기호이며 개념은 가까운 개념에 의해 규정된다. 전문용어는 단일어인 경우도 있고 단어의 나열인 경우도 있다(Felber 1984:168).

> '전문용어는' 하나 이상의 단어로 구성되는 어휘 단위이며 어떤 영역에 있어서의 개념을 표상한다(Bessé et al. 1997:152).

위의 정의는 '개념'이라는 개념에 의거한 정의지만, 전문용어는 개념을 나타낸다고 규정해도 충분한 정의가 되지는 않는다(Kageura 2002). 그 이유는 (1) 전문용어와 개념의 관계는 일반어와 의미의 관계와 같은 형태이고 (2) 개념의 기술 양식은 일반 의미의 기술 양식과 같은 형태이며 (3) 개념 기술의 해상도는 대체로 일반어의 의미 기술의 해상도와 크게 다르지 않기 때문이다. '개념'의 중요성은 일단 전문용어·전문어휘를 확정한 뒤에 소급적으로 보이게 되는 것으로 전문용어와 전문어휘를 정의하는 데 유용한 것은 아니다.

이에 대해 보다 현실에 맞는 전문용어의 정의는 '어휘 단위 속에 있는 기능적인 클래스'(Sager 1998)라는 것이다. 이 정의를 바탕으로 전문용어를 어떤 전문 영역에서 특별한 형태로 사용되고 있는 어휘 단위로 정의할 수 있다. 물론 '특별한 형태로 사용되고 있다'라는 것이 무엇을 가리키는 것인지에 대해서는 편차가 있지만 어떤 주어진 단어가 전문용어인지 아닌지에 대해서는 전문가들 사이에서도 차이를 보이기 때문에 그 자체는 특별히 문제가 되지 않는다. 전문어휘가 '기능적 클래스'인 한 이 점은 전문용어가 가진 본질의 일부이다.

2. 전문어휘와 전문용어

전문용어의 정의를 참고로 전문어휘에 대해서는 '어떤 전문 영역의 어휘(Bessé 1997)라고 정의할 수 있다. 이것은 어휘론의 대상을 '어떤 언어의 어휘'로 정하는 것과 거의 대응되는 것이지만 그럼에도 불구하고 전문어휘의 이론적인 위치는 일반어휘에 비해 훨씬 더 애매하다. 일반어휘는 대상으로 하는 언어를 확정할 수 있으면 기본적으로 확정할 수가 있다. 이에 반해 전문어휘에 관해서는 우선 대상으로 하는 전문 영역을 정하는 것이 언어를 정하는 것보다 어려우며, 전문 영역을 정하더라도 해당 영역 안에서 일반어와 전문용어 모두가 커뮤니케이션에서 사용되고 있기 때문이다.

실제의 애매함은 차치하고라도 전문어휘를 연구하기 위해서는 대상으로 하는 전문용어의 집합을 규정할 필요가 있다. 전문용어를 '기능적 클래스'로 간주한다면 '기능'이 발현하는 것은 발화 안에서이기 때문에, 실제의 분석은 전문 영역의 발화를 수집하고(전문분야 코퍼스), 거기에서 전문용어를 추출하여 집합으로써의 전문어휘를 구축하는 순서로 생각할 수 있다.

하지만 이론적/개념적인 관점에서는 이 순서가 적절하지 않다. 첫 번째로 일반어휘와 발화와의 관계에서 알 수 있듯이 구체적인 발화가 반드시 어휘와 대응하는 것은 아니다. 이것은 전문어휘에 있어서도 마찬가지다. 두 번째로 확실히 경험적인 층위에서 전문어휘는 전문용어의 집합이기 때문에 요소로서의 전문용어가 존재하지 않는 한 전문어휘는 성립하지 않는다. 하지만 개념적으로는 이 관계가 완전히 반대이며, 우리들이 원래 개개의 어휘 단위에 대해 그것이 '전문용어'인지 아닌지를 검토할수 있는 것은 이미 '전문어휘'의 존재가 전제되어 있기 때문이다. 따라서 구체적인 전문용어, 구체적인 전문용어의 집합으로서의 전문어휘, 전문용어라는 개념, 그리고 전문어휘라는 개념의 관계를 나타낸다면 <그림 3>과 같이 된다.

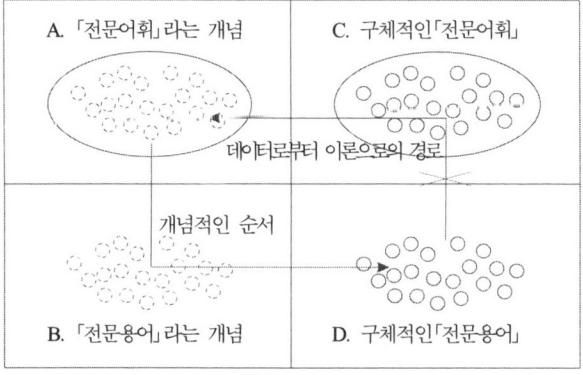

A. 「전문어휘」라는 개념   C. 구체적인 「전문어휘」

데이터로부터 이론으로의 경로

개념적인 순서

B. 「전문용어」라는 개념   D. 구체적인 「전문용어」

〈그림 3〉 전문어휘와 전문용어의 관계

이 그림을 수용한다면 개념적으로는 어디까지나 전문용어는 전문어휘라는 존재에서 파생되는 것이기 때문에, 전문용어의 연구가 아니라 전문어휘의 연구가 본래적인 연구를 구성하는 것이 된다. 즉 그림3의 'A'의 양태를 밝히는 것이 전문어휘의 이론적인 연구에서 근본적이며 본질적인 과제가 된다. 하지만 어휘론 일반과 같이 전문어휘론도 문법과 같이 형식을 다루는 것이 아니라, 구체적인 존재로서의 어휘를 다루는 것이기 때문에 실제적인 연구의 진행에는 당연히 구체적인 데이터가 필요하다. 존재하는 데이터 가운데 경험적 관점에서 일차적인 것은 발화이며, 거기에서 인정되는 개개의 전문용어(<그림 3>의 D)가 전문어휘 연구에서 기본적인 데이터가 된다. 주의해야 할 것은 <그림 3>에서 'D'는 어디까지나 전문어휘 연구의 기본 데이터이며 그 자체가 목적은 아니라는 점이다. 코퍼스에서의 자동전문용어추출의 대부분이 <그림 3>에서 보여주는 전문어휘론의 이론적틀에 대한 의식 없이 진행되고 있기 때문에 코퍼스에서 'D'에 해당하는 부분을 추출하는 것에 그치고, 'D'에서 'A'를 반영한 'B'로 이행되질 않는다. 앞서 기술한 바와 같이 자동전문용어추출이 어휘론적인 응용으로서 불충분한 이유가 바로 이 점을 통해 더 명확해진다. 이 점을 수용한다면 응용에 있어서도 <그림 3>과 같은 이론적인 틀에 대한 고려가 필요하다는 사실을 알 수 있다.

3. 전문용어와 일반어

논점에서 약간 벗어나는 내용이지만, '기능적 클래스'로서의 전문용어를 일반어와의 관계라는 관점에서 정리해보고자 한다. 전문용어는 일반적으로 내포가 일반어보다 좁은 범위로 규정된다. 그런 의미에서는 화학식과 같은 인공적인 기호 체계에 가깝다. 그렇지만 다른 한편으로는 인공적인 기호 체계와는 달리 개개의 전문용어는 일반어와 같은 기호를 사용하기 때문에 일반어와 밀접한 상호작용을 일으킨다. 어떤 전문용어가 일반어로 사용되는 경우도 있고 일반어로 생겨난 말이 전문용어가 되기도 한다.

이러한 상황을 고려하여 일반 어휘, 전문어휘, 인공적인 기호체계의 관계를 도식으로 나타내면 <그림 4>와 같다.

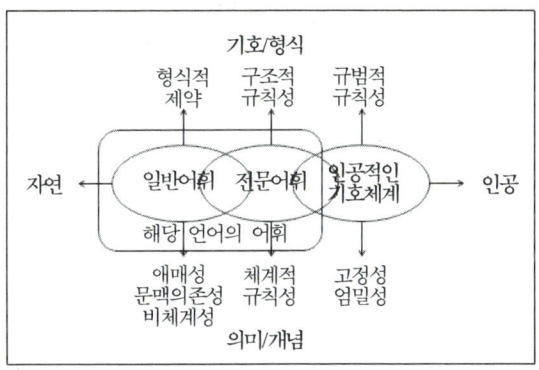

〈그림 4〉 일반어휘, 전문어휘, 인공적인기호체계의 관계

일반어휘는 의미 측면에서는 애매성, 문맥의존성, 비체계성 등을 특징으로 하며(물론 체계적인 측면이 있다는 전제에서의 이야기이지만), 기호라는 측면에서는 단어외 구성, 즉 문장 구문과 같은 층위에서의 형식적 제약에 초점이 맞춰지는 경우가 많다. 이에 비해 인공적 기호체계는 그와는 반대로 인간에 관한 기호체계와 대응하는 의미의 엄밀한 구축이 문제가 된다. 전문어휘는 이들 두 가지 사이에 존재하여, 기호의 측면에서는 어휘의 체계·구조에 의존한 규칙성이, 의미/개념이라는 면에서도 마찬가지로 그것을 반영하여, 거기에 반영되는 체계성과 규칙성이 현저한 특징이라고 볼 수 있다.

Ⅳ 전문어휘 연구의 시점

여기에서는 전문어휘 연구의 시점과 틀에 대해 구체적인 연구에 깊이 들어가지 않는 범위에서 정리를 하고자 한다. 이 때, 지금까지 기술해온 전문어휘의 위치를 배경으로 하여 이론적인 연구를 고려하며 정리를 해나가고자 한다. 3.2의 마지막 부분에서 살펴본 것과 같이 응용연구에서도 전문어휘를 둘러싼 이론적인 틀을 고려할 필요가 있다는 것은 분명한 사실이기 때문이다.

1. 용어의 구성과 어휘의 양태

어구성을 다룬 뛰어난 연구 중에서 전문용어를 대상으로 하는 것은 적지 않다(이시이 마사히코(石井正彦, 1997;2007)). 특히 전문용어는 복합어인 경우가 많기 때문에 복합 패턴의 기술로써 다양한 연구가 이루어지고 있다(Pugh 1984). 하지만 이러한 연구는 어구성 요소의 특성 (어종·품사·의미속성)과 어구성 요소간의 관계를 분석하여 규정한다는 점에서, 일반어의 복합어의 연구와 같은 형태이며, 기술의 해상도를 보아도 기술된 결과가, 대상으로 하고 있는 전문어휘의 속성인지, 일반어에도 해당되는 속성인지를 판단하기는 어렵다. 실제로 이시이 (石井)에 의한 일련의 연구는 오히려 후자에 중점을 두고 있으며, 그 경우에는 데이터로서의 전문용어의 특징만 고려된다면 어구성의 연구로는 특별히 이론적인 문제는 없다고 볼 수 있다.

이에 비해 실재하는 영역의 전문용어의 구성 자체를 연구 대상으로 한다면, 기술이 그 분야의 전문어휘인 것을 보증하기 위한 메커니즘이 필요하다. 그것을 보증하는 한 가지 유력하면서도 현실적인 방법은 어구성의 기술을 어휘체계와 연결하는 것이다. 예를 들어 자연언어처리 분야의 전문용어인 '구문해석'이라는 용어를 들어보자. 이 용어에 대해서,

「구문」(언어형식)・[대상]・「해석」(처리조작)

과 같은 기술을 부여하는 것 뿐만 아니라 이 기술 자체를 자연언어처
리분야 안에서 「구문해석」과 함께 하나의 개념그룹을 구성하는 「의
미해석」「형태소해석」등과 동일한 「장(場)」에서 다루어 이 용어의 구
성을 어휘체계 속의 조어 상태의 하나로 고정시킴으로써 용어 구성 기
술이 전문용어의 양태의 일부를 기술하는 것으로 볼 수 있게 된다.

이 조작은 또한 개별 용어 구성을 기술하는 것과 비교하여 용어의
구성에 관여하는 계열적(paradigmatic)요인의 고려를 동시에 할 수 있
다는 장점을 지닌다. 즉, 「구문해석」이 「구문」과 「해석」의 세트로 이
루어지는 것은 「구문」이라는 요소를 「해석」이라는 요소가, 「구문」이
「해석」의 대상으로써 연결되는 형식이 일본어에서 허용되고 있을 뿐
아니라, 「형태소해석」「의미해석」「문맥해석」 등과 같은 다른 용어와 개
념적으로 병립하고 있다는 전문어휘 체계에 있어서의 사실을 언어구
조로써 그대로 반영하고 있기 때문이기도 하다.

용어 구성의 기술과 어휘 양태 기술의 차이를 도식으로 나타내면
<그림 5>와 같다. 이런 시점을 도입함으로써 형식적으로 허용되는 용
어 구성의 기술에서 한 걸음 나아가 그 분야에서 어휘로서 타당한 용
어의 상태를 기술할 수 있게 된다. <그림 3>에서 말하자면 'D'의 데이
터를 'C'에서 기술함으로써 기술 결과를 'A'에 귀속시키는 것으로 해
석할 수 있게 되는 것이다 .

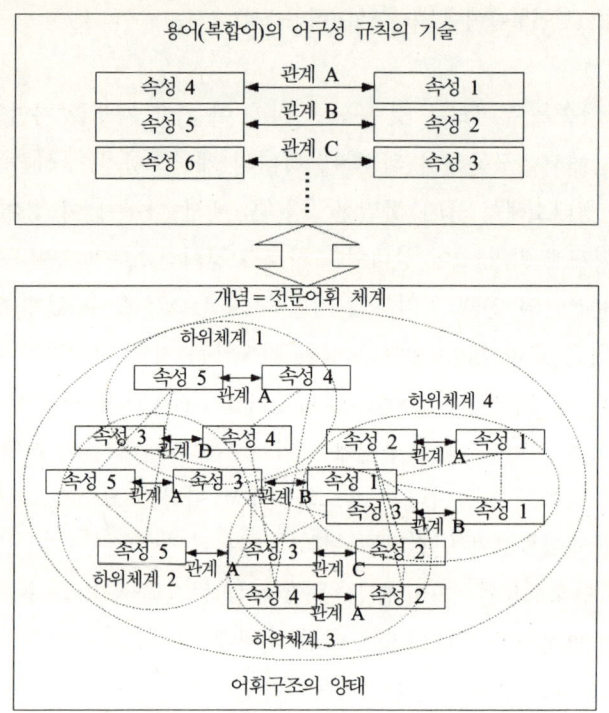

〈그림 5〉 용어 구성의 기술과 어휘 양태 기술의 차이

2. 어휘의 양태 : 박물학적 기술에서 구조적 동태 기술로

4.1에서 도입한 접근법은 용어의 구조·구성에 대한 기술연구를 대상으로 하는 전문어휘의 양태로써의 위치 규정에는 이론적으로는 유용하지만, 이 조작은 동시에 기술이 답해야할 질문의 형식을, 통상적인 어구성 연구에 있어서의 「가능한 단어의 형식은 무엇인가」라는 질문에서 「이 분야의 전문어휘에서 용어는 어떻게 구성되어 있는가」라는 질문으로 바꾼다. 어떤 분야에서 실재하는 전문어휘의 체계에 개개의 용어의 구성을 규정하여 전문어휘의 양태로 해석하기 때문에 해석

이 부여된 틀은 당연히 어구성보다 더 구체적인 것이 된다.

이와 같이 「형식적으로 적격한 용어의 형식」에서 「현실의 어휘에 있어서 용어의 구성 상태」로 기술을 구체화하면, 결과적으로 전문어휘 연구로써의 전문어휘 연구는 각각의 시점에 존재하는 구체적인 전문어휘의 박물학적 기술에 그치게 되어 언어의 동적인 측면을 파악할 수 없을지 모른다는 우려가 발생한다(물론 박물학적인 기술의 성과인 사전은 어휘론에 있어 거의 유일하게 현실에서 사용되는 응용으로써 매우 중요한 것이지만, 전문어휘의 이론연구가 박물학적 기술에만 수렴된다면 역시 불충분하다는 느낌을 부인할 수 없다).

따라서 전문어휘의 이론연구를 풍요롭게 하기 위해서는 전문어휘의 동태를 파악하는 방법론과, 타당한 해석을 가능하게 하는 틀이 필요하다. 방법론에 관해서는 개념분석을 바탕으로 한 질적인 것에서 어구성 요소의 분포 특성을 어휘의 동적 상태의 어떤 시점의 반영으로 간주하고 거기에서 동적 메카니즘을 읽어내는 접근은 가능하지만, 매우 기술적인 이야기가 되기 때문에 본고에서는 다루지 않기로 한다(관심이 있는 독자는 Kageura(2002;2012)를 참조 바람). 이론적인 해석의 틀로는 전문어휘의 양태의 동적인 측면을 대상으로 하는 연구는 어구성 연구와 같이 용어를 형식적 적격성의 생성적 기술이 아니라, 어떤 전문어휘에서 용어의 현실적 존재 가능성의 범위를 생성적으로 기술하는 것으로 파악하는 것이 이론적으로 타당하다.

Ⅴ 맺음말

어휘론은 구체적인 어휘의 양태를 근본적인 연구 대상으로 한다. 전문어휘 연구도 예외가 아니다. 본고에서는 이러한 입장에서 어휘론 연구와 어구성론과 같은 형식적 측면의 연구를 분리함과 동시에 기능적 클래스로서 어떤 언어의 어휘 일부를 구성하는 전문어휘의 이론연구를 일반적으로 실시하는 것 같은 전문어휘를 데이터로 사용한 어휘 연구가 아닌, 주어진 전문어휘의 연구로 성립시키기 위한 시점과 배치를 정리하였다. 지면 관계로 충분히 논의되지 못한 측면도 있고 또 여기서 제시한 틀 외에도 이론적으로 타당한 전문어휘·전문용어 연구는 있을 수 있지만, 본고에서 정리한 논의는 전문어휘 연구에 있어서 자연스러우면서도 타당한 이론적인 틀 중 하나를 제시한 것으로 볼 수 있다.

❙ 참고 문헌 ─────────────────────────────────────●

石井正彦(1997) 「專門語の語構成」『日本語学』 16(2), pp. 21-30.
_____(2007) 『現代日本語の複合語形成論』東京 : ひつじ書房.
Bessé, B. de, Nkwenti-Azeh, B. and Sager, J. C.(1997) "Glossary of terms used in terminology," Terminology 4(1), pp. 117-156.
Crystal, D.(1992) An Encyclopedic Dictionary of Language and Linguistics. Oxford: Blackwell.
Felber, H.(1984) Terminology Manual. Paris: Unesco and Infoterm.
Geeraerts, D.(1994) "Lexicology," In Asher, R. E. (ed.) The Encyclopedia of Language and Linguistics 4. Oxford: Pergamon Press. pp. 2189-2192.
Halliday(2004) "Lexicology," In Halliday, M. A. K., Teubert, W., Yallop, C. and Čermáková, A. Lexicology and Corpus Linguistics: An Introduction. London: Continuum. pp. 1-22.
Kageura, K.(2002) The Dynamics of Terminology: A Descriptive Theory of Term Formation and Terminological Growth. Amsterdam: John Benjamins.
_____(2012) The Quantitative Analysis of Dynamics and Structure of

Terminologies. Amsterdam: John Benjamins. (to appear)

McCarthy(1991) "Lexis and lexicology," In Malmkjaer, K. (ed.) The Linguistics Encyclopedia. London: Routledge. pp. 298–305.

Pugh, J.(1984) A Contrastive Conceptual Analysis and Classification of Complex Noun Terms in English, French and Spanish with Special Reference to the Field of Data Processing. PhD Thesis. Manchester: University of Manchester.

Sager(1998) Unpublished memo.

일본어학과 일본어교육
日本語学・日本語教育

3 어휘(語彙)

일본어의 「렉시콘」

―어휘 세계의 탐구―

간자키 쿄코 *
도요하시기술과학대학교 교수

I 「렉시콘」이란 무엇인가

1. 「렉시콘」의 정의

일본어학이든 이론언어학이든 「언어학」(이하, 「일본어학」「이론언어학」「인지언어학」)등으로 구분할 필요성이 없는 경우에는 총칭으로 사용)의 분야에 발을 들여 놓으면 「렉시콘」이라는 용어와 마주치게 된다. 그래서 사전에서 「렉스콘」을 찾아보면 「어휘목록」「어휘집」이라고 적혀있다. 경우에 따라서는 「사서(辭書)」로 불리기도 한다는 것을 알수 있다. 그러나 역시 그 실체가 무엇인지 잘 모르겠다는 경험을 한

---

* 神崎享子 : 豊橋技術科学大学

사람도 많을 것이다.

렉시콘(멘탈렉시콘이라고도 함)은 화자가 뇌 속에 모어의 어휘에 관해 기억하고 있는 지식의 총체를 말한다(이토(伊藤, 2005)). 어휘 지식이란 주로 소리에 관한 정보, 형태적인 정보, 통사적인 정보, 의미적인 정보 등을 말한다.

어휘 지식의 총체는 「어휘목록」 「어휘집」이라는 용어로부터 받는 인상과는 다르게 사실은 단어가 가지고 있는 정보가 유기적으로 결부되어 보존된다. 즉, 어휘 지식이 각기 따로 열거되어 있는 것이 아니라 유기적으로 결부되어 어휘 세계를 구성하고 있는 것이다. 그리고 이 유기적인 연관성은 비문(非文)을 만들지 않고 자연스럽게 이해되는 문장을 생성할 때 중요한 실마리가 된다.

2. 왜 렉시콘이 필요한가 - 렉시콘의 배경 -

도대체 왜 렉시콘이 필요한가. 언어학뿐만 아니라 컴퓨터로 언어를 처리하는 자연언어처리 분야와 인공지능 등 여러 분야에서 렉시콘은 중요한 위치를 차지하는데, 렉시콘은 촘스키의 생성문법으로부터 비약적으로 발전했다고 말할 수 있을 것이다. 그 이유는 연구의 관점이 인간의 뇌 속에 내장되어 있는 언어지식을 해명하는 것이었기 때문이다. 촘스키의 생성문법에서 연구과제는 인간의 언어지식의 내용이 어떤 것인지, 언어지식의 습득·이해, 사용이 어떻게 되어 있는지 이다(이나다(稲田, 1998)). 언어학과 자연언어처리 모두에서 그것을 해명하는 것이 인간이 언어를 구사하는 구조를 알기 위한 공통의 주제였다. 언어학 분야에서는 개별 언어와는 상관없이 전 세계 언어에 공통되는 보편적인 문장의 생성규칙을 설명할 수 있는 가능성을 발견했으며, 자연언어처리 분야에서는 문법규칙으로 연산함으로서 컴퓨터가 문장을 생성할 수 있다는 가능성을 발견하였다.

초기의 생성문법에서는 어휘지식은 도입되지 않고 문법규칙만으로 문장의 생성에 대해 설명하려고 했지만(Chomsky, 1957) 어휘지식을 고려하지 않으면 설명이 불가능한 현상이 계속 발견되어 문장생성 과정에 어휘지식을 고려하는 것이 중요하다는 주장이 나왔다(Chomsky, 1965, 나카시마(中島, 1998)). 언어는 각각 고유의 발음, 형태적, 통사적, 의미적 성질을 지닌다. 예를 들어 「食べる(taberu : 먹다)」라는 단어는 통사적 성질로는 동사에 속하고, 동사 중에서도 목적어가 되는 명사구(NP: Noun Phrase)를 취하는 타동사에 속하며, NP 자리에는 기본적으로 먹는 대상을 나타내는 명사구가 오게 된다는 선택제약을 가지고 있다는 특징이 있다. 각각의 단어의 다양한 성질을 한데 모은 것이 렉시콘이다. 사전과 단어의 형성을 주관하는 기구(機構)를 합쳐서 생성문법에서는 「어휘부문(lexical component)」이라고 하며, 우리가 뇌 속에 단어로서 축적하고 있다고 생각한다. 이렇게 만들어진 단어는 통사 부분에 공급되어 구와 문장을 만드는 토대가 된다. 하지만 통사적인 체계와 같은 체계로 형성되는 단어도 있고, 어휘 부문 특유의 성질을 가진 단어도 있어서 어휘 부문에서 이뤄지는 단어 형성이 어휘부문에서만 이루어지는지, 통사 부문에서만 이뤄지는 것인지, 양쪽 모두 관련이 있는지 등에 관한 논의가 계속되고 있다(가게야마(影山, 1997), 이토(伊藤, 2005)).

한편 일본어학(「국어학」이라고 부르는 경우도 있다)에서의 「렉시콘」 즉 「사전」이 걸어온 길과 개념은 다르다. 일본어의 초기 사전은 한자·한자어를 정확하게 쓰고 읽기 위해 생겨났다. 그 후, 우에다·하시모토(上田·橋本, 1916)의 분류에 따르면 (1) 읽기 위한 사전(① 글자로부터 그 발음과 의미를 정리한 것 ② 글자의 발음으로부터 의미를 찾는 것) (2) 쓰기 위한 사전(① 의미로부터 단어나 글자를 찾는 것 ② 발음으로부터 해당되는 글자를 찾는 것)과 같은 형식의 사전이 고대로부터 편찬되어 왔다(아오키(靑木, 1978)). 메이지 시대가 되면서 오오쓰키 후미히코(大槻文彦)의 『言海』(1889-1891)가 발간되어 6만 단어의 어휘가 50음순으로 배열되어, 발음, 품사, 어원, 의미 해석, 출전의 다섯 가지 요소가 실리게 되었다(일본의 사전의 역사에 대해서는 도죠(東條, 1965), 아오키(靑木, 1978), 쓰키시마(築島, 1982)에서 자세히 언급되어 있다). 이렇듯 기술적인 사전 편찬의 역사와는 다르게 일본어 문법 연구의 발전과 비교해서 어휘 연구는 뒤처져 있었다. 어휘 연구의 초기 연구는 이즈이 큐노스케(泉井久之助, 1935)이며 그는 「어휘는 의미의 성질로 본 언어 단위의 집합체이다」라고 하였다. 泉井는 「어휘를 단어의 집합체」로 보고 어휘라는 집합과 단어의 의미적 측면을 중요하게 여겼다고 할 수 있다(마에다(前田, 1982)). 또한 이즈이(泉井, 1935)는 「어휘는 항상 각각의 요소가 경쟁하고 있는 체계이다」라고 기술하고 있다. 즉 어휘도 각 부분이 유기적으로 결부된 체계를 가지고 있다고 주장한 것이다. 어휘 연구는 거시적인 체계, 예를 들어 어휘의 사용빈도조사에 따른 기본어휘의 특정과 위상 조사, 『분류어휘표』(국립국어연구소, 1964, 2004) 등의 일본어 어휘 전체의 의미 체계 구축 등이 실현됨과 동시에, 단어가 완전히 독립된 것이 아니라 다른 단어와의 관계를 밝히는 미시적인 체계의 해명이 실현되는 등, 두 방면 모두에서 어휘 연구가 발전해 왔다(미야지마(宮島, 1977)). 한편 서양 언어학의 영향을 받아서 구미의 어휘 연구와 「렉시콘」과 같은 사고방식이 일본어 어휘 연구에 영향을 끼치고 때로는 융합하며 렉시콘 연구가 발전·심화된 것이다.

렉시콘은 인간의 언어활동에 중요한 영향을 미치는데 앞서 기술한 것처럼 어휘의 성질에는 형태적, 통사적, 의미적 성질이 관련된다. 어휘론 연구의 심화에 따라 렉시콘에 관한 정보도 진화하고 있다.

다음 절에서는 언어 연구와 자연언어처리 연구에서 어떠한 어휘지식을 주목하고 있는지에 대해 생각하면서 렉시콘을 소개하고자 한다. 어휘지식의 분석이나 이를 이용할 때 중요시되는 사항들은 렉시콘에 있어서 필요한 정보이기 때문이다.

Ⅱ 렉시콘은 어휘정보를 어디까지 기술하고 있는가

1. 기존의 렉시콘

본절에서는 현재 작성된 렉시콘의 어휘정보 중에 공시적인 정보, 즉 현대어의 형태적·통사적·의미적 정보가 어디까지 부여되어 있는지에 대해 기술하고자 한다.

언어학 분야에서는 생성문법 이론의 영향을 받아, 어휘부문에서 이루어지는 단어의 형성 체계와 통사 부문과의 관계, 그리고 렉시콘에 무엇이 기재되어야 하는가에 관한 논의는 활발히 전개되었지만, 여러 가지 어휘지식을 포함한 렉시콘의 「실현」은 자연언어처리 연구 분야에서 더욱 절실하게 요구되었다. 계산기(컴퓨터)에 입력된 문장을 형태소로 분해하거나 구문의 수식·피수식 관계를 추정, 의미 분석 등을 해야할 필요가 있었기 때문이다. 따라서 일본어학에서 사전 편찬에 필요했던 오오쓰키(大槻, 1889-1891)의 5가지 요소, 즉 발음, 품사, 어원, 의미 해석, 출전과 같은 정보 외에 형태적·통사적·의미적 정보를 대량으로 부여하기 시작한 것은 계산기용 사전이 출발점이었다. 계산기가 도입되면서 일본어학에서도 일상 어휘의 어휘조사를 시작하는 등 계량적인 정보도 중요시하게 되었다. 이렇듯 렉시콘을 실제로 만들어서 응용한 것은 자연언어처리 분야였다. 이 과정에서 언어학의 지식은 계산기용 렉시콘 구축에 편입하게 되었다. 본절에는 지금까지 어떤 정보가 사전에 부여되었는지에 대해 대표적인 사전을 소개하면서 기술하고자 한다.

1) 활용, 문형패턴, 공기(共起)명사, 수동, 사역, 상(相) 등의 정보

여러 가지 어휘정보가 상세히 부여된 대표적인 렉시콘은 정보처리진흥사업협회(1997)에서 작성한 IPAL의 기본사전일 것이다. 1987~1995년에 정보처리진흥사업협회(IPA)가 공개한 「계산기용 일본어 기초사전 IPAL—동사·형용사·명사—」의 사전 데이터에는 기초 일본어 동사 861단어, 기초 형용사 136단어, 명사로서 문법적으로 특징이 있는 것 1081단어가 수록되어 있다. 동사사전과 형용사사전의 경우 형태정보로서 활용형, 표기, 어간, 동사의 경우에는 자타, 이음동의어, 파생, 전성 등의 정보, 복합어 등의 정보도 일부 포함하고 있다. 통사 정보로는 문형, 문형에 나타나는 명사의 의미와 그 의미속성, 술어소(素)라고 불리는 동사와 명사구와의 관계, 같은 문형에서 나오는 명사구 사이의 관계 등의 정보, 태·시제·상·서법 등, 형용사와 명사의 경우는 연체 용법과 연용 용법 등의 독특한 용법에 관한 정보가 부여되어 있다. 의미정보로서는 의미 기술과 의미 분류, 동의어, 유의어, 반의어 등의 정보가 부여되어 있다. 어수(語数)는 기본어휘에 한정된 것이어서 적지만 상세한 정보가 부여되어 있다.

2) 유의어, 상위·하위어

일본어학 분야에서도 이즈이(泉井, 1935)에 의한 어휘의 체계성에 관한 지적으로부터 어휘의 유의 관계와 반의어 관계를 파악하기 위한 현대어의 어휘 연구가 활발이 전개되었다. 일본어의 모든 품사를 대상으로 일상적인 어휘를 의미에 따라 분류한 것으로는 『분류어휘표』가

있다. 계산기용으로 만든 체계적인 어휘 사전은 수록 어휘수가 약 30만 단어 전후의 대규모 사전인 『EDR전자화 사전』(정보통신연구기구 2002), 『일본어어휘대계』(이케하라·미야자키 외(池原·宮崎他, 1997)) 등이 있다. 그 밖의 유의 관계 사전으로는 『일본어 워드넷』(정보통신연구기구 2009)이 있다. 이것은 프린스턴대학에서 만든 WordNet(Miller, et.al 1990, Miller, et.al 1993)을 바탕으로 작성된 것으로 어휘가 유의 관계에 의해 네트워크적으로 연결되어 있다. 현재 50개 이상의 언어에서 WordNet 사전이 만들어졌지만 일본어로 구축된 것이 『일본어 워드넷』이다(Bond, et.al 2008). 그 외에 복합동사도 수록하고 있는 『일본어 표기 활용 사전』(히메노(姫野, 2004)) 등도 있다. 복합동사의 경우, 유의어와 상위어 또는 상위개념과 같은 정보가 있으면, 전항 동사와 후항 동사를 통해 추측이 불가능한 의미를 파악할 수 있다. 예를 들어 「寝返る」라는 단어는 「敵に寝返った」라는 표현에서 사용되는데 전항 동사와 후항 동사의 「寝る」와 「返る」로부터는 유추할 수 없는 의미이다. 「裏切る」 「そむく」 등의 동사와 관련시킴으로서 일본어 학습과 정보 검색에 도움이 된다.

이렇게 일본에는 의미 사전들이 몇 가지 있지만, 실제로 무엇을 유의어로 하고 무엇을 상위·하위어로 할지 통일된 기준이 없다는 점과 일관성 있는 체계를 유지하기 어렵다는 점이 문제이다.

3) 술어와 격

동사를 중심으로 몇 개의 명사가 연결된 의미 관계에 대해 처음으로 주목한 것은 원래 테니에르(1959)였다. 테니에르의 이론과 촘스키의 이론을 합쳐 필모어는 격문법으로 확립하였다(Fillmore 1968 ; フィルモア, 1975 ; 이사와타(石綿, 1999)). 필모어는 촘스키의 표준이론을 받아들이면서 심층구조를 더욱 구체적으로 기술하였다. 격문법에서는 동

사와 명사의 의미적인 관계를 추적하는데, 심층구조에서 동사의 의미에 참여하는 명사의 기능을 심층격으로 하여 동사의 의미와 그 의미에 참여하는 명사의 격을 기술하였다. 심층격의 설정 방법이 문제가 되기는 하였지만, 이 문법 이론은 효과적인 것으로 널리 보급되어 일본에서도 격문법의 개념을 도입한 연구가 전개되었다. 자연언어처리에서 격문법은 주로 의미처리에 사용되었다. 필모어의 격문법에 영향을 받은 Schank의 개념의존문법이 제안 되었고 이것은 인공지능 분야에서 응용되었다(이시와타(石綿, 1999)). 이러한 이론을 바탕으로 한 술어와 격의 관계는 술어와 항이라고도 한다.

구체적으로 격에 부여된 의미역할이라는 것은 문형에 출현하는 「N ガ」, 「Nヲ」, 「Nへ」 등이 술어동사에 대해서 어떠한 역할을 하는지를 나타내는 것이다. 예를 들어 「[N1へ]行く, [N2へ]出発する, [N3へ]送る, [N4へ]帰る」 등에서 「Nへ」는 방향을 나타내며 위의 네 가지 동사는 물건이나 사람의 이동을 나타내는 동사라는 것이다.

렉시콘에 대해 의미역할을 부여하는 시도로서, 미국에서는 필모어의 격이론을 응용한 Baker, Fillmore and Lowe(1998)의 FrameNet가, 그리고 일본어에서는 구로타 외(黒田他, 2008)와 오하라(小原, 2011) 등이 Frame-Net을 바탕으로 한 데이터 구축이 있다. FrameNet와는 별도로 Kipper, Hoa and Palmer(2000)는 Levin(1993)의 통사적 정보를 기초로 분류한 동사 클래스에 대해 의미역할을 부여한 VerbNet을 구축하였다.

이렇듯 의미역할은 국내외에서 데이터베이스가 구축될 정도로 유용한 정보인 반면, 아직까지도 명확한 판단 기준이 없어서 의미역할의 크기와 부여 방침이 데이터베이스에 따라 다르기 때문에 표준적인 의미역할을 부여하기 어렵다는 문제가 있다.

4) 단어의 의미 구조

1970년대부터 주장되었던 어휘기능문법(LFG)과 핵어중심구구조문법(HPSG)은 매트릭스 형식으로 기술되어 있어, 계산기에서의 사용을 가정한 문법 이론이다. 각 단어의 정보 기술에서 같은 정보가 있으면 모순이 없는지 대조 확인한 뒤에 단일화, 같은 것이 없으면 병합, 이라는 방식을 반복하여 문장 전체의 단일화가 완료되었을 때 문장이 생성, 해석된다. 이러한 문법은 단일화 문법이라고도 하며 자연언어처리에서도 사용되고 있다.

또한 단어의 의미적 구조와 통사적인 구조를 결부시키는 어휘 연구가 활발히 전개되어, 어휘개념구조(LCS) 정보가 항구조를 매개로 통사구조에 링크된다는 모델(Grims-how1990, Levin and Rappaport Hovav 1995)이 제시되기도 했다. 주로 술어동사에 대해 개념구조를 기술하고, 방법적으로는 의미분해 방식에 따른 의미구조표시를 하는 것이다. 예를 들어 "put"이라는 단어는 「[x CAUSE [BECOME [y BE AT z]]]」라고 표시하고 「y가 z의 위치에 존재하게 된다는 변화를 x가 야기시킨다」라는 의미를 표시한다. 그리고 put이 취하는 항구조는 「x<y, z>」로 이 항구조로부터 x, y, z의 통사적 위치가 결정되고 통사 구조에 대한 대응이 이뤄진다는 것이다(이토(伊藤, 2005)).

나아가 통사에 관여하는 속성만이 아니라 상세한 의미적인 측면, 특히 단어를 운용할 때 필요한 세계 지식을 단어의 의미 기술에 조직화해서 넣은 것이 Pustejovsky(1995)의 생성어휘의미론(GL:Generative Lexicon)이다. 단어의 생성적인 측면과 창조적인 측면을 중요시한 개념이다(오노(小野, 2005)).

위와 같은 문법 이론과 의미 이론의 영향을 받아 일본어의 렉시콘에 이것들을 반영한 사전의 구축이 몇 가지 시도되고 있다. 예를 들어 다케우치(竹內, 2011), 가토(加藤, 2005) 등이 어휘개념구조에 따른 렉시콘을 구축하고 있다.

5) 통계적 정보

통계적 정보가 기재되어 있는 것은 「렉시콘」이라기 보다는 「데이터베이스」라고 하는 것이 적합할 수도 있다. 그러나 어휘를 하나의 큰 체계로 봤을 때, 통계적 정보가 유익한 경우도 있다. 예를 들면 노무라·이시이(野村·石井, 1987)에서는 복합동사의 구성 요소가 되는 2개의 동사의 결합율을 구하고 전항에 자주 나타나는 동사, 후항에 자주 나타나는 동사 목록을 정리하였다. 야마시타(山下, 2007)는 일본어교육에서 복합동사 학습에 도움을 주고자 복합동사의 구성요소(동사)가 조어성분으로서 어느 정도 생산성이 있는지라는 관점에서 조사하여 데이터를 구축하였다.

이상과 같이 (1)에서 (5)까지 어휘지식에 대해 정리했지만, 정보를 자세히 기술해도 단어수가 적으면 실용적이지 않고 이론을 증명하기 어려우며, 반대로 단어수가 많으면 일관성이라는 면에서 문제가 생긴다. 의미에 집중할 수록 객관적인 기준이 없거나, 이론이 있어도 어휘 전체에 적용시킬 경우에는 설명이 안되는 부분도 있다는 여러 문제가 발생하고 있다. 하지만 어휘연구와 렉시콘의 도전은 계속되고 있다.

2. 렉시콘에서 다루는 대상에 대해서

2.1절에서 기술한 항목도 아직은 충분히 렉시콘에 반영되었다고 할 수는 없는 상황이지만, 지금까지의 어휘 연구에서 볼 때 앞으로 렉시콘이 다루어야 한다고 생각되는 몇 가지 사항에 대해 검토해 보고자 한다.

언어학에서는 지금까지 주로 단순어(자립어로서 단일 단어로 되어

있는 것)가 대상이었다. 이유는 개인적인 견해이기는 하지만 우선은
사용빈도가 높고, 기본적인 것이라는 점도 있고 또 서구의 언어 이론
에서 다루는 예와 비교하여 생각할 때, 단순어가 검토하기 쉽다는 점
도 들 수 있다. 하지만 동아시아에는 복합동사라는 특징적인 언어 현
상이 있다. 노무라·이시이(野村·石井, 1987)에 따르면 복합동사를 수
집 대상으로 한 문학 작품 중에서 30퍼센트는 사전의 데이터와 겹치
지만 나머지 70퍼센트는 사전 데이터에 없는 복합동사라고 한다. 복합
동사는 잡지와 사전 등에 많이 출현하며 중요한 위치를 차지하고 있으
면서도, 렉시콘에 복합동사 정보가 포함된 것은 매우 적다. 복합동사
데이터베이스로서는 복합동사의 구성 요소가 되는 동사(「구성동사」라
고 칭함)의 긴밀성과 조어성 등에 주목한 노무라·이시이(野村·石井,
1987)와 야마시타(山下, 2007) 등이 있고, 또 렉시콘으로서는 Tagashira
and Hoff(1986)가 있다. 이것은 일본어 학습자와 일본어가 모어가 아
닌 화자가 복합동사의 의미와 용법을 바르게 이해하는 것을 돕기 위한
목적으로 편찬된 것이다. Kenkyusya에서 나온 일영사전의 표제어에서
추출한 1000개 단어의 복합동사 리스트를 작성하여 그중 일본어 학습
에 중요하다고 판단되는 복합동사 200개를 선정해서 정보를 부여한
것이다. 부여한 정보는 ① 전항 동사와 후항 동사, 복합동사의 일본어
발음과 영어 대역어 및 전항 동사와 후항 동사의 의미 관계 ② 복합동
사의 정의문 ③ 문형과 문형 패턴에 들어가는 명사 ④ 예문(일본어문
과 영어 번역)으로 구성되어 있다. 예를 들어 「NIGIRISHIMERU
(握りしめる)」의 경우는 다음과 같다.

(예) NIGIRISHIMERU

① V1 = nigiru=grasp

   V2 = -shimeru=(intensification)

CV = "activity-manner" = grip tightly

② Hold something with one or both hands as one's own posession with no intention of letting it go; ….

③ [people] ga [thing/body part] o nigirishimeru

④ 3개나 4개의 예문 기재(로마자로 표기한 일본어문, 일본어로 표기한 일본어문, 영어 번역)

단어수는 적지만 복합동사와 관련된 중요한 정보가 게재된 렉시콘이다.

이외에 가토·하야시·이토(加藤·林·伊藤, 2011)에서는 「동사+동사」형의 복합동사를 그 구성 동사와 특정의 의미관계로 연관시키거나, 복합동사의 어휘개념구조를 그 구성 동사의 어휘개념구조와 관련시켜 표현하는 것을 목적으로 복합동사에 통사적·의미적 정보를 부여하였다.

그러나 기존 복합동사의 데이터베이스와 렉시콘에서 부족한 정보는 크게 두 가지 생각할 수 있다. 첫 번째는 통사적·의미적 정보가 부여된 복합동사의 수가 적다는 점이다. 노무라·이시이(野村·石井, 1987)의 보고에서는 잡지와 문학 작품 등에서 추출한 2만개(type)의 단어 중에 35%가 「동사+동사」형 복합동사라고 한다. 일상적인 사용빈도가 높은 이러한 유형의 복합동사를 데이터베이스화 하는 과정에서는 어느 일정양 이상의 규모가 필요하다고 생각한다. 두 번째는 두 가지 단어의 동사가 결합하여 복합동사가 되는 과정에서 동사 간의 유기적인 관계를 모르기 때문에 복합동사를 체계적으로 파악할 수 없다는 점이다.

최근 복합동사의 단어형성에 관한 연구도 활발히 전개되어 복합동사에는 규칙적으로 생성되는 통사적 복합동사와 구성 동사의 긴밀성

이 높은 어휘적 복합어가 있다라는 사실이 알려졌다(가게야마(影山, 1993). 예를 들어 통사적 복합동사에는 「食べ始める」「書き始める」등이 있다. 「~始める」는 상(相)을 나타내며 어떤 동사(예를 들어 「食べる」「書く」등)와 동사「始める」의 두 가지 동사를 규칙적으로 합성하면 되는 것으로, 사전에 수록하지 않아도 된다. 하지만 예를 들어 「書き殴る」(글자나 그림을 마구 적다)는 「書く」와 「殴る」의 의미를 단순히 더한 것이 아니라 「書く」와 「殴る」 사이에 의미적인 관계가 발생하고 있다. 이러한 것은 어휘적 복합동사라고 하는데 사전에 등록할 필요가 있는 어휘로 취급된다. 복합동사가 가진 특징적인 성질, 예를 들어 구성 동사끼리의 의미관계와 주요부의 정보, 단순어의 경우와 복합동사의 구성요소가 된 경우에는 의미가 어떻게 변하는지 등과 같은 정보도 렉시콘에 넣을 필요가 있다고 본다.

또한 인간의 감성과 언어의 관계도 렉시콘에 필요한 어휘지식을 생각할 때 중요한 정보라고 본다. 자연언어처리 분야에서는 평판이나 의견으로부터 평가표현을 추출하고자 하는 수요가 있으며, 영어에서는 WordNet을 바탕으로 평가 정보를 부여한 SentiWordNet 등도 구축되어 있지만, 감성 정보를 포함한 사전은 적다. 일본어에서는 예를 들어 형용사의 플러스 이미지·마이너스 이미지 등과 같은 정보를 기재한 『현대 형용사 용법 사전』(히다(飛田, 1991))과 기능언어이론의 관점에서 평가 체계를 구축한 『일본어 Appraisal 평가 표현 사전』(사노(佐野, 2012)) 등이 있지만, 향후 감성 연구와 연동한 정보를 렉시콘에 더 편입시킬 필요성이 있을 것이다.

나아가 명사에 어떤 지식을 기술할지에 대해서도 생각할 필요가 있을 것이다. Pustejovsky(1995)는 통사적인 속성뿐만 아니라 좀더 넓은 어휘지식을 단어의 의미구조에 편입시킬 필요가 있다고는 하지만, GL 이론은 특히 명사의 의미기술에 있어서는 획기적인 개념이다. 어떻게 무엇을 기술할 것인가, 그리고 어디까지 유연하게 지식을 구조화할 수 있는지에 관해서는 향후 실증적인 검토를 거듭할 필요가 있을 것이다. 그리고 향후에도 추론에 필요한 어휘지식을 동적으로 다룰 수 있는 렉시콘에 관한 탐구를 계속할 필요가 있을 것이다.

Ⅲ 렉시콘의 새로운 전개

어휘 연구는 언어학에서 활발한 토론이 전개되었지만 실제로 많은 수의 어휘에 정보를 부여한 렉시콘을 구축한 것은 그것을 이용해야 했던 자연언어처리 분야였다. 공학적 연구의 요청에 의해 구축한 렉시콘이었지만, 언어학의 입장에서도 주장해온 이론 연구를 증명할 수 있는 장이 되었다. 구축이라는 점에서는 쌍방향적으로 유익한 점도 있었다고 생각한다. 하지만 이용에 있어서는 국립국어연구소의『분류어휘표』와 IPAL의『계산기용 기본사전』등 사람이 이용할 수 있는 크기의 경우에는 언어학 연구에도 사용되었지만, 코퍼스 데이터의 크기가 커져서 대규모 어휘정보가 포함된 렉시콘도 출현하여 언어학 연구에 이것을 활용하기는 어렵게 되었다. 이러한 상황 속에서 언어를 연구하는 인문계 연구자가 렉시콘이나 데이터베이스로부터 어떤 정보를 얻고자 하는가 하는 관점이 결여되어 있었다는 점도 있었다.

코퍼스를 사용한 언어 연구를 위해서 초창기에는 KWIC검색이 사용되었다. 이것은 문장 중 어떤 단어를 중심으로 그 전후의 일정 범위의 문자를 화면에 표시하는 것이다. 언어 연구자가 지정한 키워드로 용례 검색이 가능하지만 그 이상의 정보는 없었다. 또한 영어에서는 영국의 Sketch Engine(Kilgarriff, 2004)이라는 시스템이 개발되었는데 이것에 의해 인문계통에서도 쉽게 대규모 코퍼스를 갖고 빈도조사를 할 수 있게 된 점은 획기적이었다.

2006년부터 5년간 국립국어연구소는 1억개 단어로 구성된 코퍼스인 『현대 일본어 문어 균형 코퍼스』(BCCWJ : Balanced Corpus of Contemporary Written Japanese)를 구축하였다. 최대 30년간(1976~2005)의 간행물을 대상으로 잡지, 신문, 서적, 백서, 교과서, web 문서 등 광범위한 데이터를 포괄하고 있다. 이 코퍼스는 인문 계통에서도 간단히 조건을 지정하여 용례 검색을 할 수 있는 프로그램(「少納言」「中納言」)도 공개하고 있다.

또한 국립국어연구소에서는 이 BCCWJ 코퍼스를 기반으로 여러 가지 언어학적 관점에서 정보를 얻을 수 있는 NINJAL-LWP(2012)라는 시스템을 공개하고 있다. 「렉시컬 프로파일링」이라는 형식인데 이것은 단어의 모습을 문법관계별로 정리한 형식으로 볼 수 있게 한 것으로, 인간의 감각에 가까운 형태로 연어를 찾을 수 있다(プラシャント 2012). 예를 들어 표제어 창에는 다음과 같은 정보가 나타난다.

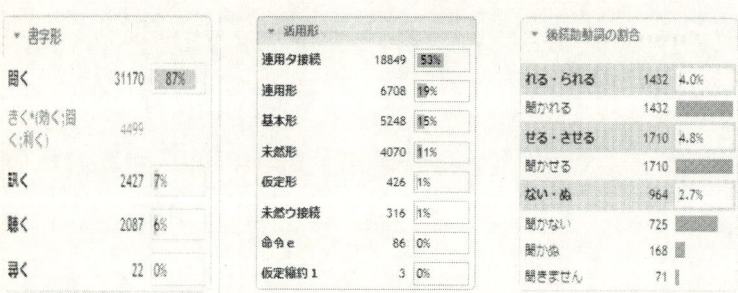

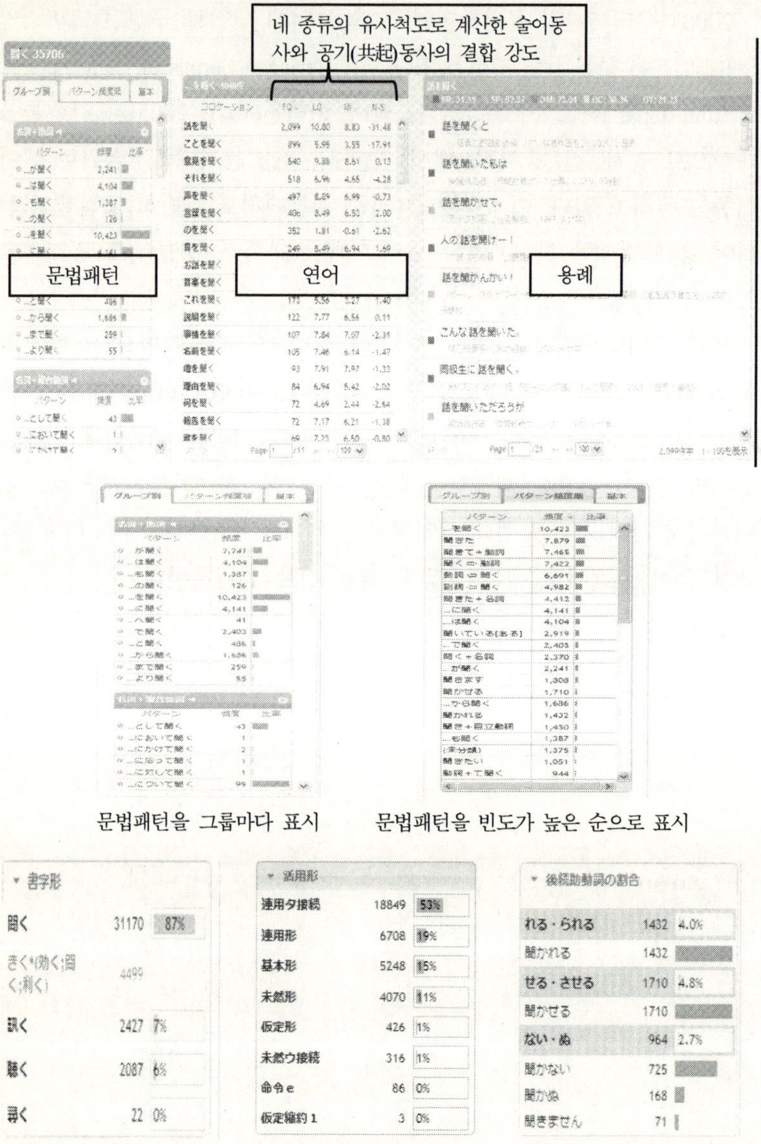

문법패턴을 그룹마다 표시   문법패턴을 빈도가 높은 순으로 표시

한자 표기별 빈도순   활용형의 빈도순   후속조동사의 비율

〈그림1〉 LWP로 찾을 수 있는 정보

이렇듯 빈도와 연어, 용례뿐만 아니라 활용형 빈도, 뒤에 붙는 조동사 빈도, 문형패턴에는 어떠한 것을 어느 정도 빈도로 사용하고 있는지 등을 조사할 수 있다. 이것은 언어학 연구와 언어교육 등과 같은 인문계 연구에서 무엇을 코퍼스에서 조사하고 싶은지라는 관점에서 만들어진 것으로, 실제 데이터의 어휘와 어휘정보를 링크시켜 대규모 코퍼스로부터 동적으로 각각의 단어의 형태적·통사적 관계의 실태를 파악할 수 있다는 점에서 획기적인 것이라고 할 수 있다.

지금까지 구미 언어학의 흐름에 영향을 받기도 하여 뒤로 미뤄졌던 아시아 언어 특유의 언어 현상도 다룰 필요가 있을 것이다. 예를 들어 2.2절에서도 언급하였듯이 복합동사는 동아시아 언어의 특징적인 유형인데 복합동사 연구와 복합동사의 렉시콘은 동사 연구에 비해 뒤져 있다. 향후의 렉시콘은 이러한 아시아 언어 특유의 어휘정보까지 다룰 필요가 있다.

렉시콘에 의한 도전적인 연구로서는 언어 횡단적인 렉시콘을 비교하여 언어의 보편성과 개별성을 파악하는 것이라고 본다. 예를 들어 The Leipzig Valency Classes Project가 독일의 Max Planck Institute에서 진행되고 있지만, 이것은 30개 언어에 대해 70개 정도의 동사를 대상으로 논항 정보를 부여한 데이터베이스를 구축 한다는 것으로 언어마다 동사의 통사적인 차이를 조사할 수 있는 것이다. 이렇듯 특정 어휘 지식에 주목하여 언어 횡단적으로 관찰해서 언어의 개별성와 보편성에 대하여 연구하는 것도 「렉시콘」의 새로운 전개 중 하나일 것이다.

Ⅳ 끝으로 렉시콘의 도전

지금까지 언어 이론의 발전과 이와 더불어 구축된 렉시콘의 어휘지식에 관해서 기술하였다. 렉시콘을 구축하는 것은 어디까지 어휘를 밝힐 수 있을지, 언어 이론을 갖고 어디까지 언어지식이 설명 가능한지에 대한 검증이기도 하다. 그리고 렉시콘은 이론을 증명하는 장으로서의 「구축」뿐만 아니라 구축된 렉시콘을 「응용」함으로써 렉시콘의 새로운 도전이 시작된다고 생각한다.

예를 들어 렉시콘을 통해 언어 연구에 대해 양적 지원, 정보처리에 대해서는 질적 지원을 할 수 있다면 지금까지 양분야에서 부족했던 정보를 보충할 수 있게 되어, 연구 추진과 연구 교류가 활발하게 이루어질 것이다. 그리고 이론을 갖고 어휘지식을 렉시콘에 편입하고 렉시콘을 실제로 응용함으로서 데이터로부터 실증적으로 규명된 것을 언어 연구에 반영하는 순환 과정이 구축된다면 언어 연구는 과학이 되어 인간의 지능에 더욱 가까워질 수 있게 될 것이다.

참고문헌

青木孝(1978)「8. 辞書·索引作成の歴史」全国大学国語国文学会 佐伯梅友, 中田祝夫, 林大編『増補国語国文学研究史大成15国語学』三省堂

Francis Bond, Hitoshi Isahara, Kyoko Kanzaki and Kiyotaka Uchimoto(2008) Boot-strapping a WordNet using Multiple Existing WordNets. In the Proceedings of LREC- 2008, Marrakech.

Norm Chomsky(1957) *Syntactic Structures*. The Hague: Mouton

_____(1965) *Aspects of the Theory of Syntax*. Cambridge, Mass: MIT press

Baker Collin. F, Charles J. Fillmore and John B.Lowe(1998) The Berkeley Framenet project, In the Proceedings of the COLING-ACL '98 Conference. Montreal, Canada, pp.86-90

Charls Fillmore(1968) The Case for Case.E.Bach and R.Harrms(eds.), *Universals in Linguistic Theory*, New York: Holt, Rinehart & Winston,pp.1-90

フィルモア(1975) (田中春美, 船城道雄訳)『格文法の原理言語の意味と構造』三省堂

JaneGrimshaw(1990) *Argument Structure*. Cambridge, Mass:MIT press

飛田良文·浅田秀子(1991)『現代形容詞用法辞典』東京堂出版

姫野昌子(2004)『日本語表現活用辞典』東京：研究社.

池原悟, 宮崎正弘, 白井諭, 横尾昭男, 中岩浩巳, 小倉健太郎, 大山芳史, 林良彦 (1997)『日本語語彙大系』岩波書店

_____(1999)『日本語語彙大系 CD-ROM版』岩波書店

稲田俊明(1998)「生成文法」『岩波講座 言語の科学6 生成文法』岩波書店

石綿敏雄(1999)『現代言語理論と格』ひつじ書房

伊藤たかね(2005)「形態論」中島平三編『言語の事典』

泉井久之助(1935)「語彙の研究」『国語科学講座Ⅲ』明治書院

情報処理振興事業協会(1997)『CD-ROM版計算機用日本語基本辞書IPAL －動詞・形容詞・名詞－』

情報通信研究機構(2002)『EDR電子化辞書』http://www2.nict.go.jp/r/r312/EDR/J_index.html

_____(2009)『日本語ワードネット』http://nlpwww.nict.go.jp/wn-ja/

影山太郎(1993)『文法と語形成』ひつじ書房

_____(1997)「文法と形態論」『岩波講座言語の科学3 単語と辞書』岩波書店

加藤恒昭, 畠山真一, 坂本浩, 伊藤たかね(2005)「日本語和語動詞に関する語彙概念構造辞書構築の試み」言語処理学会第11回年次大会, pp. 871-874

加藤恒明・林良彦・伊藤たかね(2011)「複合動詞を用いた複合動詞の特徴分類」『言語処理学会第17回年次大会発表論文集』pp.568-571

Adam Kilgarriff, Pavel Rychly, Pavel Smrz, David Tugwell (2004) The Sketch Engine. In the Proceedings of *EURALEX* 2004, Lorient, France; pp 105-116

Karin Kipper, Dang Trang Hoa and Martha Palmer (2000) Class-based construction of a verb lexicon. In the Proceedings of *Seventeenth National Conference on Artificial Intelligence*, Austin, TX. pp.691-696

国立国語研究所(1964)『分類語彙表』秀英出版

_____(2004)『分類語彙表増補改訂版』大日本図書

_____(2011)『現代日本語書き言葉均衡コーパス』 http://www.ninjal.ac.jp/kotonoha/ex _1.html

_____(2012) NINJAL－LWP for BCCWJ (NLB), http://nlb.ninjal.ac.jp/

黒田航, 李在鎬, 渋谷良方, 井佐原均(2008)「複層意味フレーム分析(の簡略版)を使った意味役割タグづけの現状：タグづけデータから派生する言語資源の紹介を中心に」『言語処理学会14回年次大会予稿集』PB2-5

Beth Levin(1993) *English verb classes and alternations*, Chicago: University of Chicago Press

Beth Levinand Malka Rappaport Hovav(1995) *Unaccusativity: At the Syntax-Lexical*

　　　　　Semantics Interface, Cambridge, Mass:MIT press

前田富祺(1982)「語彙」『講座日本語の語彙１語彙原論』明治書院

George A. Miller, Christiane Fellbaum, Katherine J.Miller. (1993) Five papers on
　　　　　WordNet, http://wordnetcode.princeton.edu/5papers.pdf

George A. Miller, George A., Richard Beckwith, Christiane Fellbaum, Derek Gross
　　　　　and Katherine J. Miller (1990) Introduction to WordNet: an on-line
　　　　　lexical database. International Journal of Lexicography 3 (4), pp.235-244

宮島達夫(1977)「語彙の体系」『岩波講座日本語９語彙と意味』岩波書店

中島平三(1998)「第一次認知革命」『岩波講座言語の科学６生成文法』岩波書店

野村雅昭, 石井正彦(1987)『複合動詞資料集』文部省科学研究費補助金特定研究(1)
　　　　　言語データの収集と処理の研究

小原京子(2011)「日本語フレームネットの全文テキストアノテーション: BCCWJ
　　　　　への意味フレーム付与の試み」『言語処理学会第17回年次大会予稿
　　　　　集』, pp.703-704.

小野尚之(2005)『生成語彙意味論』くろしお出版

プラシャント・パルデシ, 赤瀬川史朗(2012)「レキシカルプロファイリング手法を
　　　　　用いたBCCWJ検索ツールNINJAL-LWPとその研究事例」日本言語
　　　　　学会第144回大会ワークショップ「コーパス基盤の日本語研究の新
　　　　　地平」, pp.364-369

James Pustejovsky (1995) *The Generative Lexicon*, Cambridge: MIT Press

佐野大樹(2012)『日本語アプレイザル評価表現辞書』http://www.gsk.or.jp/catalog.html

＿＿＿＿(2012)「アプレイザル理論を基底とした評価表現の分類と辞書の構築」国
　　　　　立国語研究所『国立国語研究所論集 3』, pp.53-83

Yoshiko Tagashiraand Jean Hoff (1986) *Handbook of Japanese compound verbs*,
　　　　　Tokyo: Hokuseido.

竹内孔一(2011)「動詞項構造シソーラスの構築」*In the proceedings of the 25th
　　　　　Annual Conference of the Japanese Society for Artificial Intelligence*,
　　　　　pp1-4

Teniere L. (1959) Elements de syntaxe structurale, Klincksieck.

東條操(1965)『国語学新講』筑摩書房

築島裕(1982)「辞書」『講座日本語の語彙１語彙原論』明治書院

上田万年・橋本進吉(1916)「古本節用集の研究」『東京帝国大学文化大学紀要第二』

山下喜代(2007)『日本語教育のための合成語のデータベース構築とその分析』平成17
　　　　　年度(2005) ～平成19年度(2007)科学研究費補助金基盤研究(c) 研究成
　　　　　果報告書

단어의 사회·문화적 의미

강 경 완 *
국민대학교 교수

I 사회·문화적 의미의 정의

가령 한국에서는 「남자가 왜 이렇게 말이 많아?」라는 표현을 종종 들을 수 있으며 한국에 사는 사람이라면 누구나 이 표현을 쉽게 구사하고 또 이해할 수 있다. 이것은 한국어의 「남자」라는 단어에 <남성으로 태어난 사람>이라는 개념적 의미(=디노테이션) 외에 <과묵하다>라는 암시적 의미(=코노테이션)가 내포되어 있다는 것을 뜻한다. <남성으로 태어난 사람>이라는 의미는 유사 이래 모든 시대에 존재했던 남자에게, 그리고 지구상의 모든 지역에 사는 남자에게 공통되는 의미로 시대와 지역을 초월하는 의미이다. 그러나 <과묵하다>라는 의미는 현

---

* 姜炅完 : 國民大學校

대라는 특정한 시대와 한국이라는 특정한 지역과 사회의 고유한 가치
관이 반영된 의미라고 할 수 있다. 이와 같이 보통 단어에는 두 가지
성질을 달리 하는 의미가 존재하는데 후자의 의미를 필자는 「사회·문
화적 의미」라고 명명하고 있다.

사회·문화적 의미는 언어사용의 끊임없는 반복에 의해 형성된다. 전
술한 「남자」의 경우 예를 들어 「남자는 자고로 과묵해야 하지」「너 왜
이렇게 입이 가벼워? 남자면서」 등과 같은 표현이 지속적으로 반복 사
용되는 과정 속에서 단어 사용자에게 <남자는 과묵해야 한다>라는 한
국사회의 문화로부터 비롯된 당위적 의미가 마치 「남자」의 고유한 의
미＝고유한 속성인 것처럼 자연스럽게 느껴지게 한다. 이와 같이 언어
가 지시하는 대상에게 일정한 경향의 스테레오타입[1]을 부여하는 언어
사용을 「언설(言説)」이라고 하는데 단어의 사회·문화적 의미는 언설의
반복에 의해 생겨나고 유지되며 때로는 변화하고 또 없어지기도 한다.

사회·문화적 의미는 개인적이고 일시적인 의견표명과는 성격이 다
르다. 예를 들어 한 개인이 「남자가 왜 이렇게 말이 많아?」라고 발화
한다고 해서 「남자」라는 단어에 <과묵하다>는 의미가 부여되지는 않
는다. 사회·문화적 의미를 단어에 부여하는 것은 다수의 언설의 경향,
즉 일정한 방향성을 띤 언설의 집합이다. 단어가 지시하는 대상에 관
한 대량의 언설이 유사한 경향으로 사용되는 현상이 있어야 비로소 그
단어에 사회·문화적 의미가 부여되는 것이며 이 때 사회·문화적 의미
가 부여된 단어를 이용한 발화를 우리는 자연스럽게 구사하거나 이해
하게 되는 것이다.

사회·문화적 의미는 외국인 학습자에게 더욱 중요하다. 한국인은
「남자가 왜 이렇게 말이 많아?」와 같은 표현을 자연스럽게 구사할 수

---

1   스테레오타입이란 공유된 집단신념으로 지각자(知覚者)가 소속된 사회집단에서
　　공유된 견해나 규범과 합치하는 방향으로 형성된다(크레이그·맥카시 외(クレイ
　　グ·マクガ-ティ外, 2007)).

있으나 외국인의 경우 단어학습의 단계에서 체계적으로 익히지 않으면 이러한 표현을 이용한 자연스러운 의사소통이 어렵기 때문이다. 따라서 외국어 학습사전에 있어서는 사회문화적 의미를 기술하는 작업이 반드시 필요하다.

▓ 의미론 상의 사회·문화적 의미의 위치

구조주의 의미론에서는 단어의 의미를 어휘체계 내에서 관계를 맺는 다른 단어와의 사용상의 구분= 변별적 특징에 의해 설명한다. 예를 들어 「父親」의 의미는 「母親」「息子」「叔父」 등과 구별되는 <男性> <一世代上> <直系>라는 변별적 특징의 집합으로 정의 된다(池上1974). 구조주의 의미론은 이와 같이 단어 간의 의미관계를 설명하는 데에는 매우 효과적이지만 변별적 특징만으로는 뚜렷한 체계를 이루지 않는 단어나 「彼はまだ子供だ」에 있어서의 「子供」의 의미는 설명하기 어렵다.

의의소(意義素)론에서는 변별적 특징뿐만 아니라 문화적, 정서적으로 대다수의 모어화자가 인정하는 문화적 특징도 의미로 인정한다. 예를 들어 「毛虫」의 의미에는 <チョウやガの幼虫で、体に毛の多いものの俗称>이라는 변별적 특징과 함께 <嫌がられる>라는 문화적 특징도 포함된다(구니히로 테쓰야(国広哲弥, 1982)). 의의소론은 구조주의의미론에 비해 보다 풍부하고 현실적인 언어감각을 반영한 의미기술을 시도했다는 점에서 진일보했으나 다의(多義)구조를 설명하기 위해서는 복수의 의의소를 상정해야 하는 문제점이 남는다.

인지의미론에서는 의미를 형식이 나타내는 객관적인 내용이 아니라 언어사용자의 심리적인 파악방법이라고 생각한다. 단어의 의미는 심적

으로 그 카테고리의 전형이라고 생각되는 프로토타입의 의미이며 이 것은 그 카테고리를 아우르는 추상적인 공통성인 스키마를 가장 잘 구 체화한다. 카테고리의 주변적 의미는 프로토타입으로부터 은유·환유 라는 심적 연상에 의한 의미 확장에 의해 형성되고 그 결과 다의가 성 립된다. 예를 들어 「花」의 경우 <植物が咲かせる美しく人目を引くも の>가 전형적 의미, <美しく人目を引く人>가 은유에 의해 확장된 의 미이며 양쪽으로부터 <美しく人目を引くもの>라는 스키마가 추출된 다. 또한 인지의미론에서는 단어는 항상 사회적 상식인 프레임을 환기 시킨다고 생각하는데 예를 들어 「彼はまだ子供だ」라는 발화에 있어서 의 「子供」의 <思慮深くない> <わがままだ>라는 의미는 프레임으로 설명된다. 인지의미론은 깔끔한 체계를 전제로 하는 구조주의의미론의 문제를 해결함과 동시에 의의소론의 한계인 다의의 설명에 성공했다 는 점에서 그 의의가 크다.

단어의 사회·문화적 의미는 전술한대로 사회적 현실과 가치관을 반 영하는 언어사용의 반복에 의해서 단어에 형성되는 암시적 의미(=코 노테이션)이다. 사회·문화적 의미의 사회적 현실·가치관이라는 측면은 의의소(意義素)론의 문화적 특징이나 인지의미론의 프레임과 유사하 다. 예를 들어 「毛虫」의 <嫌がられる>나 「子供」의 <思慮深くない> <わがままだ>라는 의미는 사회적 현실과 가치관을 반영하고 있기 때 문이다. 다음은 이 점을 포함해서 종래의 코노테이션을 다룬 중요한 의미개념을 사회·문화적 의미와 관련하여 개관해보자.

Hjelmslev(1943), Eco(1976), 이케가미 요시히코(池上嘉彦, 1984) 등 의 기호학에서는 예를 들어 「ばら」에 있어서 음성[bara]에 대응하는 <ばら>라는 의미가 표시의(表示義)이며 음성과 의미를 포함한 「ばら」 전체가 시적 문장에서 나타내는 <愛>라는 의미가 공시의(共示義)라고 설명한다. 공시의는 코노테이션의 일반적인 개념을 설명하고 있으며 사회·문화적 의미는 공시의의 일부에 해당한다. 한편 단어가 나타내는 사물에 대한 감정이나 태도를 어감(語感)이라고 하는데 니시오 토리야(西尾寅弥, 1962)는 단어 자체에 수반되는 어감을 유의어 간의 차이에 주목하여 유형화하였으며 나카미치 마키오(中道真木男, 1989)는 공공성을 지닌 어감을 분류하였다. 이와 같은 어감은 사회·문화적 의미의 일부를 반영한다고 생각된다. 구니히로(国広, 1982)는 의의소를 구성하는 주변적 의미로「문화적 특징」을 설정하고 있다. 문화적 특징이란 예를 들어「「ススキ」には秋の淋しさが連想され、「枯尾花」というと、「幽霊の正体見たり枯尾花」という句が思い出されたり、秋風に吹かれて「おいでおいで」をしている姿が思い浮かべられたりする」(p.84)에서 알 수 있듯이「명사에 의해 환기되는 개인차가 낮은 연상」이다. 문화적 특징이 사회에 널리 퍼진 연상인 것에 반해 사회·문화적 의미는 쉽게 자각할 수는 없는 스테레오타입의 의미까지 포함하고 있어 범위가 넓다. 인지의미론에서는 단어의 의미를 언어사용자가 경험을 통해 획득한 문화적 정보=프레임으로 본다. 예를 들어「母親」의 의미는「결혼이라는 제도에 근거하여 남편과 성적 관계를 통해 아이를 낳고 양육의 중심적인 역할을 하는 여성」이 되는데 이와 같은 프레임은 사회적 가치관을 반영하고 있어 사회·문화적 의미와 중복되는 부분이 많으나 사회·문화적 의미는 코노테이션에만 한정되지 않고 디노테이션도 포함한다.

문화연구나 비판적 언어학에서는「이데올로기적 의미」에 주목하고 있다. Williams(1983)는 정치적인 도구로 이용되는 단어를 키워드라고 하여 지극히 평범한 단어에 어떤 권력구조를 배경으로 특정한 사고방식이 부여되었는가를 분석하였으며, Said(1978)는 "oriental"이라는 단어의 사용으로부터 오리엔탈리즘은 서양이 동양을 지배하기 위한 유럽의 스테레오타입적인 통념이라고 주장하였다. 이와 같은 비판적인

견해는 언어에 의해 구축된 젠더의 본질을 규명하려고 하는 패미니즘 언어학과도 공통된다. 다만 이들 분야에서 취급하는 키워드가 비판적 견지에서 미리 정해지는 것과는 달리 사회·문화적 의미는 의미를 갖는 모든 단어[2]에 부가될 수 있는 것으로 언어학적 의미연구의 대상이 된다. 사회·문화적 의미와 가장 유사한 개념으로는 「부가」(付加)를 들 수 있다. 니시오(西尾, 1977)는 구체명사의 부가가 대다수 또는 전형적인 지시대상이 갖는 속성이라는 것을 지적하는 가운데 「将来、情勢の 変化によって男のタイピストがふえれば変化するであろうが、現在の ところ『タイピスト』は<女性>の付加をもつ語であろう」(p.856)와 같이 사회의 모습을 반영하는 코노테이션으로써 부가의 존재를 지적하였다.

Ⅲ 사회·문화적 의미의 추출법

단어의 사회·문화적 의미는 사전편찬자의 개인적인 언어감각에 의존했던 종래의 사전에서는 다루기 어려웠으나 대규모의 코퍼스 (=실제 사용례를 모아놓은 말뭉치)가 개발됨에 따라 코퍼스로부터 귀납적으로 추출할 수 있게 되었다. 본고에서 제시하는 이하의 예문은 기본적으로 신문코퍼스 『CD-每日新聞』을 조사 자료로 추출된 것을 사용하였다.

사회·문화적 의미는 「언설적 의미의 추출 → 언설적 의미경향의 추출 → 사회·문화적 의미의 추정과 확인」이라는 3단계를 거쳐 추출된다 (姜2009a). 「언설적 의미」란 단어가 나타내는 대상에 대한 화자의 개인적인 견해로 개별적인 언설 속에 표명되고 성립되는 의미를 뜻한다.

2 　조사, 조동사 등의 형식어를 제외한 내용어(content word)는 이론적으로는 모두 사회·문화적 의미를 갖는다. 특히 사람을 나타내는 명사의 경우 사회·문화적 의미를 추출하기 용이하다.

예를 들어 「インターネットを使うとき、<u>寂しい現代人</u>[3]が、ますます寂しさをかみしめる。」의 「現代人」에는 <現代を生きている人>라는 개념적 의미와 동시에 <寂しい>라는 화자 개인의 현대인에 대한 견해, 즉 언설적 의미가 부여되어 있다. 이와 같이 언설적 의미는 화자의 개별적인 의견표명이라고 할 수 있지만 이것이 반복되어 특정한 경향을 띠게 되면 보다 보편적인 사회 전체의 가치관을 반영하는 의미의 경향으로 발전될 가능성을 지니게 된다. 예를 들어 다음의 예문에 표명된 언설적 의미들은 전체적으로 <忙しい>라는 보다 큰 의미의 경향으로 묶여질 수 있을 것이다.

- <u>現代人</u>は誰もが<u>忙</u>しいから気持ちはわかる。
- <u>現代人</u>はまるで何かにせかされているように、<u>毎日を忙しく過ごしているようです</u>。
- とはいっても<u>忙しい現代人</u>にとって、規則正しい食事や運動を続けるのはなかなか大変である。

이렇게 추출된 언설적 의미경향은 사회·문화적 의미를 추출하는 직접적인 기반이 되는 언어사용이라고 할 수 있다. 그러나 언설적 의미경향은 개별적인 예문에서 언설적 의미로 명시되므로 그 자체가 암시적 의미로서의 사회·문화적 의미라고 할 수는 없다. 따라서 언설적 의미경향으로부터 그 이면에 잠재되어 있는 사회·문화적 의미를 추정하는 과정이 반드시 필요하게 되는데 이러한 추정은 명시적인 언설적 의미가 없음에도 불구하고 사회·문화적 의미를 상정하지 않으면 해석이 어려운 용례를 통해 그 추정이 적합했는가의 여부를 확인할 수 있다. 「現代人」의 경우 전술한 방법으로 다음과 같이 복수의 언설적 의미경

---

3 언설적 의미가 구체적으로 나타난 부분을 밑줄로 표시하였다.

향이 추출된다.

    a. ＜忙しい＞＜ストレスが多い＞

    b. ＜疲れている＞＜生活習慣が悪い＞＜病気に犯されている＞

    c. ＜不安を抱いている＞＜自我を失っている＞＜心が渇いている＞＜心
       が病んでいる＞

    d. ＜便利・安楽を求める＞＜自然との共生を失っている＞＜野生の感覚を
       失っている＞

    e. ＜孤独である＞＜他者とのつながり・関心を失っている＞＜自己中心的
       である＞

    f. ＜癒しを求める＞＜健康を求める＞

공시적인 언어활동의 각 장면에서는 이미 사회에 존재하고 있는 사회·문화적 의미가 위와 같은 언설적 의미경향으로 정리될 수 있는 개별적인 언어사용을 만들어내고 있다고 할 수 있다. 따라서 이 단계에서 추출되는 사회·문화적 의미는 전 단계에서 얻어진 언설적 의미경향을 모두 설명할 수 있는 암시적의미가 되어야 한다. 위의 「現代人」의 언설적 의미경향은 그 대부분이 평가적인 의미에 있어서 부정적인 방향으로 치우쳐져 있으며, 이러한 언설적 의미경향을 모두 아우를 수 있는 ≪人間本来の姿を見失った存在≫라는 부정적인 사회·문화적 의미를 추정할 수 있다. 또한 이 추정의 타당성 여부는 「現代人」에서 ≪人間本来の姿を見失った存在≫라는 사회·문화적 의미를 상정하지 않고는 의미를 해석하기 어려운 다음과 같은 용례가 존재한다는 사실에서 확인할 수 있다. 여기서 「現代人がほっとするようなところ」, 「現代人にはじれったい」라는 표현은 「現代人」에 자연으로부터 격리되어 있다거나 바쁘게 살아가다 등의 부정적 코노테이션이 존재함을 인정

하지 않으면 문장의 의미를 해석하기 어려워지기 때문이다.

- ウェールズの旅をサポートしてくれたクリスチャン·サールさん(54)、奈都世さん(43)夫妻はウェールズの魅力について「ここにいると、おだやかで精神的に安定する。海もあり、景色もよく、ロンドンなど大都会にはない、現代人がほっとするようなところがいい」と話している。
- でもまあ、読んでみると面白いです。少しばかり話の枝道が多すぎて現代人にはじれったいかもしれないけど、ドン·キホーテは笑えるおっさんです。

Ⅳ 개념적 의미와 사회·문화적 의미의 관계

사회·문화적 의미의 양상은 개념적 의미의 성질에 의해 규정된다. 姜(2009b)에서는 연어(連語)「普通の人」가 개념적 의미의 상대성에 기인하여 복수의 사회·문화적 의미를 갖는다는 것을 밝힘으로써 개념적 의미의 상대성에 의해 사회·문화적 의미의 다의성이 실현되는 현상을 확인했다. 언설적 의미경향은 조사단어가 포함된 표현부분에서 단어와 공기하는 어구가 일정 수 이상의 문장에 공통하는 경우[4]에 한하여 인정된다. 예를 들어 다음의 예문들로부터 <戦争·失政, 事故·事件などで何らかの被害や影響を受ける>라는 「普通の人」의 언설적 의미경향을 추출할 수 있다.

---

[4] 유사한 복수의 언설적 의미를 하나의 언설적 의미경향으로 분류하는 작업을 위해서는 조사 자료의 규모에 상응하는 합리적인 계량적 기준이 필요하다. 본고에서는 언설적 의미경향으로 인정하는 계량적 기준을 동일한 의미경향으로 합칠 수 있는 언설이 10예 이상 존재하는 경우로 설정하고 있다. 이 10예라는 기준은 임시적인 것으로 앞으로 계량적인 수치의 차이에 의한 분석결과의 변동을 관찰한 후보다 적절한 기준을 설정할 필요가 있다.

- 普通の人たちが被害に遭うという、戦争の現実を知らされた。
- ただこの時期に行ったことで、戦争になったら殺される側の、普通の人々に出会ってしまった。
- これが、大企業の不良資産・債権を生んでいるだけでなく、普通の人々の生活にも影を落とす。
- だったら、普通の人が医療を選ぶ時はもっと大変に違いない。
- 借地契約が固定化、借家の供給が限定され、日本の住宅事情がゆがみ、自然災害へのリスクを普通の人に負わせることになってしまった。
- あるのは事故の中で混乱し、途方にくれ、憤慨し、それでも生きたいと願った普通の人々の体験を記録した声だけだ。
- 犯人は面白がってやっているのではないか。狙われたのも普通の人ばかり。

이와 동일한 방법으로 6년분의 신문코퍼스를 조사한 결과, 「「普通の人」에는 이하의 (1)~(7)과 같은 언설적 의미경향이 존재함을 확인할 수 있었다.

(1) ＜戦争・失政, 事故・事件などで何らかの被害や影響を受ける＞

(2) ＜専門的なことがらについて知識・認識・関心などが足りなかったり、専門的な判断・行動などができなかったりする＞

(3) ＜新奇・斬新なところがなく、平凡な判断・行動をする＞

(4) ＜常識な感覚を持ち、道徳やモラルを守る＞

(5) ＜心身が健康・健常で、通常の標準的な行動・生活ができる＞

(6) ＜地道な日常生活を営む＞

(7) ＜特別・特殊な能力、容貌、経験などをもたない＞

이들 7개의 언설적 의미경향을 생성하고 또 유지시킨다고 생각되는 사회적 코노테이션으로 (2)(3)(7)로부터는 ≪普通であることを否定的にとらえる≫, (4)(5)(6)으로부터는 ≪普通であることを肯定的にとらえる≫, (1)로부터는 ≪普通であることを同情的にとらえる≫라는 평가적인 측면에서 상이한 세 가지의 다의적인 사회적 코노테이션을 추정할 수 있다. 이와 같이 「普通の人」의 사회적 코노테이션이 다의가 되는 것은 「普通の人」의【何らかの面で標準的と評価される人】이라는 디노테이션의【標準的と評価される】라는 측면이 상대적이라는 것에서 비롯된다. 「普通の人」를 「우수한 사람」인 전문가나 비범한 사람, 개성적인 사람 등과 대비할 때에는 ≪普通であることを否定的にとらえる≫라는 사회적 코노테이션이 생겨나며, 역으로 「普通の人」을 「열등한 사람」인 건강하지 못한 사람, 부도덕한 사람이나 범죄자, 地道な生活을 영위하지 않는 사람 등과 대비할 때에는 ≪普通であることを肯定的にとらえる≫라는 사회적 코노테이션이 생겨난다. 이 대립적인 사회적 코노테이션은 「普通の人」의 디노테이션에 있어서의 「우열의 상대성」에 기인하고 있다. 또한 「普通の人」을 주로 국가나 기업, 정치적·경제적인 지도자층 등의 「강한 사람」과 대비하여 「약자」로 취급할 때에는 ≪普通であることを同情的にとらえる≫라는 사회적 코노테이션이 생겨나는데 이것은 「普通の人」의 디노테이션에 있어서 「강약의 상대성」에 기인하고 있다.

Ⅴ 유의구조 속의 사회·문화적 의미

단어의 의미를 상세히 알기 위해서는 유사한 의미를 지닌 단어=유의어(類義語)와의 의미를 비교해 보는 것이 유효하다. 종전의 일본어

학계에서도 도쿠가와 무네마사·미야지마 타쓰오(德川宗賢·宮島達夫, 1972), 모리타(森田, 1989), 시바타 타케시 편(柴田武編, 1976~82) 등의 사전이 간행되어 유의어의 비교를 통한 보다 정밀한 단어의 의미기술이 행해져 왔다. 사회·문화적 의미의 기술은 이러한 유의어 간의 의미 비교에 있어서도 매우 유용하다. 왜냐하면 유의어 간의 의미 차이는 개념적 의미가 아니라 암시적 의미의 영역에서 나타나는 경우가 많기 때문이다. 姜(2010)에서는 복수의 단어 사이에 개념적 의미가 유의인 경우 각각의 사회·문화적 의미가 어떻게 부가되는가를 유의어 「青年」과 「若者」를 예로 분석하였다. 종래의 국어사전 예를 들어 『日本国語大辞典』(小学館)에서는 「青年」의 의미를 「年の若い人。思春期にある男子、また女子。一四, 五歳から二四, 五歳の時期の人。わかもの。わこうど。」, 「若者」의 의미를 「年の若い人。青年。わこうど。」라고 설명하고 있다. 즉 「青年」의 의미를 설명하기 위해서 「わかもの」를 「若者」의 의미를 설명하기 위해서 「青年」을 사용하는 모순을 범하고 있는데 이것은 단어 간의 유의관계를 기술하는 것이라기보다는 단순한 동어반복(tautology)에 불과하다. 전술한 「普通の人」와 동일한 방법으로 「青年」의 언설적 의미경향을 기술했는데 예를 들어 다음의 예에서는 <좌절·절망·고뇌·고독 등에 빠지다>(52예-17.6%)라는 언설적 의미경향이 추출된다.

· 都会で挫折した青年が故郷で新たな人生を模索する、というよくある話なのだが、不思議と心に響く映画である。
· 「眼前には六十年安保闘争に挫折した青年たちの群像があった」
· 人妻との恋に破れた青年の苦悩を描くゲーテの「若きウェルテルの悩み」は、作者の実体験がもとになっていた。
· 友情のために自分を犠牲にする義理堅さを持ち、身分違いの愛に苦し

む青年。
- 絶望した青年が最後に見るのは、村はずれの凍りついた地面の上を、手回しオルガンを回しながらはだしでよろめき歩いている辻音楽師の姿である。
- 真夜中、別れた女性の住む町を追われるように脱出する青年は絶望と疎外感のただなかにいるが、…
- 館内の小部屋を寝床にしながら夜警の仕事をしている孤独な青年マルティーノ。

이와 동일한 방법으로 「青年」의 언설적 의미경향 8개를 추출하였다[5]. 「青年」의 사회·문화적 의미는 이들 언설적 의미경향을 생산하고 유지시키는 의미로 추정할 수 있다. 우선

<挫折·絶望·苦悩·孤独に駆られる> <犯罪·戦争·差別の被害をうける> <病気や障害に苦しむ>

의 3개의 언설적 의미경향의 배후에 ≪不幸だ≫라는 동정적인 사회·문화적 의미를 상정할 수 있으며, 이와 대조적으로

<夢に向けて進む> <将来の希望である>

등의 언설적 의미경향으로부터는 ≪明るい未来がある≫라는 긍정적인 사회·문화적 의미가,

---

5 <문제행동을 일으키다>라는 언설적 의미경향은 극히 소수이므로 사회적 코노테이션과의 관계에 관한 판단은 현 단계에서는 보류하기로 한다.

<純粋で優しい、思いやりにあふれる> <何かにひたすら打ち込む>

로부터는 ≪人柄がいい≫라는 긍정적인 사회·문화적 의미가 추정된다. 결국 「青年」에는 동정과 긍정의 평가가 혼합된 다의적인 사회적 코노테이션이 존재한다. 「若者」의 사회·문화적 의미도 언설적 의미경향을 산출하고 유지시키는 것으로써 설정해야만 한다. 즉 <犯罪·罪を犯す>라는 언설적 의미경향의 배후에는 ≪問題を起こす≫라는 부정적인 사회·문화적 의미를, <無関心·没認識である> <夢や目標をもたない>라는 언설적 의미경향의 배후에는 ≪生への意欲を失う≫라는 부정적인 사회·문화적 의미를 설정할 수 있다. 이와 대조적으로 <失業·戦争などの被害をうける>라는 언설적 의미경향으로부터 ≪不幸だ≫라는 동정적인 사회·문화적 의미가 산출된다. 이상에서 살펴본 「青年」「若者」의 사회·문화적 의미를 정리하면 다음과 같다.

「青年」≪不幸だ≫　≪明るい未来がある≫≪人柄がいい≫
　　　　(동정적)　　　　　　　(긍정적)
「若者」≪問題を起こす≫≪生への意欲がない≫　≪不幸だ≫
　　　　　(부정적)　　　　　　　　　(동정적)

이 도식으로부터 「青年」과 「若者」의 <年の若い人> <青春期にある人>라는 개념적 의미의 유의성은 사회·문화적 의미의 ≪不幸だ≫라는 동정적 코노테이션에 의해서 겨우 유지되고는 있으나 매우 미약하다는 것을 알 수 있다. 오히려 사회·문화적 의미에 있어서는 「青年」에 ≪明るい未来がある≫≪人柄がいい≫라는 긍정적인 코노테이션이 존재하는 것과 대조적으로 「若者」에는 평가적으로 정반대인 ≪問題を起こす≫≪性への意欲がない≫라는 부정적 코노테이션이 존재한다는 사실로부

터 「青年」과 「若者」를 유의어로 인정하기 어렵다. 예를 들면,

　　「日本に限らず、先進国の若者は夢を失っている。」
　　「ふだんは心優しい青年なんです。」

라는 예를
　　「日本に限らず、先進国の青年は夢を失っている。」　　(?)
　　「ふだんは心優しい若者なんです。」　　　　　　　　(?)

와 같이 바꾸면 매우 부자연스럽게 느껴지는데 이것은 전술한 바와 같
이 「青年」과 「若者」에 긍정과 부정의 사회·문화적 의미가 확연히 나
누어지기 때문이다. 이것은 또한 우리가 언어(단어)를 사용함에 있어
서 개념적 의미에 못지않게 사회·문화적 의미가 매우 중요한 역할을
하고 있음을 의미한다. 이와 같이 유의어의 정밀한 의미 분석을 위해
서는 유의어의 실제 사용으로부터 사회·문화적 의미를 정확하게 추출
하고 기술하는 작업은 필수의 과제라고 할 수 있다.

Ⅵ 다의구조 속의 사회·문화적 의미

　어떤 언어에 있어서도 기본적인 단어는 의미적으로 다의(多義)를 이
루고 있고 다의어의 의미구조와 발전을 밝히는 작업은 의미론의 중심
적인 과제이다. 일본어학에서도 다의적인 의미발전의 원인을 어휘구조
상의 재명명의 관점으로부터 논한 스즈키 타카오(鈴木孝夫, 1976), 인
지적인 관점에서 다의구조의 해명을 시도한 구니히로(国広, 1997) 등
이 연구가 행해져 왔다. 그러나 이들 연구는 개념적 의미의 다의구조

의 기술에는 성공했으나 언어사용의 실태를 충실하게 반영한 의미기
술과 암시적 의미를 포함한 보다 복잡다기한 의미구조의 해명이라는
면에서는 충분하다고 하기는 어렵다. 姜(2011)에서는 코퍼스 상의 대
량의 언어사용례로부터 추출된 공기단어(共起語)의 경향을 근거로 암
시적 의미 중 특히 사회·문화적 의미에 주목하여 한 단어 내의 개념적
의미가 다의를 이루고 있는 경우 각각의 개념적 의미에 사회·문화적
의미가 복잡하게 부가되어 있는 양상에 관하여 다의어「人間」을 예로
검토하였다. 용례는 크게 인간의 총칭, 인류를 의미하는 <인간 전체>
와 「理系の人間」「神戸の人間」「明治の人間」「外務所の現場の人間」「理
論ばかりの冷たい人間」「世界に通用する人間」「僕のような人間」 등과
같이 어떤 집단에 소속된 인간이나 개인을 의미하는 <일부의 인간>으
로 분류된다. <인간 전체>로부터는 크게 <悪事を働く> <限界がある·
弱い> <非道や弱さを克服すべきだ> <傲慢になって自然を破壊する>
<強かだ> <善良だ>라는 6개의 언설적 의미경향을 추출할 수 있으며,
<일부의 인간>에는 <悪事を働く> <社会から疎外される> <人柄がよ
い> <努力·実践しない> 등의 언설적의미경향이 존재한다. 이들 의미
경향은 예를 들어 다음과 같은 과정을 통해 추출된다.

(1) <悪事を働く> (120例-28％)
「いじめる、争う、むごい、傲慢だ、裏切り、裏切る、うそ、戦争、攻撃
性、凶暴、残酷>등의 부정적인 의미의 단어와 공기한다.

· 「人をいじめる、これが人間だ。」

· 歴史書を読むと人間とはまったくよく争う動物だと思う。

· 戦争は人間の本能であり、それに打ち勝つのが近代人の平和への英知
だと彼は考えた。

· 人間はどれだけ、お互いにむごいことを行い合うものなのか。

・ <u>人を裏切ったことのない人間</u>はいないだろう。

・ <u>ウソをつくのは個々の生身の人間</u>だ。

・ 宮崎事件は単純な性犯罪ではなく、<u>人間の攻撃性</u>にブレーキをかけられない社会の病理だ。

・ 心の奥に潜む、<u>人間の暗く凶暴なエゴ</u>をえぐり出した松本清張作品「けものみち」は、…

　사회·문화적 의미는 전술한 바와 같이 언설적 의미경향을 만들고 또 유지하는 것으로서 추정해야만 한다. <인간 전체>에서 추출된 6개의 의미경향을 살펴보면, 우선

　　<悪事を働く> <限界がある・弱い> <傲慢になって自然を破壊する>

의 3개의 언설적 의미경향의 배후에는 ≪本性として短所を備えた存在≫라는 부정적인 사회·문화적 의미를 상정할 수 있다. 이와 대조적으로

　　<強かだ> <善良だ>

의 언설적 의미경향으로부터는 ≪本性として長所を備えた存在≫라는 긍정적인 사회·문화적 의미를 상정할 수 있으며, 또한

　　<非道や弱さを克服すべきだ>

라는 언설적 의미경향에서는 ≪こうあるべき存在≫라는 당위적인 사회·문화적 의미를 상정할 수 있다. 그러나 <非道や弱さを克服すべきだ>는 <悪事を働く> <限界がある・弱い> <傲慢になって自然を破壊す

る>의 반작용으로 생각할 수 있기 때문에 ≪こうあるべき存在≫라는 당위적인 사회·문화적 의미는 ≪本性として短所を備えた存在≫라는 부정적인 사회·문화적 의미와 연동한다. 즉 <인간 전체>에는 긍정과 부정의 평가가 얽혀 있는 다의적인 사회·문화적 의미가 존재한다고 할 수 있다. <일부의 인간>의 경우 <悪事を働く> <努力·実践しない>의 두 언설적 의미경향의 배후에는 ≪短所を備えた存在≫라는 부정적인 사회·문화적 의미를 상정할 수 있다. 이에 반해 <人柄がよい>라는 언설적 의미경향으로부터는 ≪長所を備えた存在≫라는 긍정적인 사회·문화적 의미를, <社会から疎外される>라는 언설적 의미경향으로부터는 ≪不幸な存在≫라는 동정적인 사회·문화적 의미를 상정할 수 있다. 결국 <일부의 인간>에는 긍정과 부정, 그리고 동정이라는 3종류의 상이한 평가가 함유된 다의적인 사회·문화적 의미가 존재한다. 이상에서 살펴본 「人間」의 사회·문화적 의미를 개념적 의미의 구조와 함께 다시 정리해보면 다음의 <표 1>과 같다.

<표 1> 「人間」의 의미구조

	개념적 의미	언설적 의미경향	사회·문화적 의미	평가
人間	인간 전체	·悪事を働く ·限界がある·弱い ·傲慢になって自然を破壊する	本性として短所を備えた存在	부정
		·非道や弱さを克服すべきだ	(こうあるべき存在)	(당위)
		·強かだ ·善良だ	本性として長所を備えた存在	긍정
	일부의 인간	·悪事を働く ·努力·実践しない	(本性として)短所を備えた存在	부정
		·社会から疎外される	不幸な存在	동정
		·人柄がよい	(本性として)長所を備えた存在	긍정

표 안에서 점선으로 둘러싼 부분은 <인간 전체>와 <일부의 인간> 사이에 차이점이 존재하는 부분이다. 또한 <인간 전체>의 당위적인 사회·문화적 의미 ≪こうあるべき存在≫에 괄호를 친 것은 이것을 반대로 하면 <限界がある·弱い>의 ≪本性として短所を備えた存在≫라는 사회·문화적 의미로 분류할 수 있기 때문이다. 그러나 <일부의 인간>에 있어서의 동정적인 사회·문화적 의미 ≪不幸な存在≫는 ≪(本性として)短所を備えた存在≫의 반대로써가 아니라 독립된 사회·문화적 의미로 봐야 할 것이다. 결국 일본에서는 인간에 대한 부정적인 사회심리(견해)가 만연해 있다고 할 수 있는데 특히 인간전체에 대해서는 부정적인 심리가 강하며 그것을 극복해야 한다는 암시적 의미마저 존재한다. 이와 대조적으로 일부의 인간이나 인간 개인에 대해서는 부정적인 심리와 더불어 동정적인 심리가 공존한다. 여기서『学研国語大辞典第2版』의「人間」의 기술을 확인해보자.

① ひと。人類。
　 参㋑「ひと」よりもいやしめた気持ちで用いる。
　　㋺ とくに、人としての本質·性質の意で使うこともある。

사전의「『ひと』よりもいやしめた気持ちで用いる」라는 기술은 사회·문화적 의미를 도입하는 것에 의해 <표 1>과 같이 보다 복잡다기한 의미기술로 보강할 수 있을 것이다. 이상으로 코퍼스에 나타난 단어사용으로부터 추출된 사회·문화적 의미의 기술에 의해 보다 풍부한 다의구조를 구축할 수 있음을 살펴보았다.

Ⅶ 금후의 과제

단어의 사회·문화적 의미를 「그 단어가 나타내는 대상에 관한 사회적인 현실과 가치관을 반영하는 언어사용의 반복에 의해 형성되는 암시적 의미」라고 규정한다면 비록 동일한 대상일지라도 사회의 현실과 가치관이 변한다면 그 대상을 향한 언설의 내용도 변하게 되며, 결국 그 대상을 지시하는 사회·문화적 의미도 변화하게 되리라는 것을 예상할 수 있다. 따라서 단어의 사회·문화적 의미에 관한 연구에 있어서 사회와 시대의 차이에 따른 상이한 가치관이 반영된 의미를 추출하고 비교하여 그 차이를 실증하는 과정은 매우 본질적이고 핵심적인 작업이라 할 수 있다. 이와 관련하여 다음의 두 가지를 금후의 과제로 하고자 한다.

(1) 明治·大正시대의 신문, 『青空文庫』『インターネット図書館青空文庫』『太陽コーパス』『新潮文庫明治·大正の文豪』『近代女性雑誌コーパス』 등 현재 가용할 수 있는 明治·大正시대의 코퍼스를 대상으로 상이한 시대상의 차이를 반영하는 사회·문화적 의미의 변천에 관하여 현대와의 비교를 통하여 실증한다.

(2) 연세한국어말뭉치, 21세기 세종계획 최종성과물, BCCWJ 등 현대 한국어와 일본어의 사회·문화적 의미을 대조할 수 있는 코퍼스는 그 규모나 질적인 면에서 충분히 연구가 가능한 수준이다. 이러한 상황을 고려하여 사회·문화적 의미의 지역적 변이에 관한 연구를 수행하고자 하며 특히 조사대상의 선정과 타 분야에의 기여 가능성을 고려하여 비판적 사회학이나 사회심리학 분야에서 활발히 진행되어 온 문화적 키워드의 연구 성과(*Keywords*, 『ボキャブラ社会学』 등)를 본 과제에 접목시키고자 한다.

■ 참고 문헌 ─────────────────────────────────────●

池上嘉彦(1984)『記号論への招待』岩波書店

姜炅完(2009a)「単語の社会的コノテーション－新聞コーパスを用いた「現代人」の計量的分析」『日本語文学』45

_____(2009b)「社会的コノテーションの多義性－「普通の人」を例に」『計量国語学』27－2

_____(2010)「類義構造における社会的コノテーション－「青年」「若者」を例に」『日本研究』46

_____(2011)「多義構造における社会的コノテーション」『日本言語文化』18

国広哲弥(1982)『意味論の方法』大修館書店

_____(1997)『理想の国語辞典』大修館書店

国広哲弥編(1982)『言葉の意味3』平凡社

_____(1976~79)『言葉の意味1.2』平凡社

鈴木孝夫(1976)「語彙の構造」『日本語学講座4　日本語の語彙と表現』大修館書店

徳川宗賢·宮島達夫(1972)『類義語辞典』東京堂出版

中道真木男(1989)「語感」『ケーススタディ日本語の語彙』おうふう, pp.124-129

西尾寅弥(1962)「語感をさぐる」『言語生活』8

_____(1977)「語の意味の周辺」『国語学と国語史』明治書院

クレイグ·マクガ-ティほか(編)(2007)『ステレオタイプとは何か』明石書店

Eco, U.(1976) *A theory of semantics.* Bloomington.

Hjelmslev, L.(1943) *Omkring sprogteoriens grundlaeggelse.* Kopenhagen.
　　　【林栄一訳(1959)『言語理論序説』英語学ライブラリー】研究社

Said, E.(1978) *Orientalism.* London: Routhledge.

Williams, R.(1983) *Keywords : A Vocabulary of Culture and Society.* Harper Collins.

일본어학과 일본어교육
日本語学·日本語教育

3 어휘(語彙)

일본어 어휘사란 무엇인가
─ 언어를 계층적인 자원의 시각에서 보는 입장에서 ─

긴스이 사토시 *
오사카대학교 교수

I 머리말

본고에서는 일본어 어휘사를 고찰하는 데 있어 「계층적인 언어 자원」이라는 개념을 도입하고자 한다. 이는 어쩌면 평면적이고 단일 시점적인 「국어 어휘관」이 역사를 보는 왜곡된 시각을 제공한 것이 아닌가 하는 우려에서이다. 이러한 관점이 한편으로는 「국어의 올바름」에 대한 시각을 왜곡시킨다. 어휘사는 결코 회고적인 학문이 아니라 오늘을 살아가는 우리의 생활과 관련되는 학문이다. 이러한 관점에서 새롭게 「국어의 올바름」에 대해 기술하고자 한다.

* 金水敏 : 大阪大学

Ⅱ 계층적인 언어 자원

일본어의 역사란 무엇인가 하는 문제를 생각할 때, 거기에는 상당히 이질적인 것이 포함된다. 예를 들어 어휘사에 대해 생각할 때 교육 문제를 무시할 수는 없다(cf. 오노 마사히로(小野正弘, 2010)). 한편 비교언어학의 대상이 되는 음성·음운 현상은 교육이나 정치·사회와는 전혀 관계가 없다고는 할 수 없어도, 그러한 영향을 배제한 부분에서 성립되는 문제라고 할 수 있다.

일본어뿐만 아니라 언어의 역사라는 것을 생각하는 데 있어, 언어를 평면적인 것으로 볼 게 아니라 성질이 다른 여러 개의 계층이 존재한다는 것을 전제로 고찰할 것을 제안하고 싶다. 나아가 언어와 그 요소에 대해서는 비용을 들여 손에 넣고, 또 손에 넣은 언어를 이용하여 어떠한 이익을 얻을 수 있는 "자원"으로 보고자 한다.

언어 자원은 3개 내지는 4개의 계층으로 구분된다. 하나는 아이들이 태어나 처음으로 획득하는 제1언어, 즉 "모어"이다. 여기에는 기본 어휘와 기본적인 문법 정보가 포함된다. 이것은 기본적으로 음성언어다(수화는 음성언어에 준하는 것으로 본다). 이것을 <아이의 언어>라고 해두자.

다음으로 아이가 성장하여 지역사회에 편입되어가는 과정에서 다양한 언어 변종을 습득하게 된다. 이 언어 변종이란 사용 장면에 따라 구분하여 사용하는 문체적 변종(예를 들면 경어 등)과 화자의 사회적 그룹에 따른 화법의 차이 등을 가리키는데, 자기 자신이 사용하는 것도 있고 그저 이해언어에 지나지 않아 사용언어가 되지는 않는 것도 포함된다. 그리고 일본에서 생활하고 있는 경우에는 이 언어 변종이란 말 그대로 일본어의 다양성(variation)에 해당되는 것인데, 세계의 다양한 언어 상황(혹은 일본의 과거 상황)에 비추어 볼 때, 모어와는 전혀 다른 언어의 습득을 강요당하는 경우도 적지 않다. 또한 언어 변종은 음운, 어휘, 문법 등을 지식으로서 습득하는 것에 더하여 적절한 장면에서 적절한 변종을 사용하는 화용론적 규칙을 동시에 습득해야만 도움이 된다. 이러한 언어 변종을 습득하여 잘 활용하는 것이 바로 언어가 "성인"화 되어가는 것이라고 볼 수 있다. 이 단계를 <지역 언어>라고 해두자. <지역 언어>는 음성언어가 기본이며, 일부에 문자언어를 포함하는 것으로 한다. 말하자면 방언은 <아이의 언어> <지역 언어> 층위에 속하는 언어이다.

여기에서 "아이" "성인"이라는 용어를 사용하였는데, 이것은 상징적인 의미이며 몇 살까지가 아이, 그 이상은 성인이라는 엄밀한 경계가 있는 것은 아니다. 예를 들어 취학 연령이 되기 전에도 어떤 종류의 문체 습득이나 활용은 시작되며 또 성인이 된 후 습득하는 기초어휘도 있을 것이다. 오히려 <아이의 언어>란 무의식적, 무선별적으로 획득되는 언어라고 생각하고, 그것을 습득하는 실제 연령과는 약간의 상관관계를 가진다는 정도로 생각하는 것이 좋을 것 같다.

음성언어에 의한 지역의 커뮤니케이션 범위를 넘어 행정, 사법, 산업, 의료 등 지적인 정보를 다루는 언어 층위를 <광역 언어>라고 한다. 미즈무라(水村, 2008)가 말하는 「국어」에 해당된다. 이 층위에서는 문자언어가 주체가 되며 음성언어는 이에 종속된다. <광역 언어>는 고립되어 존재하는 것이 아니라, 일반적으로 <글로벌한 언어>또는 <초광역 언어>라고 할 수 있는 "외부의 언어"와의 교류(번역)를 통해 성장한다. <글로벌한 언어>란 현재의 세계적인 상황에서는 영어에 해당되는데, 근세 이전의 동아시아에서는 <초광역 언어>의 자리는 고전 중국어(한문)가 차지하고 있었다. 그리고 중세 유럽에서는 라틴어가 이에 해당한다. 이상에서 기술한 계층에 대해 도식화한 것이 <그림 1>이다. 이것은 개인이 가진 언어 자원이 성장해 가는 이미지를 나타낸 것으로 <아이의 언어> 위에 <지역 언어>가 쌓이고, 그 위에 <광역 언어>가 쌓이는 모습을 그린 것이다.

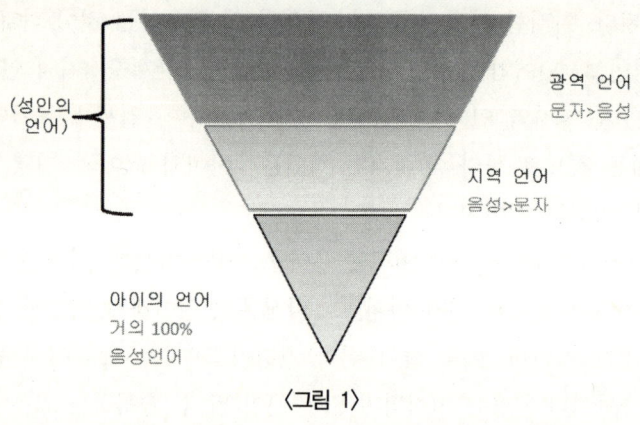

〈그림 1〉

Ⅲ 언어사와 언어의 계층

언어학의 세계에서 가장 널리 알려진 역사적 연구는 비교언어학이다. 여기에서 다루는 현상은 음운 대응이며, 같은 계통으로 가정되는 2개 언어의 비교를 통해 공통의 조상어의 상태를 추정하는 방법으로 이뤄진다. 19세기 말부터 20세기에 걸쳐 유럽에서 크게 발전하여 인구어의 조상어 탐구가 전개된 사실은 널리 알려졌는데, 일본어와 관련하여 신뢰도 높은 비교 연구로는 일본어와 류큐어의 조상어 연구를 들 수 있다. 과거의 것으로는 핫토리 시로(服部四郎, 1978-1979)가 추진한 일련의 연구(핫토리(服部, 1978-1979)를 들 수 있고, 최근의 것으로는 Thomas Pellard의 연구(Pellard 2008; 2010)가 뛰어난 성과이다. 여기에서 다뤄진 음운 변화(예를 들면 일본어와 류큐어의 조상어에서 사용된 *o와 *u가 상대 일본어에서 u와 합류하는 등)는 발화자의 의식에 따라 선별되는 종류의 것이라고는 할 수 없다. 자신도 모르는 사이에 변화된 것과 같은 종류의 것으로, 무의식적·무선별적인 변화라고 할 수 있다. 이러한 변화가 어린 시절에 일어나는 지에 대해 입증되지는 않았지만 무의식적이라는 의미에서 <아이의 언어>가 변화한 것으로 생각하기로 하자. 단, 이러한 변화가 공동체 안에서 인식되고 변화를 일으킨 화자(그룹)와 일어나지 않은 화자(그룹)가 사회적으로 분화하여 언어변종으로 파악되면, 의식적인 선별이 대상이 되어 <지역 언어>의 일부를 이루게 된다.

한편 기초어휘가 아닌 문화적인 어휘는 그 사용 가치에 따라 의식적으로 선별된다. 예들 들면 「手品(tejina)」「奇術(kizyutu)」「マジック(majikku)」에 대해 생각해보자. 에도 시대, 「手品」와 「奇術」는 동시대의 어휘로 존재하면서, 「手品」가 일반 어휘로 보급된 반면 「奇術」는 일부 지식인이 한문 문맥 안에서 사용하는 어휘였다. 그러나 메이지 시대에 한자어 번역 어휘가 널리 사용되게 되자 「奇術」가 현대적인 좋은 이미지를 가진 어휘로 일반적으로 사용되었다. 상대적으로 「手品」는 약간 고루한 이미지를 가진 어휘처럼 보이게 되었다. 그리고, 전후 외래어(가타카나어)가 유행하게 되자, 「マジック」가 일반화되고 상대적으로 「奇術」는 오래되고 딱딱한 인상을 주는 어휘가 되었다. 이러한 예를 통해 전형적으로 알 수 있는 것은 어휘 변천에 있어서는 시대 배경으로서의 문화 상황이 큰 영향을 미친다는 점이며, 또 사회에서의 사람들의 가치 부여와 선호도가 깊이 관여된다는 사실이다.

위에서 기술한 언어사의 차이를 단계적인 언어관에 비추어 생각해보도록 하자. <아이의 언어>를 무의식·무선별적인 언어로 바꾸어 생각하면, 비교언어학의 대상이 되는 언어 변화란 어떤 세대의 <아이의 언어>가 다음 세대의 <아이의 언어>로 계승될 때의 변질이라고 볼 수 있

다. 그 요인은 어떠한 생리적, 인지적 바이어스 혹은 경향으로 설명할
수도 있지만, 양쪽 모두 의식적·선별적인 것은 아니다(<그림 2> 참조).

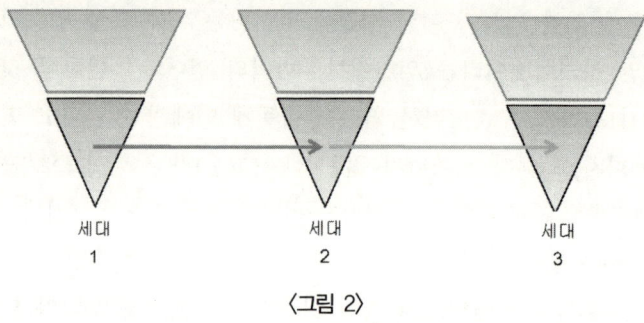

세대   세대   세대
 1   2   3

〈그림 2〉

　한편, 예를 들어 「奇術」나 「マジック」가 거쳐온 과정을 고찰하면,
모두 외부 언어로서의 <초광역 언어>에서 번역을 통해 <광역 언어>
로, 그것이 결국은 음성언어로서의 <지역 언어>로 오게 된 사례로 생
각할 수 있다. 이 외에 예를 들어 어떤 세대의 <아이의 언어>가 고어
나 비속어가 되어 <지역 언어>의 언어변종의 하나가 되는 경우도 있
을 수 있다(예 「くそ(kuso)」가 기초어휘에서 비속어가 된 사례 등. <그
림 3> 참조).

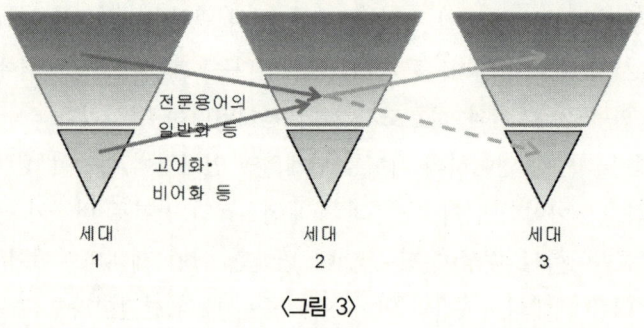

전문용어의
일반화 등
고어화·
비어화 등

세대   세대   세대
 1   2   3

〈그림 3〉

이상에서 언어 변화를 무의식적·무선별적인 것과 의식적·선별적인 것으로 나누어, 전자의 경우는 <아이의 언어>에서 일어나는 변화이며, 후자는 <지역 언어> 혹은 <광역 언어>와 관련된 변화라는 점에 대해 기술하였다. 전자의 예로서 음운 변화를 들었는데, 기본적인 통사 구조의 변화와 동사 활용 등의 형태 변화도 여기에 포함될 것이다. 한편 후자의 예로는 어휘 변화를 들었는데, 그 밖에 문체사나 경어 등 화용론적인 문제의 역사적 변화가 여기에 포함될 것이다. 그러나 양쪽에 걸쳐있는 문제도 충분히 있을 수 있기 때문에 더 심층적인 검토가 요구된다.

Ⅳ 표준어 / 공통어와 일본어사

현재 표준어 혹은 공통어가 문자언어·음성언어에 걸쳐져 "올바른" 일본어로서 널리 인식되고 구어의 표준어학·공통어학가 진행됨에 따라 많은 전통 방언이 소멸될 위기에 처해 있다. 이러한 상황은 일본어의 역사에서 최근 100여년 동안 급속하게 진행되고 있으며 세계적으로 보아도 결코 흔한 상황이라고는 할 수 없다.

에도 시대 이전에는 <광역 언어>, 즉 표준적인 문자언어로서 한문이나 문장 끝에 정중 표현인 소로를 사용한 문어체 문장인 소로분(候文)이 있었고 음성언어로서는 각 지역·신분에 따른 방언이 각기 존재했다. 음성언어의 표준화라는 발상은 근대 이전에는 존재하지 않았다고 할 수 있다(단, 연극·서민적인 음악 무용 화술, 실천적 도덕을 설파하는 이야기, 또는 에도 시대의 통속 소설 등에 의해 사실상의 표준적인 음성언어가 준비되어 있었다는 사실에는 주의할 필요가 있다(모리오카 켄지(森岡健二, 1991), 노무라 타카시(野村剛史, 2011) 등).

근대에 들어 교육, 산업, 군사 등을 효율화하는 관점에서 국어 개량에 대한 발상이 생겨 문자언어뿐만 아니라 음성언어에까지 이르는 국어의 표준화가 도모되었다. 즉 간단히 말해서 언문일치운동이 그것이다. 그러나 표준적인 말=음성언어 자체가 정해지지 않은 시점에서 정부 주도로는 언문일치가 진척되지 않자, 결국 소설 개량운동이 이를 주도하는 형태로 메이지 말부터 다이쇼 시대에 걸쳐 거의 완성을 이루었다. 그러나 모든 문서가 언문일치로 된 것은 아니라, 예를 들어 법령문서는 제2차 세계대전 후까지 문어체로 남아 있었고, 격식을 차린 편지문 등은 소로분(候文)의 상태로 남아 있었다.

언문일치체가 도쿄 중심부의 지식인층이 사용하는 말을 바탕으로 성립된 데 이어서 음성언어의 표준화가 교육계에서 전개되었다. 그것은 「방언은 고급스럽지 못한 말」이라는 명제를 전제로 방언 박멸 운동의 형태로 전개되었다. 이 캠페인 결과 국어=표준어라는 유일한 올바른 음성언어가 존재하게 되었고, 또 그것은 문자언어와 연속적(언문일치)이라는 이념이 성립되었다. 국어사란 바로 이 근대 국어에 이르기까지의 역사라는 생각이 이 때 생겨났다.

언문일치·표준어 확립 이후의 상황을 계층적인 언어관에 비추어 보면, 다음과 같다. <광역 언어>의 핵심에 문자언어로서의 구어문체가 위치하는데, 이것은 어디까지나 문자언어가 중심이며, 음성언어는 여기에 따라가는 것이다. 예를 들면 「~である(~이다)」라는 단정의 표현은 어디까지나 문자언어의 문체의 일부이며, 음성언어에는 본래 없는 형식이다. 한편 음성언어로서의 공통어가 <지역 언어>에서 언어변종의 하나로 넓은 지역에 존재한다. 이것과는 별도로 수도권에는 수도권 방언이 있어, <아이의 언어>~<지역 언어>로 존재하는데, 수도권 방언과 공통어는 당연히 많은 공통 부분을 가지므로 화자의 의식 속에서 충분히 분리되어 있지 않다고 해도 이상할 것이 없다.

Ⅴ 역할어의 발달과 언어사

「역할어」란 주로 특정한 사회적 그룹이 공통으로 사용한다고 생각
되는 고정된 화법의 변종이다. 이것은 화법을 현실의 「위상(차)」로 보
는 것이 아니라 사람들이 공통적으로 가지는 지식의 문제로 보는 견해
로, 현실의 화법과 가까운 경우도 있고 동떨어진 경우도 있다. 예를 들
어 「わしは~じゃ。(난~야)」와 같은 화법을 사용하면 일본에서 자란 대
부분의 일본어 화자는 노인을 연상한다. 이것을 임의로 <노인어>라고
하자. 그러나 현실적으로는 노인이 된다고 <노인어>를 사용하게 되는
것은 아니다. 한편 「おれは~だ(난~이다)」와 같은 화법은 <남성어>이
며 ,「あたしは~よ(전~에요)」와 같은 화법은 <여성어>라는 것에 대해
대부분의 일본어 화자는 동의할 것이다. 분명히 이렇게 말하는 남녀가
존재하며, 이것을 현실의 일본어에 존재하는 위상차라고 인정할 수 있
지만 동시에 역할어라고 볼 수도 있다.

실제로 위와 같이 말하는 남녀가 분명히 존재한다고 해도 그렇지
않은 남녀 또한 많다. 특히 수도권 이외의 지역에서 그러할 것이다. 그
러면 일본어 화자는 실제의 남녀가 여러 가지 화법을 사용하는데 왜
「あたしは~よ(전~에요)」를 그 중에서도 여성어로 선별할 수 있는 것일
까. 그것은 화자가 현실에서 직접 귀납적으로 체득한 것이 아니라 아
마도 그림책이나 애니메이션과 같은 작품을 통해 역할어로서 학습했
기 때문이다. 그러나 우리는 어떤 언어 변종이 현실에 바탕을 둔 것이
며, 어떤 언어 변종이 가상적인 작품에 등장하는 것인지를 구분할 수
없는 경우도 있다. 현실의 언어 변종에 대한 지식과 역할어로서의 <노
인어>나 <남성어>, <여성어>의 역할은 화자의 지식 속에서 섞여 있는
경우가 많다. 즉, 역할어는 아이가 성인이 되어 가며 다양한 언어 변종
을 학습해 가는 과정 속에서 현실이 아닌 작품을 통해 학습된다. 엄밀한

의미에서 <지역 언어>라고는 할 수 없지만 <지역 언어>와 같은 층위에서 많은 화자가 공유하는 언어 변종의 지식이라고 규정할 수 있다.

그러면 역할어의 성립·발달 과정은 어떠할까. 여기에서는 <노인어>를 예로 들어보자(긴스이 사토시(金水敏 2003) : 제1장, 긴스이·이누이 요시히코·시부야 카쓰미(金水敏·乾善彦·渋谷勝己, 2008) : 제7장). 노인어에 관한 기록은 18세기 후반 이후 에도에서 찾을 수 있다. 당시, 지식인층, 부유층 계급에 속한 사람들은 대부분 교토와 오사카어를 사용했는데 하층 계급에 속한 사람들을 중심으로 에도어가 성립되어 점차 에도에서 폭넓은 계층이 사용하게 되었다. 그 과정에서 보수적인 노인층이 비교적 교토어와 오사카어에 가까운 말을 쓰고, 혁신적인 젊은 층이 새로운 에도어를 사용하는 경향이 강해졌다고 생각된다. 이러한 근대적인 대립을 과장하여 그린 작품이 에도 시대 후기의 통속 소설이나 가부키에 있다. 즉, 이러한 작품을 통해 '교토와 오사카 풍의 화법=노인'이라는 인식이 확립되었다. 그 후, 대중적인 작품에서는 이러한 인식이 계속 답습되어 오늘날의 <노인어>로 이어진 것이다.

여기에 역할어가 가진 보수적인 성질이 잘 드러나는데 이러한 보수성은 문자언어 일반이 가진 두드러진 성질이다. 한편 역할어란 어디까지나 음성언어의 말투의 변종이라고 할 수 있다. 다시 말해 역할어는 문자언어를 통해 매개, 계승되는 음성언어의 변종이라는 양면성을 가졌다고 볼 수 있다. 이것은 표준어 / 공통어가 문자언어와 음성언어의 양면성을 가지고 있는 것과 일맥상통하는 일면을 가졌다고 할 수 있다.

Ⅵ 「국어의 올바름」에 대하여

「올바른 일본어」라고 할 때 우리는 「어딘가에 유일하게 올바른 일

본어라는 것이 존재한다」는 개념을 전제로 하는 경우가 많다. 그리고
여기서 말하는 「올바른 일본어」를 숙지하여 일반인에게 가르치고 인
도하는 교사나 서적이 존재하며, 경우에 따라 그러한 교사나 서적에
의존하면 된다고 생각할 지도 모른다. 그러나 이러한 견해는 언어의
실태를 잘못 파악한 것이다. 앞 절에서 살펴본 바와 같이 「일본어」는
하나가 아니라 몇 개의 일본어가 있으며, 그것들은 사회의 다양한 장
소에 산재하거나 연계되어 있고, 또 우리 머리 속에도 여러 개의 일본
어가 중첩되어 있다.

제2절의 도식을 바탕으로 하여 말하자면 <아이의 언어>-<지역 언
어>는 다양성이 높다. 화자 한 사람 한 사람의 언어가 어딘가 다르다
고 말할 수 있을 정도이다.

본래 규범이라고 할 만한 것이 없다는 점 또한 시시각각 변화하는
이러한 언어의 특징이다. 이러한 변화의 경우, 의식적으로는 파악하기
어렵고 자신도 모르는 사이에 변해 있는 경우가 많다. 예를 들면 가능
을 표현하는 「見られる(mirareru : 볼 수 있다)」「食べられる(taberareru
: 먹을 수 있다)」에서 「見れる(mireru)」「食べれる(tabereru)」등, 「ra를
생략한 동사」로 이행하는 것 등은 음성언어의 세계에서 서서히 확대
되었지만 음성언어의 세계에서 문자언어의 세계에 그러한 징후가 옮
겨갔을 때, 극심한 저항에 부딪히는 경우가 있다. 「ra를 생략한 말」은
현재 그러한 상황에 놓여있다. 이러한 저항을 물리치고 <광역 언어>
에 변화를 초래하는 경우도 있는데, 메이지 시대의 언문일치 운동에서
보듯이 <광역 언어>가 변화하는 것은 정치 상황의 변화에 따른 "위"
로부터의 개혁에 따르는 것이 통례이다. 이에 비해 모어로서의 <아이
의 언어>-<지역 언어>는 본질적으로 규범이 없으며, 끊임없이 유동
적이기 때문에 「올바름」에 관한 범주의 밖에 존재한다고 할 수 있다.

한편 <광역 언어>에 포함되는 학술, 문화, 기술 법제 등 전문가나

취미 공동체 등의 언어는 사용 어휘나 표현이 역사적인 과정을 거치며 오늘날에 이른 것으로, 개인에 의한 변화가 쉽게 허용되지 않는다. 그곳은 「올바름」을 엄밀하게 따지는 세계이다. 예를 들면 한자의 「癌(gan)」과 히라가나인 「がん(gan)」은 지시하는 대상이 다르며, 또 가타카나인 「ガン(gan)」은 전문용어로 받아들여지지 않는다. 이 세 가지를 구분하지 못하면 전문가라고 할 수 없다.

일본어의 "올바름"이 문제가 되는 것은 <광역 언어>로서의 현대 공통어의 변화나 시대의 흐름에 따르는 변화, 또는 <광역 언어>와 <지역 언어>가 접촉하여 서로 영향을 주는 장면에서 발생하는 듯하다. 오늘날 구어체 글말에는 문어체의 영향을 많이 받아 한문 문화나 문어적 표현이 많이 존재한다. 그러나 그러한 지식은 점차 약해져서 전통적인 관점에서는 "오류"라고 할 만한 표현도 눈에 띈다. 「図る(hakaru : 꾀하다)」「計る(hakaru(재다)」와 같은 동음이의어의 구분이나 「〜ざるをえない(〜하지 않을 수 없다)」「やむを得ない(어쩔 수 없다)」와 같은 문어적 표현이 이에 해당된다. 「住めば都(살면 어디든 고향)」「情けは人のためならず(동정은 남을 위한 것이 아니다)」와 같은 속담을 잘못 이해하여 사용하는 것도 그러한 예에 속한다고 볼 수 있다.

그리고 앞서 「ra를 생략한 말」 부분에서 기술하였듯이 <지역 언어>가 <광역 언어>에 침투하여 침식해가고자 할 때, 이에 대한 비난이 높아지는 경향이 강하다. 「ra를 생략하는 것」 자체는 5단 활용 동사의 가능 동사형에 해당되는 형식이 1단 동사·カ변 동사에는 없기 때문에 이를 보완하는 데 매우 합리적이고 또 체계 보완적인 현상이라고 할 수 있다. 따라서 음성언어에서는 이러한 현상이 확대될지언정 결코 일시적인 유행에 그치는 것이 아닌데, 보수적인 문자언어에서는 매우 기피되는 현상이다. 문자언어에서 「ra를 생략하는 것」에 대한 배제가 완화되는 날이 올지의 여부는 모르겠으나 「ra를 생략하는 것」을 사용하

는 것에 대한 위험이 아직도 높다는 사실을 생각하면 역시 일정 이상
의 공적인 문장에 「ra를 생략하는 것」을 사용하는 것은 "적절치 않다"
고 해야 할 것이다. 그러나 그 척도 또한 앞으로 변하지 않을 것이라
고는 결코 단언할 수 없다.

Ⅶ 「올바름」에 대해 중론을 모아 결정

불특정 다수의 사람들이 생활의 필요에 따라 정보를 공유하거나 다
양한 서비스를 받을 때 사용하는 언어는 <지역 언어>에 가까운 것이
어야 하는 반면, 때때로 전문가의 <광역 언어>와도 접촉하는 "경계면"
이 되어 이를 연결해 주는 장치가 필요한 경우가 있다. 이러한 부분을
공공적인 언어 공간이라고 부르기로 하자.

이 공공적 언어 공간에서 문제가 되는 것이 <광역 언어>인 전문용
어가 그대로 노출됨에 따라 발생하는 소통의 어려움이나 <지역 언어>
가 반대로 전문가에게 통하지 않는 문제이며 이에 따라 언어정보에 대
해 약자가 부당한 불이익을 당하는 것이다. 의료 용어가 그 전형으로
의료나 간병 전문가가 사용하는 「욕창(褥瘡 : 압박궤양)」「청식(淸拭 : 거동
을 못하는 사람의 몸을 깨끗이 닦아주는 것)」「인폼드 컨센트(informed
consent : 사전동의)」와 같은 전문용어가 그대로 서비스 사용자에게 노
출되어 불필요한 어려움을 초래하고 있다. 이러한 문제를 해결하기 위
해서는 보다 쉬운 용어로 바꾸어 사용하거나 자세한 설명이 필요한데
이에 대해서는 아이자와 마사오(相澤正夫, 2012a; 2012b)를 참조하기
바란다.

언어정보의 약자에는 외국어 화자도 포함되므로 이에 대한 배려도
필요하다. 대표적인 해결 방법으로 공공적인 정보 제시의 다언어화를

들 수 있는데, 다언어화에는 얼마만큼의 언어에 대응하면 되는가 하는 문제도 있고, 또 번역자 등 많은 자원을 필요로 한다는 점에서 대응이 어렵다. 이런 점에서 볼 때 함께 전개해야 하는 대책으로 히로사키 대학 인문학부 사회언어학연구소가 추진하는 「쉬운 일본어」(본고 말미의 URL참조)라고 하는, 일본어 학습자의 입장에서 보아도 이해하기 쉬운 일본어를 사용한 정보 제시를 들 수 있다. 이 연구소 홈페이지를 보면, 「쉬운 일본어」는 어휘적으로는 일본어능력시험 출제 기준 3급·4급(가장 초급)의 어휘를 사용하며, 하나의 문장을 짧게 하고 띄어쓰기를 하며, 문장 구조를 간단하게 하는 등의 규칙이 정해져 있고, 이에 따라 작성하면 일본어 화자의 경우 누구라도 쉬운 일본어를 만들 수 있다는 점에서 뛰어나다. 검증 실험도 실시하고 있어 「쉬운 일본어」를 사용한 정보 제시는 외국인 뿐만 아니라 초등학생도 알기 쉽다는 결과가 나왔다.

"올바름"은 전통적인 규범에 따르는 경우가 분명히 많기 때문에 지식을 많이 가지고 있는 "교사"에게 물어본다는 발상은 자연스럽다. 그러나 사실 규범 자체가 흔들리는 경우도 있고 또 시대에 따른 변화도 있어서 불변하는 것은 아니다. 그리고 경어의 형태 통사론적인 성질은 구어문법의 확립 이후 거의 변하지 않았지만 경어 사용에 대한 의식(언제 경어를 사용하는가, 사용한다면 어떤 때인가)은 상당한 변화를 겪었다.

앞서 기술한 공공적인 언어 공간에서 사용하는 어휘의 문제를 포함하여 권위자의 일방적인 결정을 기다리기 보다는, 일본어 화자 자신이 결정하면 되는 것이나 정해야 하는 사안이 사실은 많다. 국어 문제로는 전통의 계승과 위기에 처한 방언의 보존도 중요하며, 자율적·기능적인 음성언어의 변용에 관대할 필요도 있는 반면, 자신들 스스로 사용하기 쉽다고 생각되는 일본어를 스스로 결정하는 것 또한 비슷한 정도로 중요하다고 본다. 그러나 그러한 자기변혁의 발상을 할 수 있는 기회가 아직까지는 매우 부족했던 것 같다. 최근에는 원자력 문제나 의료 문제로 대표되는 "과학기술과 현대사회에 걸친"(=과학 기술의 전문가들끼리만 정할 수 없는) 문제를 시민의 중의·토론으로 정하고자 하는 동향에 관심이 쏠리고 있는데(고바야시 타다시(小林傳司, 2007)), 바로 "국어"문제에 대해서도 같은 발상이 적용된다. 이 때 언어 전문 가인 연구자에게는 일방적으로 지식을 제공하는 사제로서가 아닌, 시 민에게 정확한 지식을 제공하며 논의에 대한 지원을 할 수 있는 "조력 자"로서의 활약이 요구된다.

Ⅷ 맺음말

본고에서는 언어를 계층적인 자원으로 보는 관점에서 일본어의 역 사에 대해 성질이 다른 것을 분리하자고 제안하였다. 다시 말해 언어 변화에는 무의식적·무선별적인 것과, 의식적·선별적인 것이 있다. 선 자는 <아이의 언어>로, 후자는 <지역 언어> 또는 <광역 언어>와 관련 되는 것이라는 견해를 피력하였다. 그리고 표준어 / 공통어의 역사적 위치와 역할어의 개념에 대해서도 기술하였다. 나아가 이러한 개념의 연장선상에서 「국어의 올바름」을 생각하는 새로운 관점이 열린다는 사실을 주장하였다.

❙ 참고 문헌 ─────────────────────────●

相澤正夫(2012a)「『外来語』言い換え提案」とは何であったか」陣内正敬·田中牧郎· 相澤正夫(編)『外来語研究の新展開』おうふう
_____(2012b)「専門家と非専門家の橋渡し」『日本語学』31-13：36-45, 明治

書院

小野正弘(2010) 「国語語彙史における近代—広義と狭義と—」 第96回国語語彙史研
　　　　　　究会発表資料

金水敏(2007) 「言と文の日本語史」『文学』第8巻・第6号(11, 12月号) pp.2−13, 岩波
　　　　　　書店

金水敏・乾善彦・渋谷勝己(共編著)(2008) 『日本語史のインタフェース』シリーズ日
　　　　　　本史, 4 岩波書店

金水敏(2010a) 「日本語の将来を考える視点—「言語資源論」の観点から—」 日本学
　　　　　　術会議主催公開講演会 「日本語の将来」(主催日本学術会議・言語系
　　　　　　学会連合後援国立国語研究所) 発表資料

＿＿＿(2010b) 「写生(文)、言文一致体と子規・漱石」『松山坊っちゃん会会報』11 :
　　　　　　1−3

＿＿＿(2011) 「日本語史とはなにか—言語を階層的な資源と見る立場から—」『早稲
　　　　　　田大学日本語研究』20 : 1−10, 早稲田大学日本語学会

＿＿＿(2012) 「日本語の正しさとは何か」『日本語学』31−13: 16−2, 明治書院.

クルマス、フロリアン(著)諏訪功・菊池雅子・大谷弘道(訳)(1993)『ことばの経済学』
　　　　　　大修館書店

小林傳司(2007) 『トランス・サイエンスの時代—科学技術と社会をつなぐ—』NTT
　　　　　　出版

＿＿＿＿(2011) 「専門家の知の限界に社会はどう向き合うか」『外交』7: 10−11.

野村剛史(2011) 『話し言葉の日本史』吉川弘文館

服部四郎(1978−1979) 「日本祖語について (1−22)」『言語』7−1~7−3, 7−6~8−
　　　　　　12, 大修館書店

水村美苗(2008) 『日本語が亡びるとき—英語の世紀の中で—』筑摩書房

森岡健二(編著)(1991) 『近代語の成立 文体編』明治書院

Pellard, Thomas(2009) Ōgami: Éléments de description d'un parler du Sud des Ryūkyū,
　　　　　　École des hautesétudes en sciences socials.
　　　　　　http://tel.archives‐ouvertes.fr/tel‐00444150/fr/

＿＿＿＿＿＿(2010) 「日琉祖語の母音について—比較音韻論の方法と実践—」ワー
　　　　　　クショップ 「日本語音韻史の方法と実践」 発表資料 大阪大学

弘前大学人文学部社会言語学研究室URL

http://human.cc.hirosaki‐u.ac.jp/kokugo/index.html

일본어에 있어서 감정어휘를 통한 감정표현의 양상

김 광 태*

한서대학교 교수

Ⅰ 머리말

일본어의 오노매토피어(의음어·의태어)는 언어전달에 있어서 매우 광범위한 역할을 갖고 있는 중요한 어휘이다. 특히, 감정표현에 있어서 오노매토피어를 사용하지 않고 감정을 묘사하게 되면 감정표현이 간접적이고 추상적으로 되어 감정을 효과적으로 전달하기 어렵다.

여기에서는 일본어의 감정오노매토피어의 양상을 고찰하고자 하며, 오노매토피어에 대한 감정별 분석은 일본어의 감정표현의 언어스타일 및 특징을 살펴볼 수 있다는데 의의를 둘 수 있다.

지금까지의 감정관련 연구는 자연과학 분야-생리학이나 의학-, 심리

---

* 金光泰 : 韓瑞大學校

학 분야-인간 심리나 인지-, 철학분야-개념 및 분류-의 연구가 있으며, 언어학 분야로는 어휘연구-감정어휘, 감정표현 유의어, 감정의 관용어 등-, 언어문화연구-감정어휘와 문화와의 관계-, 구문연구-문법범주 설정, 감정어휘와 술어와의 공기관계-등이 있다.

감정에 관한 연구가 다양한 분야에서 연구되어 지고 있음을 알 수 있다. 그러나 언어학 분야에 있어서 감정어휘(감정형용사, 감정동사, 감정의 관용구 등)는 많이 연구되어져 오고 있으나, 오노매토피어를 통한 감정표현의 연구는 아직 체계적이며 구체적인 고찰로는 미치지 못한 분야라고 할 수 있다.

여기에서는 종래의 오노매토피어의 형태분류와 의미 분석을 기초로 하여, 인간의 기본감정이라고 할 수 있는 <기쁨(즐거움)·노여움·슬픔> 의 감정표현에 관해 감정오노매토피어를 중심으로 하여 고찰해 나가 고자 하며, 이를 통하여 일본인의 언어성향 및 감정표현의 특징에 관해 살펴보고자 한다.

▥ 감정어휘의 개념 및 연구범위

사람은 기쁨, 슬픔, 노여움, 즐거움, 놀라움, 두려움·불안함 등의 다양한 감정을 감정어휘, 비유표현, 관용표현 또는 은유표현 등을 사용하여 감정을 전달하지만, 감정표현에 있어서 가장 직접적이며 표현효과가 높은 오노매토피어를 통하여 감정을 전달하기도 한다.

현실의 음을 흉내 내고 있는 말, 혹은 적어도 흉내 낸 것으로 간주되는 말을 가리키는 의음오노매토피어와 동작의 양태와, 육체적 혹은 정신적인 상태를 묘사하는 의태오노매토피어에 대한 고찰은 해당 언어의 감정표현을 이해하는데 중요한 요소라 하겠다. 또한, 감정표현의 폭을 넓

혀주며, 일본어의 감정어휘의 언어적 특징도 잘 파악할 수 있을 것이다.

감정어휘의 하나인 오노매토피어를 통한 감정표현은 서로의 감정을 가장 다양하게 섬세하게 나타낼 수 있기 때문에 오노매토피어가 발달한 언어에 있어서는 매우 중요한 정서표현의 방식이다.

일본어는 서구어와는 달리 오노매토피어가 풍부한 언어이며, 일본어에 있어서는 오노매토피어가 동작이나 감정의 상태를 생생하게 표현하기 위해서는 필수불가결한 언어요소라고 할 수 있다. 일본어와 영어의 표현형식의 차이는 일본의 『昔話』를 영어로 번역한 작품을 보면 잘 알 수 있다. '기쁨'의 감정을 나타내는 '웃음'표현의 번역을 예로 들면 다음과 같다.[1]

(1) 春姫さまは **にっこり** わらって、一寸法師の前にすわった。(p.28)

(2) Haruhime **smiled** and sat in front of him. (p.29)

(3) 小坊主たちは **にやにや** わらって 部屋に入ってきました。 (p.84)

(4) The boy **smirked** as they stepped into the room. (p.85)

일본어의 용례(1)과 용례(3)에 있어서, 오노매토피어가 사용되지 않을 경우에는 '웃는다'고 하는 서술내용은 알지만, 어느 정도의 웃음으로, 어떤 모습이나 양상으로 웃고 있는지, 보다 구체적인 감정의 이미지는 느낄 수 없다.

그러나, 용례(2)·용례(4)의 영어에 있어서는 웃음을 통하여 기쁨의 감정을 표현할 경우, 일본어와는 달리 각각 특별한 동사(smile, smirk, giggle, titter, grin 등)만을 사용하여 감정을 충분히 전달할 수 있다. 그

1　川内彩友美[編], ラルフ・マッカーシー[訳](2002)『日本昔ばなし(Once Upon a Time in Japan)』講談社

것은 영어에는 의태어가 그다지 없는 대신 동사가 세분화되어 발달된
언어이기 때문이다.

바꿔 말한다면, 일본어는 영어와 같은 특수한 동사가 그다지 존재하
지 않기 때문에, 웃는다고 하는 동작은 「わらう(웃다)」라는 일반적인
동사에 의해 표현되며 웃음의 구체적인 특수한 양상은 오노매토피어
에 의해 표현된다는 것이다.

여기에서는 유아나 어린이의 언어 형성이나 행동에 잠재적으로 많
은 영향을 끼치며, 정서발달에 지대한 영향을 주는 일본의 전래동화인
『昔話』를 자료로 하여, 이 속에서 사용된 감정오노매토피어의 사용양
상 및 특징에 대해 고찰해 보고자 한다².

즉, 동화책을 읽는 어린이들이 동화책으로부터 어떠한 감정표현의 오노
매토피어를 습득하며, 이 습득한 언어로 인해 어떠한 감정표현의 언어를
표현하게 되는지를 모색하여 일본의 언어문화의 양상을 살펴보는데 있다.

연구범위는 인간의 기본감정이라고 할 수 있는 '기쁨, 노여움, 슬픔'
3종의 감정을 기반으로 하고자 하며, 기본감정의 하나인 '즐거움'은
기쁨과는 의미가 약간 다르지만, 의미상 많은 유사성을 갖고 있어 즐
거움은 '기쁨'의 감정에 포함시켰다.

Ⅲ 오노매토피어를 통한 감정표현의 양상

1. 감정오노매토피어의 종류

사람의 기본감정인 기쁨(즐거움), 노여움, 슬픔의 감정을 표현하는

---

2 김광태(2004, 2005, 2008, 2010)에서 고찰한 일본어의 기본감정(기쁨, 노여움, 슬
    픔)을 중심으로 하여 감정별 교차분석의 관점에서 종합적으로 재고찰한 것임.

데 있어서 어떤 오노매토피어가 사용되고 있는지를 예문을 통해 살펴
보고, 더 나아가 종류수별, 출현수별에 따른 감정오노매토피어의 양상
을 고찰해 보고자 한다.

> (5) 今までの自分は、まちがっておりました。これからは、あなたといっ
> しょに一生懸命働きます」牛若丸は、**にこり**と笑ってうなずきまし
> た。　　　　　　　　　　　　　　　　　　　　　　　　　(続-265)

'기쁨' 이라는 것은, '경사스러운·즐거운·기쁜·재미있는·유쾌한 일'
등이 생기거나 달성되었을 때 느끼는 감정을 말한다. 자신이나 타인의
기쁨에 대한 감정을 표현할 경우에 얼굴표정이나 웃음 등을 묘사하는
오노매토피어는 감정 전달에 있어서 매우 중요한 언어요소로 볼 수 있
다. 위의 용례(5)의 「にこり」는 만족해하거나 기쁨을 느끼어 순간적으
로 상대에게 붙임성 있게 웃어 보이는 모습으로 평온하고 따뜻함을 나
타내는 기쁨의 감정오노매토피어이다[3].

> (6) 「だれがたにしなんかに、よめにいくかね。」と、**ぷりぷり**おこりまし
> た。　　　　　　　　　　　　　　　　　　　　　　　　　(子—107)

'노여움'이라는 것은 노엽거나 언짢게 여겨 일어나는 불쾌한 감정,
분하고 섭섭하여 화가 치미는 감정, 마음속이 답답하여 일어나는 감정,
못마땅하여 기분이 좋지 않거나 느낌이 싫음을 나타내는 불쾌한 감정
등을 말한다.
　노여움의 적절한 표현 방식으로는 언어적 표현을 통한 방식과 비언

3　「にこにこ」와 같은 기쁨의 감정을 표현하지만, 「にこにこ」가 연속적으로 웃는 모
　습이라고 한다면 「にこり」는 연속하지 않는 일회성의 웃는 얼굴표정이며, 「にっ
　こり」보다도 순간적이라는 인상을 갖는 표현이다.

어적 표현을 통한 방식을 들 수 있으며[4], 여기에서는 오노매토피어를 통한 언어적 표현방식을 중심으로 하여 감정표현의 특징을 파악해 보고자 한다.

불쾌하거나 불만스런 감정을 참을 수가 없어서 심하게 화를 내는 모양을 나타내는 오노매토피어로는 「かんかん」「ぷんぷん」「ぷりぷり」가 있으며 이들은 모두 얼굴 표정으로 화를 내고 있다고 하는 공통점을 갖고 있다. 위의 용례(6)의 「ぷりぷり」는 크게 기분이 상하거나 몹시 화가 나서 그 화를 발산하는 상태를 표현하고 있다.

(7) おじいさんは、店の主人になぐられ、**おいおい**なきながら帰っていきましたとさ。　　　　　　　　　　　　　　　　　　(読④—119)

'슬픔'은 기쁨이나 즐거움과 대립되는 감정으로써 슬픔의 감정을 나타내는 방식으로는 행동이나 얼굴표정 등도 있지만, 가장 많이 사용되는 감정적인 표현은 울음이다. 슬픔의 대표적인 표현인 울음은 눈물을 흘리는 경우와 소리를 내어 우는 경우가 있으며, 소리를 내어 우는 것은 감정의 주체가 당면한 입장을 순순히 받아들이는 것이 아니라 그가 당하고 있는 절박한 사정을 바깥 세상에 알리려는 추가적인 의도가 있다고 한다[5].

위의 용례(7)에 있어서 「おいおい」는 울음소리가 분명하지 않고 소리가 미치는 범위가 좁으며, 「おんおん」에 비해서 울음소리가 울리지 않는 느낌을 주며, 「わあわあ」보다도 작은 울음소리로 슬픔을 나타내

4　김광태(2007)에서는 노여움을 어떤 방식으로 표출하는가에 대해, 비언어행동의 양상으로 음조, 얼굴표정, 제스처, 시선, 행동 등을 들고 있으며, 국가별, 남녀별에 따른 감정표출의 특징을 파악하였다.

5　김기홍(1993)「감정개념의 정의」『언어와 언어학』제19집 한국외국어대학교 언어 연구소. 참조

는 오노매토피어이다.

지금까지 조사한 감정별에 따른 오노매토피어의 개별어휘의 종류와 출현수를 정리하여 나타낸다면 다음의 <표 1>과 같으며, 감정별 비율 편차 분석 <표 2>을 그림으로 나타내면 다음의 <그림 1>과 <그림 2> 와 같다.

〈표 1〉 감정별 오노매토피어의 종류

감정	오노매토피어(용례수)
기쁨	ほほ類(9), はは類(74), けら類(4), けた類(2), くく類(1)、ひひ類(7), ふふ類(13), へへ類(9), にこ類型(65), にこり類型(5), にこっ類型(5), にっこり類型(45), にや類型(11), にんまり類型(8), くす類型(6), くすっ類型(6), くすり類型(1), ほくほく(5), にた類型(2), にたっ類型(1), にたり類型(2), にやっ類型(1), にやり類型(30), ぼろり(3)
노여움	むっ(11), いらいら(9), ぷん(2), かっ(3), かっか(2), がたがた(1), かんかん(19), ぷんぷん(4)、ぷりぷり(2)
슬픔	あんあん(2), おんおん(2), えんえん類(11), わんわん類(6), わあわあ(3), おいおい(3), さめざめ(1), しくしく(16), めそめそ(2), ぼろん(1), ぼろり(5), ほろり(1), ぼろぼろ(8), ぼたぼた(1), はらはら(1), わっ(4)

〈표 2〉 감정별 편차분석

(어수/비율)

감정별	종류수(49)	비율편차	출현수(434)
기쁨	24/48.9	<±23.5	314/72.4
노여움	9/18.4	±6.2>	53/12.2
슬픔	16/32.7	±17.3>	67/15.4

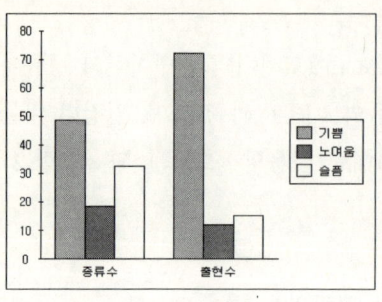

〈그림 1〉 감정별 양상

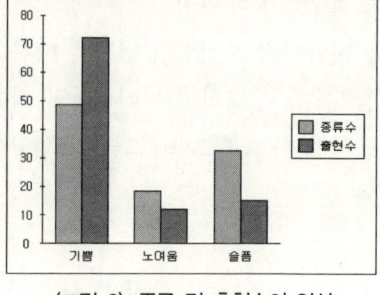

〈그림 2〉 종류 및 출현수의 양상

　위의 표와 그림을 통하여 일본어의 감정별 오노매토피어의 종류수와 출현수의 양상을 보면, 종류수의 경우는 기쁨, 슬픔, 노여움의 순으로 사용되었다. 출현수에 있어서도 종류수와 마찬가지로 기쁨, 슬픔, 노여움의 순으로 사용되고 있으며, 기쁨의 오노매토피어는 다른 감정 오노매토피어보다 종류수에 있어서도 출현수에 있어서도 가장 많이 사용되었음을 알 수 있다. 개별어휘의 특징으로는 기쁨의 감정오노매토피어(314어수) 중에서 가장 사용빈도가 높은 어휘는 의음오노매토피어「ははは(23.6%)」이고, 이어서 의태오노매토피어「にこにこ(20.7%)」, 「にっこり(14.3%)」가 차지하고 있어 일부분의 오노매토피어로 기쁨의 감정을 나타내고 있음을 알 수 있다.

　<표 2>와 <그림 2>을 통하여 종류수와 출현수의 비율편차의 관점에서 살펴보면, 노여움과 슬픔의 경우는 종류수가 출현수에 비해 높은 비율을 차지하고 있으나, 기쁨의 경우만는 종류수에 비해 출현수가 매우 높은 비율로 우위를 나타내고 있다. 즉, 이를 통해 알 수 있는 것은 일본어의 전래동화에서는 특히 기쁨의 감정오노매토피어가 다른 감정 오노매토피어보다 매우 높은 빈도로 사용되고 있다는 것은 반복되는 표현 사용으로 어린이들이 기쁨의 감정전달 방식을 잠재적으로 습득하게 된다는 것을 의미하는 것으로 생각한다.

2. 감정오노매토피어의 출현유형

감정오노매토피어의 구문적 형태를 용언과의 호응관계의 관점에서 일본어의 오노매토피어의 출현유형 및 특징에 관해 파악해 보고자 한다. 오노매토피어가 일본 전래동화의 문장에서 감정 표현(기쁨, 슬픔, 노여움)으로 사용된 출현형태의 양상을 예로 들면 다음과 같다.

> (8) さすがのよくばりじいさんも小ばんの山を見て、**にこにこ**。
>
> (読⑥―32)
>
> (9) 「きつねだなんてあんまりです。」といって、たもとを顔にあて、し くしく<u>なきだしました</u>。   (読②―15)
>
> (10) ところが、寝太郎は、ぐーぐーぐーぐー、大いきび。役人は**かっと なって**、ムチでたたきます。   (続―120)

기쁨의 감정을 오노매토피어로 나타내는 용례(8)은 구문상에 있어서, 문장이 술어가 없이 오노매토피어로 끝나는 경우, 즉, 「にこにこ」는 「笑う」를 수식하는 기능을 갖고 있지만[6], 술어인 동사가 생략되어도 독립적으로 오노매토피어 만으로도 의미가 통하는 경우를 말한다. 여기에서는 편의상 이를 <유형Ⅰ>이라고 칭하기로 한다.

용례(9)에서 코를 약간 훌쩍거리며, 소리를 내지 않고 조용히 계속해서 우는 모습을 나타내는 「しくしく」는 「泣き出す」와 호응관계를 갖고 있다. 이와 같이 용언과의 호응관계를 갖고 술어를 수식하는 형태로 출현한 경우를 <유형Ⅱ>라고 하고자 한다.

용례(10)은[7] 용례(8)·용례(9)와 같이 술어에 호응관계의 동사가 없어

---

6 「にこにこ」는 만족해하거나, 기뻐하거나, 즐거워하거나, 기분이 좋거나 해서 소리를 내지 않고 웃음 띤 얼굴표정을 나타내는 것으로, 긍정적인 웃음의 오노매토피어이다.

도 문맥상 의미가 통하는 경우, 즉, 일본어의 サ변동사인 「する」나 な형용사의 용법인 「だ」등이 붙어 파생어로서 출현된 경우를 말하는 것으로써 본고에서는 이를 <유형Ⅲ>이라 한다.

감정오노매토피어가 <유형Ⅰ>과 같이 독립형으로 사용되어도, <유형Ⅱ>와처럼 용언과의 호응관계를 갖고 사용되어도, 그리고 <유형Ⅲ>과 같이 파생어로 사용되어도 문 속에서 나타내는 의미내용은 기본적으로 같다고 할 수 있으나, 독립형의 경우는 표현이 간결하고 함축적이며, 파생어의 경우는 구체적·설명적이며, 용언과의 호응관계를 갖는 경우는 부가 설명적이라고 할 수 있다.

일본어의 감정오노매토피어(의태오노매토피어)의 출현형태를 표로 정리하여 나타낸다면 다음과 같다.

<표 3> 감정오노매토피어의 출현유형

(と형/ψ/に형의 용례수)

감정	유형Ⅰ	유 형Ⅱ	유 형Ⅲ
기쁨 (192)	にこにこ(9) にっこり(12) にんまり(4) にやり(6) ほくほく(1)	**笑う;** にこにこ(3/10/0)·にっこり (1/20/0)·にこっ(4/0/0)·にこり (4/0/0)·にたにた(0/1/0)·にたっ (1/0/0)·にたり(0/2/0)·にんまり (0/3/0)·にやり(17/0/0)·にやにや (0/4/0)·にやっ(1/0/0)·くすくす (0/6/0) · くすっ(6/0/0)·くすり (1/0/0) **迎える;** にこにこ(3/0/0) **喜ぶ;** ほくほく(0/2/0)	**~する;** にこにこ(0/39/0)·にっこ り(0/12/0)·にこっ(1/0/0)·にこり (1/0/0)·にたにた(0/1/0)·にんま り(0/1/0)·にやり(5/0/0)·にやに や(0/6/0) **~だ;** にこにこ(1)·にやり(2)·にや にや(1)·ほくほく(2)

---

7 갑자기 화가 난 모양을 나타내는 오노매토피어로는 「かっ(と)」를 들 수 있다. 「かっ」은 격한 노여움이 순간적으로 급격하게 나는 모습으로 화가 극점에 달했을 때를 말한다.

감정	유 형 I	유 형 II	유 형 III
노여움 (53)	ぷん(1)	**怒る**; いらいら(0/1/0)･かっ(1/0/0)･ かっか(2/0/0)･かんかん(0/0/14) ぷんぷん(0/2/0)･ぷりぷり (0/1/0) **ふるう**; がたがた(0/1/0)	**~する**; むっ(11/0/0)･いらいら (0/8/0)･ぷん(1/0/0)･かっ(1/0/0)･ ぷんぷん(0/1/0)･ぷりぷり (0/1/0) **~なる**; かっ(1/0/0)･かんかん(0/0/4) **~だ**; かんかん(1)･ぷんぷん(1)
슬픔 (40)	ぽろり(3) ぽろぽろ(1)	**泣く**; さめざめ(1/0/0)･しくしく (2/ 14/0)･めそめそ(0/1/0)･わっ (4/0/0) **流す**; ぽろん(0/1/0)･はらはら (1/0/0) **落ちる**; ぽろり(1/0/0)･ぽろぽろ (0/1/0) **こぼす**; ぽろり(1/0/0)･ほろり (1/0/0)ぽろぽろ(5/1/0)･ぽたぽ た(0/1/0)	**~する**; めそめそ(0/1/0)

상기의 <표 3>을 통하여 일본어의 감정오노매토피어 출현유형의 양상을 비율편차에 따라 분석한 결과를 정리하면 다음과 같다.

〈표 4〉 감정별 양상

(용례수/비율)

감정	유형 I	유형 II	유형 III
기쁨(112/192)	32/16.7	88/45.8	72/37.5
노여움(132/53)	1/1.9	22/41.5	30/56.6
슬픔(43/40)	4/10.0	35/87.5	1/2.5
총	37/13.0	145/50.9	103/36.1

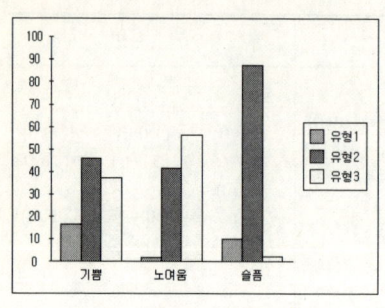

〈그림 3〉 감정별·유형별 양상

감정별·유형별 분석을 한 상기의 <표 4>와 <그림 3>을 통하여 기쁨·노여움·슬픔의 전체적인 출현유형을 살펴본다면, <유형Ⅰ>로서 감정을 나타낸 오노매토피어는 13%에 불과하며, <유형Ⅱ>가 50% 이상을 차지하고 있다. 즉, 전체적으로는 <유형Ⅱ>가 가장 높은 빈도를 차지하고 있으며, 이어서 <유형Ⅲ>, <유형Ⅰ>의 사용률을 보이고 있다.

감정별 유형의 특징을 보면, 기쁨에 있어서는 <유형Ⅱ, 유형Ⅲ, 유형Ⅰ>의 출현형태의 순위를, 노여움에 있어서는 <유형Ⅲ, 유형Ⅱ, 유형Ⅰ>의 순위를, 슬픔의 경우는 <유형Ⅱ, 유형Ⅰ, 유형Ⅲ>의 순위를 보이고 있어 감정별에 따라 서로 다른 양상을 나타내고 있다는 것을 알 수 있다.

특징으로는, <유형Ⅰ>을 통한 노여움의 감정표현이 거의 없으며, 기쁨의 경우는 3유형 모두에 나타나고 있지만, 슬픔의 경우는 <유형Ⅲ>은 거의 없는 반면, <유형Ⅱ>가 압도적으로 많은 사용률을 보이고 있다는 점을 들 수 있다. 즉, 기쁨의 감정과 슬픔의 감정은 <유형Ⅱ>를 통하여, 노여움의 감정은 <유형Ⅲ>를 통하여 표현되고 있다.

3. 감정오노매토피어의 표현방식

언어를 통하여 새로운 정보나 자신의 다양한 감정을 전달하고자 할 경우, 보다 정확하고 세밀하며 정교하게 표현하기 위해서는 오노매토피어를 사용하기도 한다. 여기에서는 오노매토피어를 통한 일본어의 감정표현의 방식에 대해 살펴보고자 한다.

(11) 男は**にやにや**しながら、打ち出の小づちを出してみせました。「お
ら、今日神さまからこれをもらってきた。これさえあれば、もう食
うにこまらない。」 (新③—74)

(12) おばあさんはとてもよくばりで、おじいさんがもっとはたらけばい
いと思っていましたから、**ぷんと**した顔でおじいさんを見おくりま
した。 (決—40)

인간의 喜怒哀樂의 표현이 비언어행동으로 표출될 경우, 생리적 반
응이 잘 나타나는 신체부위의 하나로는 얼굴(표정)을 들 수 있다. 얼굴
은 감정의 변화가 가장 민감하게 반응하는 신체부위의 하나로서, 언어
행동과는 달리 심리상태가 그대로 표출된다. 자신이나 상대의 다양한
감정 즉, 기쁨이나 노여움 등은 얼굴표정을 통하여 가장 잘 나타내게
된다고 할 수 있다.

용례(11)의 「にやにや」는 남자가 요술방망이를 얻게 되어서 좋아서
웃는 모습을 나타내는 것으로써, 기쁨의 감정을 얼굴표정을 통하여 나
타내는 경우이며, 용례(12)의 「ぷん」은 욕심쟁이 할머니가 할아버지에
게 불만을 갖고 성이 나서 뾰로통한 얼굴표정을 하고 있는 모습을 나
타내고 있다.

(13) そういうお春ばあさんのほおに、なみだが**ぽろり**とおちた。お春ば
あさんはうれしかった。 (決—74)

(14) おばあさんも悲しくて、**ぽろぽろ**なみだをこぼしながら、いつまで
も空を見上げていました。 (読⑥—79)

기쁨이나 슬픔에 대한 감정을 나타낼 경우에는 음성이나 얼굴표현, 행동, 눈물 등을 통하여 표현할 수 있다. 용례(13)의 경우는 기쁨의 감정을, 용례(14)의 경우는 슬픔의 감정을 눈물로서 표현하고 있다. 용례(13)의 「ぽろり」는 눈물이 한번 똑 떨어지거나 흐르는 모습을 나타내며, 예문(14)의 「ぽろぽろ」는 눈물이 방울방울 연속해서 뚝뚝 떨어지는 모습을 나타내는 슬픔의 오노매토피어이다.

(15) 家に帰って、その日のことをおばあさんに話すと、おばあさんは**ケラケラ**笑って、おじいさんのおみやげに大喜びしました。 (続一67)

(16) つのがおれて、いたいやらくやしいやら、おには**わんわん**となきだしました。
                                                                    (読①一30)

감정표현을 음성으로 파악할 경우는, 주로 목소리의 高低나 발화속도 또는 말투로서 감정의 실태 및 강도를 판단할 수 있다. 기쁨을 나타낼 때는 다양한 방식으로 표현하지만, 가장 많이 사용되는 표현방식은 웃음이라 할 수 있으며, 웃음은 얼굴표정의 변화나 웃음소리로 자신의 마음을 보여줄 수 있는 중요한 감정표출의 방식이다. 용례(15)는 할아버지의 말을 들으면서 즐거워하는 모습을 오노매토피어「けらけら」를 통하여 나타내고 있다. 「けらけら」는 새된 웃음소리로 약간 품위 없이 깔깔거리며 웃는 소리를 말한다.

슬픔을 나타내는 방식으로는 행동이나 얼굴표정 등도 있지만, 가장 감정적인 표출은 '울음'이라 할 수 있으며, 표출의 방식으로는 눈물을 흘리는 경우와 소리를 내어 우는 경우가 있다. 예문(16)의 「わんわん」의 경우는 소리가 넓은 공간에 미치도록 큰소리로 격하게 우는 울음표현의 오노매토피어이다. 위의 예문은 음성을 통한, 즉, 소리를 내어 웃거나 울거나 하여 자신의 감정을 다른 사람에게 절박하게 알리려는 의

도를 오노매토피어를 통하여 표현하고 있는 경우이다.

이상과 같이, 오노매토피어를 통한 감정표현의 방식에 대하여 알아
보았다. 이를 다음의 <표 5>·<표 6>과 <그림 4>와 같이 정리하여 나
타내 보았다.

<표 5> 감정오노매토피어의 표현방식

(출현수)

감정별	표현방식	오노매토피어
기쁨	얼굴	にこにこ(65), にこり(5), にこっ(5),, にっこり(45), にやにや(11), にんまり(1), くすくす(6), くすっ(6), くすり(1), ほくほく(5), にたにた(2), にたっ(1), にたり(2), にやっ(1), にやり(30), にんまり(7)
	눈(물)	ぽろり(3)
	음성	ほほほ(9), ははは(74), けらけら(4), けたけた(2), くくく(1), ひひひ(7), ふふふ(13), ～～～(9)
노여움	얼굴	いらいら(9), ぷん(2), かんかん(19), ぷんぷん(4)、ぷりぷり(2)
	두부	머리: かっ(3)
	흥부	마음: かっか(2), むっ(11)
	몸	がたがた(1)
슬픔	눈(물)	さめざめ(1), しくしく(16), めそめそ(2), ぽろん(1), ぽろり(5), ほろり(1), ぽろぽろ(8), ぽたぽた(1), はらはら(1), わっ(4)
	음성	あんあん(2), おんおん(2), えんえん(11), わんわん(6), わあわあ(3), おいおい(3)

<표 6> 출현비율에 따른 양상

(용례수/비율)

	얼굴	눈(물)	음성	두부	몸	흥부	총
기쁨	192/61.1	3/1.0	119/37.9				314
노여움	36/67.9			3/5.7	1/1.9	13/24.5	53
슬픔		40/59.7	27/40.3				67
총	228/52.5	43/9.9	146/33.6	3/0.7	1/0.2	13/3.0	434

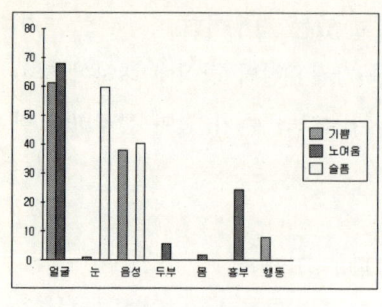

〈그림 4〉 감정별 표현방식

<표 6>과 <그림 4>를 통하여 우선, 감정표현 방식에 있어서 오노매토피어의 출현수에 따른 특징을 살펴보면, 얼굴(52.5%)> 음성(33.6%) > 눈물(9.9%) > 흥부 (3.0%) > 두부(0.7%) > 몸(0.2%) 의 순서를 나타내고 있다.

감정별 표현방식을 보면, 기쁨 표현과 노여움의 표현에 있어서는 얼굴을 통하여 표현되는 경향을 보이고 있으며, 슬픔의 표현에 있어서는 눈물을 통하여 감정을 표출하고 있다.

즉, 오노매토피어를 통한 감정표현의 방식은 기쁨이나 노여움을 나타낼 때, 적극적 표현인 음성이나 행동을 통한 표출 보다는 소극적 표현인 얼굴표정을 통하여 감정을 나타낸다는 것을 알 수 있다. 또한, 슬픔을 표출할 경우도 크게 울거나 하는 적극적인 감정표현 보다는 눈물을 흘리는 소극적인 표현의 오노매토피어가 주로 사용되고 있다는 것을 잘 알 수 있다.

Ⅳ 맺음말

일본의 『昔話』를 자료로 하여, 기쁨·노여움·슬픔의 감정을 나타내는 오노매토피어의 종류, 출현유형, 표현방식을 살펴보았다. 우선, 감정을 표현할 때는 감정을 직접적으로 나타내는 감정형용사나 감정동사, 감정의 관용구를 통해서만이 아니라 오노매토피어를 사용하여 인간의 다양한 감정을 보다 확실하게 나타낼 수 있다고 하는 점을 잘 알 수 있었다. 그러면 세부적으로 감정별 양상에 따른 특징을 정리하여 나타낸다면 다음과 같다.

감정별 오노매토피어의 종류수와 출현수에 있어서는 기쁨, 슬픔, 노여움의 순으로 기쁨의 감정을 나타내는 오노매토피어가 가장 많았으며, 감정별 개별어휘로는 주로 「ははは(기쁨)」, 「むっ(노여움)」, 「しくしく(슬픔)」로서 감정을 나타내고 있었다. 감정별 출현유형에 있어서는 기쁨과 슬픔의 경우는 오노매토피어가 용언과의 호응관계를 맺는 유형으로 표현되었고, 노여움의 경우는 파생어로서 사용되는 유형이 많았다. 감정별 표현방식으로는 기쁨의 감정과 노여움의 감정은 주로 얼굴표정을 통하여 표현되고 있으며, 슬픔의 경우는 억제된 눈물을 통하여 표현되고 있음을 알 수 있었다.

전체적인 경향을 살펴보면, 일본의 전래동화에 나타나는 감정표현은 주로 <얼굴표정>에 의한 감정표현이 두드러지다는 것을 알 수 있다. 이는 음성을 통한 감정의 표현뿐만이 아니라, 행동이나 태도 등으로 자신의 내면을 타인에게 적극적으로 보이게 되는 것을 꺼린다는 것이다. 즉, 자신의 쾌·불쾌의 감정을 확실하게 표현하는 것을 주저하며, 상대가 자신의 마음이나 상황을 이해해 주기 바라거나 얼굴표정을 통하여 감정을 파악해 주기를 바라는 경향이 짙다고 할 수 있다. 이와 같은 습성은 어릴 때부터 몸에 익히고 있다는 것을 일본의 『昔話』속에 나타난 감정오노매토피어의 양상을 통해서도 잘 알 수 있었다.

끝으로, 오노매토피어를 통한 감정표현의 연구는 결코 소홀해서는 안 되는 연구테마의 하나로 다른 감정어휘를 통한 감정표현보다도 실생활에서의 활용도가 높기 때문에 향후 계속적으로 연구되어야 할 과제라고 생각한다.

▌참고 문헌

김광태(2003)「따근따근 도시락-오노매토피어-」『키워드로 읽는 일본어학2』글로
　　　　세움, pp.234-238

＿＿＿＿(2004)「일한 양언어의 <哀>의 감정의 오노매토피어」『일어일문학연구 제
　　　　50집』한국일어일문학회, pp.161-181

＿＿＿＿(2005)「일한 양언어의 <怒>의 감정의 오노매토피어」『일어일문학연구 제
　　　　53집』한국일어일문학회, pp.41-60

＿＿＿＿(2006)「한일 양국인의 비언어행동을 통한 감정표출의 양상」『일어연구 제
　　　　28호』한국외국어대교 일본연구소, pp.73-94

＿＿＿＿(2007)「한일 양국인의 남녀별 감정표출의 양상」『일어일문학연구 제63집
　　　　1권』한국일어일문학회, pp.18-36

＿＿＿＿(2008)「신체적 증상을 통한 한일 양언어의 감정표출」『일어연구 제36호』
　　　　한국외국어대교 일본연구소, pp.361-381

＿＿＿＿(2010)「한일 양언어의「喜」의 감정오노매토피어」『일본어학연구 제39집』
　　　　한국일본어학회, pp.1-16

김기홍(1982)「감정언어와 문화적 차이연구」『논문집』제15집. 한국외국어대학교

송은미(2011)「한일 양언어에 있어서 감정어휘의 형태별 분류」『일본학연구』제
　　　　33집, 단국대학교일본연구소, pp.373-394

苧阪直行(2001)『感性のことばを研究する』新曜社

遠藤好英 外(1993)「特集オノマトペ」『日本語学 1月号』明治書院

小笠原 林樹(1972)「幼児言語の形とその習得過程」『現代言語学』三省堂

筧 寿雄・田守育啓(1993)『オノマトペ・擬音・擬態語の樂園』勁章書房

田守育啓(2002)『オノマトペ擬音・擬態語をたのしむ』岩波書店

中川正美 外(2003)「特集 感情を表す言葉」『日本語学 1月号』明治書院

▌자 료

岡 信子他(2000)『子どもに語る日本昔ばなし 110編』主婦と生活社 → <子>

川内彩友美(2001)『決定版 日本昔ばなし101』講談社 → <決>

千世繭子(2001)『学年別 日本のむかし話』新おはなし文庫 → <学>

西本鶏介(1999)『読みきかせ 日本昔ばなし1~6』小学館 → <読>

＿＿＿＿(1997)『新 日本昔ばなし1・2・3』小学館 → <新>

やすいすえこ(1995)『続 日本のお話 100』フレーベル館 →「続」

『현대 일본어 글말 균형 말뭉치』에 의한 어휘 분류
- 실용적인 어휘 연구를 위해 -

다나카 마키로*
일본 국립국어연구소 교수

I 어휘 조사와 말뭉치

단어는 소리나 문장 등에 비해 언어 단위로는 일반 사람들에게 매우 직감적이고 알기 쉽기 때문에, 그것을 체계적으로 다루는 어휘 연구는 언어 정책과 언어 교육 등 실용적인 영역으로 생각되기 쉬운 면이 있다. 다양한 언어를 대상으로 사전 편찬과 교육용 어휘 목록 작성 노력이 이루어지고 있는 것도 이러한 실용적인 면이 중시되기 때문이다.

그러나 실용적인 어휘 연구를 진정 의미 있는 것으로 만들려면, 해

* 田中牧郎 : 国立国語研究所

당 언어가 사용되는 사회 각층의 어휘 실태를 정확하게 파악하는 것이 전제가 되어야 한다. 제2차 세계대전 이후의 혼란기 속에서 일본어의 합리화를 위한 기초 연구를 수행할 목적으로 1948년에 설립된 일본 국립국어연구소는 이러한 요청에 부응하기 위해 많은 어휘 조사를 실시하여 왔다. 이 과정에서 보고된 조사 결과와 확립된 조사 방법은 지금도 가치를 인정받는 것이 많다. 한편, 종래의 일본 국립국어연구소의 어휘 조사는 문장에서 단어를 잘라내고, 잘라낸 단어의 어디까지를 같은 단어로 판별할 것인가와 같은 작업을 모두 수작업에 의존해 왔다. 이러한 이유로 다룰 수 있는 양이 적었고 신문이나 잡지, 교과서 등, 각 어휘 조사 때마다 특정 매체밖에 조사하지 못하여, 일본어 각층의 어휘를 충분히 반영한 보고가 이루어지지지 않았다는 한계도 있다.

그러나 현재는 영어 연구에서 발전되어 최근 10년간 일본어 연구에 도입된, 말뭉치 언어학[1]에 기반을 둔 어휘 조사를 실시함으로써 위와 같은 한계를 극복해 갈 수 있게 되었다[2]. 특히 2011년 일본 국립국어연구소가 공개한 『현대 일본어 글말 균형 말뭉치』는 현대 일본어의 글말을 대표할 수 있도록 다양한 매체를 하위 말뭉치에 포함하고 있으며[3], 적절한 매체를 선택하여 조사하거나 매체 비교를 통하여 기존 어휘 조사에서는 기대할 수 없었던 다양한 데이터를 검색 할 수 있게 되었다. 본고에서는 이 말뭉치가 포함된 다음 6개의 매체를 사용하여 실용적인 어휘 연구에 유용한 방향으로 연구 사례를 제시해 보고자 한다.

---

1 영어 말뭉치의 성과를 반영한 최신 일본어 말뭉치의 입문서로는 石川(2012)인데 명확한 기술과 균형 잡힌 내용으로 구성되어 있다.
2 국립국어연구소의 어휘조사 역사와 말뭉치에 대해서는 宮島(2007), 山崎(2009)를 참고.
3 『현대 일본어 문어 균형 말뭉치』는 http://www.kotonoha.gr.jp/shonagon/ 및 http://chunagon.ninjal.ac.jp/에서 이용할 수 있다. 설계 개념에 대해서는 前川(2008) 참조. 완성판 매뉴얼은 국립국어연구소 말뭉치 센터(2011).

신문 : 전국지·지방지로부터 무작위로 표본을 추출한 것

출판서적 : 출판 된 서적(국회 도서관 도서목록에 의한)으로부터 무작위
　　　로 표본을 추출한 것

도서관 서적 : 공공 도서관에 공통으로 소장된 서적(도쿄도의 도서 목록
　　　에 의한)으로부터 무작위로 표본을 추출한 것

잡지 : 잡지 목록에서 무작위로 표본을 추출한 것

블로그 : 야후 주식회사가 제공한 블로그에서 무작위로 표본을 추출한 것

知惠袋 : 야후 주식회사가 제공한 인터넷 질의응답 사이트「Yahoo! 知惠
　　　袋'에서 무작위로 표본을 추출한 것

　또한 말뭉치 내의 문장을 컴퓨터가 자동적으로 단어로 구분하여, 표
제어와 품사, 어종 등의 정보를 정확하게 제공하는「형태소 분석」기
술을 향상시키는 연구도, 『현대 일본어 글말 균형 말뭉치』개발과 병
행하여 진행되고 있으며, 일본　국립국어연구소의 어휘 조사에서 사용
된 언어 단위를 반영한 형태소 분석 사전 UniDic의 개발은 일본어학
연구의 관점에서도 충분히 만족할 수 있는 수준에 도달하였다[4].

　이러한 최근의 일본어 말뭉치에서 이뤄진 혁신을 바탕으로, 이하에
서는『현대 일본어 글말 균형 말뭉치』를 토대로 한 어휘 연구 프로젝
트의 성과를 바탕으로, 실용적인 어휘 연구에 도움이 되는 어휘 분류
에 대한 구체적인 사례를 제시하면서 고찰하고자 한다[5].

4　형태소 분석 사전 UniDic의 개발 개념에 대해서는 伝ほか(2007) 참조. UniDic은
　　http://www.tokuteicorpus.jp/dist/에서 내려 받아 이용할 수 있다.

5　이 프로젝트는 2006년도부터 2010년도에 걸쳐 실시된 특정영역 연구「일본어 말
　　뭉치」(영역 대표자 : 前川喜久雄)의 계획연구반「언어정책반」(연구대표자 : 田
　　中)에서 추진되었다. 최종 성과는 田中외 (2011)에 정리되었다. 그 개요는 http://
　　www2.ninjal.ac.jp/tokuteiseisaku/참조. 본고에서 다루는 내용의 많은 부분은 이 프
　　로젝트의 성과이다. 이용한 데이터는『현대 일본어 글말 균형 말뭉치』가 완성되
　　기 전의 것이므로, 완성판과는 다른 부분이 있다는 점에 주의하기 바란다.

II '어휘 레벨' 설정

언어 정책과 언어 교육에서는 어휘의 규범과 표준을 적용하는 범위
를 정하거나, 어휘를 가르치는 순서와 방법을 결정할 필요가 있으나
이것을 체계적으로 수행하기 위해서는, 어휘 레벨을 설정해두면 편리
하다. 종래에도 교육 기본 어휘와 시험 출제 기준 등에서 이러한 레벨
별 분류가 이루어져 널리 활용되어 왔다[6]. 종래의 레벨 분류는 어휘
조사 데이터도 참고로 하였지만, 기본적으로는 교육 전문가의 식견에
근거하는 것이며, 개별 어휘가 왜 그 레벨에 속하는지에 대한 객관적
인 근거는 없었다. 이에 비하여 다음에 기술하는 말뭉치의 어휘 빈도
에 따른 레벨 분류는 어휘 실태에 근거를 둔 것이 특징이다. 이 레벨
이 그대로 언어 정책의 어휘 구분에 사용되거나 교육해야 하는 어휘
목록과 직결되는 것은 아니지만, 어휘 실태에 따라 어휘 정책과 어휘
교육 방식을 열린 공간에서 논의할 때 중요한 데이터가 될 것으로 생
각된다.

필자들의 프로젝트에서는 『현대 일본어 글말 균형 말뭉치』에 포함
된 앞서 기술한 6가지 매체[7]별로 「어휘 레벨」을 설정하고, 각 매체의
모든 어휘 레벨 정보를 부여하였다. 그 작업 순서는 다음과 같다.

---

6 모어화자에 대한 국어 교육 분야에서는 阪本(1984), 비모어화자에 대한 일본어
   교육 분야에서는 국제교류기금 외(2002) 등이 그 대표적인 것이다.

7 『현대 일본어 문어 균형 말뭉치』에 포함된 하위 말뭉치 중, 신문, 출판서적, 도서
   관 서적, 잡지에는 샘플 길이가 고정되어 있는 「고정 길이 샘플」과 완결성을 가진
   단위로 길이가 다른 「가변 길이 샘플」의 두 종류가 있는데(국립국어연구소 말뭉
   치 개발 센터(2011)참조), 본고에서는 계량적 연구에 적합한 고정 길이 샘플을 이
   용하는 것으로 한다. 知恵袋에는 고정 길이 샘플이 없어서 가변 길이 샘플을 이용
   하였다.

〈표 1〉 커버율에 의한 레벨 분류 기준

레벨	커버율
a	0 ~ 78%
b	~ 88%
c	~ 94%
d	~ 97%
e	~ 100%

(1) 각 하위 말뭉치(매체)의 모든 샘플에 대해 형태소분석사전 UniDic으로 형태소분석을 하여 짧은 단위[8]로 집계하고, 어휘 빈도표를 작성

(2) 어휘를 빈도 순으로 상위부터 빈도를 누적하여, 그 누적 빈도가 해당 하부 말뭉치에서 총사용어휘(token)의 몇 퍼센트를 차지하는지를 나타내는 「커버율」(누적 사용율)을 산출

(3) 커버율에 표1과 같은 기준을 마련하고, 어휘를 레벨 a에서 e까지 5가지로 구분

이렇게 설정된 레벨의 경우, 가장 고빈도 레벨 a에는 기본적인 어휘가 오고, b → c → d → e로 저빈도 레벨로 진행됨에 따라 보다 주변적인 어휘가 오도록 배치된다. 이 커버율을 기준으로 삼음으로써 어휘의 총량이 다른 매체의 경우에도 질적으로 균일한 레벨 분류를 할 수 있다. 6가지 매체 중 도서관 서적과 블로그를 예로 들어 레벨별 단어 수를 나타낸 것이 <표 2>이다.

---

8 『현대 일본어 문어 균형 말뭉치』에는 긴 단위와 짧은 단위의 두 가지 언어 단위로 형태소가 분석되어 있는데, 본고에서는 짧은 단위를 사용하였다. 짧은 단위가 어떤 것인지에 대해서는 국립국어연구소 코퍼스 개발센터(2011) 등을 참조.

〈표 2〉 도서관 서적·블로그 레벨별 단어수

	도서관 서적		블로그	
	token	type	token	type
전체	3,938,696	86,002	6,127,125	76,823
레벨 a	3,074,655	4,177	4,779,106	3,441
레벨 b	395,994	6,330	617,945	4,724
레벨 c	242,911	11,595	372,114	8,406
레벨 d	118,642	14,176	181,482	10,285
레벨 e	106,494	49,724	176,478	49,967

<표 2>의 「전체」 행에서 「token」을 보면, 블로그가 600만 단어를 초과하여 400만 단어에 조금 못 미치고 있는 도서관 서적의 1.5배 이상이 되어 있다. 한편, 「type」은 블로그 약 77,000에 대하여, 도서관 서적 약 86,000으로, token이 적은 도서관 서적이 약 9,000단어나 많은 것으로 나타나 블로그보다 도서관 서적이 어휘가 풍부하다는 것을 알 수 있다. 또한 레벨 a(커버율 78% 이하)를 보면 블로그에서는 빈도 상위 약 3,400 단어가 그 기준에 도달하는 반면, 도서관 서적은 약 4,100 단어를 필요로 하고 있다. 블로그는 수량이 적은 종류의 단어가 반복 사용되는 반면, 도서관 서적은 많은 종류의 단어가 사용되고 있음을 알 수 있다. 레벨 d까지 블로그보다 도서관 서적의 어휘가 풍부하지만, 레벨 e는 양자가 동일한 것으로 나타났다. 이와 같이 레벨을 나누어 봄으로써 매체에 따른 어휘의 차이가 확연히 드러나게 된다.

Ⅲ 어종과 어휘 레벨에서 본 매체별 어휘의 성격

이번에는 레벨 정보를 이용한 분석으로부터 어휘의 성격을 좀 더 자세히 고찰하기 위하여 어종의 관점에서 정리를 해보고자 한다.

<그림 1>에서 <그림 3>은 각 레벨에서의 고유어의 비율, 한자어 비율, 외래어 비율을 매체 간에 비교할 수 있도록 그림으로 나타낸 것이다. 이러한 데이터는, 부속어와 기호를 제외한 모든 어휘를 대상으로, type에 있어서 고유어·한자어·외래어·혼종어의 구성 비율을 산출한 결과를 바탕으로 다양한 어휘를 포함한 혼종어 비율 이외의 수치를 그래프화한 것이다.

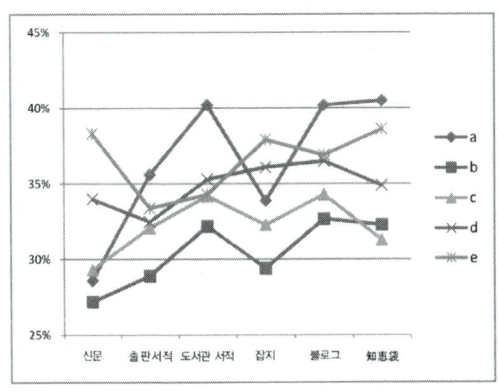

〈그림1〉 각 레벨의 고유어 비율의 매체 비교

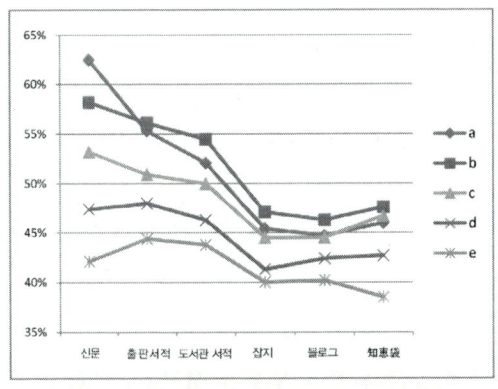

〈그림 2〉 각 레벨의 한자어 비율의 매체 비교

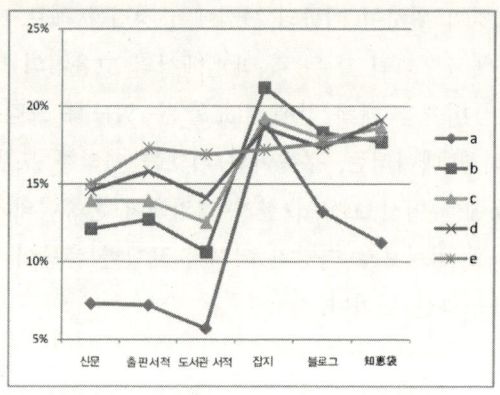

〈그림 3〉 각 레벨의 외래어 비율의 매체 비교

먼저 <그림 1>의 고유어 비율을 보면, 가장 기본적인 레벨인 a에서 매체 간의 차이가 크게 나타난다. 레벨 a의 고유어 비율은 도서관 서적과 知恵袋, 블로그는 특별히 높고, 신문에서 가장 낮은 것으로 나타났다. 이어 기본적인 레벨인 b와 c도 a만큼 매체 간에 차이가 두드러지지는 않지만 거의 유사한 경향을 보인다. 일반적으로 고유어는 일상어의 성격이 강하기 때문에 기본적인 레벨에서 고유어가 많은 도서관 서적, 블로그, 知恵袋의 어휘는 일상어를 잘 반영하고 있는 것으로 추측된다.

다음으로 <그림 2>의 한자어 비율을 살펴보자. 모든 레벨의 그래프 선이 오른쪽으로 갈수록 낮아지는 경향을 공통적으로 보여주고 있다. 신문이 가장 높고, 이어 출판 서적, 도서관 서적 순이며, 잡지, 블로그, 知恵袋는 낮아지는 경향이고, 특히 기본적인 레벨인 a·b의 경사가 가파르다. 일반적으로 한자어는 문장어의 성격이 강하기 때문에, 기본적인 레벨에서 한자어가 많을 것으로 여겨지는 신문이나 출판 서적은 문장어를 잘 반영하고 있는 것으로 추정된다. <그림 1>에서 기본적인 레벨에서 고유어 비율이 높았던 도서관 서적은 <그림 2>에서는 신문이나 출판 서적 정도는 아니지만, 잡지, 블로그, 知惠袋와 비교하면 기본적인 레벨에서 한자어 비율도 높아지고 있어서, 일상어의 성격뿐만 아니라 문장어의 성격도 겸비하고 있다고 볼 수 있을 것이다.

또한 <그림 3>의 외래어 비율을 살펴보면, 어느 레벨이든, 잡지, 블로그, 知惠袋는 모두 높고, 신문, 출판 서적, 도서관 서적은 낮다는 것을 확인할 수 있다. 일반적으로 외래어는 새롭고 감각적인 어휘가 많기 때문에, 잡지, 블로그, 知惠袋는 이러한 어휘를 수용하기 쉬운 경향을 보여주고 있다고 하겠다. 특히 잡지는 가장 기본적인 레벨인 a에서도 그 경향이 강하다. 또 하나 주목해야 할 점은 도서관 서적의 외래어 비율이 낮다는 점을 들 수 있다. 가장 주변적인 레벨 e 이외에는 외래어를 그다지 허용하지 않는 도서관 서적은 새롭고 신기하고 감각적인 어휘를 회피하는 경향이 강하다는 점에서 안정된 어휘로서의 성격을 강하게 지니고 있는 것으로 생각된다. 같은 서적이라도 출판 서적은 외래어 비율이 비교적 높아서 새롭고 신기하고 감각적인 어휘를 수용하려는 면도 있다고 볼 수 있다.

여기까지 살펴본 것을 종합하여 각 매체의 어휘 성격을 정리해보면 다음과 같다.

- 신문은 문장어적인 어휘가 특히 많고, 이것을 어휘의 기본적인 부분까지 수용하고 있다.
- 출판 서적은 문장어를 잘 반영하고, 어휘의 주변적인 부분에는 새롭고 감각적인 어휘도 수용하는 부분이 있다.
- 도서관 서적은 일상어와 문장어 모두 많이 수용하여, 안정적인 어휘로 구성되어 있다.
- 잡지는 어휘의 기본적인 부분에까지 새롭고 감각적인 어휘를 포함하고 있다.

- 知恵袋와 블로그는, 모두 일상적인 어휘가 대부분을 차지하며, 새롭고 감각적인 어휘도 포함하고 있다.

어휘 레벨이라는 틀을 이용하면 어종 이외의 관점에서도 다양한 어휘의 특징을 고찰할 수 있을 것으로 생각된다. 예를 들면 어떤 매체에서 레벨 a이면서 다른 어떤 매체에서도 레벨 a가 되지 않는 어휘를 추출한다면, 해당 매체에서 매우 특징적인 어휘를 추출할 수 있을 것이다. 이렇게 해서 추출된 어휘가 공통으로 가지고 있는 성격을 고찰함으로써 매체의 특징을 밝힐 수 있다. <표 3>은 매체별 특징어를 빈도가 많은 순으로 10 단어씩 예로 든 것이다.

〈표 3〉 각 매체의 특징어의 예 (해당 하위 말뭉치에서만 레벨 a인 단어)

매체	특징어의 예 (빈도 상위 10위인 단어)
신문	会談、減、同日、衆院、参院、見通し、議長、高知、-区、与党
출판서적	施策、取り消し、頻度、検出、算入、潜在、阻害、徴収、防御、間接
도서관 서적	族、候う、忽ち、女房、詩人、父、地獄、奇妙、何しろ、いえ
잡지	スカート、ニット、渋谷、ジャケット、本紙、カジュアル、ベルト、プリント、ネックレス、収納
知恵袋	落札、ＩＤ、発送、存知、口座、どなた、振り込み、入金、手数、インストール
블로그	ブログ、本日、眠い、久々、いや、目茶、先週、んっ、来週、お早う

Ⅳ 실용적인 어휘 분류의 시도

1. 기본 어휘

Ⅱ절과 Ⅲ절에서 어휘 레벨의 틀을 이용하여 각 매체의 어휘 성격을 밝혔다. 이러한 각 매체의 어휘 성격을 파악한 후, 레벨 정보를 더 활용하게 되면 실용적인 어휘 연구에 도움이 되는 어휘 분류를 다양하게 할 수 있다. 이절에서는 이러한 방향의 연구 사례를 몇 가지 제시하고자 한다.

먼저 기본 어휘 추출에 대해서 생각해 보기로 하자. 어떤 매체에서든 자주 사용되는 어휘는 기본도가 항상 높은 기본 어휘로 간주된다. <표 4>는 모든 매체에서 레벨 a인 것을 추출하여 어종별 50음도의 시작 부분의 어휘를 나타낸 것이다.

〈표 4〉 기본 어휘의 예 (6종 모든 매체에서 레벨 a)

어종	기본 어휘의 예(어종별 시작 부분)
고유어	間(あいだ)、相手、会う、合う、赤、赤ちゃん、上がる、明るい、明らか、開ける、上げる、朝、足、味、汗、遊び、与える、頭、新しい、当たる、扱い、扱う、当てる、後、穴、…
한자어	愛、挨拶、安心、安全、安定、位(い)、以下、以外、意見、以降、医師、意識、以上、異常、以前、位置、一、一時、一番、一部、一緒、一杯、一般、移動、意味、依頼、医療、員、…
외래어	アップ、イメージ、イン、インターネット、カード、ガス、カット、カップ、カメラ、…

2. 중요 어휘

모어 교육에 실제로 도움이 되는 어휘 목록은 기본어휘 목록과는 다르다고 생각된다. 왜냐하면 기본어휘 중 어떤 것은 일상 회화 등에서도 자주 사용되는 것이기 때문에 교육 현장에서 특별히 따로 제시할 필요가 없는 것도 많기 때문이다. 어휘를 제외하고, 교육 목표로 설정하는 것이 바람직하다고 판단되는 중요 어휘 목록을 작성하는 것을 생각해 보기로 하자. 이 중요 어휘 목록은 규범적일 것, 문장어 성격을 가지고 있을 것 등이 요건이 될 것이다. 앞서 고찰한 각 매체의 어휘 성격을 비교하여 이 요건에 맞는 매체를 찾는다면 도서관 서적이 가장 적합할 것이다. 단 도서관 서적의 어휘 레벨만으로 중요도를 충분히 파악할 수 있다는 것은 아니다. 도서관 서적의 어휘 레벨을 첫 번째 기준으로 삼고, 필요에 따라 다른 매체의 어휘 레벨을 원용해 나가는 것이 현실적인 방법이다.

목록 작성의 구체적 순서로는 도서관 서적에서 기본적인 레벨의 어휘로부터, 일상어가 잘 반영되어 있는 知恵袋의 기본적인 레벨의 어휘를 제외하면, 일상생활 속에서 체득하기 어렵고 학습해야 할 중요한 어휘를 특정할 수 있을 것으로 생각된다. 중요 단어의 범위는 이용 목적에 따라 확대하거나 축소할 수 있지만, 본고에서는 중학생의 어휘 학습을 가정해 보기로 하자. 사카모토 이치로(阪本一郎, 1984)는 중학생 단계까지 학습할 어휘로 약 20,000 단어를 제시하고 있는데, 도서관 서적 레벨 a에서 c까지가 약 22,000 단어가 되므로 여기까지를 중학생의 학습에서 중요 단어 범위로서 취급하기로 하자[9].

<표 5>는 도서관 서적의 레벨이 a에서 c까지의 어휘 목록을 품사별로 50음도 순으로 배열한 것 중 명사의 시작 부분이다.

---

9 다른 개념으로, 레벨 a·b의 약 11,000단어를 초등학교 종료 단계의 목표로 하거나, 레벨 a에서 d까지 약 36,000단어를 고등학교 종료 단계의 목표로 하는 등, 다양한 사용법을 상정할 수 있을 것이다. 또한, 나누는(구획) 위치를 바꾸는 방법으로 예상되는 단어 수에 맞게 범위를 더 세밀하게 바꾸어 가는 것도 가능하다.

〈표 5〉 중학생 중요어휘 목록의 예(명사)

ア、亜、アー、アーケード、アーサー*、アーチ、アーチスト、アート、アーノ
ルド*、アーム、アーモンド、アーリー、アール*、RNA、RB、愛、藍、アイ
アン、ISO*、ISDN、IMF、合鍵、アイカワ(相川)*、哀願、愛敬、愛
犬、アイコ(愛子)*、愛好、愛国、アイコン、挨拶、アイザワ(相澤)*、IC、IC
PO*、哀愁、相性、愛称、愛情、愛人、アイス、合図、アイゼン、愛想、アイ
ゾウ(愛三)*、間、アイダ(相田)*、間柄、アイチ(愛知)*、愛着、アイヅ(会津)*、
相槌、相手、アイディア、IT、ID、アイテム、アイデンティティー、愛読、
アイドル、アイヌ*、アイノスケ(愛之助)*、アイハラ(相原)*、アイビー、IBM
、愛撫、相棒、合間、愛用、哀楽、アイルランド、アイロン、アインシュタイ
ン*、アウシュビッツ*、アウト、青、‥

이 목록에는 앞에서 말한 일상적으로 사용되는 평범한 어휘도 포함
되어 있으므로, 知恵袋에서 레벨이 a·b인 것이 이에 해당하는 것으로
간주하고, 밑줄을 그었다. 밑줄 친 단어를 제외하더라도 중요 어휘라
고는 하기 어려운 것이 포함되어 있는 것으로 생각된다. 그 이유로는
다음과 같은 것을 생각할 수 있다. 즉, 말뭉치 샘플로 채택된 문장의
주제가 되는 단어는 해당 샘플에서 상당히 높은 빈도가 되어, 그러한
단어가 중요 단어의 기준으로 빈도를 초과하는 경우가 있기 때문이
다. 이러한 어휘를 배제하기 위하여 도서관 서적에서 사용 샘플수가
극단적으로 적은 1, 2, 3 중 어느 하나에 해당하는 것에 대해 음영으
로 표시하였다. 여기까지의 절차에서 사용된 지표를 정리하면 다음과
같다.

중요도 지표 : 도서관 서적의 어휘 레벨 (a·b·c를 추출)
일상도 지표 : 知恵袋의 어휘 레벨 (a·b를 제외)
전문도 지표 : 도서관 서적의 샘플 수 (1. 2. 3을 제외)

중요도 지표는 추출하기 위한 지표이고, 일상도와 전문도 지표는 배

제하기 위한 지표이다. 이 세 지표를 조합하여 약 17,000 단어로 구성 된 중요 어휘 목록을 만들 수 있다.

그런데 <표 5>를 살펴보면, 「アーサー」「アイザワ(相澤)」등 고유명 사도 포함되어 있는데, 이러한 어휘는 중요 어휘에는 맞지 않은 것으 로 생각된다. <표 5>는 모든 고유명사에 *를 붙였으나, 그중에는 「ア イヅ(会津)」「アインシュタイン」「アウシュビッツ」처럼 교육상 중요 단어로 생각되는 것도 있으므로, 고유명사의 취급에 관한 별도의 연구 가 필요하다.

이와 같이 과부족이 발생하지 않도록 중요 어휘 목록을 작성할 수 있다면, 그 중요 어휘를 더욱 세분화하거나, 교육 현장에서 어떻게 다 루어야 하는가를 검토하는 연구도 전개할 수 있을 것이다. 이러한 실 용적인 연구와 말뭉치를 기반으로 하는 기초적인 연구의 상호 연계를 강화해 가는 것이 다음 단계에 요구되어지는 사항일 것이다[10].

Ⅴ 맺음말

이상에서 『현대 일본어 글말 균형 말뭉치』를 이용하여 매체와 어휘 레벨의 틀을 바탕으로 어휘를 분류하고, 실용적인 어휘 연구에 도움이 되는 방향에 대하여 기술하였다. 본고에서 기술한 것은 말뭉치를 활용 해서 할 수 있는 어휘 분류의 극히 몇 가지 예에 불과하지만, 기존 어 휘 조사에서는 기대할 수 없었던 유익한 결과를, 말뭉치를 이용한 어 휘 조사에서 얻을 수 있다는 사실을 확인하였다. 앞으로는 본고에서 언급한 바와 같은 방향에서 말뭉치를 이용한 기초적인 연구를 폭넓게

---

10 앞서 소개한 '언어정책반' 연구에서는 불충분하지만 중요 어휘 교육을 교과 교육과 연계하는 방법에 대해서도 고찰하였다. 그 개요는 田中他(2011)에 기록하였다.

전개해 가는 것, 그리고 사회에서 어휘가 문제시 되는 국면에서 어떤 정보가 필요한지에 주목하면서, 그러한 상황에 도움이 되는 설득력 있는 데이터를 제공하는 것이 중요해질 것으로 생각된다.

▌참고 문헌

石川愼一郞(2012)『ベーシックコーパス言語学』ひつじ書房

国際交流基金・日本国際教育協会(2002)『日本語能力試験出題基準 改訂版』凡人社

国立国語研究所コーパス開発センター(2011)「「現代日本語書き言葉均衡コーパス」
利用の手引第1.0版」『現代日本語書き言葉均衡コーパス』DVD版
所収

阪本一郎(1984)『新教育基本語彙』学芸図書

田中牧郎・相沢正夫・斎藤達哉・棚橋尚子・近藤明日子・河内昭浩・鈴木一史・平山允
子(2011)『言語政策に役立つ、コーパスを用いた語彙表・漢字表等
の作成と活用』特定領域研究「日本語コーパス」言語政策班報告
書、CD-ROMによるデータ公開もあり

伝康晴・峯松信明・小木曾智信・内元清貴・小椋秀樹・小磯花絵・山田篤(2007)「コー
パス日本語学のための言語資源—形態素解析用電子化辞書の開発
とその応用—」『日本語科学』22, 国立国語研究所編、国書刊行会

前川喜久雄(2008)「KOTONOHA『現代日本語書き言葉均衡コーパス』の開発」『日
本語の研究』4-1, 日本語学会編、武蔵野書院

宮島達夫(2007)「語彙調査からコーパスへ」『日本語科学』22, 国立国語研究所編,
国書刊行会

山崎誠(2009)「国立国語研究所における諸研究—語彙調査の系譜を中心にして」『国
文学 解釈と鑑賞』74-1, 至文堂

일본어학과 일본어교육
日本語学・日本語教育

3 어휘(語彙)

일본어의 문자·표기

사사하라 히로유키 *
와세다대학교 교수

Ⅰ 일본어 문자·표기의 다양성

일본어를 표기하기 위한 문자를 체계라는 측면에서 보면 기본적으로 한자, 히라가나, 가타카나가 포함되어 있다. 그 외에도 용도가 한정되어 있는 것으로는 로마자, 그리스 문자, 아라비아 숫자, 로마 숫자가 있다. 그 중에서 한자를 먼저 살펴 보면, 현재 일상적으로 유통되는 글자의 종류가 수천 개에 달하며 그 글자체에는 신·구, 번·간 등과 같은 속성을 갖는 여러 종류의 변형 즉, 이체자(異體字)가 공존하고 있다. 각각의 문자에는 음독, 훈독 등 읽는 법이 여러 개 부여되어 있고, 숙어의 경우 특유의 독음이 생겨나서 숙자훈(熟字訓)을 형성하는 경우도

---

* 笹原宏之 : 早稲田大学

있다. 이렇게 표기체계 측면에서 본 일본의 문자는 그 요소와 운용에
있어서 세계에서 가장 복잡한 상황을 초래하고 있다.

그리고 그것들을 이용하는 일본어 표기는 더 많은 다양성이 존재하
고 있다. 표기는 여러 종류의 층위나 질적인 차이에 의해 분할되는 집
합에서 일정 경향을 가지며 개개의 단어, 사용자나 장면마다 차이를
보이는 경우도 있다.

본고에서는 세계적으로도 드문 일본어의 이러한 문자와 이를 사용
한 표기에 대해 구체적인 사례를 들어가며 몇 가지 문제점을 설명하고
자 한다.

▣ 한자의 일본화

1. 자음(字音)·음독(音讀) 오음(吳音)·한음(漢音)·관용음(慣用音)

한자는 중국어 발음을 나타내는 것이었다. 「산」을 한국어나 일본어
에서 「산」이라고 읽는 것은 고대 중국의 발음을 모방한 결과이다. 중
국어의 음독을 일본어에서 받아들여 일본어 음소를 늘리며 일본어화
하여 간소화시켰다. 고대 일본에 「止」를 음독으로 「도」라고 읽기도 했
는데, 이러한 고음(古音)이나 그 이후에 들어온 오음(吳音)은 한국에서
일본으로 전해졌다는 시각도 있다. 당대(唐代)에 전해진 한음(漢音)은
체계성을 가지고 있으며 송대(宋代)이후에는 당음(唐音)같은 남방음
(南方音)이 단어와 함께 일본에 전해졌다. 또한 수(輸)는 유(諭)에서 유
추해서 「유」라고 읽히게 되었다. 수출(輸出)은 원래 「슈슈츠」라고 발
음했었으나 현재는 이렇게 유추해서 읽는 방식에 의해 「유슈츠」가 되
었다. 이렇게 유추하여 읽는 방식을 업신여겨 과거에는 글자도 모르는

자가 읽는 방식이라고 하여 「하쿠쇼(농사꾼) 읽기(百姓読み)」라 불렀다. 한편, 2음절 한자어에서 앞에 오는 한자를 훈으로 읽고 뒤에 오는 한자를 음으로 읽는 방식인 「훈음독(湯桶読み)」,반대로 앞에 오는 한자를 음으로 읽고 뒤에 오는 한자를 훈으로 읽는 「음훈독(重箱読み)」에 대해 훈독으로 읽는 한자를 일부러 음독으로만 하는 음독치환 읽기를 「유식한 자가 읽는 방식(有職読み)」이라고 했다. 나아가 이와 비슷한 것으로 옛날부터 관용적으로 읽던 방식에서 벗어나 특별한 음으로 읽는 「고지쓰요미(故実読み)」가 있었다(*¹이들은 모두 훈독에 비해 한 단계 높은 읽기 방식으로 인식되어 현재에 이르고 있다). 이러한 의식은 말의 생성, 운용에도 영향을 주었다. 「쇼모(消耗)」도 이런 의미에서 보면 「쇼코」였지만 「모」라는 유추해서 읽는 방식이 정착했다. 이 방법은 한자권 각국에서 볼 수 있다(한국어의 「秒」「歐」 등).

한편, 한자와 한자어를 이용한 문화 교류의 결과, 「注意」「約束」「薬品」「経済」「手紙(*편지)」와 같은 소위 동형어(同形語)가 한자권에서 다수 공유되게 되었다. 각국의 한자어에는 표기, 글자체 외에 어구성, 의미나 용법 면에서 공통점과 유사점, 상이점이 있고 어디에서 발생했는지 어떻게 변천되었는지에 대한 고증이 이루어지고 있다(아라카와 키요히데(荒川清秀, 1997), 사사하라 히로유키(笹原宏之, 2006), Liwei Chen(陳力衛, 2008) 등). 근세, 근대 이후에 공유하게 된 어휘에는 일본에서 만든 한자어가 많은데 이는 옛날부터 만들어졌으며 일본 고유어 「ひのこと(*불의 일)」에서 이를 한자로 표기하게 되면서 한자어 「火事(*화재)」가 생겨나고, 「諦観」이 일본 고유어 「あきらめる(*포기하다)」의 어의(語義)변화와 더불어 숙어로의 어의 전용에 의해 다른 의미가 파생되었다. 「腺」은 한 개인이 만든 글자가 전문용어가 되어 일반용어 그리고 상용한자로 변해간 경우이다. 일본서 만든 한자어인 「猟奇」처

1 　*는 역자가 넣은 것임.

럼 한국에서 「엽기」라는 식으로 한글로 표기되어 뜻이 바뀌어 일본과
중국 사이에서 의미의 불일치를 초래했다가 최근 한류의 영향으로 역
으로 한국어의 뜻이 일본에도 영향을 미치는 경우도 나타나고 있다.

2. 자의(字義)·훈독 고쿠훈(國訓)

한문을 이해하기 위해 한자를 일본어 고유어로 읽는 방식이 고안된
다. 「산(山)」을 고유어 「やま(*yama)」라고 읽는 소위 훈독이 바로 그
것이다. 중국의 용법을 바탕으로 한국에서 먼저 이루어진 고유어에 의
한 읽기를 응용한 것으로 보인다. 한반도에서 이미 만들어진 독자적인
자의(字義)도 「小椋」의 「椋」(창고라는 뜻을 가진 경(京)에 나무 목 변
을 더한 것), 「鎰」(열쇠라는 뜻의 鑰의 변형) 등 한반도에서의 고쿠훈
(*国訓: 어떤 나라에서 독자적으로 만든 글자의 뜻)이 이른 시기에 일
본으로 전해졌다. 「串」, 「鮑」에도 그러한 전파의 가능성이 각국의 문
헌을 통해 발견된다(사사하라(笹原, 2012, 2012b). 「椿」「霞」 등, 일본
의 독자적인 고쿠훈도 7세기에는 사용되었다. 「恋」에 コロス(*korosu:
죽이다)라는 뜻이 옛 사전에 보이는 등 불분명한 점도 적지 않다.

특히 일본어에서는 「生」에 セイ(sei)·ショウ(syou)라는 음 외에 「な
ま(nama:*날(것)-) いき(iki:*살(다)-) うぶ(ubu:*철없는, 순진한) うむ
(umu:*낳다) はえる(haeru:*((잔디, 털 등이)나다)」 등 일본 고유어의
각종 어형과 결합하여, 규범적인 훈(定訓)으로서의 자훈(字訓)을 가지
게 되었다. 이것을 여러 개의 훈을 갖는 훈한자(訓漢字)라고 한다. 여
기에는 중국, 한국에서처럼 새로운 것이 나타나 옛 것이 사라지고 새
로이 공식적인 것으로 인정되는 덮어쓰기식 저장이 아니라, 유입된 것
을 각각 소화하며 다른 이름으로 저장해 가는 일본의 문화적 성질을
발견할 수 있다. 각각이 섬세하다고 할 수 있을 정도의 뉘앙스를 담고

있는 경우도 있다. 막연한 애매성을 가진 일본 고유어의 성질 또한 영
향을 주고 있다. 게다가 한자어 쪽이 오히려 다의적이라는 점도 영향
을 미친다. 한중일 모두 한자어에 의해 고유어의 어휘가, 그리고 고유
어에 의해 한자어의 어휘가 확장된 경우도 생긴다(지스크 마슈(ジス
ク·マシュー, 2010)). 시대나 지역, 집단, 문헌, 해석, 개인이나 장면 별
로 차이도 나타났다. 예를 들어 일본에서는 「凧(*tako:연)」라는 일본에
서 만들어진 한자어에 대해 훈독은 「たこ(tako) いか(ika:*오징어:오사
카에서 오징어를 닮았다고 해서 연을 ika라고 부르는 경우가 있다) は
た(hata:*깃발)」라는 식으로 각지에서 변종이 만들어지고, 후자와 같은
지역훈이 생겨났다.

3. 뉘앙스에 대한 세속적인 해석

일본에서는 한자는 상형문자, 그것을 조합한 회의문자로 인식하는
경향이 있다. 읽지 못하는 글자는 하쿠쇼 읽기를 한다는 것을 업신여
긴 역사와 뿌리를 같이 할 가능성이 있다.

「人」이라는 글자는 두 사람이 서로를 받치고 있는 데서 생겼다는
식으로 한자에 도의성(道義性)까지도 기대하는 해석은 특히 일본에서
인기가 있고, 통속적 해석이기는 하지만 글자의 기원설로서도 널리 알
려진 상태이다. 글자의 기원 연구는 언어 연구와는 다른 성질도 있어
서 여러 종류의 설이 존재한다(『日本語学』2011년10월호 「字源研究の
現在」참조). 후술하는 이미지 문자와도 관련이 있고, 「H」(*エッチ :
etti : *치한이나 가벼운 변태를 의미하는 말로 이를 표현하는 일본어
破廉恥(파렴치)의 발음 harenchi에서 첫 글자를 따서 H라고 표기함)라
는 단어와 표기의 기원에까지 상형문자 기원 의식을 끼워 맞추는 사람
들도 있다.

4. 글자의 종류 글자체 국자(国字)

「氐」의 이체자인 「弖」나 「閉」의 이체자 「丮」 등도 한반도 주변에서 생긴 이체자가 일본에 전해진 것으로 생각된다. ツ에 「川」을 사용한 것도 한반도에서의 사용에 그 원인이 있다고도 한다.

일본에서도 독자적인 글자체가 생겨나 헤이안 시대에는 「圓」이 원형이고 「円」으로 생략되기 시작했다. 무로마치 시대에는 어려운 글자인 「鬱」을 「欝」이라는 약자를 쓸 수조차 없어서 「林四郎」를 세로로 줄여서 표기하기도 했고, 이에 대해 학문적 지식이 없다는 비난을 받았다. 한자가 교양을 대표하고 있었기 때문이다. 한국에서는 「杰」이라는 독자적인 약자가 생겨났다. 가나가 생겨난 후에는 「機」(*ki)가 「木キ」, 「議」(*gi)도 「言ギ」로 되고, 로마자가 정착한 뒤에는 「慶應」(*keio)가 「广K广O」, 「寮」(*ryou)가 「宀R」로 유희성을 가지며 생략되는 표기가 생겼다. 「転」「広」 등도 일본에서 만들어졌지만 「藝」에 대한 「芸」는 일본보다도 빠른 사용 예가 한국에서 최근 발견되었는데(何華珍, 2012), 그 발생에 대한 규명을 위해서는 한중일의 문헌을 자세히 조사할 필요가 있다. 일본에서는 전자기기의 보급에 의해 약자에서 멀어져 「門」의 약자를 써본 적이 없다, 「第」의 약자를 쓰고 싶어도 쓸 줄 모른다는 청장년층이 있다. 반면 글자체가 주는 분위기에 대한 감성은 오히려 민감해지고 있다(후술).

일본인은 기존 한자로는 잘 와 닿지 않거나 표현할 수 없는 고유어가 있으면 새롭게 글자를 만드는 경우도 있었다. 「橿」은 「樫」으로 「鷸」은 「鴫」으로 성부(声符)가 실제 감각에 맞는 의미를 나타내는 요소로 치환되어 회의화(会意化)된다. 「鰯」 「鑓」 「鱈」 「錵」 등 일본인의 생활에 적합한 국자(国字)가 수천 종 만들어진 것 중에는 개인의 유희나 혹은 개인적인 사용에 그친 것도 있는 반면 집단 내에서 확대되어 일부는 사전에 오르거나 계속 사용되는 것도 있다. 「働」「躾」「糀」 처럼 생활에서 일본인의 감성·미덕 등의 가치관을 반영하고 있는 것이 있다. 고유어를 표기하기 위해서는 글자의 소리를 성부로 나타내는 형성(形声)보다도 회의(会意)가 적합했던 것이다.

훈독에 적합한 회의 방식으로 만들어진 국자 「峠」(*touge:언덕)는 회화적인 구성을 가지고 있어 이미지를 중시한 자세도 엿보인다. 한 단어에 한 글자를 대응시킨다는 一語一字 의식과 고유어를 정확하게 한자식으로 표기하고자 하는 요구에서 「𨗈」에 대해 「あまのはしだて(*amanohashidate : 지명)」라고 읽는 것까지 렌가(連歌)의 세계에 등장하였다. 「麿」「粂」 같이 합자(合字)한 글자를 한 단어로 쓰고자 하는 요구가 세로로 쓰인 문자열을 결합시킨 것이다.

「辻」은 상형적인 요소를 포함하고 있다. 중국 서적에 나온 「十字街」라는 자유(字喩)에 의한 어휘에 바탕을 둔 것으로 보이며, 특히 서일본에서 사람의 성에 많이 사용되고, 「辻」(*tsuji)라는 성을 그대로 갖고 일본에서 한국으로 귀화한 사람은 sip 외에 sib이라는 의미가 갖는 부정적 이미지를 피하기 위해 汁에 주목해서 「즙」이라고 부르게 한 사람도 있다고 한다. 한국인의 이름에도 「躾」는 「미」로 사용되는 것을 보면 문자 교류는 현재도 계속되고 있다. 한국에서는 한자 발음과 많은 고유어에 발음상 공통성이 있기 때문에 국자에도 형성문자가 많았다. 「垈」는 한중일 모두에서 현재까지 지명으로 계속 사용되고 있다. 우연히 글자체가 일치한 것 같다.

III 한자와 국어정책

1946년 「당용한자표」에 의해 일상에서 사용하는 한자가 1850자로 제한되었다. 전후 민주주의를 실현시키기 위한 한자제한의 시행이었는데, 구체적으로는 「犬」은 당용한자표에 있기 때문에 한자로, 「猫」는 없기 때문에 가나로 표기하는 식의 불균형이 비판을 받았다.

1981년에 이것이 「상용한자표」로 바뀌어 95자가 추가되고, 이 표는 대략적이고 느슨한 기준이 되었다. 「猫」도 채택되고 「癒」도 채택되었다는 점에서 「유착」을 표기할 때 「ゆ着」「그着」이라는 식으로 한자와 섞어서 쓰던 것을 정식 문서에서도 「癒着」이라고 쓸 수 있게 되었다. 또 2010년 개정에 의해 196자가 추가 되고(5자 삭제), 「いやし」(*치유)도 「癒やし」(癒し系)로 표기할 수 있게 되었다. 유행해서 사회적으로 정착된 말이 상용한자표에 반영된 경우도 있다. 「麺」「串」「丼」, 「痩」 등도 포함되었고 개정은 일본 사회의 식도락 붐이나 미용·건강 지향을 반영했다고 볼 수도 있을 것이다.

아이의 이름에 쓸 수 있는 한자도 당용한자와 더불어 제한을 받았다. 법무성이 주관하는 인명용한자는 당용한자나 상용한자를 확장한 것이지만, 제한의 합법성이나 개개 글자의 「상용평이(常用平易)」성을 둘러싸고 재판이 거듭되었다. 근년 「腥」「胱」이라는 글자에 대해 외관의 직감적인 이미지 때문에 작명에 사용하고 싶다는 부모가 있고, 한자의 취급이나 사용법에 있어 후술하는 표의문자＞단어문자＞이미지 편중 문자라는 변화가 두드러진다. 「一二三」도 주류가 ひふみ (*hihumi)＞ワルツ(*왈츠)로 변화하고 있고 아이의 이름을 짓는 동향이 일본 문자의 동향을 상징하는 듯 하다(사사하라 히로유키(笹原宏之, 2006)). 이러한 현상에 대해서는 정책에 안정적으로 응용할 수 있는 객관적이고 많은 양의 데이터와 연구방법이 필요하다.

Ⅳ 문자·기호와 정보화 사회

　20세기 말에는 워드프로세서, 컴퓨터, 휴대전화 등과 같은 전자정보기기가 급속히 발달하였다. 여기에는 경제산업성(당시는 통산부 장관)에 의해 JIS, 즉 일본공업규격에 의해 정해진 JIS한자가 실제로 사용되었다. 가나한자 변환 기술에 의해 일본어도 거의 자유롭게 입력, 출력할 수 있는 환경이 마련되었다. 그 덕분에 손으로 쓸 때는 가나표기가 일반화 되어 있던「扨」(*sate:그럼)「軈(やが)て」(*yagate:이윽고)「躊躇」「憂鬱」과 같은 한자까지 문장 속에 부활하기 시작했다.

　지명·인명용 글자는 일본어 안에서도 독자적으로 발전을 한 것으로 JIS 대응이 충분하지 않았다. 읽는 법에 지역차(「藤」: 서일본의 성에서 주로 읽는 법 huji, 동일본의 성에서 주로 읽는 법 tou)나 지역훈(地域訓) (「谷」의 「tani」에 대한 동일본의 「ya」)을 가진 것도 있다. 「藤」는 성으로 사용되는 빈도가 높았으므로 2010년에 상용한자표에 채택되었다.「垰」「椥」와 같이 각지에 살아있는 지역한자도 제4수준까지 상당히 채택되었다.「蛯原」성은 당연히 입력할 수 있게 되었지만,「草彅」은 제 2수준까지 빠져있었으므로 지금도 각종 대용 표기가 유통되고 있다. JIS한자를 선정할 때에는 유령문자라고 불리는 잘못 받아 적기(転記)나 글자체의 오인 등의 실수에 의한 새로운 오자가 생겨났다.「妛」「彁」는 그 대표적인 예이다(사사하라(笹原宏之, 2007)).

　기호·그림문자에서도 중요한 것은 JIS에 받아들여져 일부는 문자열에 들어갔다. 표의성이 높은 한자에 익숙했으므로 문장 안에서의 표현 효과를 유추할 수 있는 것이 기호류이고, 또 보수적인 한자에 비해 유연한 표현 효과를 발휘할 수 있는 것이 기호류이다. 최근 컴퓨터로는 유니코드까지 탑재되어 「♡」「↗」 등도 서법이나 억양 등의 표시로 쉽게 사용할 수 있게 되었다. 그러나 메일로 보내면 아직도 글자가 깨져 「♡」가 「㈱」 등으로 바뀌어 버리는 문제도 일어나고 있다.

거리에서 보는 문자의 모습에 대해 사회언어학에서는 언어 배경이라는 관점에서 조사가 늘어나고 있다(쇼지 히로시 외(庄司博史他, 2009)). 한자와 가나의 비율 등도 산출되지만 대부분은 다언어 상황을 개관하기 위한 것이다. 다면성을 가진 일본의 문자·표기에 대해 이해하기 위해서는 인지심리학에서의 접근 등 학제적인 연구가 필요하다.

Ⅴ 가나

1. 가나표기법

일본어의 음운(음성이 아닌)에 대해 가나를 사용하여 표기하는 방법에 관한 것을 가나표기이라 한다. 특히 이에 관한 법칙성이나 기준을 말한다.

표음적인 가나표기는 에도 시대에 싹터 2차 대전 전에 체계적인 시도가 이루어지고, 전후에 이르러 국어정책으로 제정되었다. 1946년 「현대 가나표기(現代かなづかい)」, 1986년에 「현대 가나표기(現代仮名遣い)」가 내각고시·훈령으로 공포되었다.

일반적으로는 「とおり」(*toori)에 왜 「お」(*o)가 들어가는지 체계적으로 이해하기 위해서는 일찍이 「とうり」(*touri)가 아닌 「とほり」(*tohori)가 「とをり」(towori)였다는 역사적 가나표기에 관한 지식을 아이에게까지 요구하게 된 측면이 있고, 이것을 모르면 무작정 외울 수밖에 없게 된다. 한편 젊은 층에서 「いう」(言う:iu)를 「ゆう」(*yuu), 또 「ゆー」(*yuu)로 쓰는 경우도 보인다. 고유명사에서는 비교적 자유도가 높아 「ヱビス」(*ebisu), 특정 집단이나 장면에서는 「ヲタク」(オタ

ク:otaku) 등의 일반적이지 않은 예도 사용되고 있다.

2. 한자음의 가나표기(字音仮名遣い)

「王」(オウ:ou)의 「ワウ」(*wau), 「甲」(*kou)의 「カフ」(*kahu) 등, 고유어가 아닌 한자음에 대한 한자음의 가나표기는 『운경(韻鏡)』등에 의한 한자음에 대한 연구를 통해 진전되었다(근년의 성과는 佐々木勇 2009등 참조). 즉 개개의 자음에 대한 설에는 일정하지 않은 부분도 남아 있다. 고유어의 가나표기에도 비슷한 「의문가나표기(疑問仮名遣い)」라고 하는 예가 있다.

자음 「コウ」(*kou)는 다섯 종류로 쓰는 법이 구분되는데, 메이지 시대에는 「かう(kau) かふ(kahu) こう(kou) こふ(kohu) くわう(kuwau)」를 「こー」(kou)로 간이화하는 막대긋기 가나표기(棒引き仮名遣い)가 「초등학교령 시행규칙(小学校令施行規則)」에 의해 국정교과서에 사용된 적이 있다(감동사의 표기도 포함). 현재 「ケータイ」(携帯 : *Keitai)는 단어로서 이 표기가 정착했다. 「クヮ」(*kwa)는 현대에도 중국어나 한국어의 한자음에 대응하고 있다. 「地球」는 「チキュウ」(*chikyuu)인데, 같은 「地」를 포함한 「地面」이 「ヂメン」(*jimen)이 아닌 「ジメン」(*jimen)이 되는 것은 「布地」의 「ぬのジ」(*nunoji)와 같이 본래 「ジ」(*ji)였던 것과 아울러 이해할 필요가 있다. 「地」에는 본디 「チ」(*chi) 「ヂ」(*ji) 2개의 자음이 있고, 후자는 현대 가나표기에서 「ジ」(*ji)로 바뀌었지만 연탁에 의해 생긴 「はなぢ」(鼻血:hanaji)와의 구별도 일반적으로는 어렵다. 일반적으로는 음훈 의식(音訓意識)이 희박해져 「憂鬱」(ユウウツ:yuuutsu)를 「ゆうつ」「ゆーつ」라고 표기하는 경우도 보인다.

3. 외래어의 표기

외래어의 표기도 가나표기와 유사한 현상이 있어 「バレー」(*baree: 배구) 「バレエ」(*baree:발레), 「ボール」(*bouru:볼) 「ボウル」(*bouru:볼 (그릇))는 단어를 구별하는 기능을 한다. 「ライブ」(*raibu:라이브) 「ライヴ」(*raibu), 「キーウィー」(*kiiwii:키위) 「キウイ」(*kiui) 「キュー イ」(kyuui)와 같은 변화는 원어의 철자나 음운과 관련되는 면이 있다. 이에 대하여 국어정책에서는 「외래어의 표기」라 하여 따로 가나명 사용법이 규정되어 있다. 고유명사에는 아직 원음이나 원래의 철자의 영향을 받는 「ビルヂング」(*birujinngu:빌딩) 「エヴァンゲリヲン(*ebanngerion: TV에서 방영된 애니메이션으로 エヴァンゲリオン(evangelion)과 구별하기 위해 표기를 다르게 함)」 등의 이례적인 표기도 이루어지고 있다. 그리고 히라가나에는 「一」(*가타카나에 장음을 표시하기 위한 기호)에 대해 저항감을 나타나는 경우가 많다. 메이지 시기에 선긋기 표기(棒引き仮名遣い)가 초등학교에서 행해진 적이 있었지만 정착되지는 못했다.

한국에서 전래된 외래어인 「チヂミ」(*chijimi:전(지지미))는 이 규칙으로 보면 「チジミ」(*chijimi)로 되어야 한다. チェジュ(済州)도 마찬가지이며 일관되지는 않지만, 거의 관습화되었다. 동음이 이어짐에 따라 「ちぢみ」(*chijimi)가 되었다고 유추한다면 고유어에만 적용되는 현대 가나표기가 응용된 예가 된다.

그리고 일본어 전체를 로마자로 표기하는 것에 대해서도 「로마자 표기법(ローマ字のつづり方)」이 제시되었다. 영미식인 헤본식과 일본어 음운 규칙을 기준으로 한 훈령식을 절충한 형태이다. 현실에서는 특히 장음 표기법 등에 있어 혼란도 보인다. 회사명에서는 「YEBISU」 같은 일반적이지 않은 예도 있다.

Ⅵ 문자 표기 체계와 표현 효과

1. 문자체계

앞서 본 것 같은 복잡한 모양·발음·의미·이미지를 가진 각각의 일본 문자와 그것을 일본어에 대해 구사하는 일본어의 표기법은 여러 가지 표현상의 효과를 낳는 경우가 있다. 일찍부터 그 문제점은 검토되어 왔다(노무라 마사아키(野村雅昭, 1976외)). 다면적인 분석을 필요로 하는 분야이므로 본고에서는 시험적으로 여러 의식을 수용하며 그 다양성을 창출하는 요인과 시스템에 대하여 가능성을 모색하고자 한다. 이에 대하여 현대 대학생들의 의식을 중심으로 기술하는 것으로 한다.

일본에서는 한자는 공식적인 것, 멋있다, 딱딱하다, 어렵다, 고풍스럽다, 히라가나는 부드럽다, 따뜻하다, 어리다, 바보스럽다, 가타카나는 멋있다, 서구풍이다, 새롭다, 스타일리쉬하다, 차갑다, 무기질의 느낌이 든다는 감각이나 평가가 있다. 자국 언어에 복수의 표의성이나 표음성이 높은 문자 체계를 혼용하고, 용법이나 표기법에도 다양성이 있기 때문이며, 이는 세계에서도 극히 드문 현상이다. 단 각각에는 개개의 문자에 따른 예외도 존재한다.

2. 자종(字種)

한자에는 특히 다양한 감정이나 생각이 담겨 있다. 좌우명으로 쓰이는 글자나 숙어도 많다. 많은 사람들이 좋아하는 글자로는 「愛」가 있다. 「好」라는 글자를 보면 기분이 좋아진다는 여성도 있고, 메일이나 손으로 쓴 친한 사이끼리 주고 받는 글에서는 「好」는 「♡」와 함께 쓰이는 경우가 눈에 띈다.

「匂い」「臭い」는 「におい」(*nioi:냄새)의 동훈이자(同訓異字)(후술)
이다. 「におい」「ニオイ」(*nioi)라는 표기는 비교적 중립적이어서 향기
와 악취 양쪽을 나타낼 수 있다.

3. 글자체(字体)·자형(字形)

한자의 글자체 즉 기본 구조가 되는 형태에 관한 개념은 고대 중국
에서 싹텄다고 생각되며, 미관, 필기하는 데 있어서의 경제성의 추구,
충돌 회피 등에 의해 변화를 거듭해 왔다. 중국에서도 「國」 안에 「惑」
이 있다는 말을 점쟁이에게 듣고 「圀」으로 바꾼 측천무후(則天武后)
이야기가 있으며, 여기에서는 문자에 영이 담긴다는 사상인 문자령사
상(文字靈思想)을 엿볼 수 있다. 그러나 중국에서 발상된 후 「國」을 측
천문자로 「圀」, 「佛」을 이체자로 「仏」이나 「佚」로 쓰는 글자체는 오히
려 한자권 각지에서 사용되었다. 일본에서는 「岳」 보다 「嶽」이 역시 엄
숙한 느낌이 든다. 이 글자의 경우는 별자의식(別字意識)이 생겼는데
「大学」보다 「大學」이 격이 높은 듯 하다, 「拉麺」 보다 「拉麵」이 더 중
국식 같다는 감각에 대해서는 종종 회자된다(후술). 일본에서는 한자에
대해 역사 이상의 「심오함」을 느끼는 것과 이름 획수로 점을 치는 것
이 유행하여 「惠」에 점 하나를 더하는 변형화 행동이나 「步」의 구자체
(旧字体)를 사용하는 등 숫자를 맞추기 위해 이체자를 선택하는 경우도
있다.

일본에서는 더 다양한 감각이 발로된다. 한어 「リュウ」(*ryuu:용)에
는 「龍」과 「竜」 등의 이체자가 있고 1981년에 후자가 상용한자표에
채택되었는데 두 글자체에서 떠오르는 이미지에 차이가 있다는 사람
이 많다. 전자는 중국의 하늘을 나는 몸이 긴 것이고, 후자는 서양의
용(드래곤)이다라고 하는 것은 글자의 형상과 매칭시킨 의식에 따른

것인데, 실제로 소설이나 만화, 게임 등에서 구별이 되고 있다.

고유어 「ひのき」(*hinoki:노송나무)에는 「檜」와 그것을 생략한 「桧」가 유통되고 있다. 전자가 자주 사용되어 왔으므로 그쪽을 선호하고 익숙하다는 의견이 많지만(笹原宏之·横山詔一·エリク=ロング2003) 2004년에 인명용 한자에 양쪽 모두 채택되어 신문사에 따라서는 약자를 지면에 사용할 기회가 늘었다. 그러나 노송나무 목욕탕을 뜻하는 hinokiburo에 대해 「檜風呂」「桧風呂」로 쓴 경우, 전자에 대해 운치를 느끼는 경우가 많다. 구자체나 드문 이체자가 향수를 불러일으키는 효과가 있는 것은 「橫濱」(*요코하마) 「神戶」(*고베) 「東京」(トウケイ (toukei) 라고도) 「會津」(会津)(*아이즈:지명) 등 문예작품이나 관광지 팜플렛 등에서 지명표기에 이용되고 있다. 이처럼 글자체 사용에 대한 고민은 고유명사에서 현저하게 나타나는데, 이 외에도 「大学」을 「大學」이라고 표시하거나 신설 대학에서도 교문에 이러한 구자체를 표시하는 곳이 있는 등, 그 선전 효과는 무의식적으로 발휘되고 있다.

한편 오자체(誤字体)는 글을 쓴 사람이나 사용 기관의 신뢰와 평가를 떨어뜨리는 경우가 있다. 이것은 일본인이 한자야 말로 교양을 나타낸다고 보는 과거로부터의 의식에 바탕을 둔 것으로, 「強い」(*tsuyoi:강하다)에 「弱」이 섞인 글자체나 「勉強」(*benkyou:공부)에 「ム」가 동화(同化)된 글자체, 「短」이나 「辞」의 요소가 좌우 반대가 된 글자체 등에 대해는 유치하다는 지적을 받는다. 인명과 관련해서는 「鼎」이 이체자였던 것이 원인이 되어 이름을 지은 아버지를 살해한 사건도 일어났다.

변체가나(変体仮名)는 점차 수렴되었지만 1900년에 정식으로 초등학교 교육에서 배제되었다. 그러나 거리의 간판 등에서는 「そば」(*soba:메밀국수)를 「楚者゙」라 흘려써서 변체가나로 표시하는 것이 에도 시대 후기부터 특히 동일본에서 보이고, 전통있는 가게라는 분위기를 자아낸다. 얽혀있는 듯한 복잡하고 비일상적인 글자체는 면발의 느낌과 특별한 느낌을 연출한다. 「そば」「ソバ」「蕎麦」 사이에서도 그러한 의식이 감지될 것이다. 「おてもと」(*otemoto:젓가락) 「しるこ」 (*shiruko: 단팥죽)(しるホ(*shiruho)라고 잘못 읽혀지는 사태도 발생했다) 등에서도 일본적인 풍미를 나타내기 위하여 마찬가지로 변체가나가 이용되어 왔다.

곡선적인 히라가나의 형태에까지 집착을 보이는 경우가 있다. 변체가나 외에 「さいたま市」(*saitamashi) 「さぬき市」(sanukishi)의 「さ」 (*sa)는 구청 안에서는 부드러운 느낌을 내기 위헤 로고로써 필기체에 서처럼 왼쪽 아래 부분이 끊어지지 않은「さ」로 정해졌다. 이러한 정보만 너무 앞서 가서 관련된 지명은 그렇게 쓰지 않으면 오류라고 고치도록 하는 경우도 생겼으며, 원래 한자 위에 독음을 다는 후리가나 표기만 다른 자형으로 표기하는 경직화 된 의식에 의한 구별이 히라가나에까지 생기게 되었다. 「の」(*no)는 중국어권에서, 「ツ」(*tsu)는 러시아어권에서 분위기 표현이나 이모티콘으로 전용되게 되었다.

자동차 번호판에 사용된 「相模(sagami)」가 「相撲(sumou:씨름)」로 보인다고 하여 「相撲」 번호라 야유하는 경향이 있다. 숙자 차원에서의 점획소이자(点画少異字)라고 할 수 있다. 전서(篆書)에서는 시황제가 당시 죄를 나타내는 글자가 「皇」과 닮았기 때문에 동음인 「罪」로 바꾸게 하였다고 한다.

글자의 크기, 필획의 비백(飛白), 기호 삽입 등도 구체성을 동반하는 자형이지만, 그것을 넘어선 글자의 색, 배경색, 글자의 모양, 글자나 행의 여백, 세로쓰기·가로쓰기 등의 배치도 어조나 음색, 필러(filler)와 같이 함의(connotation)와 관련되는 경우가 있다.

4. 서체

붓이나 경필로 흘려 쓴 글씨를 읽지 못하더라도 달필이라는 평가를 하는 경우가 있다. 동글동글한 글씨에 대해서는 문자 표기체계로서의 히라가나에서 볼 수 있는 것과 같은 귀여움, 어리다는 양쪽의 가치를 인정하는 사람이 있는 반면, 공들여 쓴 젊은 여성의 글씨(ギャル文字)에 대해서는 오히려 머리가 나빠 보인다고 혹평하는 이도 있다.

활자 서체에 있어서는 명조체는 정식이고 흔히 격식을 갖춘 딱딱함이 느껴진다. 고딕체는 메이지 시대 일본에서 만들어진 서체로 교과서에서 강조하기 위해서 사용된 각이 눈에 띄는 서체인데, 이것이 오히려 젊은 여성들로부터는 귀엽다는 말도 듣는다. 사진 식자 기술에서 개발된 날체나 퍼니체에는 젊음이 디자인되어 있어서 이러한 것을 추구하는 장면에서 사용된다. 고인쇄체(古印体)는 '공포' '재앙' 등의 글자를 텔레비전 화면이나 만화 등에서 나타낼 때 많이 사용된다. 핏방울이 뚝뚝 떨어지는 듯한 점과 획으로 「원망」「저주할거야」라는 글자가 표시되는 경우도 있다.

히라가나 「いちご(*ichigo:딸기)」(후술)의 날체는 표기체와 서체 모두 가장 귀엽다고 인정받는 것인데, 반대로 귀여운 척한다, 너무 목적이 드러나서 약삭빠른 느낌이 든다는 반감도 생긴다.

5. 서풍

같은 서체 안에서도 유파에 의해 미묘한 양식의 차이가 지적된다. 헤이안 시대부터의 일본식 서체에는 중국 서체에는 없는 일본적인 유화함, 우아하고 아름다운 분위기가 감돈다. 라멘집에서는 근래에는 중국식이 아닌 일본식의 독자적인 두껍고 힘있게 쓴 손글씨 문자가 선호

되고 있다. 궁극적으로는 개인 특유의 서풍도 있다. 글 쓰는 버릇에서 인간성을 이끌어 내기도 하고, 시인 아이다 미쓰오(相田みつお)의 글은 강한 개성으로 유명해져 저명인이 되어 다른 사람에게도 파급되었다.

6. 한자 표기

이처럼 다층성을 가진 문자를 조합해 만들어지는 단어 표기에는 한층 복잡한 효과가 창출된다.

한자는 상형문자로부터 시작된 것으로 시각 등의 감각에 강하게 호소하는 힘을 가지고 있다. 「凹凸」(outotsu:오목볼록)이나 「串」(*kushi: 꼬치) 등 상형성을 이용한 표기가 가능하며 「凹レンズ」(*오목렌즈) 「凸面鏡」(*볼록거울) 등 문자가 가진 표면적인 뜻은 그 어의에 대해 설명적이기까지 하다.

「たまご」(*tamago:달걀)에는 중국 고전의 발상을 이용한 「卵」과 일본 고유어의 어원에 따른 「玉子」(*tamago)라는 2개의 훈독에 의한 한자 표기가 있다. 후자도 음차는 아니다. 그러나 「学者の卵」(*학자의 달걀: 학자로 성장할 사람)) 「産みたて卵」(갓 낳은 달걀) 「卵かけご飯」 (계란덮밥)은 전자가 많이 사용되고, 「玉子焼き」(계란말이) 「玉子丼」 (달걀덮밥)같은 식품으로서 조리가 진행됨에 따라 생생함이 떨어지는 것은 후자로 이행하는 경향이 일반적으로 강하다. 하지만 미디어나 지역에 의한 차이도 보인다.

「coffee」에 대해서는 「珈琲」로 표기하면 고급스런 느낌이나 본격적인 느낌이 들고, 일본다운 고집을 가지고 까다롭게 만든 것이라는 느낌이 있다. 전래된 곳의 로마자보다도 본격적인 것으로 느끼게 해준다는 점에서 아이러니하다. 외래어다워야 할 가타카나 「コーヒー」

(*kouhii)에 대해서는 싼 느낌과 캔에 들어 있는 커피라는 느낌이, 「こ
うひい」(*kouhii)에 대해서는 달 것 같고 아이를 위한 커피 같다는 평
가가 있다. 한자라고 다 좋은 것이 아니라 「可否」「咖啡」는 역사성이
알려져 있지 않고 직감적으로는 좋지 않다는 평가가 일반적이다. 「こ
うひい」에 대해 오히려 다이쇼 시대와 같은 복고적인 느낌을 느낀다
는 사람들도 있다. Curry는 로마자로는 「カリー」(*karii)라고 하는 영
어식 어형으로 읽히는 경우가 많은데, 「カレー」(*karee)가 일반적인 요
리로서 인식되어 「かれえ」(*karee) 「かれー」(*karee)등 히라가나로 표
기되는 일은 없기는 하지만, 역시 유추하자면 어린이용, 단맛 「咖喱」
도 珈琲로부터 유추된 것처럼 복고적인 느낌, 본격적인 이미지와 연관
시키는 사람이 있다. 「蜜柑」이 「蜜」이라는 한자나 옆에 붙은 「甘」이
작용하여 달 것 같다, 이것의 가타카나 표기인 「ミカン」(*mikan)은 신
맛이 날 것 같다는 식으로 글자나 단어 마다 차이가 생긴다.

식품 이외에도 이러한 효과는 의식되고 실용화되고 있다. 「癌」
(*gan:암)은 무서운 이미지를 상기시키고 고치지 못할 것 같으므로, 전
문가의 경우에도 본래의 한자를 피하고 「がん」「ガン」이라 표기하는
경우가 많다. 「クマ」(*kuma:곰)는 생물로서의 존재를 나타낸다. 「くま」
는 귀여운 인형이나 캐릭터화 된 것을 나타내서 휴대전화의 그림문자
나 이모티콘에 가깝다. 「熊」은 사람을 공격하는 무서운 동물로서 인식
되는 경우가 있다. 폭주족이 사용하는 「夜露死苦」(*요로시쿠:잘 부탁
합니다)에는 획수가 많은 글자 배열과 부정적인 자의(字義)때문에 무
시무시한 느낌을 주는 효과가 있어 젊은 층에서 유희적인 표기로서
「宜しく」(*요로시쿠:잘 부탁합니다)보다 더 많이 사용되고 있다. 「可
愛い」(*가와이이:귀엽다)는 고유어에 한자를 음차한 것인데 「愛」가 있
으므로 귀엽다는 의견과 무겁다는 의견이 있다. 감각적인 표현이니만
큼 개인차가 두드러진다.

한자 표기의 경우 동음이자에 의한 뉘앙스 층위의 차이에 집착하며 사용하는 경우가 많다. 「貫録」이 싫으므로 원래의 「貫禄」으로 한다든지, 「乱獲」 「波乱万丈」은 의미가 이상하므로 「濫獲」 「波瀾万丈」으로 한다는 식이다. 이와 관련해서는 한자정책의 변천도 영향을 주었다. 한자어인 「綺麗」 「奇麗」는 모두 한자 서적에서 유래한 것인데, 「奇」라는 글자 형태나 奇抜, 奇妙 등에서 유추하여 독특한(eccentric) 아름다움을 나타낸다는 이미지가 있다. 「キレイ」(*kirei)는 청결함을 나타내고 이것은 상품명에서 왔다는 의견도 강하지만 상품명과 일반적인 이미지는 어느 쪽이 먼저인지 검토할 필요가 있다. 동훈이자에서도 이와 마찬가지로 햇살을 의미하는 「日射し」(*hizashi)는 더울 때에, 가을에는 「陽差し」(*hizashi)라는 표기를 선택하는 사람도 있다.

일본인은 예부터 표기에 함의를 담았다. 중층적인 표현을 문자에도 응용하고 있다. 예를 들면 「こひ」(恋)에는 『万葉集』에서 「孤悲」라는 만요가나가 많이 사용된다. 후에는 「戀」이라는 한자를 「いとし(*itosi: 그립다), いとしというこころ(*그립다는 마음)」라고 분석하고 있다. 같은 책에 나오는 「恋水」는 에도 시대에는 「なみだ」(*namida:눈물)로 해독되었다.

헤이안 시대 여성에게는 한자에서 막 파생된 히라가나 사용이 정착되었다. 「いちご(이치고:딸기)」에 「覆盆子」라는 한자를 쓰는 것은 과장이라고, 세이쇼나곤이 『枕草子』에 적었다. 무라사키시키부는 일기를 통해, 세이쇼나곤이 한자를 마구 써대며 똑똑한 척한다고 비난하였다. 오늘날에는 「いちご」는 귀엽다, 「イチゴ」는 신맛이 날 것 같다, 식물로서의 사물을 나타낸다는 의견도 있다(전술 참조).

식품과 관련해서는 근대에 중국어에서 들어온 라멘에 「拉麺 拉麵 らー麺 ラーメン らーめん ら~めん らあめん らぁめん」 등 수 많은 변형이 존재하여, 가게 주인의 철학 등 여러 가지 뉘앙스를 표현하고자 한다. 「らうめん 老麵」(*raumen)과 같이 어형에도 변화를 요구하는 경우가 있다. 마찬가지로 근대에 중국에서 들어온 단어 중 「シューマイ」(슈마이)를 「シウマイ」(시우마이:제조업체의 로고가 되기도 하였다)로 하는 것은 역사를 느끼게 한다.

서양에서 들어온 외래어 클럽(culb)에도 「クラブ」「くらぶ」「倶楽部」와 같이 이러한 표기상의 함의가 관찰된다. 프랑스를 「フランス」「ふらんす」외에 고급 레스토랑에서 「仏蘭西料理」(게다가 구자체를 사용한 「佛蘭西料理」)라는 표기도 그러한 효과를 노렸을 것이다. 파리에 대해 「パリ」「巴里」, 런던에 대해 「ロンドン」「倫敦」, 샌프란시스코에 대해 「サンフランシスコ」「桑港」 외에 국내의 지명 하코다데「箱館」(函館)등도 그러한 의식 하에 사용되었을 수 있다.

「カツ丼」(*가쓰돈)은 「勝丼」이라고 쓰면 좋은 운이 담긴 것처럼 보이게 하려는 문자령사상(文字靈思想)의 잔존도 보인다. 마늘을 나타내는「にんにく」(*닌니쿠)를 「大蒜　蒜」라고 한자로 표기해도 읽을 수 없기 때문일까, 가게에서는 「人肉(닌니쿠)」라는 표기를 사용하는 곳도 있는데, 이는 한자 표기를 최고의 가치로 삼는 의식 때문일까.

7. 히라가나 표기

히라가나를 「ひらがな」「ひら仮名」「平がな」로 표기하는 경우가 있다. 이것은 문자체계를 표시하는 역할을 담당하고 있으며 「ヒラガナ」라고 표기하는 경우는 드물다. 성명 등에 소리를 특정하기 위해 붙이는 후리가나는 「ふりがな」라는 식으로 히라가나로 쓰는 것이 암묵적이며, 견해에 따라서는 명시적으로 요구되는 사항이다. 이와 마찬가지로 가타카나를 「カタカナ」「カタ仮名」「片カナ」라 표기하는 경우가 있지만 「かたかな」라고 히라가나로 표기하는 경우는 드물다. 「かな」

「カナ」만으로도 히라가나와 가타카나 중 어느 쪽인지를 나타낼 수 있다.

한자어 「極」의 경우, 이것이 부사인 경우 「ごく」(*goku)로 표기되는 경우가 증가하였다. 이것은 품사성이나 한자의 자수라는 언어적 조건에 좌우된 결과이다. 한편 두 글자로 된 한자인 「至極」(*shigoku)는 한자가 일반적이다. 또 신문 등에서는 「ぜひ」(*zehi)는 부사인 경우, 「是非」는 명사인 경우로 구별하여 사용되고 있다. 「是非とも」(*zehitomo: 꼭)는 「ぜひとも」로 표기해도 되지만, 「是が非でも」(*zegahidemo:어떤 일이 있어도 꼭)는 어원이 의식되는 경우도 있어서 한자로 표기하는 경우가 많다. 명사에는 통속적 해석을 바탕으로 한 「是否」(*zehi)라는 잘못된 표기도 늘고 있다.

가나표기가 현대에는 함의와 관련되는 경우가 있다. 「かゝほり」(*kahori:향기, 냄새)는 역사적 가나표기(歷史的仮名遣い)로 인식되어 고풍스럽다고 생각되기 쉽지만, 실제로는 데이카 가나표기(定家仮名遣い)였다. 「どぜう」(*dozeu:미꾸라지)는 본래는 에도 시대에 서민들이 살던 마을의 「ドジョウ屋」(*dozyouya)에서 「どぢやう」(*dojiyau)등 네 글자가 되는 표기를 피했던 것이 습관화된 표기이다. 「こんにちは」*(konnitiwa:안녕하세요)는 인사말로 정착된 「こんにちわ」로 표기되는 경우가 늘었다. 아이를 나타내는 「子供」(*kodomo)의 「供」, 「障害」(*syougai)(옛날에는 障碍)의 「害」에 대해 차별적인 뉘앙스를 느낀다는 주장에 의해 「子ども」 「障がい」라는 표기가 늘고 있다. 이에 대해서는 어원까지 거슬러 올라간 이론도 많이 제시되고 있다.

히라가나는 중립적인 표음문자로 이해되지만, 그 형상이 한자의 해서에는 없고 초서에서 유래한 둥그스름함을 갖고 있어, 초기 단계에 가타카나에 앞서 학습하게 되었으며 친근함, 귀여움과 같은 느낌을 주는 경우가 있다. 한편 유치함, 한자를 쓸 수 없어서 사용하는 대용 표기(仮名의 仮는 가짜 문자라는 뜻)라는 부정적인 성질이 느껴지는 경

우도 있다. 만화를 의미하는 히라가나 「まんが」(*manga)는 「漫画」「マ
ンガ」와 달리 어린아이용이라고 경험과 감각을 바탕으로 한 주장도
있다. 선거 포스터에서 이름을 히라가나로 표기하는 것은 모든 유권자
가 읽을 수 있도록 함과 동시에, 친근감을 높이는 효과를 기대하는 것
이지만, 실제로는 히라가나 표기는 유치하고 믿음이 가지 않는다는 감
상도 많다. 「たんぽぽ」(*tanpopo:민들레)에 대해 친근감을 가지기 쉽
고, 「タンポポ」는 교과서나 도감 안에 있는 학술적인 이미지, 「蒲公英」
는 잘 알지 못하는 다른 식물인 것 같다고 한다. 「あじさい」(*ajisai:수
국)는 「あ」의 형상 때문에 마치 달팽이가 있을 것 같다는 의견도 있다.
색체에 있어서도 핑크를 히라가나로 표기한 「ぴんく」는 복숭아색 같
고, 가타카나 표기 「ピンク」는 원색, 「pink」는 쇼킹핑크(*shocking
pink:일본에서 만든 영어로 너무 선명해서 강한 인상을 주는 핑크색)
가 연상된다는 의견이 있다. 이러한 감각은 실제로 「とまと」(도마토)
「れたす」(레타스)등 상품 명칭 표기에 이용되기도 한다.

긴단힌 힌지어의 경우에도 히라가나로 표기되는 경우가 있다. 「あん
しん」(안심) 「らくらく」(라쿠라쿠) 「かんたん」(간단) 등 선전 광고 등
에서 한자가 빚어내는 딱딱함을 불식시키고 친근하게 표현하려고 할
때 정착하여 사용되고 있다.

8. 가타카나 표기

「コツをつかむ(요령을 터득하다)」에서 コツ(*kotsu:요령)의 어원이
「骨」인지는 명확하지 않다. 「コクがある(깊은 맛이나다)」라고 할 때
コク(*koku:깊은 맛)도 「酷」인지 분명하지 않다. 이러한 단어는 가타
카나 표기가 정착되었다. 단어의 표기를 구분하는 것이다. 「クモ」
(*kumo)는 거미로, 표외자(表外字)임과 동시에 동물명임으로 가타가나

표기가 정착하였다. 「くも」(*kumo)가 구름이라는 뜻으로 특화된 것은 충돌 회피를 위한 표기의 구별이라 볼 수 있겠다. 이러한 구분은 어의가 분리된 경우에도 적용될 수 있다. 「適当」(*tekitou)는 적절이라는 뜻, 「テキトー」(*tekitou)는 적당이라는 뜻으로, 격식 없는 장면에서는 표기가 구별되는 경우가 많다. 가타카나에서는 소리가 부각되며, 자의와 어의가 희박해지는 기능을 갖는다. 단 「好い加減」(*iikagen:알맞음)과 「イイカゲン」(*iikagen:적당히)의 구별은 일반화에 이르지는 못했다.

「事(*koto)」는 형식명사로 사용될 때 공적으로는 「こと」, 사적인 편지 등에서는 「コト」라는 표기로 구별하는 경우가 있다. 「物(*mono)」도 형식명사로 사용될 경우, 「もの」로 표기하는 미디어가 많지만 「者」(*mono:자) 「モノ」(*mono:자)의 관계는 「こと」와 같지는 않다.

「ゴマ(*goma:깨)」는 신문에서는 식물, 「くろごま(*kurogoma)검은깨)」 등은 가공되었으므로 히라가나로 되어있다. 표외자를 포함하지만 깨를 「ご麻」「ゴ麻」로 섞어서 쓰면 문장 안에서 가독성이 떨어진다. 신문은 대중매체이기 때문에 이러한 조건을 설정하고 있지만, 일반적으로는 이러한 규칙성이 공유되고 있지는 않다. 「バラ(*bara:장미)」는 자형에서 가시가 돋아 있는 이미지, 유럽의 이미지, 「ばら」(*bara:장미)는 유치, 豚バラ肉(*butabaraniku:돼지갈비)가 연상되는 충돌을 일으킨다는 사람이 있다. 「薔薇」(*bara)는 표외자이지만 일반적으로 꽤 많은 사람들이 읽을 수 있는 숙자훈이 되어서 꽃잎과 줄기, 선물인 꽃다발, 욕조에 띄우고 싶은 것, 호화로운 느낌을 주지만, 한자 표기에서 가시가 돋쳐있다고 느끼는 사람이 있다.

「蛋白質」(*tanpakushitsu)도 「蛋」이 표외자이기 때문에 「タンパク質」「たんぱく質」라는 식으로 전문용어로 사용될 때에도 학회마다 표기가 다른 경우가 발생했다. 「たん白質」라고 섞어 쓰기도 하고 일반적으로는 「蛋ぱく質」라는 표기까지도 생겨났다. 이 단어에서는 표현되는 것

의 성질 때문에 표기가 변해도 함의는 변하지 않을 것 같지만, 쓰는
사람의 읽는 사람에 대한 배려의 유무, 강약이나 쓰는 사람의 한자 운
용 능력, 사용 상황에서 표기규칙에 대해 의식을 하게 되는 경우는 있
다. 자의와 어원, 형태소의 의미도 잊혀졌으므로 「卵白質」로 바꾸자는
의견도 있지만 습관은 바뀌지 않았다. 「ムラ」(*mura:마을) 「クニ」
(*kuni:나라) 등 전문 영역 안에서 독자적인 의미를 담은 말이 가타카
나로 표기되는 경우가 있다. 「クルマ」(*kuruma:자동차)도 이에 준한다.
이것은 가타카나에 국한되지 않고 도시계획에서 「まち」(*machi:마을)
불교계에서 「いのち」(*inochi:목숨) 등 전문용어나 업계 용어의 히라가
나표기에서도 보이는 경향이다.

　「ラク」(*raku:쉽다) 「カンタン」(*kantan:간단) 등 긍정적인 뉘앙스를
강화, 전화시키는 경우가 있다. 한자어인 「ゴキゲン」(*gokigen:기분이
좋음)은 새로운 의미, 감동사적인 용법이 된다. 「オハヨー」(*ohayou:안
녕) 「バンザイ」(*banzai:만세) 「ヤッター」(*yatta:해냈다, 됐다)등 어종
을 불문하고 음성, 감탄사를 한자의 자의에서 유리시키는 것이 가능하
다. 한편 「ヘン」(*hen:이상하다)처럼 부정적 뉘앙스를 강하게 하는 기
능도 갖는다. 「ユーウツ」(*yuutsu:우울)는 한자를 쓸 수 없는 경우에
그것을 대행하는 것뿐만 아니라, 「ヒミツ」(*himitsu:비밀)와 같이 가
볍고, 독특한 뉘앙스와 결합하는 경우도 있다.

　「サミダレ」(*samidare:장맛비)에는 「ナミダ」(*namida:눈물)라는 3글
자가 숨겨져 있는 듯한 문자의 상형적 이용, 선정의 기교도 장면에 의
존하면서 이뤄지는 경우가 있다. 한자에도 이러한 것이 보이는데 중국
에서 오래 전에 일본으로 전해졌다고 하는 항목을 「蘭奢待」(*ranzyatai)
라고 불렀다. 이 한자 표기 속에는 「東大寺」가 보인다.

　그리고 손윗사람이 아랫사람에게 「がんばってネ」(*ganbattene:열심
히 해)라고 끝부분을 가타카나 「ネ」(*ne)로 쓰는 경우가 있는데 요즘

젊은층 사이에서 「ウザイ(괜한 간섭이다, 사족이다, 무리한다)」라고 평
가되는 경우가 있다. 이것은 에도부터 쇼와 무렵에 사용된 표현이었는
데, 세대간에 큰 단층이 생겼다. 그림문자에 의해 나타난 의식의 단절
일 가능성이 있다. 무리해서 젊어 보이려고 쓸데없는 짓을 한다고 의
식하는 젊은 사람에 대해 위상표기화(位相表記化)한 것을 알아채지 못
하는 세대가 있다. 이러한 위상표기 중에는 성인이 되었을 무렵에 더
이상 안 쓰게 되거나, 또 일시적으로 유행이 끝나 계승되지 않은 예도
있는데 이것을 알아차리지 못하고 계속 쓰게 되면 오히려 역커뮤니케
이션을 초래하는 사례가 되는 것이다.

　외국인의 발화를 가타카나로 표기하는 경우가 만화나 텔레비전 자
막 등에서 보이는데 이것은 부정확한 발음이나 뉘앙스를 다 담지 못하
는 모습을 나타내려고 하는 것으로, 역할어와 같은 것이 표기상에도
존재한다고 볼 수 있다.

9. 로마자 표기

　일본어를 로마자로 표기하는 것은 무로마치 시대부터 실시되어 에
도 시대부터 간판에 사용되고 이에 대해 금지령이 거듭 나올 정도로
외국 선호와 일치하는 문자였다. 로마자를 사용한 문학작품 창작도 시
행되고 로마자화 운동도 일어났지만, 일본어 표기로서는 미군정 시기
를 거친 후에도 보조적인 자리를 얻는 데 그쳤다. 회사명, 점포 이름
외에, 역명은 Tokyo로 하는 등 로마자 표기가 병기되어 문자열이 너
무 길면 읽기 어려워지기는 하지만 외국인뿐만 아니라 일본인도 어떻
게 읽는지를 한자만으로는 모를 때 도움을 받게 된다.

　「1F」는 The first floor가 아니라 각국의 자국어로 읽혀진다. 일본에
서는 잇카이, 한국에서는 일층, 중국에서는 이로우(이층이라고도) 각각

階, 層, 楼라는 한자어로 발음된다. 여기에서도 표음문자가 표의문자처럼 기능하고 있다. 한자로 표기하지 않는 것은 국제적인 대응 외에 멋을 내거나 쓰기 쉽게 한다는 목적에 의한 것으로, 로마자가 한자의 역할을 대신하고 있다고 볼 수 있다.

로마자 철자법에는 현재 영어권에서 통용되는 헤본식과 일본어의 음운규칙에 의한 훈령식이 혼재하고 있으며, 그 외에 민간에서는 개개인의 독자적인 표기법도 보인다.

「FAX」는 영어 철자 그대로 사용되는 경우가 많고 「hwakkusu」라는 표기를 볼 수 없는 것은 필기의 경제성이라는 측면에서 효율성이 낮다는 점과 영어를 모르는 것처럼 보여 모양새가 안 좋고, 목적이 불분명하기 때문일 것이다.

로마자는 해외의 상징으로서도 의식되고 있다. 「早稲田からWASEDA へ」(*와세다에서 WASEDA로)라는 카피는 고유명사를 영어 철자로 함으로써 국제화를 도모하는 의지를 나타낸다. 보통명사인 「KEIRIN」도 이와 같은 효과를 가지지만 「sushi」는 영국, 미국인들의 발음을 연상시킴과 동시에 캘리포니아롤과 같은 것을 떠오르게 한다. 「JUDO」는 「柔道」(*judo)가 이미 정신 수양을 위한 일본의 무술이 아니라, 국제사회에서 이기기 위한 스포츠로서 변질된 경기를 가리키는 경우가 많다. 문말조사 「ね」를 「ne」로 표기하는 것은 여성의 위상표기이지만 「よ」를 「yo」로 표기함으로써 랩의 어조를 표현하거나 재현하는 경우도 있다.

로마자는 약어 산출에도 기여하고 있다. 여성지는 「JK」, 남성지에서는 「JKT」로 2자, 3자로 나뉘는 경향이 있는데 이것을 자켓이라고 읽는 사람도 있을 것이다. 멋도 더해지지만 「観音菩薩」(*KanNon-BoSatsu)를 공책에 표기할 때에 나타나는 「KNBS」에 대해 거부감을 보이는 사람이 많다. 이렇듯 로마자가 늘 멋있다고만은 할 수 없다. 여

학생은 친구에게 쓰는 편지에서 경칭인 「ちゃん」을 「chan」, 그리고 ○ 안에 첫 글자를 써서 「ⓒ」이라는 식으로 씀으로써 친근함이나 귀여움을 연출하고, 이른바 여성스러움을 강조하는 경우도 있다. 또 로마자를 사용하여, 예를 들어 「…なので R」(*nanodeあ-る)처럼 이상한 느낌을 연출하는 경우도 있다.

10. 아라비아숫자 표기

일본어는 숫자, 예를 들면 「2」의 경우 「2 2 ② Ⅱ ⅠⅠ Ⅱ ii ii 二 弐 貳 貮 弍」 처럼 다양한 문자를 「2」로 표기할 수 있다. 「Ⅱ」「ii」「弐」에는 사용 장면에 제약이 있다. 또 이것도 일본에만 해당되는 사항이지만 세로쓰기와 가로쓰기가 병존하기 때문에 이에 따른 사용 경향도 차이가 있다.

이러한 숫자에도 표기를 구분하는 경향이 보인다. 의식되는 경우는 드물지만 「二丁目 2 番地」「二段 vs 2 級」처럼 한자로 표기한 숫자 쪽이 격이 높다. 「1 万円」은 가볍고 「壱万円」이면 무거움을 느낀다는 의견도 있고, 위조방지를 위한 이러한 한자 표기의 사용이 법률로 정해져 있지만, 실제로는 보다 널리 사용되어 기부금 등의 표기에도 이용되고 있다.

11. 섞어쓰기

「きのこ」(*kinoko:버섯)는 「茸」가 표외자이지만 사용되는 경우가 있다. 「菌」은 오늘날에는 의미가 특화되고 느낌도 나빠서 사용되지 않는다. 버섯을 나타내는 「きのこ」「キノコ」 외에 「木野子」(*kinoko) 「きの子」(*kinoko) 「木のこ」(*kinoko) 「木の子」(*kinoko) 같은 표기가 메뉴나 WEB 등에서 보인다. 귀엽게 느껴질 가능성이 있다. 이러한 어 구성을 갖는 「たけのこ」(*takenoko:죽순)에는 「筍」이 표외자이지만 정 착되어 「旬のもの」(*syunnomono:제철 음식)라는 통속적인 해석도 낳 았다. 이와 닮은 것으로 물고기 魚변에 師를 쓴 「鰤」(*buri:방어)는 12 월(師走:연말은 선비도 뛸 정도로 바쁘다는 뜻)경부터가 제철이기 때 문이라는 이야기가 있다. 죽순에는 이 밖에도 「タケノコ」「たけのこ」 외에 「竹の子」 등도 사용된다.

「段ボール」(*danboːru:골판지)는 어의와 형태소의 관계가 불분명하 고 어원 의식이 희박해서 「ダンボール」라고 가타카나로 표기하는 경우 가 많다. 단 함의와는 거의 관련이 없는 것 같다. 다음은 표기체계와 어 종을 대응시킨 표이다. 혼종어나 복합어의 경우에는 응용이 더해진다.

표기체계표˚는 드묾·위상(집단·장면)표기 ˚˚는 전의

분석 층위와 표의·표어 표음   음절(음소) 단음(모음·자음)
기능

문자명 어종 \ 문자체계	한자	히라가나	가타가나	로마자(대문자는 생략)	그 외
고유어	山	やま	ヤマ˚˚	yama˚	˚
	桜	さくら	サクラ	sakura˚	˚
	熊	くま	クマ	kuma˚	˚
	宜しく	よろしく	ヨロシク˚	yorosiki˚	
	宜敷˚				
	夜露死苦˚				
	四六四九˚			4649˚	˚
	可愛い	かわいい	カワイイ˚	kawaii˚	Cawaii˚

한자어	楽	らく	ラク゚	raku゚
	箪笥	たんす	タンス	tansu゚
	簡単	かんたん゚	カンタン゚	kantan゚
	東京	とうきょう゚	トウキョウ゚	Toukyou゚・Tokyo゚
				(영어 철자와 일치) : 고유명사
외래어	煙草	たばこ	タバコ	tabako゚・tabacco゚
	倶楽部	くらぶ゚	クラブ	kurabu゚・club

표기체계에 따라, 표현되는 사물의 이미지가 좌우된다. 각각 다른 표현 효과가 생기는 것이다. 서체 층위는 여러 나라에서 나타나지만 문자 층위는 세계에서도 극히 드물다.

로마자를 선호하는 것은 앞서 본 것처럼 에도 시대부터 나타나는 의식으로 서양에 대한 동경이 계속되었기 때문일 것이다. 그러나 딸기를 나타내는 ICHIGO나 ichigo는 귀엽지 않아서 싫다는 의견이 많다. strawberry가 로마자인 것이 적합해서 좋다고 생각하기 때문이다. 또 「A」「a」가 포함되면 인상이 좋다, 귀엽게 느껴진다, 멋있게 느껴진다는 의견도 있다. 일본 전통적인 것에 대해서는 영어가 떠오르지 않고 거꾸로 분명하게 와 닿는다. SAMURAI, WASABI, SAKURA 등이 이에 해당된다.

이렇게 두드러진 경향은 비교적 명확하다고 할 수 있지만, 표기를 선택할 때에는 언어적 조건 외에도 심리적 조건, 생리적 조건, 물리적 조건, 지리적 조건 등 10종류 이상의 인자가 관련되어 그것들이 단어마다, 장면마다 강약으로 작용하고 있기 때문에 궁극적으로는 단어마다, 문맥마다, 그리고 개인에 따라, 혹은 표기 장면에 따라 최적의 표기는 다를 수 있다.

일본에서는 한자의 차음적 표기인 만요가나의 방법을 응용하여 외

래어인 「倶楽部」「煙草」「珈琲」(전술)나 한자어 「仏滅」(物滅에서)등
여러 음차 표기가 만들어져 사용되었다. 비록 외래어라 해도 과거에는
한자로 표기하면 이해하는 데 편리하며, 음역(音訳)·의역(意訳)의 방법
에 의미를 둔 것이다. 이러한 음역(자훈에 의한 것도 있다)이나 의역에
의한 한자 표기의 대응은 아직도 생산성을 가지고 있다. 고유어에서
위상어인 「マジ」(*maji:진짜, 정말) 에는 「本気」「真剣」 등, 「大人」
(*otona:어른)에는 오늘날에도 「悲観的現実主義者」「因囚」라는 한자표
기가 가사나 메일 등에서 계속 만들어지고 있으며, 「秋桜」(*kosumosu:
코스모스) 처럼 일반적으로 정착된 것도 나타났다. 바지 길이, 스커트
길이가 짧다는 의미의 「短丈」을 어떤 훈으로 읽을지 등 다층적인 표현
으로서의 숙자훈의 행방도 주목된다.

　이렇게 어종과 표기체를 조합해 보면 고유어에 글자를 대응시키는
방법인 아테지(当て字)란 결국 고유어에 한자를 대응시킨 것(当て漢
字)를 가리키며, 그 외에도 한자나 가타카나 표기가 기준이 되는 정식
표기, 일반적으로 중립적, 일반적인 표기로서 강하게 이시되는 단어의
경우에는 「히라가나를 대응시킨 표기(当てひらがな)」나 「한자를 뺀 표
기(抜き漢字)」, 한자나 히라가나가 고정된 단어인 경우에는 「가타카나
를 대응시킨 표기(当てカタカナ)」를 사용하는 현상도 일본어에는 실제
로 존재한다. 즉 일본어 문자와 표기의 다양성에는 이유가 있다. 동음
어나 다의어의 어의를 구별하고, 또 세세한 뉘앙스를 구분해서 쓰고
싶다, 문장 안에서 단어를 매몰시키지 않고 부각시키고 싶다는 등 차
원을 달리 하는 조건이 복합되어, 장면마다 이에 맞는 표기 형태가 선
택되는 것이다.

　한자가 갖는 유연성은 앞에서 서술한 대로 딱딱한 이미지와는 반대
로 굳건하게 존재하고 있지만 때로는 언어를 초월한 용법으로도 일본
에서는 사용된다. 한문에서 읽지 못하는 글자 등에서 그 연원이 보인

다. 근대 이후의 문학작품에서도 예를 들어 가와바타 야스나리의 『설국』의 첫 부분인 「国境」의 예가 유명한데, 한자가 이어진 색 이름 등, 음 훈 어느 쪽인지, 만약 음의 경우에도 오음인지 한음인지 등 작가가 의도한 어형이 명확하지 않은 것이 있다. 앞의 「1F」와 같은 로마자 표기는 한정된 장면에서의 특정 용법이며, 문자는 언어를 표기하는 기능을 갖지만, 그것을 초월한 일본의 독자적인 용법이다. 한자는 단어를 나타내지만, 유원지 등에서 보는 요금표에 널리 사용되는 「小人」은 정식으로는 「ショウニン」(*syounin)이라고 읽어야 한다고 되어있지만 업계에서 사용하는 용어에 지나지 않고 실제로는 읽는 법이 여러 가지가 있으며, 사람들 사이에서 나름대로 의미가 파악되고 있다.

보조 기호(부호)에도 표기상의 혼란이 생긴다. 「々」는 일본의 국어 과목에서는 한자로는 배우지 않는 것으로 「一々」「人々」라는 표기는 「一一」(*ichiichi:일일이)나 「人人」(*hitobito:사람들)란 표기보다 오히려 획수가 늘지만 반복이라는 기능을 명시한다. 「人びと」가 읽기 쉽거나 친근감과 부드러움이 있다. 이 표기는 원래 「人人」가 정식 표기이다, 또는 복수의 사람인 것을 강하게 표현할 수 있다는 의식을 바탕으로 사용되는 경우가 있다. 「鬱々」보다 「鬱鬱」이라는 선택에 대해 표현효과를 더 기대하는 경우가 있을 것이다. 동일한 단어나 어구를 반복할 때 쓰는 기호인 「くの字点(kunojiten)」이 1945년 이후에 폐지된 것이 「いろ2」(원래는いろいろ(*iroiro:여러 가지)와 같은 유희적 표기의 보급에 박차를 가했다.

이러한 배경 속에서 그림문자, 이모티콘이 보급되었다.

今日、🍺 ?

이것에 대해 읽는 법은 여러가지 생각할 수 있지만, 「술 마시러 가지 않을래?」라는 의미만은 정확하게 전달된다(와인일 가능성도 있다).
이러한 표시를 수용한 배경에는 말로 하는 경우라도 「응」「이거」라는
말만으로도 마시는 동작이나 눈짓으로 그것을 암시하는 몸짓 언어로
알아차리는 관습이 있을 것이다. 「📱해」도 휴대(전화)해 라고 구두로
말하지 않지만 휴대전화로 연락해달라는 의미만은 전해진다.

Ⅶ 맺음말

일본어를 효율적이고 효과적으로 표기한다는 목적에서 한자를 비롯
한 문자는 실제로는 아직 변화 과정에 있다고 할 수 있다. 역사 속에
서 그러한 변화는 멈춘 일이 없고, 멈추면 한자는 상형문자처럼 소멸
할 것이다.

그림문자의 유행에는 한자 정착에 의한 기반과 그 한계를 넘기 위
한 노력을 찾아볼 수도 있을 것이다. 일본에서는 단어문자에서 표의,
표이미지, 표감정(表modality)으로 한자의 성질이 변하는 조짐이 엿보
인다. 일본에서는 표기를 상대방에게 맞추려고 바꾸는 경우도 있다.
읽는 사람의 표기에 대한 주의나 취향에 맞추거나 한자를 좋아하지 않
는 사람에게는 가나를 많이 사용하거나 읽는 방법을 적어주기도 한다.
특히 이모티콘의 다양함을 좋아하는 점을 통해서도 한자권에 있어 일
본인의 발상이나 표현의 차이가 보인다. 원시적인 문자나 기호의 모습
을 빌리면서 캐릭터를 꾸밈으로써 배려와 감정을 담기 위해 완충적인
기제를 사용하는 커뮤니케이션을 실현하고 있다.

일본어에서 보이는 이러한 문자표기의 복잡한 상황과 변화는 현재
일본어로 언어생활을 하고 있는 우리 자신이 만들어낸 것이다. 무엇을
남기고 무엇을 바꿔가는 것이 좋은지, 일본어를 사용하는 각 개인이

잘 관찰하며 생각해 가는 것이 중요하다.

┃ 참고문헌 ──────────────────────────────────●

荒川清秀(1997)「近代日中学術用語の形成と伝播―地理学用語を中心に」白帝社

何華珍(2012) 俗字在韓國的傳播研究―以《漂海錄》《九雲夢》《樊川文集來註》
　　　　　　爲中心, 第4屆韓中日漢字文化學術國際論壇(韓国済州大学校)

佐々木勇(2009)『平安鎌倉時代における日本漢音の研究』汲古書院

笹原宏之(2006)『日本の漢字』岩波書店

＿＿＿＿＿(2007)『国字の位相と展開』三省堂

＿＿＿＿＿(2010)「改定常用漢字表と日本語表記」『日本語学』29-10

＿＿＿＿＿(2012)「汉字圈里的造字与传播―以"鮑·蛇"为中心」『漢字研究』7 慶星大
　　　　　　學校韓國漢字研究所

＿＿＿＿＿(2013)「クシを竟味する「串」の来歷」『太田斎·古屋昭弘両教授還暦記念中
　　　　　　国語学論集』好文出版

＿＿＿＿＿(2013)『方言漢字』角川学芸出版

笹原宏之·横山詔一·エリク=ロング(2003)『現代日本の異体字―漢字環境学序説(国
　　　　　　立国語研究所プロジェクト選書)』三省堂

佐竹秀雄(1990)「表記行動と漢字」『日本語学』9-11, 明治書院

ジスク·マシュー(2010) 意味の上の漢文訓読語―和語「あらはす」に対する漢字「著」
　　　　　　の意味的影響―,『訓点語と訓点資料』125, 訓点語学会

庄司博史·P.バックハウス·F.クルマス編著(2009)『日本の言語景観』三元社

田島　優(2007)「代用字·代用表記(同音の漢字による書きかえ)について」『国語文
　　　　　　字史の研究』10, 和泉書院

陳　力衞(2008)『日本の諺·中国の諺―両国の文化の違いを知る』明治書院

野村雅昭(1976)「表記の「ゆれ」」,『佐伯梅友博士喜寿記念　国語学論集』, 表現社

전문용어를 바라보는 기본 시각

송 영 빈*
이화여자대학교 교수

I 머리말

극히 단순한 표현을 쓰자면 전문용어는 지식을 표현하는 어휘다. 지식은 사물과 현상으로 나눌 수 있는데 이들은 두 개의 층위를 갖고 있다. 하나는 일상생활이고 하나는 예술 문화, 역사를 포괄하는 학문분야다. 이것을 언어학에서는 일상어와 전문용어로 구분하여 부르고 있다. 이러한 대비가 전문용어에 대한 일반의 오해를 불러일으키는 출발점이 되고 있다고 필자는 생각하고 있다. 어휘를 단순히 일상생활과 학문분야로 나눔으로써 일상어와 전문용어를 대립시켰기 때문이다. 이런 문제점을 극복하기 위해 전문용어라는 말 대신 지식어휘라는 말을

* 宋永彬 : 梨花女子大學校

사용하고 싶은 마음도 있다. 그 이유는 전문용어가 사물과 현상을 나타내는 말이며 사물과 현상은 일상생활에서나 학문분야에서나 모두 사용되기 때문이다. 이렇게 될 경우 일상어와 전문용어의 극명한 구분은 의미가 없어질 수 있으며 전문용어의 어휘적 특징을 포괄적으로 설명할 수 있게 된다.

이 글에서는 이러한 전제하에 전문용어를 구성하는 기본적인 요소들에 대해 한국어 전문용어의 역사적 변화 과정을 추적하며 살펴보기로 한다. 특히 현재의 전문용어를 규정하는 외적인 요소인 언어의 힘, 차용, 그리고 이의 극복이라는 관점에 집중하고자 한다. 이러한 과정을 통해 한국어 전문용어 연구를 위한 기본적인 시각을 마련하는 것을 목적으로 한다. 이 글의 내용의 일부는 은희철·송영빈·정인혁(2013) 『아름다운 우리말 의학 전문용어 만들기』에 바탕을 두고 있음을 밝힌다.

▋ 전문용어와 언어의 힘

전문용어는 어휘 연구의 연장선상에 있다. 그러나 일반적으로 언어학에서 연구하는 대상인 어휘와는 성격이 다르다. 이것은 전문용어는 형식적으로는 단어와 구조가 같지만 전문용어의 질적인 면을 보면 일반적인 어휘와는 다른 속성이 있다. 그 속성은 언어의 힘에 의해 일반 어휘와는 달리 강하게 영향을 받게 된다는 점이다. 이것을 검증하기 위해서는 역사적인 관점이 필요하다. 일반어는 역사적 변화를 받기 힘든 반면 전문용어는 역사적 변화를 민감하게 반영하기 때문이다.

과거 한국어 전문용어는 중국어의 영향을 강하게 받았다. 언해로 불리는 서적들은 중국어를 한국어로 쉽게 풀이한 책이며 여기에 쓰인 전문용어는 중국어 전문용어였다. 아편전쟁으로 상징되는 중국의 몰락과 제국 일본의 부상은 한국어 전문용어의 수입원이 중국에서 일본으로 변하는 계기가 되었고 여기에 일본에 의한 식민지 통치는 현대 한국어 전문용어의 성격을 바꾸는 출발점이 되었다. 식민지 시절 새로운 학문을 도입하면서 일본에서 만든 전문용어는 한자를 매개로 한국어에 들어왔다. 물론 이에 대한 지식인들의 주저함은 있었다. 그러나 새로운 서양학문을 표현할 단어가 한국어에는 없었기 때문에 어쩔 수 없는 선택에 의해 일본어 용어를 한국어 한자음으로 바꾸어 받아들이게 되었다. 1945년 광복과 더불어 대학의 설립과 동시에 한국어로 된 교재가 필요하게 되었다. 이 때 만들어진 교과서들은 일본 교과서를 직역한 것이었다. 이렇게 됨으로써 일본에서 만든 전문용어가 한국어에 본격적으로 차용되게 된다.

스스로의 힘에 의해 만든 전문용어를 갖고 있지 못할 때 그 공백을 힘을 가진 언어의 전문용어가 파고들어 오게 된다. 이것은 비단 식민지 상황에서뿐 아니라 식민지에서 독립한 이후 스스로의 사회를 발진시키는 과정에서 너욱 과거 식민종주국 전문용어로부터의 차용은 본격화된다. 한국도 이러한 언어학의 기본 관점에서 자유롭지 않았다. 세계화 국제화의 바람에 힘입어 점차 언어의 힘의 중심 축이 일본에서 미국으로 변함에 따라 한국어 전문용어에서 영어 용어가 차지하는 비중이 늘어나고 있다. 대한의사협회 산하 학회를 보더라도 해부학이 그렇고 병리학회, 신경외과학회, 기생충학회 등 여러 학회가 영어로 논문을 쓰고 있고 이러한 경향은 앞으로 더욱 강해질 것이다. 이러한 현상이 앞으로 계속 확산된다면 학문언어는 영어가 되고 일상언어는 한국어라는 마치 과거 피식민지 국가였던 많은 나라에서 볼 수 있는 이중언어 시대가 한국에서도 실현될 날도 조심스럽게 점쳐지는 상황까지 와 있다.

Ⅲ 전문용어 성격의 변화

루이장 칼베(2004)는 식민지배가 끝나고 식민지에서 해방되었을 때 식민 종주국으로부터의 차용은 본격화된다고 주장한다.[1] 한국도 스스로의 힘에 의해 전문용어를 만들 기회가 없었고 일본 식민 지배에 의해 전문용어가 한자를 매개로 들어오게 되었다. 이 시기의 유입은 극히 제한된 영역에서 발생했다고 보는 것이 옳다. 그 근거는 식민지 시기 한국인의 대학 취학률은 극히 미미했다는 점과 지식이 지금처럼 보편화되지 않았다는 점에서다.[2] 이후 독립과 함께 대학에서 사용하는 교재를 만들기 위해 일본어 교재를 토만 바꾸어 사용하면서 차용은 보다 광범위하게 이루어지게 된다. 대학생의 증가, 산업화에 따른 여러 분야의 전문용어가 일본어에서 한자어를 매개로 들어오게 됨으로써 이들 일본으로부터의 차용어는 한국어 전문용어에 근간을 이루게 된다.

광복 이후 급격히 추진된 정부와 학회의 과학기술 전문용어 정비 노력은 일본어 전문용어의 차용을 본격화하는 결정적 계기가 되었다. 이렇게 된 원인은 짧은 시간 안에 전문용어를 정비할 수밖에 없었다는 시대적 시급성이 있었다. 나아가 전문용어를 스스로의 힘으로 만들 방법론이 존재하지 않았기 때문에 일본어 전문용어의 음역어가 한국어 전문용어에 확고히 뿌리내리는 결과를 초래했다.

언어의 근대화를 위해서는 언문일치, 표기법의 제정, 표준문자 사용과 같은 문제를 해결해야 한다. 한국은 이중에서 표준문자 사용이라는 점이 광복 이후 찾아온 첫 번째 과제가 되었다. 광복 직후 저조한 문

1　루이-장 칼베 지음, 김병욱 옮김(2004), 『언어와 식민주의』, 유로서적, p.136
2　이타가키 류타(2012)의 연구에 의하면 1944년 조선총독부 조사에서 30세에서 45세까지 대학을 졸업한 한국인의 수는 3,702명으로 이 구간에 해당하는 인구 4,288,019명의 0.086%에 지나지 않은 것으로 나타났다. 대학진학률이 80%에 이르는 현재와 비교하면 당시의 상황을 짐작할 수 있다.

해력을 시급히 해결해야 했기 때문이다. 이를 가능하게 할 유일한 길은 한글전용이었다. 이에 의해 국민의 문해력은 급격히 향상되었다. 그러나 이것은 동시에 사회에서의 한자 표기가 사라지는 결과를 초래했고 본래부터 난해한 차용어에 대한 이해도를 더욱 낮추는 결과를 초래했다.

1990년대 들어 사회는 산업사회에서 정보사회로 옮아가게 되었다. 정보사회에서 요구되는 전문용어는 쉬운 전문용어였다. 고인석(2007)의 지적[3]처럼 학문분야는 깊어졌지만 학문분야간의 정보 교류가 활성화되면서 해당 분야 이외의 연구자는 물론 문외한일 수밖에 없는 일반인과의 소통을 위해서도 쉬운 전문용어가 시대적 요청이 되었다. 이에 부응하는 길은 쉬운 어휘를 갖고 전문용어를 다시 만드는 것이었다. 그러나 그 길은 순탄하지 않았으며 많은 노력을 필요로 하는 것이었다. 차용은 가장 쉬운 방법이지만 이것이 갖는 문제점을 해결하기 위해서는 상상 이상의 노력을 요구하게 되었다.

Ⅳ 차용 극복을 위한 노력

광복 이후 국어순화에 의해 일본에서 차용한 용어들이 많이 사라졌다. 건설 현장 용어와 같은 직업어로 불리는 것들이 한국어로 대체되었다. 그러나 학술용어로 불리는 전문용어들은 쉽게 순화할 수 있는 것이 아니었다. 직업어의 경우는 그 뿌리가 일상어의 연장선상에 있는 것인 반면 학술용어는 일상어와 유리된 세계에 있는 것이 많았기 때문이다. 급속한 서양 학문의 도입에 의해 학계가 스스로의 용어를 다듬

---

3 고인석(2007)「공시적 통약불가능성의 개념과 양상-전문분야간 협력과 관련하여-」
『哲學硏究』第103輯 大韓哲學會論文集, p.4

는 것에 관심을 기울일 여유가 없었기 때문이다.

1980년대 후반부터 한국물리학회와 해부학 분야에서는 고유어를 사용한 전문용어 만들기에 대한 인식이 싹트기 시작한다. 물리학에서는 자외선을 넘보라살로 적외선을 넘빨간살로 바꾸자는 주장이 제기되었다. 해부학에서는 1987년 서울대학교 의과대학 백상호 교수에 의해 쉬운 우리말 용어를 만들자는 주장이 제기되었고 이를 실천한 것이 1990년 해부학용어 제3판이었다.[4] 해부학은 가장 성공한 고유어화의 예이다. 해부학에서 이렇게 고유어화를 빠르게 실천할 수 있었던 이유는 첫째로 해부학 용어의 특성상 명사성 어기를 많이 포함하고 있었으며 둘째로 이들 명사성 어기(한자)에 해당하는 고유어가 존재하고 있었다는 점에서다.

비골(鼻骨) → 코뼈   이개(耳介) → 귓바퀴   설(舌)→ 혀

이러한 해부학계의 용어 개정 작업이 의학계로 확신된 계기가 된 것은 남북한 용어 비교 연구가 시작되면서 고유어화에 대한 공감대가 의학계에 널리 형성되면서부터다.[5] 이러한 결실이 의학용어집에 나타난 것이 2001년 의학용어집 넷째 판이다. 1949년 안과 학술용어 초안을 우리말 용어로 제정하기로 한 이후 첫 의학용어집이 1977년에 나오고 2001년 넷째판까지 50여년의 세월이 걸린 셈이다.

---

4   은희철 외(2013) 『아름다운 우리말 의학 전문용어 만들기』 커뮤니케이션북스, p.171
5   은희철 외(2013), pp.154-155

Ⅴ 용어 사용의 현실

의학용어가 쉬운 말로 바뀌었다고 해도 그것이 정착되었다고는 보기 어려운 상황이다. 실제로 의학 학술지에 나타난 의학용어의 사용 양상을 보면 의학용어집에서 제시하고 있는 의학용어가 만족할만한 수준으로 정착되었다고 보기 어렵다.[6]

〈표 1〉 학술지 출현 의학용어 사용 양상

( ) 안은 %

	분류1	분류2	분류3	합계
내과	268 (79.53)	24 (7.12)	45 (13.35)	337 (100.00)
피부과	345 (77.88)	48 (10.84)	50 (11.29)	443 (100.00)
성형외과	273 (69.41)	63 (15.56)	69 (17.03)	405 (100.00)
외과	309 (75.73)	43 (13.72)	43 (10.54)	408 (100.00)

위 <표 1>에서 분류1은 의학용어집 용어와 학술지 사용 용어가 일치하는 경우이며 분류2는 의학용어집 용어와 학술지 사용 용어가 일치하지 않는 경우다. 분류3은 논문 사용 용어가 의학용어집에서 제시하고 있는 권장 용어가 아닌 경우다. 분류1을 보면 의학용어집 용어의 학술지에서의 준수율은 분야에 따라 차이가 있지만 70%대다. 70%에 속하는 용어 중에는 일본어에서 차용한 난해한 용어이지만 아직 개정하지 못한 용어들도 있다. 문제는 분류2와 분류3이다. 분류2는 심비대

6　송영빈(2012) 「의학 논문을 통해 본 전문용어 사용 양상」 『한국사전학』 한국사전학회, pp.214-219

(심장비대), 동통(아픔, 통증), 반월상연골(초승달연골, 반달연골)처럼
의학용어집에서는 괄호 안 용어를 제시하고 있는데 논문에서는 일본
에서 차용한 용어를 사용하고 있는 경우다. 분류3은 농양(고름집, 농
양), 도포(바름, 도포), 사강(사후경축, 사강)이라는 식으로 의학용어집
에서 권장용어(괄호 안 두 용어 중 앞 용어)를 사용하지 않고 일본에
서 차용한 용어를 그대로 사용한 경우다.

　이들을 종합하면 의학용어의 경우 쉬운 용어로의 개정은 어느 정도
이루어졌으나 실제 의학논문에서는 여전히 처음 차용한 용어의 힘이
강하게 남아 있다는 것을 알 수 있다. 일상적으로 약국에서 구입할 수
있는 연고를 보면 건선, 어린선이란 용어를 볼 수 있다. 이들을 한자로
바꾸면 각각 「乾癬」, 「魚鱗癬」이다. 현재 의학용어집에서는 이들을 건
선과 마른비늘증, 비늘증으로 제시하고 있다. 목이 아파 정형외과에
가면 견인 치료라는 말을 듣게 된다. 처음 이 말을 듣는 순간 고장 난
차를 끌고 가는 견인을 생각하고 당황하게 된다. 의학용어집에서는 당
김을 권장용어로 정하고 있다.

　쉬운 용어가 정착되지 않는 이유는 여러 가지가 있다. 그중 가장 큰
것은 역할에 대한 인식의 벽이다. 인간은 모두 자기의 역할이 있다. 교
수와 학생, 의사와 환자가 의학용어에 관련하는 요소다. 학문은 본질
적으로 축적된 것을 배우고 응용하는 것이다. 따라서 기존 지식을 전
달하는 것이 중요하다. 여기에서 기존 용어가 사용된다. 한번 익힌 용
어는 관성을 가지며 의식적으로 새로운 용어를 사용하지 않는 한 기존
용어를 사용하게 된다. 이것이 교수와 학생이라는 관계에서, 그리고
졸업 후 전문가 혹은 사회인이 된 뒤에도 기존용어를 사용하게 되는
이유다. 한편, 의사와 환자의 경우 권위라는 힘이 존재한다. 쉬운 용어
를 사용할 때보다 어려운 용어를 사용할 때 권위가 살 수 있다. 한발
더 나아가 기존용어보다 영어용어를 사용하는 것이 더 효과가 크다.

이러한 것은 무의식적이거나 개인의 가치관의 차이에 의해 발생하는
용어 선택의 결과다.

Ⅵ 인식의 전환이 필요한 시대

역할 이외에 집단의 가치를 반영하는 용어 선택이 있다. 노동자와
근로자라는 용어는 집단의 가치가 대립하는 경우의 예다. 표준국어대
사전을 보면 각각에 대해 다음과 같이 기술되어 있다.

> 노동자 : 「1」 노동력을 제공하고 얻은 임금으로 생활을 유지하는 사람.
> 법 형식상으로는 자본가와 대등한 입장에서 노동 계약을
> 맺으며, 경제적으로는 생산 수단을 일절 가지는 일 없이 자
> 기의 노동력을 상품으로 삼는다.
> 「2」 육체노동을 하여 그 임금으로 살아가는 사람. ≒노무자.
> 근로자 : 근로에 의한 소득으로 생활을 하는 사람. 「비」노동자「1」 .

노동자에는 법적인 정의가 실려 있지만 근로자에는 법적인 정의가
실려 있지 않다. 고용정책 기본법을 보면 근로자에 대해 "근로자란 사
업주에게 고용된 사람과 취업할 의사를 가진 사람을 말한다."고 되어
있다.[7] 현재 5월 1일은 근로자의 날로 부르고 있다. 근로자라는 말은
근로(勤勞)라는 말에서도 알 수 있듯이 부지런히 일하는 사람이란 뜻
으로 부지런히 일하는 사람의 날이라는 뜻이다. 노동자의 날이라고 하
지 않는 이유는 노동이 갖는 자본가와 대등한 입장에서 노동 계약을

---

7 고용노동부 누리집 참조. 한편 노동자와 근로자에 대한 사회적 의미의 차이에
   대해서는 강현화 교수의 의견 제시에 의함.
   http://www.law.go.kr/DRF/MDRFLawService.jsp?OC=molab&ID=123

맺은 사람이라는 뜻이 고용주와의 대립 관계를 전제로 하기 때문일 것
이다. 이러한 사회적 가치관의 대립은 현대 한국사회의 역사적 전개
과정을 전제로 하고 있는 것이기도 하다.

　이러한 사회적 가치관의 대립은 의학용어에서도 흔히 볼 수 있다.
지배와 피지배, 보수와 진보라는 관점에서 가치관의 차이가 나타난다.
변화를 거부하는 사람들의 주장은 일본어에서 차용한 용어가 이미 사
회에 정착되었고 이를 개정하려는 것은 고유어 순수주의라고 비판한
다. 일본어에서 차용한 용어, 한자어를 배격해서는 안 된다고 한다. 한
자어도 한국어이기 때문에 굳이 배격하면 안 된다고 한다. 심지어 일
본에서 만든 의학용어가 한중일에서 공통으로 쓰이게 된 것에 대해 일
본이 한자어 문화권을 대표하여 이와 같이 중요한 사업을 국가 주도로
수행했고, 이를 통해 한국, 중국, 일본이 같은 의학 용어를 쓸 수 있게
된 것은 오히려 다행이라고 생각해야 한다고까지 주장한다.[8] 한편 용
어를 개정하려는 사람들은 난해한 용어를 쉬운 용어로 바꾸자는 것이
지 한자어와 고유어의 대립이 아니라고 주장한다.

　정보사회는 필연적으로 쉬운 용어를 요구한다. 학문 간의 정보 교환
이 활성화되어 쉬운 용어라야 소통이 가능하기 때문이다. 한자어에 비
해 상대적으로 상위어인 고유어를 적극 활용하거나 성인의 이해 범위
를 벗어난 한자어를 성인이 이해 가능한 어휘의 세계로 끌어 들이자는
것이다. 여기에는 한자어든 고유어든 문제가 되지 않는다. 빈도조사에
서 약 5만등 안에 드는 어휘를 갖고 전문용어를 가능한 한 쉽게 하자
는 것이지 70년대에 시도되었던 외래어 추방 운동과는 성격이 다른
것이다. 이런 점에 대해 아무리 이야기를 해도 듣지를 않는다. 심지어
는 언어는 자연스럽게 변화하는 것이며 급격하게 바꾸는 것은 혼란만

8　지제근(2011)「의학 용어 순화의 실태와 문제점」『새국어생활』제21권 제2호,
　　p.107

초래한다고 한다. 현실 세계에서 많은 사람들이 건선이 무엇이고 어린
선이 무엇인지를 몰라 정보의 소통이 불가능한 상황이라는 것이 그들
에게는 인지되지 않는 것이다.

Ⅶ 어떤 용어를 바꾸었나

은희철(2013)에서는 의학용어를 대상으로 그동안의 대한의사협회에
서 바꾼 의학용어에 대해 32가지 유형으로 정리하고 있다.[9] 몇 가지를
소개하면 다음과 같다.

　1) 이미 쓰이고 있는 고유어 활용

　　wart :　　　　　우췌(疣贅)　　　　→ 사마귀

　　acne :　　　　　좌창(挫創)　　　　→ 여드름

　　chloasma :　　　간반(肝斑)　　　　→ 기미

　2) 동일한 의미를 가진 평이한 한자어 활용

　　vulgaris :　　　 심상성(尋常性)　　 → 보통

　　antagonism :　　길항작용(拮抗作用)　→ 대항작용

　　hyphidrosis :　　핍한증(乏汗症)　　→ 땀감소(증), 땀저하(증)

　3) 고유어와 한자어의 창조적 재구성

　　buckling :　　　 돌륭술(突隆術)　　→ 죔밀착술

　　stance phase :　 입각기(立脚期)　　→ 디딤기

　　chancre :　　　　경성하감(硬性下疳)　→ 굳은궤양

위의 예에서도 알 수 있듯이 개정 방향은 한자어 고유어의 문제가

9　은희철·송영빈·정인혁(2013) 『아름다운 우리말 의학 전문용어 만들기』 커뮤니케
　　이션북스, pp.210~288

아니라 난해한 용어와 쉬운 용어의 문제다. 전문용어를 일반인이 이해할 수 있는 어휘의 세계를 갖고 만든다는 것은 용어 복지를 실현할 수 있는 길인 것이다. 그럼에도 불구하고 다음과 같은 비판이 있다.[10]

> 한동안 의협 용어위원회가 그 개정 대상을 확대하여 억지로 한자어 용어의 토박이말화를 시도하였으나 의학계와 의료계의 반발과 비판에 부딪혔다. 반발과 비판의 주요 내용은 개정된 용어가 '개정'이라기보다는 '우리말 뜻풀이' 수준이었기 때문에 의학 용어가 가지는 '전문 용어성'을 상실하였고, 실제로 쓰기에 오히려 불편할 뿐 아니라 그동안 익숙하게 써 오던 것을 지금 와서 바꾸는 이유를 납득할 수 없었기 때문이었다.
>
> 전문 기술 용어는 일반용어와 다르다. 보편타당성보다는 정확성과 함축성이 우선된다. 따라서 많은 경우 전문 용어는 순화의 대상이 되지 않는다. 전 세계 의과 대학 1학년 학생이 1,000여 개의 기본 해부 용어를 뜻도 모르는 채 무조건 외워야 하는 것과 같다. 영어권 학생들에게도 전문 의학 용어는 어렵다. 따로 배우고 익혀야 한다. 일반인에게 난해하기 때문에 누구나 알 수 있도록 풀어 쓰는 것은 설명어로서의 가치는 있지만 설명어가 전문 학술 용어를 대치할 수는 없다는 점을 분명히 인식해야 한다.

위의 기술을 보면 전문용어와 일반용어는 구별되어야 하며, 전문용어의 난해함이란 피할 수 없는 것이며 전문성이라는 것은 보장되어야 한다는 점이 강조되고 있다. 나아가 영어권 학생들에게도 해부학 용어는 난해하지만 배우고 익혀야 하는 것이라는 주장이다.

영어 의학용어가 어려운 것은 라틴어에 기반을 둔 용어가 많기 때문이다. 우리말 의학용어가 어려운 것은 그것이 난해한 한자, 한자어에 기반을 둔 것이 많았기 때문이다. 이런 의미에서 라틴어, 한자, 한

자어를 익히는 것은 틀린 말이 아니다. 그러나 의학용어가 쉬운 영어, 쉬운 한국어로 만들어진다면 이러한 수고는 없을 것이다.

동아시아에 속하는 한중일은 오랜 동안 한자, 한자어를 공유했다. 그러나 그것은 어디까지나 문자 차원의 공유였다. 원래부터 발음이 달라 한문으로는 소통이 가능했지만 음성을 통한 소통은 불가능한 것이었다. 특히 근대에 들어 일본이 일찍이 서양 학문을 받아들여 많은 전문용어를 만들게 됨으로써 동아시아에 있어서 한자, 한자어의 문제는 복잡해졌다. 특히 근대화에 따른 기존의 문자, 어휘 사용이 서양 학문의 도입 과정에서 문제가 된 것은 한중일이 같다. 위의 인용 글의 필자는 같은 글에서 다음과 같이 한자 교육의 필요성에 대해 언급하고 있다.[11]

> 예컨대 'trigeminal nerve'는 삼차 신경이다. '삼차(三叉)'를 한자로 아는 사람은 'trigeminal'의 뜻을 짐작할 수 있으나, 그 뜻을 모르거나 '삼차(三次)'로 잘못 아는 사람은 용어의 뜻을 이해하는 데 더 많은 시간을 소비해야 할 것이다. 또 몸속의 빈 공간을 의미하는 '강(腔)'을 알면 '복강(腹腔, peritoneal cavity)'이나 '흉강(胸腔, thoracic cavity)' 혹은 '사강(死腔, dead space)'의 의미를 쉽게 알 수 있으나 한자를 모르면 '강' 자가 어렵게 느껴지고 따라서 '배 안'이나 '가슴 안' 혹은 '죽은 공간' 등으로 바꾸자는 의견을 내게 될 것이다. 따라서 앞으로는 적어도 의학 사전이나 용어집 수준에서는 한자로 표기할 수 있는 우리말 의학 용어는 원칙적으로 모두 한자를 병기하는 것이 옳다고 생각한다. 그리고 일반 의학 논문에서도 혼동할 수 있는 용어는 괄호 안에 한자를 병기하는 것이 용어를 이해하는 데 도움이 된다.

여기에서 제시된 예인 삼차신경은 일본어로는 「さんさしんけい」이

---

11 지제근(2011), p.118

다. 여기에서 「又」는 상용한자표에 없는 한자라는 것이 문제가 된다.
교차점을 일본어로는 「交差点」으로 표기하고 있다. 「又」라고 해야 하
지만 이 한자가 상용한자표에 없기 때문에 발음이 같은 「交差点」으로
표기하고 있는 것이다. 역사라는 것은 합리화의 과정이며 결과라고 생
각하고 싶다. 한국어에서 한자가 표기에서 사라진 것은 그럴만한 당위
성이 있었기 때문이다. 의학용어가 쉬운 쪽으로 개정되고 다른 분야의
용어도 쉽게 바뀌고 있는 것도 마찬가지다. 개인의 기호의 문제가 아
니라 용어의 문제는 사회간접자본과 같은 것이다.

Ⅷ 전문용어를 바라보기 위한 기본 시각

지금까지 한국어 전문용어의 변화를 역사적인 흐름 속에서 개관했
다. 이를 통해 한국어 전문용어의 기본 구성 요소에 대한 전체적인 모
습이 그려졌다. 이를 보다 명확히 다음과 같이 그림으로 정리하고자
한다.

〈표 2〉 전문용어의 기본 구성 요소

(1) 시기 구분	농경사회	산업사회	정보사회
(2) 표기 변화	한자(시각+소리)	한글(소리)	한글(소리)
(3) 언어의 영향	중국어	일본어	한국어·일본어·영어
(4) 지식의 주체	소수	소수와 대중	대중
(5) 어휘 층위	난해한 한자어	한자어/고유어	고유어/한자어
(6) 학문 분야간 관계	폐쇄	활성화 필요	활성화
(7) 전문용어학 이론	없음	필요성은 제기	강한 필요성

<표 2>는 현재의 한국어 전문용어를 구성하는 기본 요소들을 보여주고 있다. 농경사회의 특징은 관리를 위한 학문이다. 여기에서는 천문학과 농학과 관련되는 지식이 실학이라는 형태로 존재했으며 이를 표기하기 위한 문자는 한자였다. 이들은 중국어의 영향을 강하게 받았으며 대부분이 난해한 한자어였다. 학문분야간의 소통은 미미했고 단절된 것이었다. 전문용어를 쉽게 풀이한 언해가 발간되었지만 이것이 지식의 주체가 소수에게만 한정된 것이었기 때문에 한국어의 입말까지 확산되는 일은 없었다. 시기적으로는 편의상 식민지 통치 이전까지로 볼 수 있다.

산업사회의 도래와 더불어 의무교육이 실시되는 등 서양과 비슷한 근대화 과정을 밟게 된다. 의무교육의 실시를 위한 표기의 변화가 요구되고 한국은 한글전용을 선택하게 된다. 일본어의 영향은 식민지 시절부터 한국어에 영향을 주던 것이 광복과 더불어 본격적으로 전문용어가 한국어라는 틀 속에 강하게 영향을 주게 된다. 취학률은 높아졌고 학교를 통한 이들 전문용어의 확산은 가속화된다. 학문분야는 각각 발전했지만 종이와 문서를 통한 정보 교환의 영역을 벗어나지 못했기 때문에 현재와 같은 교류의 활성화는 아직 이루지 못한 상태였다. 쉬운 전문용어의 필요성이 제기되었고 고유어의 존재에 주목하기 시작했다. 다만 고유어를 통한 전문용어 만들기의 이론적 근거가 제시되지는 못한 상태였다. 대략 식민지 시절에서 1980년대 중반까지가 이 시기에 해당된다.

정보사회는 기존 사회와는 근본적으로 다른 지식의 모습을 요구하게 되었다. 인터넷에 의해 다른 나라와의 물리적 거리는 좁혀졌고 정보교환에 따른 영어의 위상은 비약적으로 높아졌다. 지식은 대중에게 개방되었고 학문분야간의 정보 교환은 활발해졌다. 취학률도 이전 시대에 비해 비약적으로 높아졌고 이에 따른 대중 지식의 역할이 증대했다. 한글 전용은 확고히 뿌리내리게 되었고 이에 따른 전문용어의 개

정도 활발해졌다. 2005년 제정된 국어기본법 제17조에 의하면 국가는 국민이 각 분야의 전문용어를 쉽고 편리하게 사용할 수 있도록 표준화하고 체계화하여 보급하여야 한다고 되어 있다.[12] 즉 국가가 쉬운 전문용어를 표준화하고 보급할 책임을 진다는 내용이다. 이를 위해서는 고유어와 쉬운 한자어를 갖고 전문용어를 정비할 필요성이 있다. 이제 남은 것은 이를 수행할 이론적 기반인 전문용어학의 확립이다. 그러나 이러한 움직임에 대해 여전히 소수가 학문을 하던 시대에 젖어 반대하는 경우가 있다. 이것은 개인의 가치관의 문제이지만 이제 전문용어는 사회간접자본과 같은 공공재가 되었다. 이것을 부인하는 것은 절대 불가능하다.

전문용어는 누가 만들 것인가가 남은 과제다. 언어학자는 언어 이론에 관한 연구를 한다. 그러나 전문용어는 해당 분야 전문가가 만든다. 그러나 이들은 언어 이론에 대해서는 한계가 있기 때문에 언어학자의 도움을 받아야 한다. 그러나 언어학자는 해당분야 전문용어에 대해 모르기 때문에 한계가 있다. 대한의사협회 용어위원회, 혹은 용어실무위원회에서는 오래전부터 언어학자를 용어위원으로 참여시켜왔다. 그동안의 이들 언어학자들의 역할을 보면 개별 용어에 대한 자문이 주를 이루고 있었다. 물론 그 중에는 용어 만들기에 필요한 약 5만 개의 한국어 단어의 범위를 제시하고 용어 관리라는 차원에서 용어 기술 장부(term history)를 기록할 것 등 실질적인 용어학의 구체적 방법론을 제시한 언어학자도 있다. 그러나 아직까지 한국어에 적합한 전문용어학이라는 것이 기본 모색 단계에 있는 것도 사실이다. 이 부분은 앞으로의 과제다.

---

12 http://www.law.go.kr/lsLinkProc.do?&lsNm=%EA%B5%AD%EC%96%B4%
   EA%B8%B0%EB%B3%B8%EB%B2%95&joLnkStr=&chrClsCd=010202&mode=
   20#0000

Ⅸ 맺음말

세계의 여러 언어 중에서 한국어 전문용가 갖는 의미는 매우 중요하며 독특하다. 식민 지배에서 벗어나 스스로의 힘으로 일상어는 물론 전문용어까지 만들어가고 있기 때문이다. 일본어의 경우는 체계화에는 성공했지만 일반어와 전문용어의 거리를 좁히는 데는 아직 성공하지 못했다. 이 글에서는 이러한 것을 배경으로 쉬운 전문용어 만들기를 위한 여러 요소들을 개관했다.

앞으로 전문용어학의 확립이 남아있는 과제다. 언어학의 연구를 통해 전문용어의 어휘 구조적 특징이 규명되고 있으며 쉬운 전문용어의 당위성에 대한 연구도 진행되고 있다. 그러나 전문용어를 연구할 때 일반어와는 다른 전문용어의 특성을 충분히 고려한 새로운 연구 방법론이 필요하다. 전문용어는 일반어에 비해 변화가 심하며 공익성과 역사성이 이러한 변화의 중심에 있다. 따라서 전문용어 연구는 내적으로는 어휘적인 측면과 공익성과 역사성이라는 어휘 외부의 측면이 결합하는 곳에 위치할 필요가 있다. 이러한 내적인 부분과 외적인 부분의 관계를 명확히 하여 전문용어 연구의 방향성을 제시하는 것이 이 글의 목적이자 앞으로 이 분야의 목적이다.

❘ 참고 문헌

고인석(2007) 「공시적 통약불가능성의 개념과 양상-전문분야간 협력과 관련하여-」
　　　　『哲學研究』第103輯, 大韓哲學會論文集
루이 - 장 칼베 지음, 김병욱 옮김(2004) 『언어와 식민주의』 유로서적
송영빈(2012) 「의학 논문을 통해 본 전문용어 사용 양상」 『한국사전학』 한국사전
　　　　학회
은희철·송영빈·정인혁(2013) 『아름다운 우리말 의학 전문용어 만들기』 커뮤니케

이션북스
이타가키 류타(2012) 「식민지 시가 조선에서의 식자 조사」 『식민지 시기 전후의 언어 문제』 소명출판
지제근(2011) 「의학 용어 순화의 실태와 문제점」 『새국어생활』 제21권 제2호

일본어학과 일본어교육 **3** 어휘

일본어의 어형과 표기 혼용에 대해

-한국요리와 중국요리 이름을 예로-

시오다 다케히로 *
NHK 방송문화연구소 전임연구원

I 「비빔밥」을 일본어로 쓴다면

한국요리 「비빔밥」을 일본어 가타카나로 표기했을 때 여러 가지 표기의 「혼용(ゆれ)」이 관찰된다. 일본어로서 어떤 어형이 있을 수 있는지를 생각해 보면 이론적으로는 다음과 같다.

---

* 塩田雄大 : ＮＨＫ放送文化研究所

【이론상】

① 첫 번째 글자 [「비」를 어떻게 쓸 것인가] :
「ピ」(반탁음)인가? 「ビ」(탁음)인가?

② 두 번째 글자 [「빔」의 「비」를 어떻게 쓸 것인가] :
「ピ」(반탁음)인가? 「ビ」(탁음)인가?

③ 세 번째 글자 [「빔」의 「ㅁ」을 어떻게 쓸 것인가]:
「ム」인가? 「ン」인가?

④ 네 번째 글자 이후 [「밥」을 어떻게 쓸 것인가]:
「パ」, 「パッ」, 「パプ」, 「パップ」, 「バ」, 「バッ」, 「バプ」, 「バップ」
중 어느 것으로 할 것인가?

즉 「2×2×2×8=64」라고 하면 (적어도) 64가지의 조합을 생각할 수 있다.

이러한 경우에 어떤 어형이 현대 일본어로서 가장 일반적인 것인지를 알기 위해서는 어떻게 하면 좋을까?

유아사 시게오(湯淺茂雄:2002)에서는 검색 엔진 yahoo!에서 다양한 어형을 검색하여 그 출현 건수를 비교하였다[1]. 또 야마시타 요코 외(山下洋子他, 2003)는 전국조사(랜덤 샘플링)를 실시하여 고찰하였다(나중에 상세히 기술). 양자의 연구 결과를 정리해 보면 최근 일본어에서 특히 자주 사용되는 어형은

ビビンバ(BibinBa), ビビンパ(BibinPa), ピビンバ(PibinBa), ピビンパ(PibinPa)

---

[1] 장원재 (2009)에서도 Yahoo! 검색을 사용하여 다양한 한국 요리 어형의 출현 건수를 상세히 비교, 분석하였는데, 작업 방침으로서 「이미 일본 국어사전에 실려 있는 단어는 어형이 정착되었다고 여겨지므로 조사 대상으로 삼지 않는다」고 하는 방침을 세웠기 때문에, 「비빔밥」은 다루고 있지 않다. 한편 Google이나 Yahoo!에서의 검색 결과(건수)를 그대로 언어자료로서 활용하려고 하는 것은 현재로서는 상당히 문제가 있다는 것이 다노무라 타다하루(田野村忠溫, 2012)에서 객관적으로 입증되었다.

의 4가지인 것을 알 수 있다.

즉 위에서 기술한 문제는 현실적으로는 아래와 같이 정리된다.

【현실적인 혼용】
① 첫 번째 글자 [「비」를 어떻게 쓸 것인가] :
  「ピ」(반탁음)로 할 것인가, 「ビ」(탁음)로 할 것인가
② 두 번째 글자 [「빔」의 「비」를 어떻게 쓸 것인가] :
  (「ビ」(탁음)로 거의 확정됨)
③ 세 번째 글자 [「빔」의 「ㅁ」을 어떻게 쓸 것인가] :
  (「ン」으로 거의 확정됨)
④ 네 번째 글자이후 [「밥」을 어떻게 쓸 것인가] :
  「パ」(반탁음)로 할 것인가, 「バ」 (탁음)로 할 것인가

이러한 어형의 「혼용」을 둘러싸고 NHK방송에서는 「ビビンバ」로 통일한 것이 2003년도이다(방송 연구부 2003)[2]. 이 결정의 근거가 된 것은 아래 전국조사 결과이다(야마시타 외(山下他, 2003)).

다음에 제시한 말은 음식물 이름을 쓴 것인데 어느 것이 가장 보기 편안하다고 생각합니까?
【결과】 ビビンバ : 79%   ビビンパ : 6%
        ピビンバ : 3%   ピビンパ : 1%
        (이 말을 모른다: 8%   기타, 무응답:4%)
                        (2002년 12월 조사, 1,374명 회답)

---

2   한편 웹 사이트 「한국어 음식의 가타가나 표기 사전(韓国語食のカタカナ表記辞典, 핫타 야스시八田靖史 「한국 맛있다!!(コリアうめーや！！)」)」[http://www.koparis. com/~hatta/]에서는 「ピビムパプ」을 권장하고 있지만 「ピビンパプ」, 「ピビンパッ」, 「ビビンバ」도 가능하다고 기술하고 있다.

이 결과는 일본인 대다수가 「ビビンバ」를 가장 자연스러운 어형으로서 생각하고 있다는 것을 나타낸 것으로서 대단히 중요한 의미를 갖고 있다.

한편 어형에 「혼용」이 있는 단어에 대해서 어떤 형태가 가장 일반적인 것인가를 알려고 할 때 그 모든 단어, 어형에 대해서 전국조사를 실시하는 것은 현실적으로 거의 불가능하다. 그래서 그 대안으로 앞서 기술한 유아사 시게오(湯淺茂雄, 2002)나 장원재(2009)와 같이 웹 사이트상의 출현 건수를 조사하는 방법이 대두되었다. 다만 이러한 방법은 다양한 속성에 의한 경향의 차이(연령차, 남녀차 등)를 알 수는 없다.

이러한 약점을 다른 수단에 의해 보완하는 방법을 고찰하고자 한다.

II 「goo블로그 검색」에 대해

웹을 사용한 다양한 연구의 현황을 거의 빠짐없이 소개하고 있는 핫토리 다다스(服部匡, 2011)는 「goo블로그」 검색 기능을 사용하면 글 쓴 사람을 성별, 연령별로 검색할 수 있다는 점에서 앞으로의 연구에 활용될 가능성을 지적하고 있다. 「goo블로그 검색」을 사용한 연구로는 가야누마 유(萱沼 優, 2010), 다케우치 가즈키(竹內一輝, 2010), 데루우치 미사오(照内操, 2010), 이노우에 후미오(井上史雄, 2011) 등이 있다.

포털 사이트 「goo」에서 제공하고 있는 서비스의 하나인 「goo블로그」에서는 회원의 블로그를 대상으로 한 문자열 검색을 할 수 있다. 문자열 검색은 「전체」뿐만 아니라 「성별」, 「연령별」 또는 「지역별」로 실시하는 것도 가능하다.

우선 goo블로그의 「블로거」는 goo의 ID를 취득할 필요가 있다. 이 때 개인정보의 필수항목으로서 「이름, 후리가나(이름 발음), 우편번호,

성별, 생년월일, 직업, 인터넷 접속 환경」을 자기가 입력하게 되어 있다.

또한 블로그 편집시의 설정 화면은 개인 프로필을 입력하도록 되어 있다. 입력 항목은 「사진, 지역(도도후켄:都道府縣), 지역(시쿠쵸손:市區町村), 성별, 생년월일, 성명」 등이며 입력은 모두 임의적이다 (입력하지 않아도 된다). 이 개인정보는 공개와 비공개를 선택할 수 있도록 되어 있고, 「공개」를 선택하면 위에서 기술한 것 중 「사진, 지역(도도후켄), 성별」이 웹상에 공개된다(그 이외의 정보(생년월일 등)는 공개되지 않는다).

「goo블로그」검색에서 「성별」, 「지역별」 정보는 위에서 기술한 개인 프로필에 의한 것이라고 여겨진다. 한편 「연령별」정보는 표면상으로 비공개이지만, 생년월일의 신고 내용을 바탕으로 산출된 것이라고 추측된다.

이번에 「goo블로그」를 대상으로 하여 다음과 같은 검색을 실시하였다.

검색 절차 (2012년 7월 27일 검색, "ビビンバ" / "ビビンバ" / "ピビンバ" / "ピビンバ"을 예로) :
① goo 메인페이지(http://www. goo. ne. jp/)에서 검색 대상을 「블로그」로 지정한 후에 "ビビンバ"를 검색한다(인용부호 " "를 반드시 붙인다).
② 검색 결과는 약 52,000건이라고 표시된다.
③ 이 상태에서 검색 대상을 「여성/남성」 및 「10대미만/ 10대/ 20대/ 30대/ 40대/ 50대 /60대 이상」과 같이 지정하고 숫자표를 작성한다.
④ "ビビンバ" / "ピビンバ" / "ピビンバ"에 대해서도 검색을 실시하고 동일한 방식으로 처리한다.

이러한 처리를 한 결과 다음과 같은 숫자표가 작성된다.

〈표 1〉「goo블로그」 검색에 의한 「ビビンバ」등의 출현 건수와 비율(2012)

	전체	남성	여성	10대 미만	10대	20대	30대	40대	50대	60대 이상
ビビンバ [BB]	약52,000	약6,000	약26,000	347	약4,000	약4,000	약2,000	822	204	282
	88%	87%	86%	81%	93%	90%	82%	74%	88%	91%
ビビンパ [BP]	약5,000	528	약3,000	56	222	326	303	97	19	21
	8%	8%	10%	13%	5%	7%	12%	9%	8%	7%
ビビンバ [PB]	약1,000	275	614	15	29	74	87	162	6	4
	2%	4%	2%	3%	1%	2%	4%	15%	3%	1%
ビビンパ [PP]	약1,000	129	547	12	34	66	62	23	3	2
	2%	2%	2%	3%	1%	2%	3%	2%	1%	1%

(2012년 7월 27일 검색)

〈표 1〉의 각각의 항목에서 남성과 여성을 합한 건수가 전체의 건수
보다도 적은 것은 성별을 등록하지 않는 상태에서 사용하는 것이 가능
하기 때문이라(는 것일지도 모른다)고 예상할 수 있지만 알 수는 없다.
또한 연령에 대해서도 마찬가지이다. 그리고 「10대 미만」으로 되어 있
는 블로그에 대해서는 그 대부분이 「연령을 사칭」하거나 혹은 「대리
집필」한 것이라고 추측된다.

한편 이것과 동일한 문자열 검색을 2011년(6월 8일)에도 실시하였다.
여기서 조금 전의 전국조사 결과와 「goo블로그 검색」의 2012년분과
2011년분의 결과, 문장 코퍼스의 BCCWJ(쇼나곤:少納言) [http://www.
kotonoha.gr.jp/shonagon/search_form]의 검색 결과를 대조해 본다.

〈표 2〉【비빔밥】

	전국조사	goo블로그검색2012	goo블로그검색2011	BCCWJ
ビビンバ [BB]	79% ①	88% (약52,000) ①	88% (약58,000) ①	81% (58) ①
ビビンパ [BP]	6% ②	8% (약5,000) ②	9% (약6,000) ②	13% (9) ②
ビビンバ [PB]	3% ③	2% (약1,000) ③	2% (약1,000) ③	3% (2) ④
ビビンパ [PP]	1% ④	2% (약1,000) ③	1% (933) ④	4% (3) ③

(①~④은 「순위」)/ (괄호 안 숫자는 건수)/ (2011년 6월 8일, 2012년 7월27일 검색)

⇒ 순위일치(BCCWJ에서는 어느 정도 일치)

즉 여기에서 보는 한 goo블로그 검색 순위 분포는 전국조사와 거의 같은 결과로 나타났다. 또한 BCCWJ는 실례 건수가 별로 많지 않지만 이쪽의 순위 분포와도 어느 정도 유사하다.

다음에 속성 차이에 대해서 살펴보자. 우선 남녀 차이가 나타나지 않았는데 이것은 전국조사에서도 마찬가지이다.

연령 차이에 대해서 여기서는 시험적으로 전국조사의 회답자 및 블로그 집필자를 각각 젊은이 그룹(20~39세)과 중장년그룹(40세이상)의 두 가지로 분류하여 비교해 보기로 한다. 「goo블로그 검색」의 「10대 미만」, 「10대」는 여기에서는 대상에서 제외시킨다.

〈표 2a〉【비빔밥】 연령차

	젊은이 [387명] (전국조사)	중장년 [987명] (전국조사)	젊은이[약6,918건] (goo블로그검색2012)	중장년[약1,645건] (goo블로그검색2012)
ビビンバ [BB]	85%	76%	87% (약6,000)	80% (1,308)
ビビンバ [BP]	9%	4%	9% (629)	8% (137)
ビビンバ [PB]	3%	3%	2% (161)	10% (172)
ビビンバ [PP]	2%	1%	2% (128)	2% (28)

(2012년 7월27일 검색)

표에는 제시하지 않았지만 전국조사에서 중장년 그룹에 「이 말을 모른다」는 회답이 약간 많았다(젊은이 0%, 중장년 11%).

여기서 주목할 점은 젊은이 그룹에서는 「ビビンバ[BB]」가 많았다는 경향이 전국조사와 「goo블로그 검색」에서 공통적으로 나타난다는 사실이다. 이 음식이 일본에 유입되고 나서 어느 정도의 시간이 경과한 결과 「어형의 혼용」이 통일되는 방향으로 진행하고 있다는 것을 반영하는 것일지도 모른다.

이와 같이 여기에서는 「goo블로그 검색」을 사용하여도 전국조사와 동일한 연령차가 관찰되었다.

Ⅲ 「goo블로그 검색」의 결과가 전국조사와 부합하는 예

다른 단어의 「표기 혼용」에 대해서 살펴보자. 전국조사 결과에 대한
상세한 내용은 야마시타 외(山下他, 2003)에 게재되어 있다.

⟨표 3⟩【교자만두】

	전국조사	goo블로그검색2012	goo블로그검색2011	BCCWJ
餃子	60% ①	92% (약400,000) ①	93% (약420,000) ①	86% (665) ①
ギョーザ	30% ②	5% (약 21,000) ②	5% (약24,000) ②	9% (68) ②
ギョウザ	8% ③	3% (약 12,000) ③	2% (약10,000) ③	5% (39) ③

(2011년 6월 8일, 2012년 7월31일 검색)

⇒ 순위일치

⟨표 3a⟩【교자만두】연령차

	젊은이[387명] (전국조사)	중장년[987명] (전국조사)	젊은이[약55,447건] (goo블로그검색 2012)	중장년[약16,239건] (goo블로그검색 2012)
餃子	57%	62%	94% (약52,000)	92% (약15,000)
ギョーザ	33%	29%	4% (약 2,000)	5% (783)
ギョウザ	10%	7%	3% (1447)	3% (456)

(2012년 7월27일 검색)

⇒ 연령차 일치하지 않음

〈표 4〉【마파두부】

	전국조사		goo블로그검색2012		goo블로그검색2011		BCCWJ	
麻婆豆腐	35%	①	85% (약61,000)	①	82% (약69,000)	①	65% (80)	①
マーボー豆腐	29%	②	13% (약 9,000)	②	14% (약12,000)	②	31% (38)	②
マーボ豆腐	17%	③	1% (약 1,000)	③	2% (약 2,000)	③	3% (4)	③
マーボードーフ	7%	④	0% (296)	④	1% (467)	④	0% (0)	⑥
マーボドーフ	6%	⑤	0% (76)	⑤	0% (61)	⑥	0% (0)	⑥
マーボードウフ	2%	⑥	0% (73)	⑥	0% (101)	⑤	1% (1)	④
マーボドウフ	1%	⑦	0% (25)	⑦	0% (16)	⑦	1% (1)	④

(2011년 6월 9일, 2012년 8월2일 검색)

⇒ 순위 거의 일치

〈표 4a〉【마파두부】 연령차

	젊은이[387명] (전국조사)	중장년[987명] (전국조사)	젊은이[약9,997건] (goo블로그검색 2012)	중장년[약2,109건] (goo블로그검색 2012)
麻婆豆腐	38%	34%	90% (약9,000)	77% (약1,629)
マーボー豆腐	35%	27%	9% (890)	17% (356)
マーボ豆腐	15%	18%	0% (25)	1% (12)

(2012년 8월 2일 검색)

⇒ 연령차 약간 일치

　　우선 「교자만두」를 보면 「goo블로그 검색」에서 90%이상을 차지하는 「餃子」가 전국조사에서도 가장 많은 표기로 나타났다. 「ギョーザ」가 두 번째라는 점도 양쪽 조사 결과가 일치하고 있다. BCCWJ에서도 건수는 적지만 순위 분포는 동일하게 나타났다.

　　또한 연령차를 살펴보면 전국조사에서 중장년 그룹은 「餃子」의 비율이 높다는 경향을 보였지만 「goo블로그 검색」에서는 그렇게 나타나지 않았다.

　　「마파두부」는 「goo블로그 검색」에서 80%이상을 차지하는 「麻婆豆

腐」가 전국조사에서도 가장 많은 표기로 나타났다. 두 번째에서 네 번째까지의 순위도 완전히 일치하고 있다. 한편 BCCWJ에서는 건수가 상당히 적고 아슬아슬하게 순위 분포가 동일한 것은 3위까지이다.

또한 연령차를 보면 전국조사에서 젊은이 그룹은 「麻婆豆腐」가 차지하는 비율이 높은 경향을 보이는데 「goo블로그 검색」에서도 같은 경향을 나타냈다.

다만 「교자만두」, 「마파두부」모두 「goo블로그 검색」은 전국 조사와 「순위」는 일치하고 있지만 「비율(구성비)」은 각각 상당히 다른 점에 유의해 둘 필요가 있다.

Ⅳ 「goo블로그 검색」의 결과가 전국조사와 부합하지 않는 예

우선 「슈마이(찐만두)」에 대한 결과를 살펴보자.

<표 5> 【슈마이】

	전국조사	goo블로그검색2012	goo블로그검색2011	BCCWJ
シューマイ	45% ①	16% (약12,000) ③	19% (약14,000) ③	30% (37) ②
シュウマイ	37% ②	51% (약38,000) ①	49% (약35,000) ①	42% (52) ①
焼売	11% ③	27% (약20,000) ②	27% (약19,000) ②	21% (26) ③
シウマイ	6% ④	5% (약 4,000) ④	6% (약 4,000) ④	8% (10) ④

(2011년 6월 9일, 2012년 7월31일 검색)

⇒ 순위 일치하지 않음

「goo블로그 검색」에서는 「シュウマイ」가 가장 많이 나타났다 (다만 50%정도를 차지하는 것에 불과하다). BCCWJ에서도 가장 많은 표기

는 「シュウマイ」이다. 한편 전국조사에서는 「シューマイ」가 가장 많은
표기로 나타났다.

　다만 다음과 같이 「シューマイ」와 「シュウマイ」의 숫자를 합치면 각
각의 순위가 일치한다. 「シュー～」와 「シュウ～」는 장음 표기의 차이
이며 (발음은 같다), 각 개인이 블로그를 로마자로 칠 때에 「shu-」보다
도 입력이 간단한 「shuu」를 많이 선택했을 가능성이 높다고 예상된다.

〈표 5a〉【슈마이】 통합

	전국조사	goo블로그검색2012	goo블로그검색2011	BCCWJ
シューマイ ＋シュウマイ	82%　①	68% (약50,000)　①	68% (약49,000)　①	71% (89)　①
焼売	11%　②	27% (약20,000)　②	27% (약19,000)　②	21% (36)　②
シウマイ	6%　③	5% (약 4,000)　③	6% (약4,000)　③	8% (10)　③

(2011년 6월 9일, 2012년 7월31일 검색)

⇒ 통합 결과, 순위일치

　다음은 「우롱차」에 대해 살펴보자.

〈表 6〉【우롱차】

	전국조사	goo블로그검색2012	goo블로그검색2011	BCCWJ
ウーロン茶	71%　①	49%(약43,000)　②	49% (약45,000)　②	84% (210)　①
烏龍茶	26%　②	51%(약44,000)　①	51% (약47,000)　①	16% (40)　②
烏竜茶	2%　③	0%　　(11)　③	0%　　(14)　③	0% (1)　③

(2011년 6월 9일, 2012년 7월31일 검색)

⇒ 순위 일치하지 않음 (다만 BCCWJ는 전국조사와 일치)

　「goo블로그 검색」에서는 「烏龍茶」가 가장 많이 관찰되지만 그 점유

율은 50%정도이다. 전국조사에서는 「ウーロン茶」가 가장 많은 표기로 나타났다. 「우롱차」에 대해서는 전국조사와 BCCWJ의 순위 분포가 일치하는 한편 「goo블로그 검색」은 이들과 다르다.

여기에서 「goo블로그 검색」결과가 전국조사와 일치하지 않은 「슈마이」, 「우롱차」에 대해 가장 많은 표기형의 점유율이 50%정도인 점에 주목할 필요가 있다. 즉 이 정도의 점유율이라면 전국조사의 결과와는 맞지 않는다는 점이 충분히 예상되기 때문이다. 점유율이 더욱 압도적으로 높은 경우 (먼저 기술한 「비빔밥」, 「교자만두」, 「마파두부」)는 전국조사와 일치할 개연성이 높다.

이상을 정리하면 다음과 같이 말할 수 있다.

▼ 「goo블로그 검색」에서 가장 우세한 어형, 표기형의 점유율이 상당히 높을 경우에는 전국조사에서도 그 어형, 표기형이 가장 많은 대답을 얻을 개연성이 높다.
예 「ビビンバ」(88%), 「餃子」(92%), 「麻婆豆腐」(84%)

▼ 「goo블로그 검색」에서 가장 우세한 어형, 표기형의 점유율이 그다지 높지 않을 경우에는 전국조사와는 반드시 일치하지 않는다.
예 「シュウマイ」(51%), 「烏龍茶」(51%)
　　[괄호안은 「goo블로그 검색2012」에서의 각 어형, 표기형의 점유율]

▼ BCCWJ는 「goo블로그 검색」에 비해 건수가 그다지 많지는 않지만 그 순위분포가 전국조사와 비교적 매우 유사하다. 다만 건수가 상당히 적을 경우에는, 이에 해당되지 않는다.

이와 같이 살펴보면 혼용이 있는 복수의 어형, 표기형 중 「어느 형태가 가장 많이 사용되고 있는가」에 대해서 알고 싶은 경우 「goo블로그 검색」에서 가장 우세한 것의 점유율이 상당히 높으면 전국조사에

서도 동일한 결과가 나타나는 것을 기대할 수 있다. BCCWJ에 대해서
는 건수가 비교적 많은 경우에는 전국조사의 순위 분포와 유사한 결과
를 얻을 수 있게 될 것이다.

Ⅴ 맺음말

이번에 시험적으로 실시한 대조조사에서 「goo블로그 검색」은 전국
조사 결과와 어느 정도 일치하는 것을 알 수 있었다. 웹상에서 모은
데이터가 설문조사에 의해 수집한 결과와 어느 정도 일치하는가 하는
문제에 대해서는 아직 연구가 그다지 이루어지지 않았다(니이누마메
구미(新沼めぐみ, 2010)). 앞으로 이러한 분야에 대한 분석을 추진하여
언어연구 방법론을 더욱 더 풍부하게 할 수 있도록 기여하고 싶다.

▌참고 문헌

장원재(2009) 「한국 음식명의 일본어 표기 혼용실태에 관한 일고찰-웹 문서를
　　　　　　 중심으로」『日本語文学』日本語文学会 45
井上史雄(2011) 「方言の評判」『日本語学』30-4
萱沼優(2010) 「ら抜き言葉の男女差・年齢差」『WWWを使った日本語研究 日本大
　　　　　　 学学生レポート集2009』荻野綱男(編)
竹内一輝(2010) 「「カップル」と「アベック」の年代差」『WWWを使った日本語研究
　　　　　　 日本大学学生レポート集2009』荻野綱男(編)
田野村忠温(2012) 「日本語研究の観点から見た昨今のサーチエンジン事情-Google
　　　　　　 とYahoo! の技術提携の結果-」『計量国語学』28-5
照内操(2010) 「「イチゴが売っている」という表現」『WWWを使った日本語研究 日
　　　　　　 本大学学生レポート集2009』荻野綱男(編)
新沼めぐみ(2010) 「質問紙調査とウェブ検索の違いについて-「言葉の意味」と「慣

用句の認識と使用」を中心に−」『日本大学大学院国文学専攻論集』7

服部匡(2011)「ウェブを利用した研究例」『講座　ＩＴと日本語研究6　コーパスとしてのウェブ』明治書院

山下洋子ほか(2003)「平成14年度「ことばのゆれ」全国調査から①「ファーストフード」に食われる「ファストフード」」『放送研究と調査』53-5

湯浅茂雄(2002)「外来語の表記」『現代日本語講座　第6巻　文字・表記』明治書院

일본어 어휘의 역사적 구조변화와 그 관점에서 살펴본 일한(和漢) 두 문체의 유형지표

아베 세이야 *
가쿠슈인대학교 교수

Ⅰ 머리말 — 기초어휘사 연구와 그 관점에서 본 어종 비율 문체 지표 JFR

(1) 일본어 기초어휘의 역사를 나라시대부터 통시적으로 분석해 보면, 고유어 표현에서 유의관계에 있는 한자어·외래어로 바뀐 어휘 표현을 많이 사용하는 방향으로 변화하고 있다(아베 세이야(安部清哉, 2008참조)). 그 변화를 간단한 문형으로 표현하면 다음과 같다.

A「고유어 고유어 문체형」=「とても・すばらしい大和言葉を、多く・学ぶ事はとても・良いことです。　　　　　　　　(古典型日本文型)

---

* 安部清哉 : 学習院大学

↓

B「체언＋기능어」형＝「 大変 ＋ φ(に) · 魅力的 ＋ な 日本語語彙を、

①부사　　②형용어

十分 ＋ に · 学習 ＋ する ことは、 非常 ＋ に · 大切 ＋ な ことです。」

③부사　④동사　　　　⑤부사　⑥형용어

(近現代型日本文型)

위의 A에서 B로의 변화는 고유어 표현에서 「어간(한자어·외래어의 체언)＋기능어(조동사·조사 등)를 사용한 어휘 표현」—サ(sa)변동사, 형용동사(＝ナ(na)형용사), 「～ニ(ni)·～ト(to)」형 부사—를 많이 사용하는 방향으로 변화하고 있음을 보여준다. 구체적 단어의 예를 보면 다음과 같다.

「고유어(개념＋활용어미)」　⇒　「체언(어간)＋기능어 부분」

동사　「はじめる」　⇒「한자어·외래어＋する」(開始 する· スタート する)

형용사「うつくしい」⇒「한자어·외래어＋な」(綺麗 な· ビューティフル な)

부사　「はっきり」　⇒「한자어·외래어＋に(と)」(明瞭 に· クリアー に)

A의 어휘 표현의 특징은 「회화체적」이며 「부드러운」인상을 주는 점이다. 반면 B의 어휘표현의 특징은 「문어체적」이며 「딱딱한」인상을 주는 점이다.

(2) 실제 현대일본어에서는 A·B의 어휘 패턴은 뒤섞여 사용되지만, 어느 쪽이 많이 사용되는지에 따라 문장의 느낌이 달라진다. 그 특징은 다음과 같은 계산식에 따라 산정되고 수치화함으로써 객관적으로 비교할 수 있게 된다(임시로 고유어 어종율 JFR이라고 칭함[1]).

고유어 어종율(JFR)(%)

＝고유어 어수÷(동사·형용사·부사의 총용례수)×100

A의 문장은 6개 부분 중 6개의 단어가 고유어이므로 JFR은 100%이며, 동일한 방식으로 볼 때 B는 JFR 0%이다. JFR에 따라 어종이「문체지표」의 하나가 될 수 있다는 것을 보여준다.

본고의 목적은 전반부에서는 위의 (1)과 같은 일본어 어휘의 역사적 구조변화에 대해 해설하고, 후반부에서는 (2) 이러한 특징을 이용하여 일본어 문체에 있어서 딱딱함·부드러움의 전형적인 두가지 유형을 계량적으로 나타내는 어종론적인 문체지표를 제시하는 것이다.

Ⅱ 일본어의 기초어휘사를 통해 본 「어휘문체」의 통시적 구조적 변화―현대어 사용빈도 상위 1000개 어휘의 역사적 형성을 통해 살펴본 특징―

아베(安部, 2008)에서 일본어 기초어휘의 역사적 특징에 대해 현대어의 사용빈도 상위 1000개 어휘의 역사를 조사 고찰했다. 이 논문을 통해 고유어 표현에서 한자어 표현으로 변해가는 것을 확인할 수 있었다(상세한 것은 아베(安部, 2008) 참조).

그 논문에서는 우선 기초 어휘사를 개관하기 위해서 자료적 조건이 갖추어진 현대어의 「사용빈도의 상위 1000개 어휘」를 대상으로 선정

---

1 JFR이라는 약칭을 사용하기로 한다. JFR= native Japanese words, the Foreign loanwords Ratio (of verbs, adjectives and adverbs). (직역하면 고유어vs외래어 비율이 되는데 《고유어÷(동사·형용사·부사에서의 「고유어＋넓은 의미의 외래어의 총수」)》라는 의역을 채택하는 것으로 한다. 한어어수를 분자로 하여 「한어 어종율」로 할 수도 있다.)

하였다. 그리고 이 1000개 어휘의 사용 개시년도 및 품사를 계량적으로 분석하였다. 구체적으로는 이 1000개의 어휘가 어느 시대에 어떤 단계를 거쳐 형성되어 왔는지, 거기에는 어떤 특징이 있는지에 대해 품사와 의미의 관점에서 고찰을 하였다(<표 1>, <표 2> 그래프 참조). 실제 사용한 데이터와 분석 결과는 다음과 같다.

국립국어연구소 1962 『현대잡지 90종의 용어용자(用字)』의 사용빈도 상위 1000개 어휘를 대상으로 고찰한 미야지마 다츠오(宮島達夫, 1967)의 데이터를 사용하였다. 미야지마(宮島, 1967)에서는 이 1000개 어휘에 대해 다음 각 시대의 자료와 비교한 데이터가 제시되어 있어 이를 이용하여 역사적 관점에서 분석을 한 것이다.

万葉集 8세기 후반＝상대 어휘

源氏物語 1000년경＝중고 어휘

日葡辞書 1603～1604년＝무로마치 어휘

和英語林集成初版 1867년(慶応3年)＝근세 어휘

井上十吉『新訳和語辞典』1909년(明治42年)＝메이지 어휘

<표 1>·<표 2>는 미야지마의 데이터를 수정하여 %를 첨가한 것이다. 표 안의 실수는 위의 「잡지 90종」의 상위 1000개 어휘에 대해서 각 자료별로 그 단어의 유무를 집계한 것이다. 그것을 일본어의 의미분류기준인 국어연구소『분류어휘표』의 의미분류번호(의 상위 2자릿수)로 분류해서 나타냈다. 그래프는 그 %를 나타낸다.

(%는 각 자료별 1000개 어휘의 의미분류 비율이다. 예를 들어 만요슈에는 「잡지 90종」 상위 1000개 어휘와 일치하는 명사가 127개 있으며, 「잡지 90종」의 명사 581개의 어휘 중 127개의 어휘인 21.9%가 이미 상대(上代)에 나타나있다는 것을 나타낸다.)

表 1 現代日本語基幹語彙の形成史（意味分野別）

意味分類（品詞分類）	万葉＝上代 (8C後半)		源氏＝中古中期 (1000年頃)		日本＝中世後期 (1604年)		ヘボン（初）＝近世末 (1867年)		井上＝近代前期 (1909年)		上位	1000語内%
1) 体の類（名詞）	127	(21.9%)	174	(29.9%)	302	(52.0%)	370	(63.7%)	539	(92.8%)	581	(58.1%)
11) 抽象的関係	61	(30.0%)	79	(38.9%)	130	(64.0%)	145	(71.4%)	194	(95.6%)	203	(20.3%)
12) 人間活動の主体	15	(14.9%)	31	(30.7%)	51	(50.5%)	68	(67.3%)	88	(87.1%)	101	(10.1%)
13) 人間活動	13	(6.9%)	21	(11.2%)	57	(30.3%)	86	(45.7%)	177	(94.1%)	188	(18.8%)
14) 生産物・用具物品	10	(28.6%)	13	(37.1%)	20	(57.1%)	21	(60.0%)	27	(77.1%)	35	(3.5%)
15) 自然物・自然現象	28	(51.9%)	30	(55.6%)	44	(81.5%)	50	(92.6%)	53	(98.1%)	54	(5.4%)
2) 用の類（動詞）	136	(60.7%)	176	(78.6%)	208	(92.9%)	219	(97.8%)	218	(97.3%)	224	(22.4%)
21) 抽象的関係	77	(64.2%)	100	(83.3%)	114	(95.0%)	117	(97.5%)	117	(97.5%)	120	(12.0%)
23) 精神・行為	55	(55.6%)	71	(71.7%)	89	(89.9%)	97	(98.0%)	96	(97.0%)	99	(9.9%)
25) 自然現象	4	(80.0%)	5	(100.0%)	5	(100.0%)	5	(100.0%)	5	(100.0%)	5	(0.5%)
3) 相の類（形容詞・副詞他）	59	(36.2%)	87	(53.4%)	120	(73.6%)	142	(87.1%)	163	(100.0%)	163	(16.3%)
31) 抽象的関係	45	(34.1%)	68	(51.5%)	93	(70.5%)	112	(84.8%)	132	(100.0%)	132	(13.2%)
33) 精神・行為	9	(47.4%)	11	(57.9%)	17	(89.5%)	18	(94.7%)	19	(100.0%)	19	(1.9%)
35) 自然現象	5	(41.7%)	8	(66.7%)	10	(83.3%)	12	(100.0%)	12	(100.0%)	12	(1.2%)
4) その他	4	(12.5%)	9	(28.1%)	24	(75.0%)	30	(93.8%)	31	(96.9%)	32	(3.2%)
41) 接続詞類	1	(6.7%)	3	(20.0%)	11	(73.3%)	13	(86.7%)	14	(93.3%)	15	(1.5%)
43) 陳述副詞・感動詞類	3	(17.6%)	6	(35.3%)	13	(76.5%)	17	(100.0%)	17	(100.0%)	17	(1.7%)
合計	326	(32.6%)	446	(44.6%)	654	(65.4%)	761	(76.1%)	951	(95.1%)	1000	(100.0%)

宮島(1967)の考えを改編し、％を付す
資料ごとの ％ は基幹語彙内での比率（分類ごとの計を分母とする）（例：名詞万葉 127/581)
網掛けは、「意味分類」ごとにその比率が初めて50% を越えた段階（時代）を示す

表 2 相の類の内訳（品詞別集計）

3) 相の類　品詞別	万葉		源氏		日本		ヘボン（初）		井上		計 163	(100.0%)
品詞別 形容詞	33	(66.0%)	41	(82.0%)	48	(96.0%)	50	(100.0%)	50	(100.0%)	50	(30.7%)
形容動詞	1	(3.0%)	6	(18.2%)	18	(54.5%)	23	(69.7%)	33	(100.0%)	33	(20.2%)
副詞	17	(27.9%)	29	(47.5%)	39	(63.9%)	50	(82.0%)	61	(100.0%)	61	(37.4%)
連体詞	5	(38.5%)	7	(53.8%)	9	(69.2%)	13	(100.0%)	13	(100.0%)	13	(8.0%)
名詞	2	(40.0%)	3	(60.0%)	5	(100.0%)	5	(100.0%)	5	(100.0%)	5	(3.1%)
助動詞	1	(100.0%)	1	(100.0%)	1	(100.0%)	1	(100.0%)	1	(100.0%)	1	(0.6%)

網掛け付は、「意味分類」ごとにその比率が50% を初めて越えた段階（時代）を示す

아베(安部, 2008)에서 고찰한 결론은 다음과 같다.

특징 ① 상대・중고의 「동사류」에 의한 표현이 근대어 이후에는
　　　「13)인간활동」(동사성 추상명사)에 의한 サ변동사표현(예,
　　　명사 する)도 첨가된 다양한 표현으로 변화하는 경향을 나
　　　타낸다(명사 우위화).
특징 ② 「형용사」(=형용사+형용동사)를 살펴보면, 형용사의 비중은
　　　상대・중고까지는 높았으나 중세이후 점점 줄어들며, 특히
　　　근대이후는 「명사(주로 한자어)+だ」형의, 이른바 형용동
　　　사의 비중이 커진다(명사 우위화).
특징 ③ 기초 어휘사에서 명사의 비중이 점점 늘어남(명사 우위화).
특징 ④ 종합적으로 보면, 기초어휘의 역사적변천에 있어서는 체언
　　　(명사)이 차지하는 비중이 전체적으로 증가하고 있다. 이것
　　　은 「체언류」의 증가뿐 아니라, 「동사류」(=동사), 「형용사류」

(=형용사)의 어휘 모두에서 공통으로 발생하고 있는 일련의 현상으로 파악된다. 체언류 이외의 어형을 「체언(명사=자립어 부분)+기능어(부속어 부분)」이라는 형식으로 분석적으로 분할하여 「개념적인 의미 부분」과 「문법기능적 의미 부분」으로 양분하여 파악하는 「의미의 분화」(「문법기능의 분화」)를 이루는 「단순화」의 방향으로 어휘 전체가 변화하고 있다고 파악된다(명사의 증가도 이러한 일련의 어휘구조의 변화의 일부분으로 평가할 수 있다). 즉, 모든 품사에 있어서 체언을 중심으로 한 「명사 우위화」의 현상이 진행되고 있다고 평가할 수 있다.

이러한 사실은 전체적으로 일련의 구조적 변화로 간주된다. 일본어사를 바탕으로 하여 종합적으로 해석하면 어휘체계 전체에 대해서는 다음과 같이 파악된다.

○ 기초 어휘사의 특징 −의미와 문법기능의 측면에서 본 경우−

가. (가는 본고에서는 생략하기로 한다. 아베(2008)참조).

나. 장기적으로 볼 때, 일본어는 예로부터 있었던 동사·형용사·부사 (예, 「はじめる」「うつくしい」「とても」에 의한 어휘적 표현 (동사·형용사로 말하면 「어간+활용어미」와 같은 일체화한, 이른바 "고유어형"의 융합 형성 개념어)로부터 「한자어＋する」「외래어＋する」(開始する·スタートする)와 「한자어＋な」「외래어＋な」(綺麗な·ビューティフルな)와 「한자어＋に」(非常に)「외래어＋に」(ホットに)와 같이 「체언(명사)+기능어 부분」이라는 「분석적 복합 형성」에 의한 어휘표현 (サ변동사, 형용동사(=ナ형용사), 「~ニ/~ト」형 부사등)으로 서서히 이행하고 있다.

다. 이 점은 신개념에 맞게 단어를 교체하기 쉬운 「체언」(명사)을 이용
한 어휘구조인 「명사 우위형 어휘 형식」으로 일본어 기초어휘가 체
계적인 변화를 전개하고 있는 사실을 보여준다.

라. 「문화를 반영하는 어휘」라는 관점에서 달리 생각해보면 기초어휘에
서 동사·형용사·부사가 새로운 시대의 빠른 변화에 대응시킨 표현
으로, 교체하기 쉬운 시스템으로 변화하고 있다고 할 수 있다(문법상
의 변화이기도 하다).

마. 이것들은 주로 의미개념을 맡고 있는 부분과 문법기능을 맡고 있는 부
분이 융합(일체화)한 어휘형식(고유어형의 「종합적 단순형식」)으로부
터 의미개념 부분과 문법기능 부분을 분리시키는 어휘형식(한자어형의
「분석적 복합형식」)으로 어휘가 변화하고 있다고 해석할 수 있다.

****

이러한 사실을 통해 특히 「동사·형용사·부사」의 어휘적 변화에 대해
다음과 같이 유형화할 수 있다.

동　사 : 종합형(일본어 고유 동사) ⇒ 분석형(체언형 어간+동사 기능부)
　　　　「~する」

　　　　예　える(得る) ⇒ 獲得+する、ゲット+する

　　　　다른 어휘의 예 お茶+する、ネット+する、

형용사 : 종합형(일본어 고유 형용어) ⇒ 분석형(체언형 어간+조동사적
　　　　기능부) 「~な·だ」

　　　　예　やわらかい ⇒ やわらか+な、柔軟+な ソフト+な

　　　　다른 어휘의 예 未来+な、王様+な、リッチ+な、ビッグ+な

부　사 : 종합형(일본어 고유 부사) ⇒ 분석형(체언형 어간+격조사) 「~に」
　　　　「~と」「~φ」

　　　　예　とても ⇒ 非常+に

　　　　　　てきぱき ⇒ 迅速+に、スピーディー+に

　　　　　　すべて(力を出す) ⇒ 完全+に　いっぱい(一杯)+φ(に)、
　　　　　　　　　　　　　　　　　　フル+に

　　　　다른 어휘의 예 はっきり ⇒ 明瞭(明確)+に、クリアー+に　堂々
　　　　　　　　　　　　+と、悠々+と、漫然+と

이러한 역사적 특징을 구체적인 일본어 문장의 예에서 살펴보자면 첫 부분에서 언급한 A · B와 같이 나타낼 수 있다. A「고유어 일본어문장형」이라는 것은 이른바 「고유어 어휘를 사용한 일본어적 문체」로, 이것은 한자어를 수용하기 전부터 있던 일본 표현이다. B「체언+기능어」형이라는 것은 실은 「한자어 어휘를 사용한 한문훈독적 문체」로, 한자어를 많이 수용하는 것이 정착된 이후(대략 중세이후), 점차 일본어에 침투된 것이다. B를 더욱 간단한 모델문체로 나타내면 다음과 같다.

A「□□に□□な□□を□□に□□する□□が□□です。」

A의 □□ 부분은 어떤 명사(또는 한자어 · 외래어)로도 교체가 가능하기 때문에 A의 문체의 특징은 「어휘를 교체 가능한 부품화 된 문체」라고 할 수 있다.

Ⅲ 일본어 어휘의 두 종류—고유어와 한자어(=넓은 의미의 외래어)—

1. 한자어 표현의 수용과 일본어 문체의 변질

Ⅱ장에서 살펴본 어휘의 역사적 변화로 인해 현대어 문체의 유형화가 이루어졌다. 일본어 어휘는 특히 중세이후 한자어를 많이 수용하였기 때문에 한자어가 사용된 문체도 동시에 수용하게 되었다. 그 결과 일본어의 문장 · 문체도 크게 변하여 두 가지의 유형을 형성하였다. 이것을 쉽게 표현하자면 「부드러운 문체」와 「딱딱한 문체」의 두 가지

유형이다.

2. 부드러운 문체

우선 다음 문장의 밑줄(동사·형용사·형용동사·부사의 부분)친 부분에 주의하면서 읽어 보자. (번호·밑줄·음영 등의 기호는 해설을 위해 붙인 것으로 후술하겠다) 이것은 일본어 교육과 관련된 국제적인 연구회 안내문이다[2]. 이 문장의 일부 어휘에 (밑줄), 본 원고의 목적을 위해서 일정의 개편을 첨가한 것이다[3]. 밑줄친 41개 부분은 동사, 형용어(형용사·형용동사의 총칭이다), 부사의 부분이다. (밑줄은 동사=실선, 형용어=점선, 부사=이중선. *는 원문를 변경한 부분 중에서 대응하는 동의의 고유어(和語)를 찾기 어려웠던 부분. 숫자의 ○와 □의 차이 및 음영부분의 것은 후술.)

　　　　<포럼 안내>(중국에서 개최하는 어떤 학회의 개최 안내문에서 발췌)
　　　　<고유어판>
　　　　2010年9月、第○回○○フォーラムが○○大学で[1] 開かれることになり

2　작문이 아닌 실제로 사용된 문장을 예문으로 선택하였다. 2010년에 개최된 「중국 일어교육학연구회예회」의 「제6회 중일한 문화교육연구회 포럼」의 개최 안내장. 실제로 인터넷에 게재된 것. 작성자는 일부 표현을 통해 볼 때 중국인이 한 것이고, 일본인이 첨삭을 가한 것으로 추정된다.

3　본고의 주제와 관련된 것만을 다루고자 원문에 대해서는 다음의 2군데 이외는 수정을 하지 않았다. 좀 더 자연스러운 표현이 되도록 수정한 곳은 다음에 제시된 부분뿐이다.
　① 「中国人日本語学習者においては」의 원문은 「中国人日本語学習者には」.
　② 37·38의 「相互に交流する」의 원문은「相互交流する」라는 4글자 한어로 되어 있다. サ変동사를 사용하면 부자연스러운 느낌이 있어서 「に」를 추가하였다. 그리고 ㉕ 「質の高い」는 형용사는 「高い」부분만이지만, 대응시킨 한어 표현을 「良質の」를 사용한 관계로 편의에 따라 「質の高い」으로 대응시켰다. 「良い」부분만을 「(質の)上等な / 高位の(ものへ)」로 할 수도 있지만 그렇게 하면 일반적인 일본어가 아닌 부자연스런 표현이 될 것이다.

ましたので、②お知らせします。

このフォーラムは③ほぼ二年に一回のペースで〜大学の主催で④行われてきていますが、今回は○○研究会との共催で⑤開かれ、テーマは「学習者中心の日本語教育に⑥向けて」です。

近年、大学における外国語教育では、「教養語学」より「実用語学」への改革が⑦進められており、「⑧使える」力の養成や⑨役立つ語学運用能力の増進が⑩求められています。日本語教育もそうした状況の中で、教材開発や教授法の検討など、教授側を視点とする⑪さまざまな取り組みが⑫行われています。

しかし一方、学習者では「どのような動機を⑬持って日本語学習を⑭始めたのか、どのような言語習得環境で日本語を⑮学ぶのか、また学習過程でどのようなことに困難を⑯覚えるのか、さらに、中国人日本語学習者においてはどのような習得が⑰行われ、どのような学習ストラテジーを⑱用いるのか」など、日本語教育に⑲関わる学習者要因の⑳さまざまな課題が㉑まだ・㉒あまり㉓解き明かされていません。

中国の日本語教育を㉔より質の㉕高いものへと㉖引き上げ、時代や環境の変化に㉗しなやかに㉘応(こた)えてゆくためには、㉙教える側の立場から㉚学ぶ側のほうに視点を㉛移していくべき時が㉜やってきていると㉝考えています。

今回のフォーラムは、教授者としての立場のみならず学習者としての立場からも、「㉞わかる」日本語から「㉟できる」日本語への橋渡しとして、日本語教育における学習者の分析、及び学習者のコミュニケーション能力育成などの問題について、その理論と実践方法を㊱見つめ直し、日本語教育に㊲関わる学習者・支援者・教師・研究者が㊳たがいに㊴語り合うための場を㊵設けたいと㊶思っております。

특히 밑줄친 부분은 부드럽고 이해하기 쉽게 작성되었다는 인상을
주며, 전체적으로도 잘 다듬어진 알기 쉬운 표현이라고 할 수 있다. 부
분적으로는 "이러한 문서(학회 안내문)에서는 일반적으로 사용하지 않
을 것"같은 문학적인 어구도 있다(예를 들어 26번의 「しなやかに」등).
하지만 전체 41개 부분에 대해서는 일본어 모어화자가 봐도 26번 이
외에는 대부분 "이질감을 느끼지 않을 것"이다. 굳이 말하자면 「부드럽
고 온화한 표현을 하려고 의도적으로 작성했다」는 인상을 받을 정도
이다.

밑줄친 부분에는 원문에서 고유어가 아니라 한자어가 사용된 부분
이 있다. 다음 절에 제시한 <한자어판>은 밑줄친 부분을 전부 한자어
표현으로 바꾼 문장이다. 고유어판과 비교하여 원문에서는 몇 개 부분
이 한자어였는지 짐작해보기 바란다.

3. 딱딱한 문체

다음의 「한자어판」은 밑줄친 부분 전부를 동의어 또는 유의어에 해
당하는 한자어 표현으로 바꾼 문장이다. 동사는 한자어 サ변동사로,
형용사는 한자어 형용동사(ナ형용사)로, 부사는 「한자어+に・として・
と 등」의 형식으로 바꾸었다. 앞의 문장과 비교하여 전체적으로 딱딱
한 인상을 받을 것이다.

<한자어판>
2010年9月、第○回○○フォーラムが○○大学で① 開催されることに
なりましたので、② 御案内します。
　このフォーラムは③概略二年に一回のペースで○○大学の主催で④開催
されてきていますが、今回は○○研究会との共催で⑤実施され、テーマは

「学習者中心の日本語教育を⑥志向して」です。

　近年、大学における外国語教育では、「教養語学」より「実用語学」への改革が⑦推進されており、「⑧実践できる」力の養成や⑨ 実践的な語学運用能力の増進が⑩期待されています。日本語教育もそうした状況の中で、教材開発や教授法の検討など、教授側を視点とする⑪多彩な取り組みが⑫実践されています。

　しかし一方、学習者では「どのような動機を⑬有して*日本語学習を⑭開始したのか、どのような言語習得環境で日本語を⑮学習するのか、また学習過程でどのようなことに困難を⑯ 感じるのか、さらに、中国人日本語学習者においてはどのような習得が⑰実践され、どのような学習ストラテジーを⑱使用するのか」など、日本語教育に⑲関連する学習者要因の⑳多様な課題が㉑依然として ㉒ 十分に ㉓ 解明されていません。

　中国の日本語教育を ㉔ 一層 ㉕ 良質なものへと ㉖ 向上させ、時代や環境の変化に ㉗ 柔軟に ㉘ 対応してゆくためには、㉙ 指導する側の立場から ㉚ 学習する側のほうに視点を ㉛ 転換していくべき時が ㉜ 到来し*ていると ㉝ 分析し*ています。

　今回のフォーラムは、教授者としての立場のみならず学習者としての立場からも、「㉞ 理解する」日本語から「㉟ 実践できる」日本語への橋渡しとして、日本語教育における学習者の分析、及び学習者のコミュニケーション能力育成などの問題について、その理論と実践方法を㊱ 検討し、日本語教育に㊲ 関係する学習者・支援者・教師・研究者が㊳ 相互に ㊴ 交流するための場を㊵ 提供したいと ㊶ 計画し*ております。

4. 어휘의 치환 패턴

동사, 형용사, 부사에서는 다음과 같은 패턴의 어휘 변환을 시도하였다. 이러한 시도는 Ⅱ에서 살펴본 역사적 변화의 특징에 맞춘 패턴이다.

(어휘 변환은 「예」 바로 다음이 원문, 괄호 안 ">"의 오른쪽이 바꾼 후의 어형)

　　동사 - 고유어 동사 ⇔ 「한자어＋サ変動詞する」

　　　　예 　①　開催する ＞ 開く

　　형용사·고유어 형용동사

　　　- 형용사 ⇔ 「한자어＋단정의 조동사だ」

　　　　예 　㉕　(質の)高い ＞ 良質な

　　　　고유어 형용동사 ⇔ 「한자어＋단정의 조동사だ」

　　　　예 　㉗　柔軟に ＞ しなやかに

　　부사 - 고유어 부사 ⇔ 「한자어＋に・として・と 등」

　　　　예 　㉑　まだ　　(＞依然として)

　　　　　　 ㉒　十分に　(＞あまり)

　　　　　　 ㉔　より　(＞一層)

　　　　　　 ㊳　相互に　(＞たがいに)

　　　　　　 (「~と」의 예：きちんと ⇔ 整然＋と)

이러한 고유어와 한자어 표현의 사이에는 다음과 같은 대응 패턴이 있다.

　　고유어⇔「한자어　체언＋어미(サ変動詞スル / 단정의　조동사ダ / 부사화 어미ニ・ト)」

이 중에는 한자어로 표현할 경우, 모어화자가 봤을 때 부자연스럽게 느껴지는 부분이 있다. 그러한 부분에는 다음과 같은 경향이 있다.

○「⑥志向して」와 같이 캐치카피(연구회의 테마, 캐치프레이즈 등)로 쓰기에는 너무 문장어적인 것. (같은 부분은 ㉞ ㉟등)

○「⑬ 有して」와 같이 인용형식 안에 있으며, 보통 괄호가 붙은 구어적 표현으로서 사용하지 않는 것. (문장어적이라고 할 수 있는 것)(⑭ ⑰도 같이 인용형식 안)

○「㉝ 分析しています」와 같이 (한자어이기 때문에 딱딱한 점도 있지만 오히려) 이러한 일반적인 안내문에서는 의미가 너무 분석적이라서 (너무 자세해서) 맞지 않는 것. (「생각하고 있습니다」정도의 추상적인 표현이 적합한 것(㊲ ㊶도 마찬가지)

하지만 위에서 예시한 번호 부분 전부를 제외한다면, 상기의 「부드러운 문체」와 비교하여 어느 쪽의 표현이 원문인지를 선택하는 것은 일본인 모어화자라도 결코 쉬운 일은 아닐 것이다.

5. 한자어 · 고유어가 특징적으로 선택된 부분과 그 이유

1) 한자어가 선택된 부분

실은 원문에서 한자어가 사용된 곳은 41개 부분 중 다음의 11개 부분이다(번호를 □로 에워싼 어휘가 원문에서는 한자어가 사용된 부분이다). 그리고 음영처리한 부분은 원문에서 한자어 표현이 나타난 부분이다.

[1] 開催する [2] (御)案内する [9] 実践的な [16] 感じる [22] 十分に
[23] 解明する [27] 柔軟に [36] 検討する [38] 相互に [39] 交流する
[40] 提供する

원문에서 한자어 표현을 사용한 곳에 관한 흥미로운 점은 다음의 5

가지 부분에서 나타났다는 사실이다.

Ⅰ 문두 부분

Ⅱ 문말 부분

Ⅲ 강조 부분(「しかし」로 시작하고 있는, 기승전결로 말하자면 「전」부분
의 말미에 해당되며 종래의 미해결문제를 「강조하고 있는」부분)

Ⅳ 인용 부분・캐치카피 등과 대조되는 부분 (괄호 부분과 대조적인 부
분)

Ⅴ 고유어와 동일하게 일본어 안에 정착하고 있는 한자어 어휘 (사용기
간・사용빈도의 면에서 정착도가 높다) (예 한자어 어간サ변동사「愛
する」등)

특히 주의해야하는 것은 Ⅰ・Ⅱ・Ⅲ이다. 이 부분들이 시선을 끄는
중요한 부분인 것은 분명한 사실이다. 이러한 부분에 한자어 표현이
치우쳐 있고 또 집중되어 있다는 (두 가지 사례 이상이 연속) 점은 우
연이라기 보다는 이러한 한자어 표현의 본질을 상징하고 있어 주목을
끈다. 아마 한자어를 사용했을 때의 효과와 관계가 없지는 않을 것이
다. 즉, 중요한 부분, 강조하고 싶은 부분, 함축적 표현을 쓰고 싶은 부
분에 딱딱하고 추상도가 높은 경향이 있는 한자어 어휘가 적합하다는
것을 반영한다고 해석할 수 있다.

Ⅳ는 다음과 같이 바로 앞의 괄호 표현과 대구가 되는 관계를 가진
부분이다.

「「⑧ 使える」力の養成や ⑨ 実践的語学運用能力の増進」

전반부는 괄호를 사용한 캐치카피적인 표현이기 때문에 친근감이

있는 (구어적) 표현으로 고유어가 선택되었다(다음의 (2)참조). 그에 비하여 후반부는 괄호를 사용하지 않고, 바로 다음에 오는 피수식어가 한자어 복합어인「語学運用能力」이라는 딱딱한 표현이기도 해서 (전반부의 피수식어는 고유어인「ちから」),「(고유어구)와 (한자어구)라는 대조적인 대구표현으로 되어 있는 점이 영향을 주고 있다고 해석할 수 있다.

「使える」力＝＝고유어+고유어 ⇔「実践的語学運用能力」＝＝한자어+한자어

전반부와 같은 캐치카피적인 표현을 사용한다면 아마 다음과 같은 고유어가 선택될 가능성이 높을 것이다(다음 절의 2) 참조).

비교 :「使える」力の養成や「役立つ」語学運用能力の増進

마지막으로 V의 경우는 위의 어느 부분에도 해당되지 않는「16 感じる」의 단독 사용 부분이다. 이것은「感じる」가 단음절 한자로 구성된 한자어 サ변동사이다. 한자 한 글자(어간) 한자어 サ변동사의 일부는 일본어에 이른 시기에 정착되었다(예를 들어「愛する」, 또는 헤이안 시대의 예를 들면 당시 정착해 있던「具(ぐ)す」). 이러한 영향도 있어서 대부분 이 고유어에 준하여 수용되었기 때문이라고 할 수 있다. 이것은 Ⅰ·Ⅱ·Ⅲ과는 다른 의미에서 주목되는 특징이다.「단음절 한자+サ변동사」에 대해서 "어종 의식"의 문제 및 폭넓게 보자면 "고유어와의 구별 의식이 희박해진 한자어·외래어 어휘의 특징"으로서 어휘 연구의 주제가 될 수 있는 문제이다. 기회가 된다면 향후 고찰해보고자 한다.

(후자의 다른 예로는 한자어이지만 고유어로 오해받기 쉬운「ごは

ん(御飯)」＝일상어,「イクラ(연어 알, 러시아어 기원)」＝음성 특징이
「おくら」(야채)와 유사, 등이 있다)

2) 고유어가 적극적으로 선택되고 있는 부분

예문의 원문은 80% 가까이는 고유어이기 때문에 전체적으로 고유
어 우선이지만, 한자어와는 반대로 고유어가 적극적으로 선택되는 부
분을 지적해보겠다. 한자어의 특징과 대비해 보면 인용형식 안에서 많
이 사용되는 것이 특징이다. 괄호를 사용한 부분에서의 캐치카피적인
표현(아래의 나·라·마)과 호소하는 표현(가)에서는 의도적으로 더욱
쉬운 표현으로서 고유어가 선택되고 있다. (다) 부분은 문말의 「~のか」
를 볼 때 회화체적인 표현이라고 볼 수 있기 때문에(문장체적인 「~始
めたか」 등과 비교해보자), 구어체로 하기 위하여 한자어가 회피되고
고유어가 선택되고 있다고 해석된다.

◆ 인용형식 부분(괄호 부분)추출(다음은 원문의 표현으로 나타낸 것이다)
　가.「学習者中心の日本語教育に ⑥ 向けて」
　나.「⑧ 使える」力の養成や ⑨ 実践的語学運用能力の増進
　다.「どのような動機を ⑬ 持って日本語学習を ⑭ 始めたのか、どのよう
　　　な言語習得環境で日本語を⑮ 学ぶのか、また学習過程でどのような
　　　ことに困難を ⑯ 感じるのか、さらに、中国人日本語学習者において
　　　はどのような習得が ⑰ 行われ、どのような学習ストラテジーを ⑱用
　　　いるのか」 《比較：文末書き言葉調「~始めたか」》
　라.「㉞ わかる」日本語
　마.「㉟ できる」日本語

다만 주목해야할 점은 이 인용형식 부분의 취급 방법은 아마 문장

의 내용과 스타일에 따라 그 평가와 의미가 달라질 경우가 있다. 문장에 따라서는 괄호 안의 표현이 이것과는 다르게 딱딱한 표현, 더욱 문장어적인 표현을 선정하여 그것을 많이 사용하는 것이 있을 수 있다. 그러므로 인용형식 부분에서는 고유어와 한자어 중 어느 쪽이 선택될 것인가 하는 문제와는 별도로 다음과 같이 생각하는 것이 적절할 것이다. ―「인용형식 부분에서 어종의 선택은 다른 부분과는 달리 일정한 문장적 경향이 발생하기 쉬운 부분이라는 점에 주목할 필요가 있다」

Ⅳ 고유어 비율에 따른 문장지표의 계산식

「한자어판」에서는 일부 부자연스러운, 약간 무리가 있는 부분도 포함되어 있다. 하지만 그것들을 제외하면 전체적으로는 약간 격식이 있는 문장 또는 일본어에 아직 완전하게는 숙달되지 않은 외국인의 문장이라면 허용 가능한 범위라고 할 수 있다. 이 전형적인 두 가지 문체의 특징에 주목한다면 일본어는 「고유어판」과 「한자어판」이라는 치환 가능한 두 가지의 문체를 유지하고 있는 언어라고 볼 수 있을 것이다.

고유어판은 41개 부분이 전부 고유어 표현으로 된 100% 고유어 문장이며, 한자어판은 41개 부분이 한자어 표현으로 된 100% 한자어 문체이다. 한편 원문은 11개 부분이 한자어이기 때문에 약 73%의 고유어체 표현, 또는 약 27%의 한문체 표현이라고 할 수 있다. 그렇게 본다면 우리는 이 「동사·형용사·부사」에 있어서 고유어·한자어의 「채용비율」을 문체의 고유어문장 비율 한자어문장 비율의 문체지표로 사용할 수 있다. 지금 그것을 고유어 쪽에서 보면 「고유어 고유어문체 비율」이라고 부르겠다. 이러한 「고유어 고유어문체 비율」은 다음 계산식을 통해 백분율로 나타낼 수 있다.

문체지표로서의 고유어율 (약칭JFR[4])%

=「동사・형용사・부사」부분에서의 고유어율÷동일한 부분의 총수 ×100

(이것은 한자어 쪽에서 반대로 「한자어 한문체 비율」로서도 제시할 수 있다.)

　예　41개 부분 중 41개 부분 전부가 고유어인 경우 = 고유어율 100%

　　　41개 부분 중 41개 부분 전부가 한자어인 경우 = 한자어율 100%

　예문은 41개 부분 중 고유어 30개 어휘=고유어율 73.2%(한자어 11개부분 = 한자어율 26.8%)의 문체.

　또한 한자어 부분이 외래어로 표현된 경우에도 한자어와 같은 패턴을 취한다 (예를 들어 「はじめる>開始する>スタートする」). 이런 점에서는 고유어 쪽의 계산식에 따라 표현하는 것이 편리하다. 또는 고유어:한자어:외래어의 비율을 나타낼 수도 있다.

　이렇듯 「동사・형용사・부사」 부분의 어종에 주목하면, 문체의 차이를 객관적인 수치로 표시할 수 있는 방법을 새롭게 제시할 수 있다는 점을 지적할 수 있다.

Ⅴ 발전과제 ─ ①명사의 문체지표, ②고유어・한자어・외래어의 의미분담

　지면 관계상 발전적인 문제에 대해 간략하게 정리해보고자 한다.

4　JFR 이라는 약칭을 사용하기로 한다. JFR= native Japanese words, the Foreign loanwords Ratio (of verbs, adjectives and adverbs). (직역하면 고유어vs외래어 비율이 되는데 《고유어÷(동사・형용사・부사에서의 「고유어+넓은 의미에서의 외래어 총수」)》의 의역을 사용하는 것으로 한다. 한자어 어수를 분자로 하면 「한자어 어종율」로 할 수도 있다.

(1) 본고에서는 명사는 제외했지만 명사를 추가한 처리도 생각할 수
    있다. 그 경우에는 동사연용형명사 등의 처리 등이 과제가 될 것
    이다(예문 중의 「⑪多彩な取り組み」의 「取り組み」 등).
(2) 동의・유의어로의 치환(변환)에 따라서 흥미로운 문제점을 발견
    할 수 있다. 의미에 따라서 고유어・한자어의 어휘가 많고 적음
    이 달라지는 동의어 관계가 있다는 것이다. 예를 들어 「⑨ 実践
    的な」에 해당하는 고유어는 빈약하다. 한편 ⑬의 「持って」에 해
    당하는 한자어는 적당한 것을 발견하기 어렵다. 특정 의미 분야
    와 어종의 사이에는 어떠한 상관관계가 있다는 것을 짐작할 수
    있다. 이러한 비교를 발전시킴으로써 고유어・한자어(・외래어)
    라는 어종의 특성과 의미와의 관계를 새롭게 연구할 수 있을 것
    이다.

Ⅵ 맺음말

본고에서는 다음 문제에 관한 고찰을 실시하였다. 외국인 일본어학
습자가 A와 B의 문체를 습득하면, 부드럽고 이해하기 쉬운 일본어(A)
와 격식을 차린 딱딱한 일본어(B)를 상황에 맞게 바꿔서 사용할 수 있
게 된다.
(1) 일본어의 기초어휘의 역사를 나라시대부터 역사적으로 분석해
    보면 고유어 어휘에 의한 표현에서 유의관계에 있는 한자어・
    외래어로 바꾼 어휘 표현을 많이 사용하는 경향으로 변하고 있
    다. 그것은 모델문체로 나타내면 다음의 문체를 획득해온 역사
    라고 할 수 있다.

A「□□に□□な□□を□□に□□する□□が□□です。」

이 특징은「어휘가 교환가능한 부품화된 문체」라고 말할 수 있다.

(2) 현대일본어의 문체 특징은 다음과 같은 계산식으로 수치화하여 객관적으로 비교할 수 있다.

고유어 어종율(JFR)% = 고유어수 ÷ (동사·형용사·부사의 총용례수) ×100

JFR에 따라서 어종이「문체지표」의 하나가 될 수 있다는 점을 제시하였다.

▌참고문헌

安部清哉(1985)「国語語彙論の方法について」『文芸研究』110

_____(2003)「記述と仮説と実証と理論との相互作用的発展 - 主に語彙史研究の視点から - (シンポジウム要旨)」『国語学』215。より詳細は、『国語学会2003年度春季大会予稿集』大阪女子大学

_____(2009.11)「語彙史研究と語彙的カテゴリー -その多様性と体系化」『シリーズ日本語史3語彙史』(第1章)(安部清哉·金水敏共編) 岩波書店

_____(2009.11)「意味から見た語彙史」『シリーズ日本語史3語彙史』(第3章)(安部清哉·金水敏共編) 岩波書店

_____(2010.3)「語彙の特性から見る語彙史研究の諸相 -「語彙的カテゴリー」「部分語彙」「反現象」「反作用」「中和」-」『人文』8、学習院大学人文科学研究所

_____(2011.3)「形態と意味との相関関係をめぐる語彙論的諸相 -ク活用2音節対義形容詞の形態的対応」を添えて -」『学習院大学文学部研究年報』57、学習院大学文学会

国立国語研究所(1962)『現代雑誌九十種の用語用字 第一分冊 - 総記および語彙表 -』『同 第二分冊』『同 第三分冊』秀英出版

_____(2005)『現代雑誌の語彙調査』

田中章夫(1978)『国語語彙論』明治書院

_____(2002.a)『近代日本語の語彙と語法』東京堂出版

_____(2002.b)「語彙研究の諸相」『朝倉日本語講座4語彙・意味』第一章、朝倉書店

宮島達夫(1967)「現代語いの形成」『ことばの研究』(国立国語研究所論集3) 秀英出版

_____(1977)「語彙の体系」『岩波講座日本語9語彙と意味』第1章、岩波書店

_____(1997)「雑誌九十種表記表の統計」『日本語科学』1、雑誌九十種の最終的
　　　　　語彙数と統計が掲載されている。

_____(2007)「語彙調査からコーパスへ」『日本語科学』22、雑誌九十種と雑誌70
　　　　　誌の比較、雑誌九十種の語数に関する注意が記されている。

_____(2009)「語彙史の比較(1) - 日本語(雑誌90種と雑誌70誌)」『京都橘大学研
　　　　　究紀要』35

일본어학과 일본어교육
日本語学·日本語教育

3 어휘(語彙)

관련어휘를 통해 본 日本人의 家族 의식

오 미 선*
경희대학교 교수

I 家族에 대한 의식

최근 가장 주목을 받고 있는 주제의 하나로 '家族'을 들 수 있다. 가족·가정을 주제로 개최되는 행사도 흔히 눈에 접할 수 있으며, 가족과 관련된 출판, 조사, 연구도 활발하게 이루어지고 있다. 일본에서는 2차 대전 이후의 신 헌법 제정과 민법개혁으로 戰前의 가족제도는 법률 제도적으로 종말을 맞았으나, 실질적으로 가족제도에 변화가 일어난 것은 핵가족화나 소수가족화가 진행된 1960년 고도경제성장기라고 할 수 있다. 요즈음 일본에서는 가족이 붕괴되고 있다는 말을 많이 듣는다. TV 드라마나 소설 등에서는 가족붕괴가 주된 소재이며 행복한

* 吳美善 : 慶熙大學校

가족 이야기는 드라마가 되지 않는다고 한다. 이혼과 미혼모 등도 급
증하고 있으며, 아동학대나 소년범죄나 학교붕괴 등 가족기능 저하에
서 야기된다고 평가되고 있는 일련의 현상 등이 심각한 사회문제로 다
루어지고 있다. 뿐만 아니라 급격한 고령화나 여성의 의식 및 생활양
식의 변화라는 새로운 요소의 첨가로 일본에서의 가족·가정의 실체는
종래의 사회적인 기초집단이라는 유형에서 개인단위로 더욱 급격히
변화되어 가는 양상이 보이고 있다. 林道義는『家族の復権』에서 다음
과 같이 기술하고 있다.[1]

「家族 안에서의 교제」에 가치를 느끼지 못하게 되고, 「家族의 一員」이
라는 의식이나 「家族을 위해 헌신한다」는 생각이 희미해 진 사람들도 있
다. 家族 안에서의 인간관계는 희박해지고 家族은 단순한 共同生活者로 되
어 있다. 極端的인 경우에는 家族은 「個人의 自由」를 억압하는 桎梏이라고
까지 느끼게 될 것이다. 家族을 「감옥」 「支配機構」라고 간주하는 사람들은
「個人을 單位로 하라」고 외치며 家族을 內部에서 崩壊시키려 하고 있다.

그 외에 「家庭内離婚」[2]「非婚」[3]「一人家族」[4]「DINKS」[5] 등의 용어도
등장한다.
이와 같은 변화는 현대를 대변한다고 하는 개인주의나 이기주의와
도 같은 맥락이라고 할 수 있다. 국가 정책적으로도 육아나 노인부양

---

1   林道義(2002)『家族の復権』中公新書, p.4
2   1985년에 나온 同名의 소설이 발단이 되어 당시 유행어가 되었으며 「家庭内別居」
     라고도 쓰였다.
3   생활방식으로 결혼하지 않는 것을 주체적으로 선택하는 것.
4   増田みずこ의『一人家族』이라는 소설에서 유래한 말로 혼자라도 가족이라는 의
     미를 나타냄.
5   1988년에 유행된 'Double Income No Kids'의 약자로 둘 다 수입이 있으며 자녀를
     갖지 않는 부부를 가리키며 이상적인 삶의 하나로 칭송을 받기도 했다.

등의 가족기능을 가능한 한 외주화 시키려는 방향을 취하고 있다. 결과적으로는 사회복지정책, 경제정책, 노동정책 등 모든 정책이 현재 일본에서는 가족붕괴를 막고 재생시키려는 방향보다는 가족관계를 희박화 시키는 방향으로 진행되고 있다고 할 수 있다.

한편, 이와 같은 제도적인 외형과 달리 개인의 의식 속에서는 家族이나 家庭을 '휴식과 애정을 주고받는 곳'이라고 생각하거나 '가정에 만족'하고 있으며 '이혼은 될 수 있는 한 피하고 싶다'는 사람들이 급증하고 있는 가족붕괴와는 상반되는 '가족복권'을 나타내는 '家族이나 家庭이 「편안함과 애정을 서로 주고받는 곳(やすらぎや愛情を与えあう場)」라면 좋겠다'(69%) '家庭에 만족'(9할 이상) '이혼은 가능한 한 피하는 편이 좋다(45%) 어떤 경우라도 피하는 편이 좋다(21%)' 등의 요미우리신문(1998년1월1일) 설문조사나 '家族이 가장 소중하다'(35%)는 스미토모임업주식회사(1999년) 설문조사의 통계 등이 최근 연이어 발표되기도 했다.[6]

따라서, 현대 일본과 일본인의 양상을 가족붕괴라는 한마디로 고정화시킬 수는 없으며, 家族과 家庭에 대한 기본의식과 의식변화를 다양한 시각에서 분석할 필요가 있는 것이다.

이하에서는 이와 같은 복잡한 변화 양상을 보이고 있는 일본의 家族에 대한 의식의 변화를 「家族」관련어휘를 중심으로 개관해 보고자 한다. 분석의 주 대상으로는 新造語사전이 포함된 『大辞林 第二版』・『デイリー 新語辞典+α』(三省堂의 인터넷 검색사전, 이하『大辞林 第二版』, 新造語 항목은 <新>으로 표기함) 『広辞苑』第一版~第五版(岩波書店) <보조분석 자료로『現代用語の基礎知識』(自由国民社),『朝日現代用語・知恵蔵』(朝日新聞社)도 활용함>등의 일본 국어사전류와 日本 國立國語研究所의 「ことばに関する新聞記事見出しデータベース」[7] 를 사용

---

6 林道義(2002)『家族の復権』中公新書, p.5, pp.7-8

하여 일본에서의 家族에 대한 기본인식과 의식변화의 일면을 관망한다.

Ⅱ 「家族」의 의미해설

家族이란 말의 정의는 학문분야마다 다양하게 논의되고 있어 하나
의 개념으로 정리하기 어려운 점이 있다. 아울러 <家>라는 말 자체가
중국에서 들어 온 외래어이며[8], 메이지시대에 'family'가 <家族>으로
'home'이 <家庭>으로 번역되어[9] 쓰이고 있는 등 원래 家族에 해당되
는 고유어가 없다는 상황이 현대일본에 있어서의 家族의 정의를 더욱
어렵게 하고 있다. 원어인 family와 home이 「ファミリー」,「ホーム」이
라는 외래어로 다음과 같은 넓은 의미범주를 가진 말로 쓰이고 있다는
언어 환경도 家族이라는 말의 정확한 정의를 더욱 어렵게 하고 있다.

「ファミリー　[family]」:

(1) 家族。一家。「−・カー」

(2) 族。群。

「ホーム　[home]」:

(1) 多く他の外来語と複合して用いる。

---

7 http://www.kokken.go.jp/sinbun/ 이하 国研「切拔集DB」로 제시함. 1949년부터
2007년까지 「言語」「言語生活」의 視點에서 수집된 약 137,000건의 신문기사 데이
터베이스로 특정 단어나 표현뿐만 아니라 언어에 대한 의식, 의견, 해설이나 언어
배경상황 등을 전하는 기사를 수집대상으로 하고 있어, 일본어 및 일본인의 언어
생활, 언어의식의 변천 등을 파악할 수 있는 자료로 평가되고 있다.

8 与那覇恵子(1998)「現代文学にみる<家族>のかたち」『メディアがつくるジェン
ダー』新曜社, p.220.

9 『明治大正新語俗語辞典　新装版』의 해설에 의하면 「家庭」은 집 부지내의 정원을
나타내는 말이었으나 메이지 20년대 후반부터 30년대에 걸쳐 가정개혁 풍조에
따라 home의 번역어로 일반화되었다고 한다.

(ア) 家庭。家。「スイート-」「マイ-」(イ) 故郷。本国。祖国。
(ウ) 本拠地。「-グラウンド」
(2) 児童保護施設・老人福祉施設・療養所など、家庭的な収容施設をいう。
「老人-」
(3) 野球で、ホーム-プレート・ホーム-ベースの略。　　（『大辞林 第二版』）

「ファミリー」는 「族, 群」을 나타내기도 하며, 「ホーム」은 「고향」「본
거지」「가정적인 시설」이나 야구용어 등으로 쓰이기도 한다.

사전에 나타난 「家族」[10]의 의미해설은 다음과 같다.

「家族」: 夫婦の配偶関係や親子・兄弟などの血縁関係によって結ばれた親
族関係を基礎にして成立する小集団。社会構成の基本単位。
「家庭」: 夫婦・親子などが一緒に生活する小さな集まり。また、家族が生
活する所。　　　　　　　　　　　　　　　　　　　（『広辞苑』第五版）
「家族」: 夫婦とその血縁関係にある者を中心として構成される集団。
「家庭」: 夫婦・親子などの家族の集まり。また、その生活の場所。

（『大辞林 第二版』）

가족은 夫婦의 배우관계나 親子・兄弟 등 혈연관계로 이루어진 친족
관계를 기초로 성립된 사회구성단위이며 그 가족으로 이루어지는 집
단이나 그 가족이 함께 생활하는 곳을 가정으로 규정하고 있는 것이
다. 다시 말하자면 『広辞苑』第五版과 『大辞林 第二版』의 의미해설에서
는 제2차 세계대전 이후 신민법에서 제정된 부부와 미성년의 자녀로

10　이하 사전의 표제어는 「 」로 표기한다. 예를 들면 표제어 '家族'은 「家族」으로
　　표기하며, 해설은 원문을 제시함.

이루어지는 이른바 「核家族」이 가족의 기본형이며 가정은 가족이 함께 사는 장소를 의미하고 있는 것이다. 그러나 실제로 현대 일본어에서 家族은 狹義로는 구성원을 나타내며 廣義로는 구성원과 사는 장소인 家庭을 포함하기도 해 家族과 家庭은 명확한 구별 없이 사용되기도 한다. 다음과 같이 family가 家庭으로 번역되고 있는 예에서도 그러한 상황을 파악할 수 있다.

「ホスト-ファミリー (host **family**)」 ホーム-ステイの留学生を受け入れる 家庭。(『大辞林 第二版』)

Ⅲ 家族 단위의 변화

최근의 사전 기술에서 언급되고 있는 가족의 기본형태인 「核家族」이란 미국의 인류학자 G. P. Murdock가 인류사회에 보편적으로 존재한다고 주장한 nuclear family를 번역한 것으로 한 쌍의 부부와 미혼의 자녀로 구성된 가족을 뜻한다.

「**核家族**〔nuclear family〕」：一組の夫婦と未婚の子だけから成る家族。 アメリカの人類学者マードック(G.P. Murdock (1897-))によって人類社会 に普遍的に存在すると主張された。→ 拡大家族(『大辞林 第二版』)

핵가족에 대응되는 말로 표시되어 있는 「拡大家族」은 자녀가 결혼 후에도 부모와 동거하는 복수의 핵가족으로 구성되는 extended family를 뜻하며 「複合家族」이라고 번역되기도 한다. 흔히 핵가족의 대응되는 말로 大家族을 연상하는 것이 일반적이나 다음의 해설과 같이 大

家族은 직계·방계 친족이 포함되어 가족구성원의 수가 많은 가족형태
를 나타내는 말이다.

「**大家族**」:
(1) 人数の多い家族。
(2) 夫婦とその子供のほか、直系·傍系の親族やその配偶者をも含む家族。

(『大辞林 第二版』)

大家族에서 기본구성요소인 直系家族이란 부모와 대를 잇는 한 쌍
의 아들 부부와 그 자녀로 구성되는 대잇기가 세대적으로 이어지는 것
으로 가계가 직계적으로 유지되는 가족형태를 뜻한다.

「**直系家族**」: 両親と、跡取りである一組の子夫婦およびその子から成る
家族。跡取りが世代的に受け継がれることにより、家系が直系的に維持さ
れる。世界各地に広くみられ、かつての日本でも一般的であった。

(『大辞林 第二版』)

확대가족은 복수 핵가족이라는 단순히 가족형태만을 언급하는 말이
며 대잇기라는 개념은 포함되지 않는다. 이러한 大家族이 기본구성인
가족제도에 관한 언급은 「家族」의 『広辞苑』第一,二版의 의미해설에서
도 나타나 있다.

血縁によって結ばれ、生活を共にする人々の仲間で、婚姻に基づいて成
立する社会構成の一単位。「家」の旧制度の下で、戸主の統率した家の構成
員。原則として戸主の親族でその家を構成する者およびその配偶者。

(『広辞苑』第一,二版)

<혈연관계 성립요소>로 「婚姻」이, <가족구성원>을 통솔하는 <구가족제도>의 중심인물로 「戸主」가 언급되고 있다. 『広辞苑』에서 <혈연관계 성립의 요소>로 「婚姻」이 언급되는 것은 二版까지이며, 三版 이하에서는 언급되지 않고 있다. 일반적으로 「남녀가 부부가 되는 것」을 「結婚」이라고 하며 「남녀간에 부부관계를 발생시키는 법률적인 행위」는 「婚姻」이라고 한다. 따라서, 「婚姻」의 해설에는 「婚姻届」「婚姻適齢」 등 법률적인 사항이 나열되는 경우가 많다. 또한, 三版에서는 「夫婦を始め、生活を共にする親子・兄弟などの血縁集団。社会構成の基本単位。」와 같이 「夫婦를 비롯해」라는 항목이 추가 되었으며, 「夫婦, 親子, 兄弟」라는 가족구성원에 관한 기술이 구체적으로 언급되어 있다. 四版 이후 『広辞苑』의 「家族」 해설에서는 「夫婦の配偶関係や親子・兄弟などの血縁関係によって結ばれた親族関係を基礎にして成立する小集団。社会構成の基本単位。」(『広辞苑』4,5版)와 같이 가족의 성립조건이 三版까지의 혈연관계가 아니라 夫婦의 배우관계나 부모자식・형제 등의 혈연관계로 맺어진 「친족관계」로 변화하게 된다.

一, 二版에서의 「血縁によって結ばれ、生活を共にする人々の仲間で、婚姻に基づいて成立する社会構成の一単位」가 三版에서 「夫婦を始め、生活を共にする親子・兄弟などの血縁集団」로 四版 이하에서 「夫婦の配偶関係や親子・兄弟などの血縁関係によって結ばれた親族関係を基礎にして成立する小集団」으로 바뀐 것은 <혈연관계>에서 <친족관계>로 가족의 성립조건이 변화한 것을 나타내는 것이다. 아울러 친족관계는 배우자관계나 혈연관계로 맺어지는 것으로 기술되어 있어, 친족은 혈연이나 혼인관계로 연결이 되는 사람들이며 그 범위는 민족이나 문화에 따라 달라지는 것을 볼 수 있다. 예를 들면 1989년 미국의 뉴욕주 최고재판소에서는 「전통적인 의미의 가족이 아니더라도 장기간 경제적, 감정적으로 연결된 성인들이라면 가족의 정의를 적용할 수

있다」는 판결로 동성애자 커플을 통상의 부부관계로, 즉 가족으로 인
정하고 있다.[11] 이러한 판결은 혼인관계를 기초로 하지 않는 스텝훼밀
리(계부 · 계모 가족), 게이나 레즈비안 커플(입양 가족), 미혼모, 비혼
모 등 다양한 형태의 가족이 증가할 것을 예고하고 있는 것이다. 이와
같은 법률적인 판결은 없어도 일본에서도 역시 혈연이 없는 가족관계
가 증가하고 있다. 특히 70년대에 급증한 이혼·재혼 등은 혈연이 없는
친자관계를 양산하게 되는데, 이러한 배경은 『広辞苑』四版의 「家族」
에서 추가된 <夫婦의 배우관계>도 가족을 구성하는 요소가 된다는 내
용이나 <新語>라는 항목으로 추가된 「ステップ-ファミリー」「ステッ
プファミリー」에도 반영이 되어 있다고 할 수 있다.

　뿐만 아니라 「함께 생활하는(生活を共にする)」이라는 부분도 삭제되어
<가정생활 방식>에도 변화가 있음을 알 수 있다. 단신부임이나 취학 등
으로 일시적으로 또는 일정한 기간 중에는 별거생활을 하고 있는 상태도
「家庭」의 변형이라고 생각하게 되었기 때문이며, 「別居結婚」「遠距離結婚」
「週末婚」과 같이 부부가 일시적 또는 많은 시간을 같은 장소에서 가정생
활을 지속하지 않는 최근의 결혼생활 형태가 新造語로 나타난다.

Ⅳ 家族 구성원의 변화

　사전의 표제어 「家族」의 해설에서는 가족구성원의 변화도 보인다.
　우선, 『広辞苑』에서는 「戸主」가 <가족구성원>을 통솔하는 <구가족
제도>의 중심인물로 三版까지 언급되고 있으며, 三版에서는 다른 가족
구성원에 관한 구체적인 언급이 없었던 一,二版과는 달리 「夫婦, 親子,
兄弟」라는 구체적인 구성원이 나열되어 있다. 「家庭」은 一版에서 「主

11　　『朝日現代用語·知恵蔵 1996』朝日新聞社

人」이 가정의 중심이 되어 「親子」「夫婦」 등과 생활을 함께 하는 곳이 라고 해설되고 있다. 二版에서는 가족구성원에 관한 언급은 없으며 三 版 이하에서는 「主人」이 삭제되었다. 이와 같은 기술의 변화는 「戸主」 나 「主人」이라는 인물을 중심으로 가족이 구성된다는 것이 구가족제 도의 특징이며 그 구가족 제도가 변화하였다는 것을 나타내는 것이기 도 하다.

「近代家族」：前近代の家父長的家族に対し、成員それぞれの人格の尊重、 愛情と信頼関係によって成立していると考えられる家族。子供の養育が重 要な責務となる。
「ニュー・ファミリー (和製)(new＋family)」：第二次大戦後生まれの若い夫 婦と子供から成る家庭をいう語。従来の価値観から大きく変化した消費動 向をもつとされる。　　　　　　　　　　　　　　　　　　　（『大辞林 第二版』）

「近代家族」은 전근대적인 가부장적 가족에 대응되는 개념으로 제시 되고 있으며, 가족 구성원 각자의 인격을 존중하고 애정과 신뢰관계로 성립된다고 생각되는 가족형태이다. 「近代家族」에서는 자녀 양육이 중 요한 책임과 의무가 된다. 「ニュー・ファミリー」는 일본에서 만들어진 영어이며 제2차 세계대전 후에 태어난 젊은 부부와 자녀로 이루어진 가족으로 종래의 가치관에서 크게 변화된 소비패턴을 갖는다고 기술 되어 있다. 「ニュー・ファミリー」는 1970년대 후반에서 80년대 전반에 결혼한 젊은 부부로 「友だち夫婦」라고도 불리기도 했다. 「ニュー・ファ ミリー」「友だち夫婦」를 小林美恵子는 「종래의 가부장 의식에 따른 夫唱婦隨的인 가족이 아니라 부부도 부모 자식도 서로 친구 같은 감각 으로 함께 생활하며 함께 즐기는 가족」[12]이라고 설명하고 있다.

12　小林美恵子(2001) 「結婚・家庭をめぐる意識とことば、二十年」『女とことば』明

결혼은 당연히 하는 것이라는 전제하에서 「未婚」을 「まだ結婚して
いないこと(아직 결혼하지 않은 것)」로 , 이미 결혼한 것을 「既婚」이
라고 하였는데 이 두 단어는 『広辞苑』一版부터 표제어로 제시되고 있
다. 五版에서는 「生き方として、結婚しないことを主体的に選択するこ
と(생활방식으로 결혼하지 않는 것을 주체적으로 선택하는 것)」이라는
해설의 「非婚」이라는 새로운 표제어를 볼 수 있다.

　「未婚」: まだ結婚していないこと。⇔ 既婚

　「既婚」: すでに結婚していること。⇔ 未婚 「一者」

　「非婚」: 結婚していないこと。あるいは結婚をあえて選択しないこと。

　「非婚化」<新> : 一度も結婚しない人が増加すること。生涯未婚率の上昇
などが指標となる。少子化の要因とされる。　　　　　　(『大辞林 第二版』)

　『大辞林 第二版』에도 「既婚」과 「未婚」은 대응하는 말로, 「非婚」은 「既
婚」과 「未婚」과는 달리 <아직>이나 <이미>라는 시간 표현이 없는 「결
혼하지 않은 것. 또는 결혼을 군이 선택하지 않는 것」으로 기술되고
있다. <新造語>로 표시된 「非婚化」도 나타난다. 이는 결혼이 필수적인
것으로 여겨져 왔던 것과는 다른 생활방식으로 살아가는 사람들이 증
가한 것을 나타내고 있는 표제어로 흔히 '非婚時代의 到來'라고도 말
해진다. 吉広紀代子의 『非婚時代』와 海老坂武의 『シングル・ライフ』
등의 작품이 베스트셀러가 된 것은 이와 같은 분위기를 반영하고 있는
것이며, 「シングル」이라는 것은 단지 결혼할 때까지의 미혼상태를 나
타내는 싱글이나 결혼한 후 사별이나 이혼으로 야기된 싱글 등 인생의
과도기적인 임시과정을 나타내는 것이 아니라 적극적인 생활방식의
하나로 선택하는 것이 되었다는 것이다.[13] 『大辞林 第二版』의 의미해

石書店, p.128

설에 따르면 <단 한 사람, 혼자>는 「單身」이며, 「独身」은 「單身」의 의미 외에 <배우자가 없는 상태>로도 쓰인다. 「シングル」「シングルズ」는 「独身」 특히 20대에서 40대의 결혼하지 않은 사람을 나타내는 것으로 기술되어 있다. 増田みず子의 『一人家族』나 青木やよひ의 『シングル·カルチャー』 등은 「혼자라도 家族」이라는 분위기를 나타내고 있다. 「シングル」도 「非婚」과 마찬가지로 기존의 「既婚」과 「未婚」를 대신하는 말로 1980년대 후반부터 쓰이고 있는 것을 알 수 있다.

> 「**単身**」：ただ一人。単独。「―敵地に乗りこむ」
>
> 「**独身**」：
>
> (1) 配偶者がいないこと。夫または妻がいない状態。ひとりもの。「―者
> (しや)」
>
> (2) ただひとりであること。単身。
>
> 「シングル (single)」：〔ダブルに対して、一つ·一個·一人などの意〕
>
> (7) 独身者。シングルズ。
>
> 「シングルズ (singles)」： 独身者。特に、二〇代から四〇代で結婚しな
> い人々。 (『大辞林 第二版』)

新造語「ニューシングル」는 <여성이 결혼에 구애 받지 않고 독신생활을 즐긴다」는 사고방식으로 회자되기도 한다.[14] 「シングル」은 자녀와 관련된 다음과 같은 新造語를 파생하기도 한다.

> 「**介護シングル**」<新>：未婚の子が親の介護を一人で行うこと。また，介護
> のため独身を余儀なくされること。

13　上野千鶴子(1988)「女性問題 / 男性問題用語の解説」『現代用語の基礎知識1988』
　　自由国民社, p.397

14　『朝日現代用語·知恵蔵1996』朝日新聞社

「パラサイトシングル (和製)(parasite＋single)」<新> : 親と同居する独身者。住居や家事を親に依存する。晩婚化・少子化との関連や， その消費行動が注目されている。
　［parasite は寄生する意。1997 年(平成 9)社会学者山田昌弘が用いた］
　　　　　　　　　　　　　　　　　　　　　　　　　　　　　(『大辞林 第二版』)

　최근 일본사회에서 큰 문제점로 지적되고 있는 「晩婚化」「少子化」현상은 사전의 표제어에도 등장하고 있다. 「パラサイトシングル」은 사회학자 야마다 마사히로(山田昌弘)가 명명한 것으로 사회적으로 독립할 연령이 되어도 독립하지 않고 주거나 가사 전반을 부모에게 의존하는 자녀를 나타내는 말이며, 「介護シングル」은 부모의 병구완이나 수발을 하고 있거나 하기 위해 미혼 상태인 자녀를 나타내는 말이다. 또한, 「シングル」은 결혼은 하지 않지만 부모가 되기도 해 다음과 같은 新造語들이 나타난다.

　「未婚ママ」<新>.　未婚のまま, 母親になった人のこと。
　「シングルマザー(single mother)」<新>:　未婚の母。また, 離婚・別居・死別などの理由で子どもを一人で養育している母親。シングル-ママ。
　「シングルママ (和製) (single＋mama)」<新> ⇒シングル-マザー
　「シングルパパ (和製) (single＋papa)」<新>: 離婚・別居・死別などの理由で子どもを一人で養育している父親。シングル-ファザー。
　　　　　　　　　　　　　　　　　　　　　　　　　　　　　(『大辞林 第二版』)

　「シングルママ」와는 달리 「シングルパパ」에는 <未婚のパパ>라는 부분은 없으며 단지 이혼・별거・사별 등의 이유로 자녀를 혼자 양육하고 있는 부친으로 기술되고 있다. 이러한 「シングル」 상태의 부모로

이루어지는 가정에 관한 표제어는 최근에 갑자기 생겨난 것은 아니다. 이른바 「標準家庭」이라는 말은 양친이 모두 있는 가족형태를 정상적인 가족으로 간주한다. 이러한 관점에서 아버지나 어머니와 아이들만으로 이루어진 가족은 「缺損家族」이라고 부르기도 하였으나 「缺損」이라는 말이 내포하고 있는 좋지 않은 평가부분을 보완하기 위해 최근에는 「單親家族」 또는 「ひとり親家族」라고도 하는데, 『廣辭苑』에서는 모두 보이지 않는다. 가족구성에 관한 사항은 오히려 家族이 아니라 「母子家庭」과 같이 「명사 + 家庭」의 형태로 표현하고 있다. 『広辞苑』의 경우 「母子家庭」은 「어머니와 미성년 자녀로 구성된 가정」이며 「母子世帶」라고도 하는데 三版부터 표제어로 사용되고 있다. 한편 「父子家庭」는 보이지 않는다. 이는 양쪽 부모가 있는 가정을 정상적인 것으로 보고 어느 한 쪽 부모만이 있는 가정 중에서 자녀의 건전한 성장을 도모하고 가족의 기능을 다 하도록 도움을 받아야 하는 것은 특히 어머니만 있는 가정이라는 사회적인 분위기를 나타내고 있는 것이며, 구체적인 제도에도 이러한 분위기가 반영되어 「兒童扶養手當」 등의 경제적인 원조는 母子家庭(소득제한이 있음)에만 지급되고 있다[15]. 『大辞林』의 경우는 一版에서는 표제어로 「母子家庭」이 있으며, 二版에서는 「父子家庭」과 「單親家庭」이 추가되었다.

고령화 사회의 새로운 가족구성을 반영하는 고령이 된 후 여러 명의 노인이 공동생활을 하는 이른바 「老人家族」이라는 표제어는 『広辞苑』五版에서도 『大辞林 第二版』에서도 보이지 않으나 「高齢者世帶」라는 新造語가 『大辞林 第二版』에 보인다.

> 「高齢者世帶」<新> : 65歳以上の者のみで構成するか、あるいはこのような
> 世帶に18歳未満の未婚の者が加わった世帶。厚生労働省の国民生活基礎調

---

15   『朝日現代用語・知恵蔵1996』朝日新聞社

査における定義。

『朝日現代用語·知恵蔵 1996』에서는 「高齢者世帯」를 남성 65세 이상, 여성 60세 이상의 고령자 세대 또는 거기에 18세 미만인 자가 추가된 세대로 정의하고 있으며, 특히 혼자 생활하고 있는 「獨居老人」의 증가가 두드러지고 있어 일본의 고령자 복지대책을 근본적으로 수정할 필요가 있다고 기술하고 있다. 사전에서는 「ホーム(home)」을 공통부분으로 하는 新造語들이 고령화로 인한 이와 같은 급격한 사회변화의 일면을 나타내고 있다.

原語 'home'이 外來語化한 「ホーム」은 家庭이나 故鄕, 본거지를 나타내며, 아동보호시설·노인복지시설·요양소와 같은 가정적인 수용시설을 나타내기도 한다. 「ホーム」은 「マイホーム·アットホーム·スイート-ホーム」과 같이 家庭을 나타내는 복합어의 어구성 요소로 쓰이기도 하는데 『大辞林 第二版』의 표제어 분석 결과 「アシステッドリビングホーム(assisted living home)」「グループホーム(group home)」「軽費老人ホーム」「新型特別養護老人ホーム, 居住福祉型特別養護老人ホーム」「デイホーム, デーホーム」「特別養護老人ホーム, 特養ホーム」「ナーシングホーム(nursing home)」「有料老人ホーム」「養護老人ホーム」「老人ホーム」 등 「ホーム」이 들어 있는 新造語 표제어가 급증하고 있는 것을 알 수 있다. 이 新造語 표제어들은 「グループホーム」과 같이 고아나 장애자를 위한 시설도 있지만 대부분은 고령자를 위한 공동시설을 나타내는 것이다. 「老人ホーム」은 고령자가 입소해서 사는 시설의 총칭이며 그 종류에는 「居住福祉型特別養護老人ホーム」(「新型特別養護老人ホーム」)「特別養護老人ホーム(「特養ホーム」)」「養護老人ホーム」「軽費老人ホーム」「有料老人ホーム」 등이 있다. 新造語 목록에서 파악되는 기존의 가정적인 시설과의 차이점은 「ナーシングホーム」「グループホーム」「アシ

ステッドリビングホーム」등 복지 외에 「병구완, 수발(介護)」등 의료
에 관련된 시설이 증가했다는 것이다. 託兒所와 유사한 시설로 주간
에 이용할 수 있는 「デーホーム」이라는 시설도 있다. 「グループホーム」
설명 마지막 부분에 있는 「宅老所」(「託老所」라고도 함)라는 시설은 치
매 등 병구완이나 수발이 필요한 고령자들을 위한 주간 이용이나 단기
숙박 서비스를 제공하는 소규모시설로 「グループ-ホーム」과 달리 거
주를 전제를 하지 않으며 가정적인 분위기와 소인원제를 살린 간호체
제가 실시되는 시설이다. 가장 최근인 시설 유형인 「新型特別養護老人
ホーム」의 해설의 내용으로 2002년부터 시행되기 시작한 일본의 고령
자 공동시설에 대한 '개별 공간 확보' '소인원 단위 공동 간호 시스템'
이라는 정책방향을 알 수 있다. 그 밖에 「アシステッドリビングホーム」
이라는 新造語는 「보조를 받다」는 'assisted' 와 「生活」이라는 'living'
이 'home'과 복합된 말로 방은 독립된 형태로 개인생활을 유지할 수
있으며 필요에 따라 식사나 병구완, 수발 등의 서비스를 받을 수 있는
고령자 공동주택을 나타내는 말이다. 이와 같이 급증한 「老人ホーム」
과 관련된 多數의 新造語 표제어들로 최근 일본사회에서 사회문제가
되고 있는 심각한 고령화 현상을 확인할 수 있다.

Ⅴ 家族 관련기사

「ことばに関する新聞記事見出しデータベース」(国研「切抜集DB」)는
1949년부터 2007년까지 「言語」「言語生活」의 視點에서 수집된 약 137,000
건의 신문기사 데이터베이스이며, 「家族」이 포함된 기사는 402건으로
약0.3%를 점유하고 있다.

「家族」관련 기사 건수는 전체적으로 점점 증가하는 양상을 보이고

있으며, 1976·1986·1996·2001·2004·2005·2006·2007년 등에서 「家族」
관련기사가 급증한다. 1976년과 1986년에 가족관련 기사가 급증한 것
은 <가족호칭>이라는 주제에 기인한다. 1976년 13건, 1986년 12건 총
25건 다루어지고 있다. 1996년에는 <가족과 민법개정>이라는 특집이
20건으로 주로 夫婦別姓이라는 주제가 제시되어 있으며 그 외에도 姓
에 관련된 것이 5건 있어 총 30건의 1996년 기사의 83% 이상을 점유
하고 있다. 2001·2004·2005·2006·2007년은 가족간 의사소통수단의
빈도가 높으며, 치매 등 가족수발에 관한 기사 등 동일 테마의 집중이
없이 다양한 기사가 다루어지고 있다.

기사 분포를 주제별로 정리해 보면 <姓名><가족대화 및 수단><언
어생활 및 교육><가족생활>이 345건으로 가족관련 기사 402건의 약
86%를 점유하고 있다. 특히 <姓名>이라는 주제에서는 1977년의 夫婦
別姓의 초출을 시작으로 姓 19건, 夫婦別姓 42건, 別姓 1건 등 62건의
姓에 관련된 기사와 가족호칭에 관련된 기사 42건 총 104건이 관찰된
다. 姓과 別姓도 夫婦別姓과 관련된 것으로 夫婦別姓 관련은 62건
(15.4%), 가족호칭은 42건(10.4%)에 이르러 총 402건 가족관련 기사의
26% 가까이 점유하고 있는 중심 주제임을 알 수 있다. <가족대화 및
수단>에서는 가족대화관련 기사 25건과 대화수단 관련 기사 92건이
있다. 대화수단은 그 종류 및 건수가 다양하게 관찰되며, 특히 시간의
흐름에 따라 편지 이메일, 전화는 팩시밀리나 인터넷전화 등으로 변화
하는 양상이 현저하게 드러나며, 내용적인 면에서 텔레비전은 주로 가
족대화를 저해하는 수단으로 컴퓨터는 가족대화를 활성화시키려는 수
단으로 등장하고 있다. <언어생활 및 교육>에서는 언어교육과 외국어
관련이 총 31건으로 언어라는 측면에서 외국어 및 외국어교육이 중요
한 요소로 인식되고 있는 것을 알 수 있으며, 국어가 아닌 일본어 또
는 모국어라는 주제의 기사화와 함께 언어의 국제적인 시점을 나타내

는 것이다. <가족생활>에서는 일반적인 가족생활 외에 중국 등에서 귀국한 귀국가족 관련이 7건, 가족수발이 12건 관찰된다. 특히 가족수발은 1997년을 초출을 시작으로 치매 등의 노인수발이나 언어장애환자 등을 가족단위로 병구완하는 주제가 최근에 증가하는 양상을 보이고 있다.

国研「切拔集DB」에서「家族」관련 어휘가 어떻게 제시되고 있는가를「家族」이 사용된 위치를 기준으로 완전일치(「家族」), 전방일치(「家族+○」, 후방일치(「○+家族」)로 분류하여 분석한 한 결과, 다음과 같이 가족유대감이나 가족일체감, 그러한 분위기를 유지하고자 하는 가족분위기에 관련된 제시형태가 주를 이루고 있음을 알 수 있다.

완전일치의 경우,「家族+の」의 형태는 가족구성원이나 가족단위보다는 가족관계 특히 가족의 유대감을 나타내는 제시형태가,「家族+助詞+動詞」는 가족형성이나 분리에 관련된 것과 가족이 다함께 활동하거나 의사소통하는 가족 일체감을 나타내는 제시형태가 주를 이루고 있다. 전방일치 단위는 가족관계 10례, 가족단위 및 가족단위 활동 57례, 가족정신 18례 등이 85례로 전방일치 90례 거의 대부분이 가족유대감이나 가족일체감에 속하는 제시의미를 나타내고 있다. 후방일치의 단위는 가족구성원의 예시는 1례에 지나지 않는다. 가족단위 크기 21례, 가족지정 24례, 가족분위기 22례의 분포를 보이고 있으며, 외국이나 환자라는 개념과 가족 간의 소통에 문제가 있는 가족분위기와 관련된 제시형태의 점유율이 높다.

━━┃ 참고 문헌 ━━━━━━━━━━━━━━━━━━━━━━━━━━━━━━━━●

呉美善(2004.11)「日本人과 家族, 家庭 -『広辞苑』을 대상으로-」『일어일문학연구』
　　　　제51집, 한국일어일문학회
＿＿＿＿(2005.12)「家族에 대한 의식변화 -사전의 표제어 분석을 중심으로-」『일

본연구』 제26호, 한국외국어대학일본연구소

_____(2007.9) 「일본인과 親子 -사전의 표제어 분석을 중심으로-」『일본학연구』 제22집, 단국대학교일본연구소

_____(2007.12) 「일본인과 夫婦 -사전의 표제어 분석을 중심으로-」『일본연구』 제34호, 한국외국어대학일본연구소

_____(2009.9) 「『家族』 관련 어휘의 사용실태-國研「ことばに関する新聞記事見出しデータベース」를 분석대상으로-」『일본학연구』 제28집, 단국대학교일본연구소

_____(2009.12) 「현대일본어의 「家庭」 관련 어휘의 사용의식 -國研「ことばに関する新聞記事見出しデータベース」를 분석대상으로-」『일본사상』 제17호, 한국사상사학회

_____(2010.9) 「현대일본어의 「老」 관련어휘의 사용실태 -國研「ことばに関する新聞記事見出しデータベース」를 분석대상으로-」 『일본학연구』 제31집, 단국대학교일본연구소

_____(2011.12) 「현대일본문장어의 「老人」 사용실태-國研「ことばに関する新聞記事見出しデータベース」「現代日本語書き言葉均衡コーパス」를 분석대상으로-」『비교문화연구』 제25집, 경희대학교비교문화연구소

林道義(2002) 『家族の復権』(中公新書)

与那覇恵子(1998) 「現代文学にみる＜家族＞のかたち」(『メディアがつくるジェンダー』 新曜社)

樺島忠夫・飛田良文・米川明彦編(1996) 『明治大正新語俗語辞典 新装版』(東京堂出版) 『朝日現代用語・知恵蔵 1996』(朝日新聞社)

小林美恵子(2001) 「結婚・家庭をめぐる意識とことば, 二十年」(『女とことば』 明石書店)

上野千鶴子(1988) 「女性問題 / 男性問題用語の解説」(『現代用語の基礎知識1988』 自由国民社)

野村総合研究所 社会・産業研究本部(1998)『変わり行く日本人』(野村総合研究所 情報リソース部)

부기 : 본고는(2005.12), (2009.9)의 연구를 본서에 취지에 맞게 수정 가필한 것임.

일본어학과 일본어교육
日本語学·日本語教育

3 어휘(語彙)

문자의 인지 단위

요코야마 쇼이치 *
일본 국어국립연구소 교수

I 문자와 어휘

1. 동형·유형이자(同形·類型異字)

한자에는 자형은 매우 유사하지만 실제로는 다른 문자인 문자군이 존재한다. 이것을 「동형·유형이자」라고 한다. <그림 1>에 있는 「かき(kaki)」와 「こけら(kokera)」는 자형은 매우 유사하지만 발생이 전혀 다른 문자이다. 한자사전에서는 변사(弁似)라는 항목을 만들어 의미는 다르지만 자형이 닮은 예를 제시하여 사용에 있어서 주의를 기울이게 하고 있다(일본규격협회·국립국어연구소·정보처리학회, 2006). 한자

---

* 横山詔一 : 国立国語研究所

전문가라고 해도 그림1의 문자를 한 문자만 제시할 경우 이것이 「かき (kaki)」인지 「こけら(kokera)」인지를 구분할 수 없다. 획수에 차이가 있다고 지적해도 이러한 미묘한 차이는 구별할 수 없는 것이 보통일 것이다.

문자의 인지 단위를 「문자 인지에 도움이 되는 기준의 눈금」이라고 생각하면 그 눈금은 각각의 문자에 소극적인 모양으로만 각인되어 있다는 역설에 직면하게 된다. 문자의 확실한 인지에는 전후 문맥이 필요하고 문자 단독으로는 성립되지 않는다고도 할 수 있다.

柿 かき, シ(木部5画)　　　柿 こけら, ハイ(木部4画)

〈그림 1〉 동형·유형이자의 예

「柿」의 예는 매우 특수하다, 예를 들어 「犬」은 아무리 보아도 「犬 (いぬ(inu:ro),　ケン(ken:rus))」으로밖에 읽을 수 없다고 할 것 같지만 정말 그럴까? 「犬」처럼 보이는 글자는 「大」에 어떤 실수로 먼지가 묻은 것일 수도 있고, 반대로 「大」처럼 보이는 글자는 「犬」나 「太」의 점이 옅어진 것으로 「大」가 아닐 가능성도 있을 것이다. 도사견(土佐犬)이나 아키타견(秋田犬)같은 문맥이 있으면 그 시점에서 처음으로 세번째의 「犬」은 「大나 太가 아니다」라고 확정된다. 문자 식별·인지에 있어서 전문가와 일반인과의 차이는 없다. 각각의 문자 속에 문자 식별에 도움이 되는 기준의 눈금 같은 것이 각인 되어 있고 그 눈금은 없어지지도 않으며 변화하지도 않는다는 것은 환상이다. 이하에서는 문자 인지를 도와주는 유연한 단위(유연한 눈금)와 문자를 둘러 싼 상황(읽기쓰기의 생태계)가 어떤 관계를 맺고 있는지에 대해 살펴보고자 한다.

2. 유연한 눈금

가로쓰기 원고의 「旧中山道」를 「いちにちじゅうやまみち(하루 종일 산길)」로 읽은 아나운서가 있었다고 한다. 「中山道(なかせんどう: nakasendou))」는 관서지방에서는 읽는 방법이 잘 알려지지 않은 고유 명사일 수도 있다. 中山道에 친근감이 없는 사람의 경우「旧 / 中山道 (구/나카센도)」라고 올바른 단위로 분할하는 것보다 「旧中 / 山道」라고 틀리게 분할할 확률이 높을 것이다. 왜냐하면 山道는 일반명사이고 읽는 방법도 어렵지 않기 때문이다. 전자는「きゅう / なかせんどう(구/나 카센도)」도 되지만 후자는「~ / やまみち(~/산길)」라고 읽게 된다.

후자를 선택한 경우 제2단계로 山道 앞에 오는 어휘에 대한 식별이 의식적·무의식적으로 시작된다. 후보 중에는 「旧中」은 본 적이 없는 문자열이므로 제외되지만 「一日中(itinitizyuu:하루 종일)」라고 하면 일 상생활에서도 자주 보거나 듣기 때문에 친근감이 있다. 「旧中」이나 「一日中」 둘 중에 하나를 선택해야 된다면 「旧中」은 친근감이 없어서 「一日中」이 채택된다. 이러한 심리적인 과정을 다른 각도에서 보면 읽는 사람의 의사결정(decision making)의 문제라고 볼 수 있다. 대상이 된 문자열은 고유명사인 中山道인지 아니면 일반명사인 山道인지 읽는 사람은 선택할 수밖에 없다. 여기서는 中山道, 山道의 경합이 포인트가 된다. (경합 후보로서 中山道, 山道 외에 다양한 패턴을 생각할 수 있지만 논쟁을 간단하게 하기 위해 中山道, 山道에만 집중해서 설명하겠다. 문자 인지에 관한 의사 결정 모델에 대해서는 후술하고자 한다.)

마지막으로 제3단계의 처리가 시작된다. 「一日中」이라는 어휘 지식이 배경에 존재하기 때문에 문자의 인지에 어떤 편향적인(bias) 효과가 생겨서「旧」를 좌우의 문자 요소로 분해하는 심리작용이 일어나게 한

다. 분해된 문자 요소는 문자가 되어서 「一(いち:iti:일)」와 「日(にち:niti: 일)」라고 인지하게 되었을 것이다. 문자의 인지 단위는 어휘의 인지 단위와 무관하지 않다. 인지의 눈금에 있어서는 「고정적인 눈금」이 미리 각인되어져 있는 것이 아니라 「유연한 눈금」이 융통성 있게 새겨지거나 사라지고 있는 것 같다.

3. 단어의 우위성 효과

문자의 인지는 선두에서 말미로 순차적인 진행을 하는 것일까? 실험심리학에 있어서 순간지각 연구에 의하면 그렇지 않다고 한다. 그림 2에서 제시한 바와 같이 자극을 순식간에 제시하면 단어에 포함된 문자는 단독문자보다 정확히 인지된다는 의외의 사실이 보고되었다. 예를 들면 "WORD(단어)", "RWORD(단어가 아님)", "D(단독문자)"의 3개의 조건을 가진 자극을 준비한다고 하자. 대상 문자인 "D"의 제시 위치는 단어, 단어가 아님, 단독문자의 어떤 조건에서도 똑같이 되도록 미리 조절해 둔다. 제시하는 자극은 100분의 3초 정도로 순간적으로 사라지고 곧바로 같은 위치에 마스크패턴 "####"이 제시된다. 이때 "D"와 "K" 두 개를 대상 문자가 존재한 위치의 위 아래에 제시하였다. 실험 참가자에게 주어진 과제는 어느 것이 대상 문자인지를 선택하는 것이었다. 또한 단어로 제시된 경우 대상 문자를 제외한 글자를 제대로 읽을 수 있더라도 대략 50%의 정답률밖에 되지 않았다. D, K 중 어느 쪽을 선택해도 WORD, WORK처럼 양자는 의미 있는 어휘가 되도록 설정되어 있기 때문이다.

실험 결과, 단어에 포함된 문자가 단독문자보다도 정확히 인지된다는 것이 확실해졌다 (Reicher, 1969). 단어가 아닌 문자열에 포함된 문자는 단독문자와 비슷한 정답률이었다. 이와 같이 단어에 포함된 문자

의 인지 성적이 단독문자보다 뛰어난 현상을 「단어의 우위성 효과」라
고 한다. 단어의 우위 성효과는 단어에 포함된 문자의 인지가 선두에
서 말미로 순차적으로 진행하는 것이 아니고 병렬적으로 한 번에 처리
될 가능성이 있다는 것을 나타낸다. 문자의 인지가 계속적으로 되는
것이라면 대상 문자의 인지는 단독문자가 제일 정확해야 하지만 그렇
지 않았다. 문자의 인지에는 신기한 측면이 숨어 있는 것 같다.

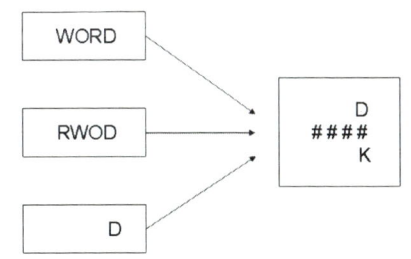

〈그림 2〉 단어의 우위성 효과에 대한 실험 패러다임

Ⅱ 문자와 사회 환경

지금까지 문자의 인지에는 「단어의 인지」라는 문맥이 필요하다는
사실에 대해 설명했다. 다음은 문자의 인지에 영향을 미치는 사회적
문맥의 영향을 살펴보고자 한다.

1. 문자 환경 모델

일상의 문자생활 속에서 인간은 의식적·무의식적으로 많은 문자 자
극에 접하고 있다. 그 접촉 빈도에 따라 그 문자에 대한 기억 흔적의

강도가 변화하고 그것이 심리적 사전(mental lexicon)의 형성이나 언어
행동에 영향을 미친다. <그림 3>은 한자환경학의 관점에서 본 문자생
활의 순환모델이다. 여기에는 없지만 접촉 빈도의 요인 외에 틀린 글
자를 싫어하는 규범 의식이나 글자 차이에 주의를 기울이는 경향이 생
겨 문자에 대한 「익숙함」이나 「기호」가 좌우될 가능성도 있다.

「한자심리」는 인간이 한자를 읽는(식별이나 포섭도 포함한다) 경우
뿐만 아니라 한자를 사용할 때에도 중요한 요인이 되며 그것이 사회적
인 사용 빈도에 파급된다. 일본어 교육학에 있어 한자습득의 문제도
크게 보면 그림3의 「한자정책」이나 「사회적인 사용 빈도」 부분에 위
치한다. 여기에서는 언어습득에서 기억은 어떤 역할을 하는지에 대하
여 문자 인지와 「잠재기억(implicit memory)」과의 관계를 탐구한 실험
등을 통해 고찰하고자 한다.

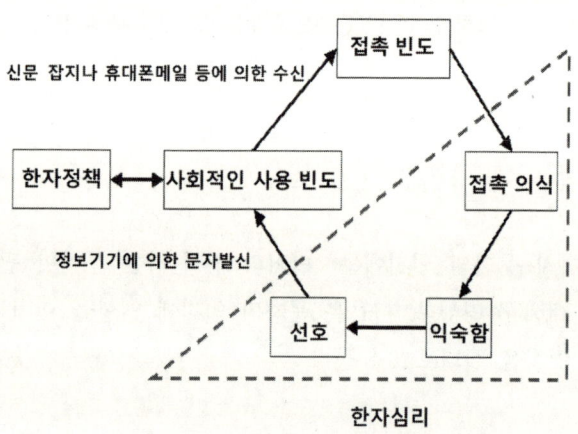

〈그림 3〉 문자생활의 순환모델(요코야마 쇼이치, 2006)

2. 한자의 무의식적(Subliminal) 단순접촉효과

언어생활은 어떤 표현을 선택하는가 하는 「의사결정(decision making)」의 연속이다. 어떤 표현이 선택된 배경에는 상태방과의 친소관계나 상하관계 등 여러 가지의 요인이 영향을 미친다. 그러한 요인 중에 중요한 위치를 차지하는 것은 「선호(preference)」일 것이다. 인간은 자기가 좋아하는 표현을 선택해서 사용하는 경향이 있다고 생각이 된다. 선호는 <그림 3>의 「선호」에 해당이 된다.

그렇다면 일상생활에서 언어표현의 선호는 어떤 메커니즘으로 결정되는 것일까? 선호에 영향을 미치는 요인에 대한 설명으로 널리 알려져 있는 것이 사회심리학 분야에서 Zajonc(1968)가 주장해 왔던 「단순접촉효과(mere exposure effect)」이다. 단순접촉효과라는 것은 새로운 자극에 반복해서 접촉하기만 해도 그 자극에 대한 호감이 높아진다는 현상이다. 이것은 <그림 3>의 「접촉 빈도」→「접촉 의식」→「익숙함」→「선호」의 흐름에 해당된다.

이 효과는 무의식 또는 의식 하에서도 생긴다는 것을 많은 연구자가 확인했으며 「무의식적 단순접촉효과(subliminal mere exposure effect)」라고 불린다. 예를 들면 Elliot & Dolan (1998)은 <표 1>에 제시한 방법으로 실험을 했다. 한자를 모르는 영국인 9명을 조사 대상자로 하여 그들이 볼 때는 신기하게 보이는 한자 20자(隊, 謙, 働 등)를 1글자씩 0.05초간만 순간 제시하고 그 다음에 마스킹 자극을 0.45초간 제시했다. 각각의 한자는 10번씩 제시하였으며 자극 제시에 필요했던 시간은 모두 합해 1분40초였다. 이러한 조건하에서는 한자에 익숙하지 않은 영국인이 신기한 한자 자극을 자각하는 것은 거의 불가능이고 그 한자 자극을 보았다는 접촉 의식을 가질 수 없다. 그렇기 때문에 "그것을 보았나 안 보았나"를 묻는 「확인(recognition)」과제에서는 접촉을 경험한 자극을 선택하는 확률은 약 50%로 기회 수준에 그쳤다. 하지만 접촉을 경험한 한자와 접촉을 하지 않은 한자를 쌍으로 제시하여 "어느 쪽을 더 선호할까?"에 대해 양자택일법으로 질문한 결과 접촉을 경험한 한자가 기회 수준 이상으로 선택되었다. 무의식적 단순접촉효과는 접촉 의식이 없는 상황에서도 과제 수행에는 성공한다는 점에서 다음에 소개할 잠재기억의 한 종류라고 할 수 있다.

〈표 1〉 잠재 접촉 효과의 실험 패러다임

학습모드	隊	50msec동안만 제시
테스트	隊-働	「働」는 제시 안 함
	확인과제 : 방금 전 어느 것을 보았나?	「隊」가 정답, 「働」는 오답
	선호과제 : 어느 것을 좋아하나?	정오는 없음

3. 단순 접촉 효과의 지역차

지명에 쓰이는 한자는 그 지역 주민 대다수가 오랜 시간에 걸쳐 의식적·무의식적으로 접촉하는 것이다. 이것은 <그림 3>의 「사회적인 사용 빈도」→「접촉 빈도」에 해당된다. 예를 들면 「葛」경우 <그림 4(a)(b)>에 나타낸 것처럼 이체자(variant)인 쌍이 있다. 그 이체자 쌍을 도쿄도 가쓰시카구 주민(가쓰시카군)(東京都葛飾区住民(葛飾群))과 도쿄도 야마노테의 주민(야마노테군)(東京都山の手住民(山の手群))에게 제시하면 글자체 선호 경향의 차이가 있지 않을까하는 생각이 들었다. 이 가설을 검증하기 위해 2005년 12월에 가쓰시카구 가나마치(葛飾区金町)와 신주쿠구 나카노사카우에(新宿区中野坂上)에 실험장을 만들어 문자 인지 데이터를 수집했다.

가쓰시카군은 부모님대부터 가쓰시카에 살고 있고 본인이 가쓰시카

에서 태어나서 거기서 성장한 주민을 조사 대상자로 하며 거주 기간이
10년 이상 또는 5년 이상인 층도 대상에 포함했다. 한편 야마노테군은
가쓰시카군에 친족이나 지인이 없고 그 주변에 간 적도 없는 층을 추
출했다. 연령 요인은 20대, 30대, 40대, 50대로 하였다. 가쓰시카군과
야마노테군의 연령 조건이 가능한 충족될 수 있게 했다. 실험 참가자
는 모두 여성이었다. 실험에서는 「워드를 치고 있는 장면만을 상상하
도록」했으며 이체자 쌍을 조사 대상자에게 제시하고 더 사용하고 싶
다고 느끼는 글자를 강제 선택하도록 했다.

葛   葛

(a)   (b)

〈그림 4〉 실험에서 제시한 이체자 쌍

모든 데이터를 대상으로 한 결과를 표2로 정리하였다. 선행연구에
따라 (a)를 약자, (b)를 정자로 했다. 가쓰시카군은 정자를 선호하는 인
원수의 비율이 약자의 약1.7배였다. 반대로 야마노테군은 약자를 선호
하는 인원수의 비율이 정자의 약1.7배였다. 가쓰시카군과 야마노테군
은 글자체 선호패턴이 완전히 역전되어 있는 사실을 알 수 있었다. 이
결과에서 가쓰시카군은 야마노테군보다도 그림4(b)의 글자체에 접촉
하는 빈도가 높다고 생각된다.

이 실험을 실시한 2005년 당시 일본의 컴퓨터나 휴대폰 메일에서는
그림4(a)의 글자체밖에 표기할 수 없는 것이 압도적으로 많았다. 한편
그 당시부터 교과서나 신문 등 인쇄 미디어에서는 그림4(b)가 주류를
이루었다. 당시의 가쓰시카군은 그림3의 「한자정책」 → 「사회적인 사
용 빈도」의 부분에 대한 감도가 야마노테군보다도 높았다고 생각된

다. 참고로 현재(2012년) 일본의 한자정책의 하나인 「신상용한자표」에
서는 <그림 4(b)>가 실려 있다.

〈표 2〉「葛」글자체선호의 지역차(괄호 안은 %)

	약자	정자	N
가츠시카군	22(36.7)	38(63.3)	60(100)
야마노테군	36(63.2)	21(36.8)	57(100)
N	58(49.6)	59(50.4)	117(100)

4. 이체자 사용의 의사결정 모델

언어생활에서는 어떤 표현을 선택할지에 대한 의사결정을 끊임없이
순간적으로 해야 할 필요성이 있다. 예를 들어 상대방에게 말을 걸 때
는 「樣(sama:님), さん(san:씨), 君(kun:군), ちゃん(tyan;~야)」등의 호
칭이 선택지로 나타난다. 그렇다면 언어생활에서 문자 선택은 어떤 메
커니즘으로 결정하게 되는 것일까? 문자 인지를 의사결정 이론의 시
각에서 재확인해 보면 어떤 모습을 볼 수 있을까?

일본어 한자에는 다양한 이체자 종류가 존재한다. 이체자라는 것은
「桧ー檜」나 <그림 4(a)(b)>에서 나오는 이체자 쌍처럼 읽기와 의미는
똑같지만 생긴 모양만이 다른 문자의 집합을 말한다. 이체자를 이용하
면 문자수, 읽기, 의미는 같지만 형태만 다른 자극쌍을 작성할 수 있어
서 문자 인지 연구에 좋은 자극 재료가 된다. 계량국어학에서는 「桧ー
檜」같은 신구의 글자체 쌍 중에서 사용하고 싶은 글자체를 두 개 중
하나만 선택시키는 연구가 이미 실시되고 있다.

최근 연구에서는 인간의 이체자 선택 행동이 동물생태학의 「이상자
유분포이론(the ideal free distribution theory : 약칭은 IDF)」으로 정확

히 예측할 수 있다는 것을 알게 되었다(요코야마 2006). 이상자유분포
이론이라는 것은 두 개의 먹이를 먹는 장소를 1, 2라고 정하고 먹이장
1, 2 간에 분포하는 야생동물의 개체수비 R1/R2와 먹이장에서의 보수
비 r1/r2를 수식(1)의 단순한 함수관계로 나타낼 수 있다는 이론이다
(Fagen, 1987). 이것은 야생동물이 먹이장을 선택할 때의 의사결정이
론이기도 하다. log는 자연대수, 파라미터S는 반응속도, b는 반응바이
어스를 의미한다.

$$\log (R1 / R2) = S \log (r1 / r2) + \log b \quad\quad\quad (1)$$

요코야마(橫山, 2006)에 의해 수식(1)이 로지스틱 회귀분석의 형태인
것이 밝혀졌고, 이 분야에서의 최대우도 추정법(Maximum likelihood
estimation) 이용이 시작되었다(Yokoyama & Wada, 2006). 로지스틱
회귀분석은 의학통계나 생태학 외에도 사회언어학에서 Labov(1972)가
개척한 변이이론의 분야에서도 많이 이용되고 있다(마쓰다 켄지로(松
田謙次郎, 2006)). 그 모델식은 수식(2)와 같다. Z는 선형의 함수이다.
양자택일로 선택지1과 2중 선택지1을 선택하는 확률을 p1라고 하면,
선택지2를 선택하는 확률은 1-p1이 된다. 수식(2)의 좌변 항목p1/(1-
p1)을 오즈(odds)라고 한다.

$$\log\{p1 / (1 - p1)\} = Z \quad\quad\quad (2)$$

선택지1과 2의 반응빈도를 각각 R1, R2라고 하면 반응의 합계빈도
N은 R1+R2이다. 선택지1을 선택하는 확률p1은 R1/N으로 오즈(Odds)
는 수식(3)이 된다.

$$p1 / (1 - p1) = (R1 / N) / (R2 / N) = R1 / R2 \quad\cdots\cdots\cdots\cdots\cdots\cdots\cdots\cdots\cdots\cdots (3)$$

수식(2)의 오른편 Z에 S log (r1 / r2)+log b를 대입하면 수식(4)가 된다. 수식(4)의 왼편은

$p1 / (1 - p1) = R1 / R2$이므로 수식(4)는 수식(1)과 동일하다.

$$\log\{p1 / (1 - p1)\} = S \log (r1 / r2) + \log b \quad\cdots\cdots\cdots\cdots\cdots\cdots\cdots\cdots (4)$$

그렇다면 수식(4)는 글자 선호과제의 선택 확률을 어느 정도 정확히 예측할 수 있는 것일까?

「컴퓨터로 글자를 쓰고 있는 장면을 상상하도록」하고 이체자 쌍을 조사 대상자에게 제시하여 더 사용하고 싶은 쪽의 글자를 도쿄의 여자 대학생 85명에게 직관적으로 선택하게 했다. 신구의 글자체를 JIS X0208-1983으로 표기할 수 있는 86쌍에 대해서 신문에 있는 정자체 빈도를 r1, 약자체 빈도를 r2, 실험으로 얻은 정자체 선택 인원수를 R1, 약자체 선택 인원수를 R2로 했다. 이것은 마치 신구의 글자체를 먹이장, 글자체간의 빈도비를 먹이장의 보수비, 신구 글자체간의 선택 인원수를 야생동물의 분포수비로 본 것과 같다. 로지스틱 회귀분석을 하여 최대우도 추정법으로 수식(4)의 파라미터를 추정하였다. 수식(4) 를 변형하면 수식(5)가 되어 이체자쌍마다 정자체 선택확률p1의 예측 치를 구할 수 있다.

$$p1 = 1 / \{ 1 + \exp[- 0.294 \log (r1 / r2) + 0.301] \} \quad\cdots\cdots\cdots\cdots\cdots (5)$$

선택확률p1을 100배로 하여 정자체 선택률의 예측치로 하고, 실측 치와의 일치도를 상관계수로 산출하면 $r = .719(p < .01,\ df = 84)$이 되

었다.

<그림 5>에 정자체 선택률(%)의 예측치와 실측치의 상관도(산포도)를 나타내었다. 이 결과에서 인간의 문자 선택은 야생동물의 생태학에서 제창한 의사결정 이론의 모델식으로 매우 정확하게 예측할 수 있다는 사실을 알게 되었다.

휴대폰 메일의 세계에서는 문자를 「쓰다」라는 것은 「선택한다」는 것이다. 현대의 문자 인지를 의사결정 이론의 관점에서 보면, 참고가 될 부분이 많다.

문자의 전체적인 형태와 그 문자에 사람이 접촉하는 빈도가 한 묶음이 되어 문자의 인지단위가 유연하고 부드럽게 형성되는 것 같다.

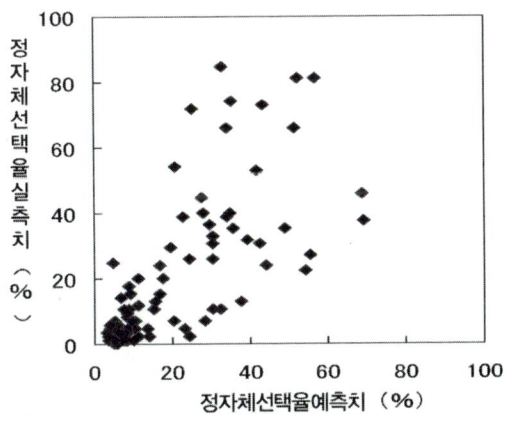

〈그림 5〉 정자체 선택률의 예측치와 실측치의 상관도

Ⅲ 맺음말

한자사전에는 부수가 실려 있다. 이 때문인지 부수는 한자의 인지단위를 구성한다고 생각하는 경향이 강한 것 같다. 물론 부수에 관한 지식과 한자 인지는 관계가 없지는 않지만, 부수의 본래 목적은 문자를 검색하기 위한 분류법이어서 일반의 문자 인지와 직결되는 것은 아니다. 그 증거로 이른바 214부수를 숙지하고 있는 사람은 적다. 문자의 인지단위는 각각의 문자에 소극적인 형태로만 각인되어 있는 것이다. 문자의 인지단위는 「읽기쓰기의 생태계」 안에 「유연한 형태」로 새겨져 있고, 이상자유분포 이론과 비슷한 의사결정 메커니즘을 바탕으로 「목적에 맞는 뭉치」로 나타나는 것이다.

익숙하지 않은 새로운 문자를 습득하는 과정에서 모양과 음, 또는 모양과 의미(뜻)를 머릿속에서 연결할 필요가 있다. 모양과 음을 연결시키기 위한 학습은 모양과 음의 쌍을 연합시키는 것이기 때문에 모양-음의 「쌍연합학습」이라고 한다. 가나 읽기의 습득은 모양-음의 쌍연합학습으로 가능하지만, 한자 읽기의 습득은 모양-음-의미 삼자연합을 해야 성립된다. 쌍연합 학습을 촉진하는 요인으로는 다음과 같은 것이 알려져 있다.

먼저 「유의미도(meaningfulness)」가 높은 한자나 단어일수록 모양-음의 쌍연합학습이 용이하다. 유의미도라는 것은 한자나 단어를 보았을 때 마음속에서 산출하게 되는 의미의 풍부함으로 정의되며, 자유연상(free association)에서 산출되는 단어의 양을 그 지표로 한다. 참고로 어떤 단어를 자극어로하고 그것에 대해 연상되는 단어를 자유롭게 말하게 하는 자유연상은 무의식의 세계를 조사하는 기법으로 프로이트나 융이 100년 이상 전에 확립시켰으며 지금도 정신분석에서 사용되고 있는 사실을 환기할 필요가 있다.

또 「친근도(familiarity)」도 쌍연합학습에 효과가 있다. 친근도는 <그림 3>에 제시된 「익숙함」의 감각을 말한다. 한자나 단어에 대해서 그것에 얼마나 접촉한 적이 있는지, 「익숙함」을 얼마나 느끼는지를 조사 대상자가 주관적으로 평가한 결과를 친근도(또는 친밀도)라고 한다.

예를 들어 일본어로 「女」라는 문자의 친근도는 높다. 한편 일본에서 생활을 해도 거의 접할 기회가 없는 「娑」는 「익숙함」이 없어서 친근도가 낮다. 친근도에는 그 자극문자나 자극어의 신문이나 잡지에서의 사용빈도(usage frequency)나 조사 대상자의 접촉빈도(exposure frequency)가 밀접하게 반영되어 있다고 본다. 또 「형상화(imagery)」 요인도 중요하지만 그에 대한 설명은 다음 기회에 하고자 한다.

∎ 참고 문헌 ──────────────────────────────────────○

松田謙次郎(2006) 「変異理論と日本のフィールド言語学－邂逅と誤解の物語－」 『日本のフィールド言語学－新たな学の創造に向けた富山からの提言－』 中井精一・ダニエル＝ロング・松田謙次郎(編), 真田真治(監修), pp. 3-16

横山詔一(2006) 「異体字選好における単純接触効果と一般対応法則の関係」 『計量国語学』 25, pp.199-214

日本規格協会・国立国語研究所・情報処理学会(2006) 「第1部第4章 文字情報の体系化(高田智和執筆)」 『汎用電子情報交換環境整備プログラム成果報告書』

Elliot. R., and Dolan. R.(1998). Neural Response during Preference and Money Judgments for Subliminally Presented Stimuli: A Functional Neuroimaging Study. *The journal of Neuroscience,* 18, 4697-4704, Society for Neuroscience

Fagen, R. (1987). A generalized habitat matching rule. *Evolutionary Ecology,* 1, pp.5-10.

Labov,W. (1972). *Sociolinguistic patterns.* Philadelphia: University of Pennsylvania Press.

Reicher, G.(1969). Perceptual recognition as a function of meaningfulness of stimulus material. *Journal of Experimental Psychology,* 81, pp. 274-280.

Yokoyama, S. & Wada, Y. (in press, 2006). A logistic regression model of variant preference in Japanese kanji: an integration of mere exposure effect and the generalized matching law. *Glottometrics,* 12.

Zajonc, R.B.(1968). Attitudinal effect of mere exposure. *Journal of Personality and Social Psychology,* 9, 1-27

부기 : 본고는 다이슈칸 서점이 발행한 월간『언어』35권 10호 36~43페이지에 게재된 「문자의 인지단위」(요코야마 쇼이치, 2006년 10월간)를 바탕으로 가필 수정한 것이다.

한일어의 의미에 대한
대조 연구 가능성에 대해
-사태(event) 개념을 중심으로-

이 우 제*
백석예술대학교 교수

I 머리말

카드 게임을 하려고 한다. 카드 게임을 시작할 경우, 제일 처음 하는 동작을 떠 올려 보기를 바란다. 그 행위를 한국어와 일본어로 표현한 다면 다음과 같을 것이다.

    k. 카드를 섞다
    j. カードを切る

위에서 보는 바와 같이 양국어의 표현은 전혀 다르다. 한국어를 모

---

* 李羽濟 : 白石藝術大學校

어로하는 일본어학습자가 일본인과 처음 카드게임을 할 때, 예를 들어 「李さん、カードを切ってください」라고 들었을 때 「カードを切る」의 의미가 카드를 '섞는다'는 의미인지 모를 경우,카드를 '자르라'는 의미로 이해하여 매우 당혹스러울 것이다.

영어의 경우는, [cut a pack of playing cards]라는 표현이 있는데 [cut]이라는 동사가 사용되니까 일본어와 마찬가지로 [카드를 섞는다]는 의미로 생각할 수 있는데 실은 섞기 전에 [두 덩어리(두 패)로 나누는 행위]를 의미한다. 섞는 행위는 [shuffle the cards]로 표현하는데 영어표현은 발상적인 측면에서는 오히려 한국어 표현과 가깝다고 할 수 있다.

위와 같은 표현들은 일반적으로 "관용구", 또는 "관용표현"이라 불려, 외국어 학습자들은 위와 같은 표현들에 대해 "무조건 암기"할 수밖에 없었다. 왜 이러한 표현들이 형성되는지, 그 표현들의 배경에는 무엇이 있는지 알 수 없으며 알려고 해도 기존의 사전들은 "의미의 결과"만 알 수 있을 뿐 충분한 대답을 하고 있지 않다.

그래서 이 글에서는 한국어와 일본어 중에서 위와 같은 [카드를 섞다]「カードを切る」와 같이 동일한 사태(event)를 나타냄에 있어 표현이 다를 경우, 왜 달라지는지, 같을 경우 왜 같은지, 유사할 경우, 왜 유사한지 그 배경과 그 표현 성립의 원리에 대해 알아보고자 한다. 이를 통해 한국어와 일본어와 같은 교착어의 표현 중, 동일 사태를 나타내는 양 언어의 표현 성립 뒤에 감추어진 "배경"의 문제에 주목하여 종래 사전의 기술적인 의미 연구와는 다른 관점에서 의미의 문제를 생각해 보고자 한다.

Ⅱ 분석 방법

분석에 앞서 종래의 일반적인 사전 기술의 문제를 생각해 보고 이 글에서의 분석 방법에 대해 설명하기로 하겠다.

종래 사전의 의미 기술의 프로세스를 보면 우선 예문들을 수집하고 모아진 예문들로 용법을 분류해 간다. 그리고 각 용법에 대해 사용빈도나 중요도 순으로 용법들을 나열하고 각각의 용법에 대해 의미설명과 문법적인 특징 등을 설명하는 것이 종래 사전의 의미 기술의 과정일 것이다. 예를들어 한일사전, 일한사전과 같은 '외국어사전'의 의미 기술은 각각의 용법에 있어 대응하는 단어가 있는 경우는 학습자의 모어 단어로 의미 설명을 하거나, 대응하는 단어가 없을 경우는 학습자의 모어로 풀어 설명을 하는 것이 일반적이다. 지금까지 대부분의 외국어 학습자는 이런한 의미 기술을 통해 외국어 단어의 의미를 학습해 왔고 외국어 단어의 의미 습득 환경은 아직까지는 크게 달라진 것은 없는 것 같다. 근래에 들어 인지언어학의 의미연구에서는 학습대상 언어의 모어화자의 감각을 익힐 수 있는 의미기술이 시도되어지고 있다. 이번 글도 이러한 연구의 연장선으로 양 언어의 의미 연구에 있어 보다 타당하고 객관성 있는 방법을 모색하기 위한 하나의 시도로 다음과 같은 기준으로 양 언어의 표현을 분석해 보기로 하겠다.

여기에서 다루는 단위는 [동사구]인데 언어표현이 중심이 아니라, 사태(event)를 중심으로 살펴보고자 한다. 어떠한 동일한 사태를 나타내는데 양 언어의 표현이 어떻게 실현되는지 살펴보고자 하는데 그 표현이 같거나 유사할 경우, 왜 같거나 유사한지, 다를 경우 왜 다르게 실현되는지 그 표현 성립의 배경을 중심으로 살펴 보고자 한다.

특히 위에서 말한 바와 같이 사태(event)를 중심으로 살펴보고자 하는데 사태(event)는 크게 '단일 사태'와 '일련의 과정(복수의 사태) 중의 하나의 사태'로 나누어 생각하기로 한다. 이렇게 사태를 구분하는 것은 행위대상과 행위로써 동사표현의 관계를 설명하기 위해서 사태의 구별이 필요하기 때문이다.

종래의 생각과 다른 점은 어떤 사태에 대해 그 사태를 구성하는 요소들에 대한 문제이다. 즉 언어표현의 구성요소(동작주체나 대상 등이 아니라)로서 요소들만을 생각하는 것이 아니라 언어적으로 실현될 수도 있지만 언어적으로 실현되지 않는 요소들까지 포함하여 사태라는 측면에서 그 사태실현에 참여하는 요소의 문제로 생각하는 점이다.

정리하자면 사태는 크게 단일 사태와 일련의 과정(복수의 사태) 중의 하나의 사태로 나누어 생각할 것이며 사태의 구성요소에 대해서는 언어적인 표현의 구성요소로써의 문제가 아니라 언어적으로는 실현되지 않을 수도 있지만 사태에 참여하는 모든 요소로써의 문제로 생각한다.

이하, 본격적인 분석으로 들어갈텐데 분석의 순서는 크게 양 언어 표현이 동일할 경우, 사태는 동일하나 표현이 달라지는 경우로 나누어 살펴 볼 것이다. 동일 사태이나 표현이 달라지는 경우는 '단일 사태'와 '일련의 과정(복수의 사태) 중의 하나의 사태'의 문제로 나누어 생각해 보기로 하겠다.

▥ 분석 사례

1. 동일 사태에 대해 한국어 표현과 일본어 표현이 대응하는 경우

한국어나 일본어의 타동사는 대게 의미가 확장을 하더라도 타동성을 유지한다. 여기에서 타동성이란 주체가 대상에 어떠한 변화를 주고 대상은 주체의 영향으로 어떠한 변화를 입는 것을 말한다. 예를 들어

[돌을 던지다(石を投げる)]의 경우, 주체가 "의도적으로" 대상인 돌을 어느 지점을 향해 빠르게 팔의 회전운동을 이용하여 대상을 이동시키고 그 대상인 돌이 주체로부터 어딘가로 이동되어지는 변화가 타동사의 전형적인 행위개념이다. [나라를 위해 죽는다]는 의미로 [던지다]가 의미 확장을 할 경우에도, [국가를 위해 목숨을 던지다]「国のために命を投げ出す」와 같이 한국어나 일본어 모두 타동성은 유지된다. 즉, 추상적이지만 주체의 '의도'에 의해 생명이 희생되어지는 의미로 이해될 수 있다.

그러나 다음의 예를 보면 우연히도 한국어와 일본어가 확장을 하더라도 "의도적이지 않은"행위, 즉 타동성이 상실된 채 확장을 하는 현상이 보여진다.

[타동성 유지]
k. 폭탄을 떨어뜨리다
j. 爆弾をおとす

[타동성 상실]
k. 지갑을 떨어뜨리다
j. 財布をおとす

즉, 적진을 공격하기 위해 폭탄을 떨어뜨릴 경우, 한국어나 일본어나 타동성(의도적인 행위로 대상이 주체의 동작에 의해 변화를 입는 성질의 동작)은 유지되고 있다. 그러나 부주의에 의해 비의도적으로 대상을 상실하는 행위인 [지갑을 떨어뜨리다(財布をおとす)는 한국어나 일본어나 의미가 확장되었지만 타동성이 상실되어 있음을 알 수 있다. 이러한 확장의 공통적인 배경에는 [대상의 상실행위]에 대해 "관찰자의 시점"이 한국어나 일본어에 동일하게 작용하고 있어 이런한 의미 확장이 가능하게 된 것이다. 여기에서 "관찰자의 시점"이 적용되었다는 말은 어떤 일어난 사태에 대해, 주체가 대상에 어떠한 변화 결과를 가져오는 행위 결과이지만 그 행위에 대해 동작주체의 의도성과는 상관없이 표현자(관찰자)는 동작주체가 어떤 대상에게 변화를 일이킨 결과상태로 받아들여 타동성의 결과로 표현하는 것을 말한다. 즉, 지갑을 분실한 것은 의도적으로 떨어뜨린 것이 아니지만 그런한 결과가 있었기에 타동사인 각각 [떨어뜨리다]와 「おとす」가 사용되어진 것이다.

이상, 위에서 동일 사태에 대해 한국어와 일본어 표현이 대응하는 경우 살펴 보았다. 한국어, 일본어 모두 의미가 확장할 경우, 유사성 인식을 바탕으로 구체적인 대상에서 추상적인 대상으로 속성에 대한 공통성 인식을 바탕으로 의미가 확장된다는 것을 알 수 있었는데 이러한 속성에 대한 공통성 인식은 돌과 목숨은 '주체가 콘트롤 가능한 것'이라는 성질에 근거를 한다. 따라서 한국어와 일본어가 대상에 대한 속성 인식이 동일한 발상으로 이루어져 의미가 확장한 것이다.

2. 동일 사태에 대해 한국어와 일본어 표현이 대응하지 않는 경우

다음에서는 한국어와 일본어가 개념적으로는 동일 사태를 나타내지만 표현이 다른 경우를 살펴 볼텐데, 이런한 동일 사태에 대해 양 언어가 다른 표현을 사용하는지 그 배경에 대해 구체적인 예를 통해 살펴 보기로 하겠다.

1) 속성 초점화의 차이에 기인하는 경우

결론적으로 양 언어가 동일 사태에 대해 표현의 차이가 나타나는 것은 '속성 초점화'의 차이에 기인한다. '속성 초점화'라는 것은 어떤

행위에 있어 동작 대상에 대해 어떠한 속성을 가진 것으로 파악하는
것을 말한다. 즉, 구체적인 행위가 있고 그 행위의 대상을 어떤 성질의
것으로 파악하는가, 그 대상의 어떠한 속성에 주목을 하는가를 말하는
것이다.

　　k. 카드를 섞다.
　　j. カードを切る

　위의 일본어와 한국어 표현은 다르나 사태(event)라는 측면에서 동
일한 사태를 가르키고 있다
　왜 일본어와 한국어는 동일한 사태를 나타냄에 있어 표현이 다르게
되는 것일까? 그 이유는 동작의 대상인 [카드(カード)]의 속성에 대해
파악의 차이가 다른 표현을 낳는 결과로 이어진 것이다. 우선 한국어
의 경우는 카드 게임 전 골고루 순서를 다르게 하는 행위에 대해 [섞
다]라는 동사가 선택되어짐에는 행위 대상인 [카드]를 "동등한 가치를
가진 물건"으로 파악되어져 그 "동일가치의 물건"의 순서가 바뀌어지
는 현상에 대해 [섞다]라는 동작동사가 선택되어 표현이 성립되었다고
생각된다. 참고적으로 영어의 경우도 shuffle the cards 도 한국어와 마
찬가지로 대상인 카드가 동일가치의 물건으로 파악되어 [shuffle]이라
는 동작동사가 선택되어진 것으로 생각할 수 있을 것이다. 반면 일본
어의 경우 카드 게임 전 골고루 순서를 다르게 하는 행위에 대해 「切
る」라는 동사가 선택되어짐에는 우선, 행위 대상인 [카드]가 칼과 같
이 예리한 것"으로 파악되고 있는 점이다. 즉, 한국어와 달리 카드의
외면적인 속성 중, 얇고 예리하다는 속성이 주목되어지고 있다는 점이
다. 또한 얇고 예리한 속성이 주목되어진 카드 한 장 한 장이 다른 카
드 덩어리 사이에 섞여져 들어가는 사태에 대해 칼과 같은 것으로 자

르는 행위와 유사한 동작으로 파악되어 「カードを切る」라는 표현으로 성립된 것으로 생각한다. 따라서 표현의 성립 배경에는 동일한 사태에 대해 한국어는 동작 대상인 카드의 외면에 대한 구체적인 속성이 주목된 것이 아니라 게임의 도구로써 "동일가치의 물건"이라는 속성이 주목되어 [카드를 섞다]라는 표현을 성립시키고 있는 것이고 반면 일본어의 경우는 그 외면적인 얇고 예리한 속성에 주목하고 또한 카드를 섞는 행위에 대해 [덩어리를 자르는 행위]와 유사한 것으로 파악하고 있어 「カードを切る」라는 표현으로 성립된 것으로 생각된다.

상기의 예를 통해 행위의 직접적인 대상(카드)을 어떻게 파악하는가 즉, 대상의 어떤 속성에 주목하는가에 따라 동사표현이 선택되어진다는 것을 알 수 있었다.

한 가지 다른 예를 살펴 보기로 하자. 일본이나 한국에서 지하철이나 전철을 탈 경우, 열차가 플랫홈 안으로 진입할 경우, 철도회사나 지방에 따라 조금씩 다를 수 있겠지만 대략 다음과 같은 안내 멘트가 나올 것이다.

> k. 지금 ~행 열차가 들어오고 있습니다. 승객여러분들께서는 안전선 뒤로 <u>물러서 주시기 바랍니다.</u>
>
> j. ただいま、○○行きがまいります。危ないですから黄色い線の内側まで<u>おさがりください</u>。

일본어 표현부터 살펴보기로 하자. さがる의 의미를 "높은 곳에서 낮은 곳으로 이동행위"로 이해하고 있는 일본어 학습자의 경우, 왜 さがる라는 동사가 사용되는지 이해하기 힘들 것이다. 또한 "内側"즉, "안쪽"의 의미를 전차가 들어오는 쪽으로 이해하고 있다면 [전철이 오는 선로쪽으로 내려가라]는 의미로 더 큰 오해로 이어질 수도 있다.

さがる가 왜 사용되었는지 대해 이해하기 위해서는, 이 표현의 성립 배경, 즉 전철이 들어오고 있는 장소와 승객이 기다리고 있는 플랫폼에 대한 속성이 어떠한지를 이해해야만 할 것이다. 우선, 한국어 "물러나다"가 사용되어지는데, 이 동사는 현재 서 있는 자리에서 앞을 제외한 옆이나 뒷 쪽으로 이동한다는 의미를 나타내고 있으므로 존경 명령으로 충분히 이해될 수 있는 표현이 된다. 그러나 일본어의 경우 앞에서 뒤로 이동의 의미를 나타내는 동사 「退く」가 있으나 「退く」는 사용되고 않는다. さがる가 사용되어진 이 표현에서는 의미가 확장되어 위치 이동하는 두 영역은 원래 さがる의 물리적인 이동의 위치관계가 "상하"의 위치 관계가 아니라 [전후] 또는 [활동영역/비활동영역]으로 파악되어 이러한 「おさがりください」를 성립시키고 있다. 즉, 승객이 있는 위치영역이 물리적으로 높은 곳, 그리고 이동해야하는 영역이 낮은 곳이라는 인식이 아니라 전철이 들어오는 영역과 근접한 영역은 각각 활동영역(그래서 위험한 영역)이므로 하얀선 뒤의 영역은 전철이 들어오지 않는 비활동 영역(안전한 영역)으로 인식되이 싱기의 표현이 성립된 것이다. 따라서 일본과 한국의 표현의 차이는 결국 위치이동이 일어나는 두 영역 사이에 대한 속성 파악이 근본적으로 달라 표현의 차이가 발생하고 있는 것으로 생각된다.

위에서 살펴본 바와 같이 さがる라는 동사가 사용되어지는 이유가 위치이동이 일어나는 [상하(위/아래)]라는 이동영역이 [활동영역/비활동영역]의 관계로 파악되어 위와 같은 표현을 성립시키고 있다는 것을 알 수 있었는데 이러한 [상하](위/아래)라는 이동영역이 [활동영역/비활동영역]으로 파악되어 의미확장이 일어나는 예로 さがる의 타동사인 さげる의 의미확장 사례를 보기로 하자.

음식점에서 손님이 음식을 다 먹은 것 같으면, 일본과 한국의 종업원은 각각 다음과 같이 말을 할 것이다.

k. 치워도 될까요?
j. こちらおさげしてもよろしいでしょうか。

일본어의 경우 「さげる」가 사용되고 있는데 이것도 さがる의 확장 사례에서와 마찬가지로 손님이 식사가 끝난 테이블 위(위의 영역)에서 바닥(아래의 영역)으로 위치이동을 하겠다는 의미가 아니라 음식물을 먹는 행위가 이루어지는 테이블(활동영역)에서 음식물을 먹는 행위가 더 이상 이루어지지 않는 주방(비활동영역)으로의 위치이동을 의미한다. 따라서 「さげる」라는 동사가 이용되어진 것은 상하라는 위치관계에 대해 음식을 먹는 테이블과 음식물을 먹지 않는 영역, 즉 [활동영역/비활동영역]으로 파악되어 표현이 성립되고 있다는 것을 알 수 있는 것이다. 반면 한국어의 "치우다"는 필요없는 것을 제거하여 존재하던 장소를 깨끗하게 한다는 의미를 나타내므로 대상(먹고 남은 음식과 식기류)에 대한 파악은 더 이상 식사활동에 "불필요 것"이라는 인식이다. 따라서 일본과 한국의 동일 사태에 대한 표현 상의 차이는 대상과 위치이동영역에 대해 어떠한 속성의 것으로 파악했는가에 따라 달라지게 된다는 것을 알 수 있는 것이다.

동일 사태를 나타내지만 한국어와 일본어의 표현이 다른 한 예를 살펴 보기로 하자.

k. 사진을 찍다
j. 写真をとる(撮る)

카메라라는 도구로 풍경이나 인물 등을 사진으로 담아 내는 행위에 대해 한국어에서는 [찍다]라는 동사로, 일본어는 「とる」라는 동사로

표현된다. 동일한 사태에 대해 양 언어가 다른 표현이 된 데에는 그
사태에 대해 어떤 행위와 유사한지 그 유사성 인식에 있어 적용이 달
라 결과적으로 양 언어의 표현이 다르게 된다. 한국어는 [찍다]라는 동
사가 사용되어지는데 [찍다]라는 행위는 예리한 도구나 무게가 나가는
물건 등으로 어느 한 곳이나 대상에 강한 충격을 가해 그 대상이나 장
소에 충격을 가한 대상이 박히거나 흠집을 내는 결과를 가져 온다. 결
과적으로 이러한 흠집을 남기는 행위는 [돈을 찍어내다]와 같이 하얀
표면에 프린트 되어 의도한 모양이 인쇄되어지는 "인쇄"행위와 유사
하다고 인식되어 의미가 확장된다. [찍다]가 인쇄행위 일반에 사용되
어지고 이러한 행위에 대한 유사성 인식의 연장선에서 카메라라는 도
구로 풍경이나 인물 등을 사진으로 담아 내는 행위에 대해 하얀 백지
에 그림을 인쇄하는 동일한 속성의 행위로 인식되어 한국어에서는 [찍
다]라는 동사로 실현된 것으로 생각된다.

　한편 일본어의 경우는 카메라라는 도구로 풍경이나 인물 등을 사진
으로 담아 내는 행위에 대해 「とる」라는 동사로 표현한다. 「とる」역시
여러 가지 의미로 확장되어지나 「写真をとる」가 성립되는 배경을 살
펴 보면, [주체가 어느 대상을 손으로 잡는다(石をとる)]는 기본적인
의미로부터 「りんごをとる」「メダルをとる」「免許をとる」와 같이 [주체
가 소유하고자 하는 대상을 획득한다]는 의미로 확장되는데 이러한
[획득(소유)]의 용법으로부터 [아무 것도 안 찍혀 있는 필름이나 인화
지 안에 풍경이나 인물 등을 담는 행위]에 대해 유사성 인식을 바탕
으로 확장되어 「写真をとる」라는 표현이 성립된 것으로 생각된다. 따
라서 한국어는 [주체가 어딘가에 흔적을 남긴다] 는 행위에 대한 유사
성 인식으로 성립된 것이고, 일본어는 [주체가 무언가 소유하고자 하
는 것을 획득하는 행위]로부터 [비어 있는 곳에 담고자 하는 풍경이나
인물을 담는 행위]도 일종의 획득행위와 동일하다고 파악되어 표현이

성립되고 있음을 알 수 있다.

2) 사태 초점화의 차이에 기인하는 경우

지금까지 위에서 살펴 본 것은 단일 사태의 의미 확장 사례들이였다. 다음에서 살펴 보고자 하는 것은 일련의 과정 중, 한 단계로써의 사태에 초점이 두어져 표현이 성립하는 사례이다. 여기에서는 한국어와 일본어가 표현 성립에 있어 과정 전체에 있어 어느 과정이 초점화되는가의 문제를 다루려고 한다. 즉, 일련의 여러 과정 중, 어느 한 과정에 초점을 두는가에 따라 표현의 성립 양상이 달리 나타나는 것들이다.

> k. 김치를 담다.
> j. キムチをつける

한국이나 일본이나 동절기 비타민을 섭취하기 위해 보존식으로 야채를 절이는 식문화가 있는데 그중 한국의 대표적인 절임 야채는 김치이다. 일본도 단무지나 배추절임 등 여러 가지 야채 절임이 있다. 위에서 보는 바와 같이 한국어는 [김치를 담다]라고 표현하고 일본어는 절임 야채 일반을 「漬物」로 하는데 그것들을 만드는 행위에 대해 「つける」라는 동사가 사용되어진다. 위의 표현을 그대로 의미해석을 하면 [다 완성된 김치를 (어딘가의 보존용 용기 속에) 넣는다]는 의미가 된다. 실제 대화에서 김장철에 이웃집 주부가 [김치 담으셨어요?]라고 할 경우, [김치를 용기에 넣었냐]는 의미로 이해하는 사람은 없을 것이다. 왜 한국어나 일본어 각각 [만들다]「つくる」라는 동사가 있지만 왜 용기에 어떤 대상을 넣는 행위를 의미하는 [담다]가, 한국어로 가장 가까운 의미를 나타내자면 [붙이다]에 해당하는 「つける」가 사용되는 것일까?

한국어의 [김치를 담다]라는 표현 성립에 관해서는 우선, 김치를 만들기까지 전 과정을 살펴보아야 할 것이다. 야채를 손질하고 배추를 절여 놓는다. 그 후 양념과 손질해 놓은 야채를 섞어 속을 만들어 절여 놓은 배추에 야채를 잘 버무린 후, 장독에 하나씩 하나씩 넣어 두면 김치 만들기는 완성이다. 한국어의 [김치를 담다]라는 표현은 양념을 만들고, 절인 배추에 속을 잘 비벼 마지막에 완성된 것을 보존 용기인 장독에 [담는 행위]에 초점이 두어져 성립된 표현임을 알 수 있다. 인지언어학에서는 의미의 확장에 있어 [부분(김치를 저장용기에 넣는)과 전체(김치를 만드는 전과정)] 의 관계로 관여하고 있을 때, 메토니미에 의한 의미 확장이라고 한다. 즉, 한국어의 [김치를 담다]라는 표현의 성립은 메토니미가 관여하고 있는데 이것은 위의 단일 사태와는 달리 과정 전체가 그 배경에 있고 그 과정 중 마지막 완성물을 용기에 넣는 행위에 초점이 맞추어져 표현이 성립하고 있다는 것을 알 수 있다.

일본어의 경우는 위에서 언급한 바와 같이 야채 절임을 만드는 행위에 있어 일반적으로 「つける」가 사용되는데 이 의미는 대략 한국어의 [붙이다]에 해당된다. 왜 「つける」가 사용되고 있을까? 초중급 일본어 학습자는 야채 절임 등을 만드는 행위에 대해 부착이나 접착 행위를 나타내는 「つける」가 사용되고 있는지 도무지 이해하기 어려울 것이다. 예로 한국에서 일반적으로 중국음식점에서 반찬으로 나오는 단무지, 즉 沢庵(たくあん)을 만드는 과정을 보면 무를 손질하고 발효시킨 쌀겨에 잘 밀착시키며 하나 하나 쌓아 마지막으로 뚜껑을 덮고 잘 밀착되도록 무거운 돌같은 것을 뚜껑 위에 두면 완성이다. 이와같이 일본의 「漬物」를 만드는 과정 중에 중요한 부분은 주재료인 야채와 쌀겨가 공간이 없도록 밀착되게 하는 것임을 알 수 있다. 일본어의 야채 절임을 만드는 행위에 있어 일반적으로 「つける」가 사용되고 있는 이유는 야채 절임을 만드는 일련의 과정 중의 중요한 행위가 야채와 양념에 해당하는 발효된 쌀겨를 "밀착"시켜야 맛있는 야채절임이 만들어지기 때문에 가장 중요한 행위로써 「つける」가 사용되고 있다. 따라서 일본어의 야채 절임을 만드는 행위에 있어 일반적으로 「つける」가 사용되는 것도 한국어와 실현된 동사의 형태는 다르지만 야채 절임을 만드는 행위 전과정 중, 그 일부분인 야채와 발효된 쌀겨를 밀착시키는 행위에 초점이 맞춰져 표현이 성립되었다는 것을 알 수 있다.

일련의 과정과 그 과정 중 어느 과정(단일 사태)에 초점을 두는가에 따라 표현이 달라지는 현상을 살펴 보기로 하겠다.

　k. 주사위를 던지다/굴리다
　j. サイコロをふる / なげる / ころがす

[한국민족대백과] 사전의 '주사위놀이'의 정의를 보면 주사위를 땅이나 자리 위에 던져 윗면에 나타난 점의 수효에 따라 끗수로써 승부를 다투는 놀이라고 정의하고 있다. 이와 같이 주사위는 1-6까지의 숫자를 가지고 게임을 진행하는 게임의 도구이다. 주사위 게임에서 숫자를 나오게 하는 행위에 대해 위에서 보는 바와 같이 한국어는 [던지다/굴리다]는 두 동사로 표현을 하고 일본어는 「振る / 投げる / 転がす」와 같이 세 동사로 표현을 할 수 있다. 한국어에서는 일반적으로는 [주사위를 던지다]라고 하고 일본어도 일반적으로는 「サイコロをふる」라고 하지만 왜 한국어나 일본어 모두 같이 행위에 대해 복수의 표현이 존재하는 것일까? 그 이유에 대해 답하기 위해서는 우선, 게임을 하는 사람의 손으로부터 주사위가 지면에 떨어져 어느 한 면이 나오기까지의 과정을 살펴 봐야 할 것이다. 그 과정을 단계 별로 구분하여 본다면 [1. 주사위를 손에 든다 2.손목에 스냅을 주어 주사위를 공중으로

날린다 3. 날려진 주사위가 지면에 떨어진다 4. 떨어진 주사위는 관성
에너지가 없어질 때까지 회전을 한다 5.관성에너지가 없어지면 어느
한 면을 보이며 멈춘다] 대략 5단계로 나누어 볼 수 있다. 이러한 5단
계를 고려하여 한국어 표현을 살펴 본다면 한국어는 대상인 [주사위를
공중으로 날리는 동작(던지다)]과 [날려진 주사위가 회전하도록 하는
동작(굴리다)] 중 어느 한 동작에 초점을 두는가에 따라 표현이 달라
지게 되는 것을 알 수 있다. 일본어의 경우도 대상인 주사위를 공중으
로 날리기 위해 [손목에 스냅을 주는 순간적인 동작(ふる)]과 [주사위
를 공중으로 날리는 동작(なげる)]과 [날려진 주사위가 회전하도록 하
는 동작(ころがす)] 중 어느 동작에 초점을 두는가에 따라 표현이 달
라지게 되는 것으로 생각된다. 따라서 게임을 하기 위해서 주사위의
어느 한 면을 나오게 하기 위해 주사위가 공중으로 던져지는 이러한
행위에 대해 복수의 표현이 존재하는 것은 표현 주체가 위에서 말한
전 과정(대략의 5단계) 중에 어느 한 단계(단일 사태)에 초점을 두는가
에 따라 달란진다는 것임을 알 수 있는 것이다.

이상, 한국어와 일본어가 개념적으로는 동일 사태를 나타내지만 표
현이 다른 경우를 살펴 보았는데, 동일 사태에 대해 다른 표현이 사용
되는 것은 사태에 참여하는 대상의 속성을 어떻게 받아들이는가에 따
라 달라지고, 또한 일련의 사태라는 전 과정 속에 어느 단계에 주목하
는가에 따라 표현이 달라진다는 것을 확인할 수 있었다.

Ⅳ 맺음말

지금까지 한국어와 일본어의 의미 대조 연구를 위한 방법으로 단어
나 표현 즉, 언어를 기준으로 하지 않고 사태(event)를 중심으로 양 언

어가 어떻게 받아들여 표현하는가에 중심을 두고 살펴 보았다. 언어 표현(특히 단어)에 중심을 두다 보면 한국어와 일본어가 아무리 유사하더라도 언어적 특성에 영향을 받아 충분한 분석이 이루어지지 않을 가능성을 내포하고 있어 어느 언어에서나 동일한 사태(event)를 중심으로 살펴 본 것이다.

이러한 생각을 바탕으로 이 글에서는 사태(event)를 중심으로 한국어와 일본어 표현을 살펴 보았다. 크게 동일한 사태(event)에 대해 한국어 표현과 일본어 표현이 대응하는 경우와 대응하지 않는 경우로 나누고 대응하지 않는 경우는 다시 행위 대상에 대한 속성 초점화와 일련의 과정 속에서 어느 한 단계(사태)에 대한 초점화로 나누어 살펴 보았다.

그 결과 양 언어가 표현이 대응하는 경우는 한국어와 일본어가 대상에 대한 속성 인식이 동일한 발상으로 이루어져 의미가 확장하고 있음을 알 수 있었다. 즉, 물리적인 기본 레벨은 물론이고 추상적인 레벨로 의미가 확장될 경우 대상의 속성을 인식하는데 있어 동일한 발상으로 인식하기 때문에 언어적 표현도 같은 결과로 나타난다는 것을 알 수 있었다.

동일 사태에 대해 표현이 대응하지 않는 경우 두 가지로 나누어 살펴 보았다. 동일 사태에 대해 표현이 달리 나타나는 것은 대상의 속성을 어떻게 받아 들이느냐, 즉 행위 대상에 대한 속성에 주목하는 바가 달라, 그 결과 표현의 결과도 달라진다는 것을 알 수 있었다. 또한 표현이 대응하지 않는 경우 중에서 단일 사태가 아니라 일련의 전 과정을 중심으로 양 언어의 표현에 대해 살펴 본 결과, [김치를 담다]와 「キムチをつける」와 같이 표면 상의 의미로 해석할 경우 전혀 이해할 수 없는 양 언어의 표현에 왜 [담다]와 「つける」가 선택될 수 밖에 없는지 설명 될 수 있었다.

이상의 분석 결과를 통해 사태(event)를 중심으로 양 언어의 표현 차이에 대해, 사태의 종류 구별과 행위 대상의 속성 초점화의 차이 등에 주목한 분석이 양 언어의 의미 분석에 어느 정도 유효하다고 말 할 수 있을 것이다.

양 언어의 의미 대조 분석에 있어 어느 정도 유효성은 인정되나 현 단계에서 충분하지는 않다. 사태의 종류나 대상의 속성에 관한 문제, 의미 확장의 원리와 적용의 문제, 분석 대상을 단어 레벨에서 볼 것인지 구 레벨에서 볼 것인지, 아니면 또 다른 레벨 봐야 할 것인지 여러 가지 검토해야할 문제가 아직 많지만 종래와 다른 사태 중심의 의미 분석의 유효성을 확인 할 수 있었다는 점에 이글의 의의를 두고자 한다.

┃ 참고 문헌

이우제(2008d) 「인지의미론적 관점에서 바라 본 단어의 의미확장」『일본어의 언어표현과 커뮤니케이션연구』제이엔씨, pp.147-165

_____(2009) 「つける」의 의미확장-인지의미론적 관점에서-『日本研究』42, pp.383-402

河上誓作(1996) 『認知言語学の基礎』研究社

小泉他(1989) 『日本語基本動詞用法辞典』大修館書店

山梨正明(2000) 『認知言語学原理』くろしお出版

籾山洋介(2002) 『認知意味論のしくみ』研究社

李羽済(2007a) 「日韓の移動動詞における認知意味論的考察」-「イレル」「넣다」「들이다」の對應について-.『日語日文学研究』63-1, pp.407-429

李羽済2007b) 「下方移動を表す「サガル」と「サゲル」の意味擴張-認知意味論的觀点から-.『日本語文学』39, pp.201-220

_____(2008a) 「下方移動を表す「オリル」と「オロス」の意味擴張-認知意味論的觀点から-」『日本語文学』40, pp.72-92

_____(2008b) 「下方移動を表す「내리다」の意味擴張-認知意味論的觀点から-」『日本研究』36, pp.279-299

＿＿＿(2008c)「下方移動を表す「オトス」と「떨어뜨리다」の意味擴張-認知意味論的 觀点から-」『日語日文學硏究』66-1, pp.157-177

＿＿＿(2008e)「下方移動を表す「オチル」と「떨어지다」の意味擴張—認知意味論的 觀点から—」『日本語文学』43, pp.207-230

복합동사 「~込む」의 의미구조

이윤호*
간사이대학교 강사

I 머리말

복합동사는 일본어에 있어서 매우 중요한 위치를 차지하고 있다. 모리타 요시유키(森田良行, 1994)는 일반적인 중형사전인 『例解国語辞典』의 경우, 표제어 40,393어 중 동사는 4,622어(11.4%)로, 이 중에서 단순동사가 2,083어(45.07), 복합동사가 2,390어(51.69%)로서 동사 중에서 복합동사는 단순동사에 필적하는 중요성을 가지고 있음을 지적하고 있다.

본 연구에서는 학습이 난해하다고 여겨지는 어휘적 복합동사 중에서 특히 고빈도인 「~込む」를 예로 고찰을 진행하고자 한다.

* 李允昊 : 関西大学

이윤호·이시카와 신이치로(李允昊·石川慎一郎, 2010)에서 다양한 장르를 포함한 코퍼스 데이터 빈도를 바탕으로 교육적으로 중요한 「~込む」형 복합동사를 선정하였다. 「~込む」형 복합동사의 용법에 있어 남겨진 과제 중의 하나는 「~込む」가 가지는 다양한 의미가 인지 레벨에 있어서 상호간에 어떤 식으로 관계하고 있는가하는 점이다. 본고에서는 인지언어학 관점에 기초한 「~込む」의미를 재검토하고자 한다. 한편 일본어의 「~込む」에 대해서는, 타동사(押し込む)와 자동사(持ち込む)양쪽이 존재한다. 「押し込む」의 경우, 「押し込む」전체는 타동사가 되어 있으나, 「~込む」부분만으로도, '대상물의 안에 넣다'라는 타동사의 의미를 가진다. 이에 대하여 「持ち込む」는 「持ち込む」전체로는 타동사이나 「~込む」만을 주목하면 주체가 내부로 이동하는 자동사의 의미를 갖는다. 본고에서는 「~込む」의 자동사 용법에 한정하여 고찰하고자 한다.

Ⅱ 본론

1. 「~込む」의 의미에 관한 선행연구

논의에 앞서 복합동사 「~込む」의 자동사에 대해 정리하고자 한다.

1) 사전의 기술
「~込む」의 의미는 매우 다의적이며, 자동사 용례에 한정하더라도 많은 의미가 존재한다. 이하는 『日本語文型辞典』에 기재된 「~込む」의 자동사 용례와 의미의 인용이다.

(1) a. その客は家にあがりこんで, もう5時間帰らない。(<何かの中に入
　　　る>を意味する自動詞を作る)

　b. 日本の社会に溶け込むことと自分の文化を見失わないこととは両
　　　立するのだろうか。(〃)

　c. 人の部屋に勝手に入り込まないでくれ。(〃)

　d. 友達と話し込んでいたらいつのまにか朝になっていた。(<徹底的
　　　に / 十分に…する>を意味する動詞を作る)

　e. サルに芸を教え込むことと子供に教育することの違いが分かって
　　　いない教師がいる。(〃)

　f. 部屋の片隅に座り込んで, じっと考え事をしている。(〃)

　기타 일본어 학습 사전 및 주요 국어사전의 의미 구분은 2분류에서 4분류로 약간의 차이는 있으나, 대부분의 사전에 있어서 「~込む」 자동사 사용법의 의미로서는, <안으로 들어가다(中に入る)><철저히 하다(徹底的にする)><완전히 그 상태가 되다(すっかりその状態になる)>의 3분류로 되어 있다.

　이 중에서 <中に入る>가 내부이동의 원의적(原義的, 프로토타이프적)의미라고 하면, <徹底的にする>및<すっかりその状態になる>는, 그 의미가 파생적으로 확장된 것이라고 할 수 있다. 행위의 순서라는 관점에서 생각하면, <すっかりその状態になる>는 <徹底的にする>의 결과로 생각된다. 이러한 의미구분은, 단순하고 알기 쉬운 구분이긴하나, 왜 그러한 3종류의 의미가 생기는가, 이 의미들이 상호 어떻게 관련되어 있는가에 대해서는, 사전이 반드시 본질적인 정보를 제공하고 있다고 할 수는 없다.

2) 히메노 마사코(姬野昌子, 1999)

「~込む」의 용법에 대해서는, 히메노(姬野, 1999)의 분석이 가장 상세하다. 히메노는 일본어교육에의 응용을 상정하여, 「~込む」를 의미적 관점에서 상세히 기술하는 것을 목적으로 한 것으로, (1) 「~込む」의 용례 분류, (2) 「~込む」의 유의어를 의미적 관점에서 비교 대조, (3) 「~込む」가 가지는 뉘앙스, 라는 세가지 점에서 고찰을 시도하고 있다.

이 연구에서는, 『広辞苑』의 「~込む」에 관한 어의적 분류를 확인한 후에, 「~込む」를 <내부이동(內部移動)>과 <정도진행(程度進行)>의 두 가지로 구분하고 있다. <內部移動>이란, 주체가 어떤 영역의 내부로 이동하는 것으로, 통어적으로는 二격에 의해 이동처가 명시됨을 상정하고 있다. 이 이동처는 더 하위구분되어 7개 패턴으로 분류된다. 또, <程度進行>이란, 동작·작용의 진행에 의하여 그 정도가 심해지는 상태로 되는 것을 의미하며, 二격에 의해 이동처가 명시되지 않음을 전제로 하고 있다. 또 진행의 내용을 3개 패턴으로 하위 분류하고 의미를 상세히 기술하고 있다.

히메노(姬野, 1999)의 분류는, 「~込む」가 갖는 다양한 의미와 기능을 정리한 것으로서 높이 평가할만하나 이러한 분류는 일본어 학습자에게 있어 반드시 이해가 용이하다고는 할 수 없다. 예를 들어 히메노가 예를 든<內部移動>과 <程度進行>이라는 2개 주요어의를 보더라도, 왜 그러한 의미확장이 발생하는가에 대하여 명확한 설명이 없다. <內部移動>이 가지는 4개 뉘앙스에 대해서도 그 뉘앙스들 간의 관계 및 전개 메커니즘은 충분히 설명되어 있지 않다. 이 점에 있어서 보다 깊은 레벨에서의 「~込む」의 의미를 재검토해 나갈 필요가 있다고 할 수 있다.

3) 마쓰다 후미코(松田文子, 2004)

히메노(姫野, 1999)가 의미의 상세한 분류를 제시하면서도, 의미간의 관계를 충분히 설명하지 못한 데 비해, 마쓰다(松田, 2004)는, 인지 언어학의 틀을 바탕으로, 「~込む」의 다의를 아우르는 코어 스키마를 상정하여, 「~込む」의 다의성을 설명하는 「공통도식 모델(共通図式モデル)」구축을 시도하였다. 공통도식 모델에 입각한 분석은, 해당어의 다양한 용법·용례를 하나의 코어 스키마로 정리하여 이해하려는 것으로 통일적인 해석이 가능해진다.

이하는, 마쓰다(松田, 2004)가 제시한 공통도식 모델의 일례이다.

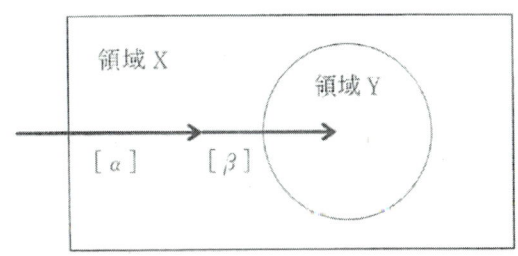

<그림1> 「~込む」의 코어도식(松田, 2004, p.75)

마쓰다는 영역을 영역X(사각)과 영역Y(원) 2개로 나누고, 특히 영역 Y를 「난가역적인 영역(難可逆的な領域)」으로서 설정하였다. 여기서 말하는 영역Y란, 주관적으로, 밖으로 나가는 것이 곤란하다고 느껴지는 영역이며, 물리적으로 영역Y가 존재하는 것은 아니라고 하였다. 화살표는 「~込む」가 나타내는 이동을 의미하지만, 화살표 [α]부분은 영역X로 들어가는 것을 나타내는 의미적 이미지를, 화살표 [β]부분은 영역Y로 들어가는 것을 나타낸다고 하였다(松田, 2004, p.75).

이러한 의미의 도해화(図解化)는, 의미간의 관계를 분명히 하려는 것으로 일본어 교육에 있어서도 매우 유효한 것이기는 하나, 상기 모델에서는 의미가 다의적으로 확장되어 가는 것은 이해가 되나 의미확장의 동기부여에 대한 설명이 충분하다고는 할 수 없다. 또 영역Y의 성질에 있어서도, 학습자가 명료히 이해할 수 있는 것이라고 할 수 없는 측면이 있다.

2. 본고의 목적

「~込む」의 의미를 고찰할 때, 다중적인 의미확장에 대하여 주목할 필요가 있다. 먼저, 제1단계로서, 3종의 어의 중에서, <中に入る>가 원의가 되어, <徹底的にする><すっかりその状態になる>라는 의미가 파생된다. 그리고, 제2단계로서, 이들 3개의 의미가 각각 새로운 원의가 되어, 보다 상세한 파생적 의미를 산출하게 된다. 이하에서는, 한국인 학습자를 대상으로 한 일본어 「~込む」형 복합동사의 지도 방향을 탐구하는 관점에서, 「~込む」의 의미 확장원리 및 인지적 의미 네트워크를 검토한다.

3. 연구 수순

1) 인지의미론적 접근방법

「~込む」의 각 의미를 고찰하고 의미 네트워크를 제안하는 데 있어 본고가 의거하는 이론적 입장에 대하여 세 가지 관점은 이하와 같다.

첫번째로는, 단어 의미 분석에 대한 접근 방법으로, 하나의 형식에 복수의 의미가 대응한다는 다의성의 입장을 취한다. 다의 속에는 프로토타이프적인 의미와 그것에서 확장된 파생적인 의미가 존재한다. 프로토타이프적인 의미는 다른 어의를 이해하는 데 있어서 전제가 되고,

구체성을 띠며 용법상의 제약에서 비교적 자유롭다. 그렇기 때문에 어의 전개의 기점이 되는 경우가 가장 많다. 단어가 가지는 각각의 의의는, 특정 의의를 프로토타이프적 의미로 하는 공시적 의미 네트워크 구조로 되어 있다.

두번째로는, 어의의 확장관계를, Lakoff(1987)의 은유 표현, Johnson (1987)의 개념 은유 등에 의해 설명된다는 점이다. 일반적으로, 인간의 언어행위에는, 어떤 개념을 다른 개념에 근거하여 이해하려고 하는 은유적인 인지 프로세스가 있다고 여겨지는데 그 기반에는 객관적으로 관찰 가능한 공통의 특성을 추출할 수 있는 경우가 많다. 각종 개념을 관련시키는 것은 우리의 일상 경험에 근거하여 양자간의 「상관관계」, 즉 경험적 유사성과 경험적 공통성에 의한 것이다. 인간은 이것을 바탕으로 추론함으로써 의미를 파악해 간다.

세번째로는, 단어가 전제로 하는 공간적 의미관계를 구체적인 레벨에 머무르지 않고, 추상적 레벨까지 확장해서 해석한다는 점이다. 인지언어학에서는 어떤 종류의 장(場, Landmark, 이하LM)과 특정한 물체(Trajector, 이하TR)와의 공간적 관계를 도식화함으로써 단어가 갖는 의미기능을 해석한다. LM과 TR의 위치관계에 의하여, 시각적·구체적인 개념뿐만 아니라, 비유적·추상적인 개념도 생겨난다(Herskovits, 1986). 본고에서는, 이미지 스키마를 사용하면서도, 그것을 시각적·구체적 레벨의 해석에 그치지 않고, LM의 다층적인 성질에 입각하여, 그로부터 생성되는 추상적인 개념에 대해 검토함으로써 코어적인 의미뿐만 아니라 그로부터 발생되는 세세한 뉘앙스의 설명도 일정 부분 가능하리라 생각한다.

2) 인지의미론을 바탕으로 한 「~込む」의 의미적 프레임

인지의미론에서는, 이미 기술한 바와 같이, 단어의 의미작용을 LM

과 TR로 구성된 이미지 스키마로 표현하는 경우가 있다.

이하의 분석에서는, 일본어의 「~込む」가 나타내는 공간적 관계 특징을 다음과 같이 가정한다.

1. LM은, 내부·경계·외부를 가진 3차원적인 것이다.
2. LM의 내부는 「깊이(奧行き)」를 가지고 있다.
3. TR은 수평 방향으로도, 수직방향으로도 이동한다.
4. TR 은 3차원 LM의<외부>영역에서 <내부>영역의 가장 깊은 내부로까지 이동한다.

본고에서는 LM과 TR관계를 구체 레벨, 비유 레벨의 2단계로 해석해 가기로 한다.

3) 수법

이·이시카와(李·石川, 2010)에서 빈도와 친밀도를 합성함으로써 교육적으로 중요한 「~込む」형 복합동사로서 100어를 선정했는데, 본고에서는 그 중 상위 50어에 주목하기로 한다. 상위 50어에 대하여, 現代日本語書き言葉均衡コーパス(Balanced Corpus of Contemporary Written Japanese, 이하 BCCWJ)에서 수집한 용례를 사용하여, 각각의 의미 기능에 대하여 상세히 기술하도록 한다.

4. 결과와 고찰

1) 「~込む」의 기본어의

이미 기술한 바와 같이, 「~込む」는 중핵적인 의미로서 (1)<中に入る>, (2)<徹底的にする>, (3)<すっかりその状態になる>의 3종을 갖는다.

(1) <中に入る>는 3개의 의미 중에서 가장 프로토타이프적이다. <中に入る>란 주로 TR의 시각적·구체적 이동을 의미하는 것인데, 이미 기술한 바와 같이, LM과 TR의 관계에 의해 구체적인 의미는 용이하게 추상적 의미로 파생될 수 있다. 이것은 본동사인 「込む·混む」에 있어서도 마찬가지로 볼 수 있다. 『広辞苑』은 그 의미를 「内部へ内部へとものごとが入り組んで密度が高まる意」로 정의하고 있다. 이 정의에서 볼 수 있는 것처럼, <내부로의 이동(内部への移動)>이라는 원의는 <밀도의 상승(密度の上昇)>이라는 파생적 의미와 연속되어 있다. 내부 이동의 결과로서 TR의 이동처인 공간이 변용되어, 그 밀도가 상승하는 것이다. 「~込む」의 의미 네트워크에 있어서도, <中に入る>라는 의미와, TR이 이동한 공간 내부의 특징이 근간이 된다고 여겨진다.

(2) <徹底的にする>는, 프로토타이프 적인 <中に入る>에서 파생되어 생긴 의미로 생각된다. 일반적으로, <中に入る>는 일회성 행위로 인식된다. 그러나 LM의 특성상, 용이하게는 도달할 수 없는 깃이 경험적으로 인지되면, <中に入る>라는 행위를 반복하고, 철저화할 필요가 있다. 이 때문에, 「徹底的に中に入る」와 「何度も入る」라는 의미가 생겨난다고 할 수 있다.

(3) 「すっかりその状態になる」는, <中に入る>라는 행위가 반복적으로, 철저하게 일어나, 결과적으로 원래로 돌아갈 수 없는 상태가 되었음을 의미한다.

이상을 정리하면, 3종류의 의미간 파생관계는, 이하의 이미지 스키마로 표현할 수 있다.

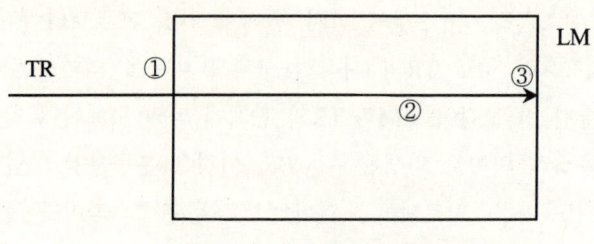

<그림 2> 「~**込む**」의 이미지 스키마

　(1)의 경우, TR이 LM의 외부에서 내부로 침입한 것, 그 자체에 의미의 중점이 있다. 이 때 TR은, 다른 공간으로 이동하게 되고, TR측, 이동과정, LM측에 있어서, 어떤 종류의 저항감을 동반하게 되는 경우가 많다. (2)의 경우는, LM측의 저항을 무릅쓰고 반복적으로 또 철저히 내부로의 침입이 이루어진 점에 의미의 중점이 놓여지게 된다. (3)의 경우는, 그러한 행위의 결과, TR이 LM의 가장 깊은 내부에까지 도달하고, 일종의 안정·고정 상태에 도달한 것에 의미의 중점이 놓여진다. 중요한 것은 3개의 의미가 꼭 별개의 것이 아니라, 1개의 이미지 스키마로 설명할 수 있는 연속성을 가진다는 점이다.

　이하, 3개의 의미타이프에 대하여 전형적인 복합동사의 예를 들어 고찰해 본다. (1)의 경우, LM은 구체물인 경우도 있고, 추상개념인 경우도 있다. 구체적 공간으로의 이동이라는 뜻을 가지는 동사로서는 「(プールに)飛び込む」「(家に)駆け込む」등이 있다. 또, 추상적인 공간에 들어간다는 의미를 가지는 것으로서는 「(趣味に)のめりこむ」등이 있다. 이들은 어느 경우에든지, 공간의 외부에서 경계를 넘어 내부로 이동했다는 사실에 초점이 놓여 있다고 할 수 있다.

　일정 공간에 침입한 TR은, 보통 그곳에 머무르지 않고, LM의 내부에 까지 깊숙이 나아가, 최종적으로는, 가장 깊은 부분에까지 다다르게 된다고 가정하면 이것에서, (2)와 (3)의 의미가 발생한다고 할 수

있다. (2)의 의미를 가지는 단어로서 「(試合に備えて)走り込む」등이 있고, (3)의 의미를 가지는 단어로서는 「冷え込む」「思い込む」등이 있다. (2)의 경우에는, LM의 내부에 상당 정도 침입하는 것이 함의되나, 반드시 그 이상 더 앞으로 진행할 수 없는 지점까지 진행하였다는 의미는 내포하지 않는다. 이에 대해, (3)의 경우는, 더 이상 나아갈 곳이 없고, 오랫동안 그 상태에 머무르게 됨을 함의하게 된다.

2)「~込む」의 의미기능

이상에서 「~込む」가 가지는 3개 주요 어의가 동일한 이미지 스키마에서 생성된 것이고, 그것이 밀접한 관계가 있음을 지적하였다. 이하, 교육적으로 중요한 50어에 한하여 용례분석을 실시하기로 하나, 50어 중에서, 「吸い込む」나 「飲み込む」등, 「~込む」가 타동사로서 사용되는 것이 19례 존재하였다. 남은 31어에 대하여 3개의 주요 어의별로 구분을 행한 결과, 프로토타이프성이 강한 <中に入る>라는 의미를 주로 가지는 동사가 16종, <徹底的にする>이라는 의미를 가지는 동사가 6종, <すっかりその状態になる>라는 의미를 가지는 동사가 9종으로 나타났다. 이 가운데, <中に入る>를 의미하는 16어에 대해서는, LM이 구체적 공간인 것이 15종, 추상적 공간인 것이 1종이었다.

이하, 3개의 의미 타이프 별로, BCCWJ로부터 해당어 용법으로서 전형적인 용례를 인용하여, 각각의 인지적인 의미 경향에 대하여 검토하기로 한다.

① <中に入る>
상위 50어의 「~込む」형 복합동사 중에서, <中に入る>라는 의미를 가지는 것으로서는 이하의 16어를 들 수 있다.

飛び込む(1位), 持ち込む(11位), 割り込む(14位), 乗り込む(14位),
駆け込む(18位), 踏み込む(23位), 滑り込む(24位), 攻め込む(32位),
逃げ込む(33位), 連れ込む(36位), 入り込む(38位), 住み込む(40位),
流れ込む(44位), 忍び込む(47位), 走り込む(48位), 吹き込む(50位)

개개의 동사는 문맥에 따라 여러 의미를 가지게 되나, 본고에서는 전형적으로 사용되는 용례를 BCCWJ에서 추출하여 해석을 가미하도록 한다.

(2) a. しかし、最終的にプールに<u>飛び込む</u>のは私ではありません.

　　 b. 原料つまり廃棄物をどうしてうまく収集をしてその処理場に<u>持ち込む</u>か、その持ち込むのもまた経費を使いますと高くなります.

　　 c. そして二人の間に<u>割り込む</u>と、サブリナの脚に自分の長い脚を触れ合わせた.

　　 d. 「急げッ」攻撃隊員は、地下ハンガーより亜宇宙機に<u>乗り込む</u>.

　　 e. しばらく我慢していたが、我慢しきれずに便所に<u>駆け込んだ</u>.

　　 f. 当時結婚の話もありましたが、親の反対を押し切って彼女は一歩<u>踏み込む</u>ことができませんでした.

　　 g. 薄く開けた妻戸から、頼通がそっと<u>滑り込む</u>.

　　 h. 日ソ中立条約を作るが早いか、ドイツがソ連に<u>攻め込む</u>.

　　 i. そのままシュワークマンは、モスクワで一番安全なところ、アメリカ大使館に<u>逃げ込む</u>.

　　 j. 度胸がいいというのかアバズレと言おうか、楽屋から真直ぐにお茶屋へ<u>連れ込む</u>.

　　 k. 強引に無理矢理にこの家に<u>入り込む</u>.

　　 l. そうしますと、大きな億単位の予算が今までと同じ狭い古びた研究

室に入ってきて、ポスドクもそこに二人住み込む.

m. 藤原京西部の幹道である下ツ道に至ると、再び北に折れて、下ツ道の東に沿って約五・三キロほどまっすぐに北流して、やがて大和川へと流れ込む.

n. 調理室へ、忍び込んだ.

o. わたしは、康介の姿を見つけて、飛びつくように康介の目の前に走り込む.

p. 雪どけ水で家中が浸水すれば春、それが乾くと夏、すきま風が吹き込むと秋、雪の吹きだまりができると冬、そんな暮らしは相変わらずだった.

상기 16개의 예 중에서, f 「踏み込む」의 LM이 추상적인 공간이지만, 그 외에는 모두 LM이 구체적 공간이다.

이미 언급한 바와 같이, ①의 <中に入る>의 의미가 사용되는 경우, TR측, 이동수단, LM측 어느 것도 일정한 저항성이 존재하는 것이 보통이다. TR측의 저항감이란 침입하는 것이 상대방에게 부담을 주거나 또는 자기 자신에게 부담을 주게 됨으로써 주저하는 기분을 느끼게 하는 것을 가리킨다. 이동 수단의 저항감이란 TR측에도 LM측에도 문제는 없으나, 거기게 이르는 프로세스에 있어서 부하가 존재함을 말한다. LM측의 저함감은 2종류로 나눌 수 있다. 첫째로는, 물리적・심리적・윤리적인 어떤 점에 있어서 LM이 침입해서는 안 되는 곳으로 인식되어 있는 경우이다. 두번째로는, 이미 LM이 어떠한 요소에 의해 충만되어 있어, TR을 받아 들일 여지가 별로 없는 것을 가리킨다. 이하, 저항감의 주된 요인 별로 사례를 검토하기로 한다. 또, 본고에서는 「~込む」형 복합동사의 단독의미가 아니라, 용례 전체에 있어서 해당어의 의미에 대해 논하기로 한다.

먼저, TR측에 저항감이 있는 것으로는, a, e, f등이 있다. a의 경우, 수영장에 뛰어들면 보통 통증을 수반하기 때문에, TR은 일종의 공포 감을 가지고 있다고 생각된다. 또, 이 경우 저항감은 TR 뿐만 아니라, LM쪽에도 존재한다. 즉, LM이란 물로 충만된 공간이고, TR이 그곳에 들어갈 때는 물의 물리적 저항을 돌파해야 하기 때문이다. e의 경우는 화장실에 가는 것에 대한 부끄러움이라는 저항감이 존재한다고 할 수 있다. 또, f의 「踏み込む」의 경우는, 결혼에 대한 불안한 기분을 나타 낸다고 할 수 있겠다.

다음으로, 이동수단에 저항감이 있는 것으로는, g와 p등이 있다. 어느 쪽도, TR측에도 LM측에도 저항을 느끼게 하는 것은 없으나, 조금 열린 문틈이나 틈새 등, 이동 경로가 좁고 이동이 곤란하다는 공통된 특징이 있다.

마지막으로, LM측에 「들어가서는 안 된다」는 인식이 존재하고 있는 예로서는, n, k등이 있다. 조리실이나 타인의 집은, 들어가는 데에 물리적인 장애가 있는 것은 아니나, 사회적·심리적·법적으로 어떠한 이유로 인해, 본래 그곳에 들어가서는 안 된다는 점이 인식된다.

② <徹底的にする>

상위 50어의 「~込む」형 복합동사 중에서, <徹底的にする>라는 의미를 가지는 것으로서는, 이하의 6개 단어를 들 수 있다. 또, 각각의 단어에 대하여 BCCWJ로부터 전형적인 용례를 제시한다.

読み込む(16位), 見込む(28位), 絞り込む(29位), 売り込む(34位),
使い込む(35位), 頼み込む(37位)

(3) a. 毎日授業に出席するよりも同じ教授の著書を<u>読み込む</u>ほうが手っ

　　　取りばやいという学生もいたが、一郎は欠かさず授業に出席した.

　　b.　二〇〇五年までに三万二千カ所に増やす必要があると見込む.

　　c.　同僚、部下への詳細なインタビューや、外部の学者、退職者から
　　　　の意見聴取などを長期間かけて行い、候補者を絞り込む.

　　d.　関西のおろかさを誇張して、中央のメディアに売り込む.

　　e.　使い込むほどに殻から味が出てくる.

　　f.　「ぜひ、この試験運転の件をお願いします…」丁重に、組合に頼み
　　　　込む.

　② ＜徹底的にする＞의 의미는, 보통, 어떤 행위를 반복함으로써 이루어지는 것인데, 행위의 반복에 의미에 중점이 있는 경우와, 결과로서 어떤 행위를 철저하게(엄격히·열심히) 행하는 것에 의미의 중점이 놓여지는 경우로 나뉘어 진다.

　전자의 예로서는, 「読み込む」「使い込む」「頼み込む」 등이 있다. 이들은 모두 「何度も何度も~する」로 바꾸어 쓸 수 있다. 이에 대하여, 그 외의 것은 반드시 반복을 의미하지는 않는다. 예를 들어, 「絞り込む」의 경우는 「絞る(選ぶ)」라는 행위를 반복하는 것이 아니라, 보다 엄밀히·신중히 행하는 것을 의미한다. 또, 「売り込む」라는 행위는 적극적으로 PR활동을 행하는 것을 의미한다. 「見込む」의 경우는 의미의 해석이 어려우나, 「彼は合格できないと見ている」처럼, 「見る」에는 「予測する」의 의미가 존재하는 것에서, 「見込む」에는, 예측의 정도(精度)가 높고, 확신을 가지고 그렇게 예측하는 의미가 발생한다고 볼 수 있다.

　③ ＜すっかりその状態になる＞

　상위 50어의 「~込む」형 복합동사 중에서, ＜すっかりその状態になる＞라는 의미를 가지는 것으로서는, 이하 9어를 들 수 있다. 또, 각각

의 단어에 대해서 BCCWJ로부터의 전형적인 용례를 제시한다.

　　落ち込む(3位), 冷え込む(6位), 考え込む(12位), 黙り込む(16位),
　　思い込む(19位), 座り込む(20位), 話し込む(26位), 倒れ込む(39位),
　　信じ込む(41位)

　　(4) a. そのような状況の中では企業も投資をしなくなり景気はさらに落
　　　　　　ち込む.
　　　　b. 十月はじめ、朝夕はかなり冷え込む.
　　　　c. 「少し、熱いわね」衿子は風野の額に手を当てて考え込む.
　　　　d. 司令の説明を聞き、リンは釈然としないといった顔付きで黙り込
　　　　　　む.
　　　　e. 周りからも集中力が高いといわれるから思い込む. 自分には集中
　　　　　　力という武器があるんだと思い込む.
　　　　f. 頷かれ、思わず珠樹が崩れ落ちるように床に座り込む.
　　　　g. オープンカフェで話し込むカップルがいて、私が二人を見返る
　　　　　　と、男だけが目をそらせた.
　　　　h. 富岳がフローリングの床に布団を敷くと、綾子は倒れ込む.
　　　　i. 自分はかつてこのムラの女司祭であったノロの生まれ変わりだと
　　　　　　信じ込む.

　　③ <すっかりその状態になる>의 의미는, 주로 어떤 상황의 정도
가 심화되어 그 상태가 일정 기간 이상 지속하는 것을 함의하는 것과,
주로 생물이 특정 위치를 차지하고, 그 위치가 지속하는 것을 함의하
는 것으로 나눌 수 있다. 전자의 예로서는, 「落ち込む」와 「冷え込む」
「考え込む」 등이 있다. 「落ち込む」의 경우, 그 상태가 일정 정도 지속

되며, 곧바로 낙담한 기분에서 회복된다고는 상상하기 힘들다. 또, 「冷え込む」의 경우도 저온 상태가 어느 정도 지속될 것으로 예측되며, 곧바로 온도의 상승은 기대할 수 없다. 「考え込む」의 경우도 어느 정도의 시간에 걸쳐 「考える」라는 사고 행위가 계속된다고 할 수 있다. 후자의 예로서는, 「座り込む」「倒れ込む」 등이 해당된다. 이들의 경우, 주로 인간이 서 있는 상태에서 지면에 접하는 상태로 몸의 자세가 변화하고 있는 것을 의미한다. 일반적으로, 「~込む」는 <内部への移動>으로 여겨지나, 이미 언급한 바와 같이, LM은 수평방향으로도 수직방향으로도 변화할 수 있다. 이 때문에, 외부에서 내부로의 이동이 인지적으로는 위쪽 방향에서 아래쪽 방향으로의 이동으로서 인식되는 경우도 있다.

3) 「~込む」의 인지적 네트워크

본절을 정리 차원에서, 「~込む」의 의미관계를 도식으로 나타내면 아래와 같다. LM의 성질이나 공간 배치에 대한 경험적 이해가 근간이 되어, 구체적 영역에서 추상적 영역으로의 은유적 확장이 일어난다고 생각된다. 검은 동그라미는 프로토타이프적 의미를, 흰 동그라미는 프로토타이프적 의미에서 확장된 의미를 나타낸다. 또, 화살표는 은유에 의한 확장을 나타낸다.

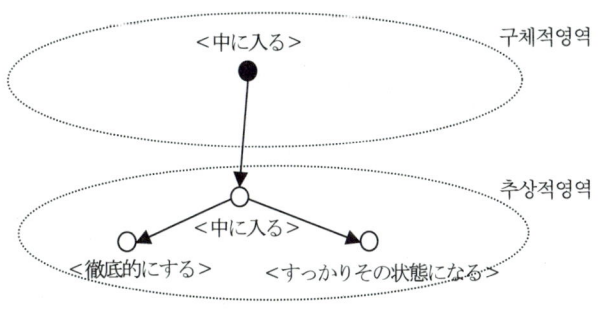

<그림 3> 「~込む」의 의미관계도

Ⅲ 맺음말

본고에서는 일본어 「~込む」의 자동사 용법에 한정하여, 의미 네트워크를 인지의미론적 관점에서 정리해 보았다. 「~込む」는, <中に入る> <徹底的にする> <すっかりその状態になる>라는 세가지 의미가 있으나, 이들 의미가 왜 생기는지, 각각의 의미는 어떠한 뉘앙스를 가지는지, 3개의 의미는 어떻게 파생되는지에 대해서 논하였다. 즉, 구체적 영역에 있어서 <中に入る>라는 의미가 추상적 영역에 있어서의 <中に入る>라는 의미로 파생되고, 그것이 새로운 코어가 되어, 추상 영역에 있어서 <徹底的にする><すっかりその状態になる>라는 의미가 생겨나고, 의미 네트워크를 구축하고 있음을 확인하였다.

그러나 본고의 분석은, 대상으로 삼은 「~込む」의 범위가 한정되어 있음을 문제점으로 지적할 수 있다. 앞으로는 타동사를 포함한 「~込む」의 인지모델의 전체상을 고찰하고자 한다. 또 중요어 50어에 한정하여 고찰을 하였으나 보다 망라적인 「~込む」형 복합동사를 대상으로 분석을 실시할 필요가 있을 것이다. 내부이동의 의미를 부가하는 한국어의 복합동사와의 비교 대조도 필요한 과제이다. 즉, 「~込む」와 「~들다」 「~넣다」 등과는 중복되는 부분이 있으면서도, 각각의 독자적인 특성을 가진다. 한국인 학습자에 대한 일본어 교육의 관점에서 말하자면, 이들의 공통점과 차이에 대하여 학습자에게 인식시키는 것이 특히 중요하다고 할 수 있을 것이다.

┃ 참고 문헌 ────────────────────────●

石川慎一郎(2008) 『英語コーパスと言語教育：データとしてのテクスト』 大修館書店

李允昊・石川慎一郎(2010) 「主成分分析を用いた語彙重要度情報の合成：日本語教育のための重要『~込む』型複合動詞の選定」 統計数理研究所, 統計数理研究所研究レポート 238, pp.49-65

姫野昌子(1999) 『複合動詞の構造と意味用法』 ひつじ書房

松田文子(2004) 『日本語複合動詞の習得研究』 ひつじ書房

松本曜 編(2003) 『認知意味論』 大修館書店

森田良行(1994) 『動詞の意味論的文法研究』 明治書院

Herskovits, A.(1986) Language and spatial cognition: An interdisciplinary study of prepositions in English. Cambridge: Cambridge University Press. [堂下修司他(訳)(1991)『空間認知と言語理解』オウム社]

Johnson, M.(1987) The body in the mind: The bodily basis of meaning, imagination, and reason. Chicago: University of Chicago Press. [菅野盾樹・中村雅之(訳)(1991) 『心のなかの身体:想像力へのパラダイム転換』紀伊國屋書店]

Lakoff, G.(1987) Women, fire, and dangerous things: What categories reveal about the mind. Chicago: The University of Chicago Press.

Tyler, A., & Vyvyan E.(2003) The semantics of English prepositions: Spatial sciences, embodied meaning, and cognition. Cambridge: Cambridge University Press. [木村哲也・国広哲弥(訳)(2005) 『英語前置詞の意味論』 研究社]

일본어학과 일본어교육
日本語学·日本語教育

3 어휘(語彙)

근현대 한일 비교·병렬코퍼스와 어휘연구

장 원 재 *
계명대학교 교수

I 머리말

지금은 세계 각국에서 대규모 코퍼스(말뭉치)가 구축·공개되고 있으며, 코퍼스(균형코퍼스)를 활용한 언어연구의 유효성도 여기서 언급할 필요가 없을 정도이다. 한일 양국어도 한국어는 2007년에 세종코퍼스가, 일본어는 2011년에 BCCWJ(現代日本語書き言葉均衡コーパス)가 구축·공개되어 구축이전과는 다른 새로운 연구방법 및 연구성과들이 왕성하게 보고되고 있다. 이 시점에서 어떠한 한일 양국어 코퍼스가 구축되어 있으며, 구축된 장르와 양, 그리고 문제점은 무엇인지, 또한 어떠한 어휘연구의 가능성이 있는지에 대한 파악은 매우 중요한 사

* 張元哉 : 啓明大學校

항이라 여겨진다.

본고는 근대부터 현대까지를 대상으로 지금까지 구축된 한일 양국어의 주요 코퍼스 구축현황을 파악해 보고, 이를 활용한 한일 어휘(대조)연구의 몇 가지 예와 그 가능성에 대해 살펴보기로 한다.

Ⅱ 한일 언어 연구와 코퍼스 활용

1960년대 브라운 코퍼스를 시작으로 코퍼스 언어학이 대두된 이래 동시기의 합리주의 생성문법에 의해 역풍을 맞은 코퍼스언어학은 1980년 이후에 괄목할 만한 성장과 발전을 하게 된다. 이는 한국어학과 일본어학에도 예외 없이 큰 영향을 받았으며 현재에 이르기까지 대규모 코퍼스 구축과 함께 왕성한 연구성과들을 생산해 내고 있다. 아래의 <표 1>에서 그것을 확인할 수 있는데, <표 1>은 1970·80년대 이후 한국어학과 일본어학 논문 제목에서 코퍼스(말뭉치)가 포함된 논문 수의 추이를 나타낸 것이다[1].

〈표 1〉「코퍼스(말뭉치)」가 논문제목에 포함된 한국어학·일본어학 논문수

연대	한국어학	연대	일본어학
1971-79	0	-	-
1980-89	10	1981-1990	1
1990-99	85	1991-2000	40
2000-03	120	2011-2010	258

---

1 한국어학 논문수의 데이터는 徐尙揆(2006:10)의 국립국어연구원 『国語研究論著目録3』(1971-2003)을 대상으로 「코퍼스(말뭉치), 정보화, 전산화, 전산」의 키워드를 합산한 수치이며, 일본어학 논문수의 데이터는 야마자키 마코토(山崎誠, 2011:11)의 국립국어연구소 「日本語研究·日本語教育文献データベース」조사를 인용한 수치이다.

<표 1>에서 알 수 있듯이 한국어학은 1980년대 이후부터, 일본어학
은 1990년대 이후부터 논문 제목에 「코퍼스」의 키워드가 나타나고 있
으며, 이는 한국어학과 일본어학에서 각각 1980년대 후반, 1990년대
초반에 코퍼스에 대한 관심과 요망이 높아지기 시작한 시기와도 일치
한다. 또한 그 이후 코퍼스를 이용한 논문수가 급격하게 증가하고 있
는 추세도 알 수 있다.

〈표 2〉 한국의 일본어학·한일 대조연구에 있어서 코퍼스 활용 논문수

논문수		2000-2002	2003-2005
일본어학 코퍼스활용	383 60(15.7)	149 13(8.7)	234 47(20.1)
한일대조 코퍼스활용	125 22(17.6)	45 4(8.8)	80 18(22.5)

그럼 한일 대조논문에서는 어떠한가? <표 1>의 추이로 보아 한일
대조논문도 1990년대부터 코퍼스를 활용하였을 것이라 추측할 수 있
으나 그 시기와 양에 대해서는 아직 정확한 데이터를 확인할 수 없다.
단, 2000년부터 2005년까지(6년간) 한국에서 발표된 일본어학 논문(대
조논문) 조사(장원재(張元哉, 2009:124-126), 연도별 추이는 재계산함)
에 따르면 2002년 이전보다 그 이후가 2배 이상 증가한 양상은 보인
다. 그리고 6년 전체의 코퍼스 활용율은 약 17%정도임을 알 수 있는
데, 야자와 마코토(矢沢真人, 2004)와 야마자키 마코토(山崎誠, 2006)
가 조사한 일본어학 논문에서의 코퍼스 활용률(각각 35%, 40%)에 비
하면 아직 충분히 활용하고 있지 않은 것 같다. 2개 언어 이상의 대조
논문은 단일어 연구논문보다 「실증적」「계량적」인 연구스타일을 취하
는 경향(張, 2009:125)이 비교적 강하므로 향후 코퍼스를 활용할 여지

가 짙으며 코퍼스 활용율은 높아질 것으로 예상된다.

Ⅲ 한일 비교·병렬코퍼스[2] 구축 현황

한국어와 일본어연구, 그리고 대조연구에 코퍼스를 활용하기 위해서는 현재 어떠한 장르와 양이 구축되어 있는지 확인해 볼 필요가 있다. 한일 코퍼스 구축현황을 근대이후부터 현대까지 정리한 것이 다음의 <그림 1>이다[3].

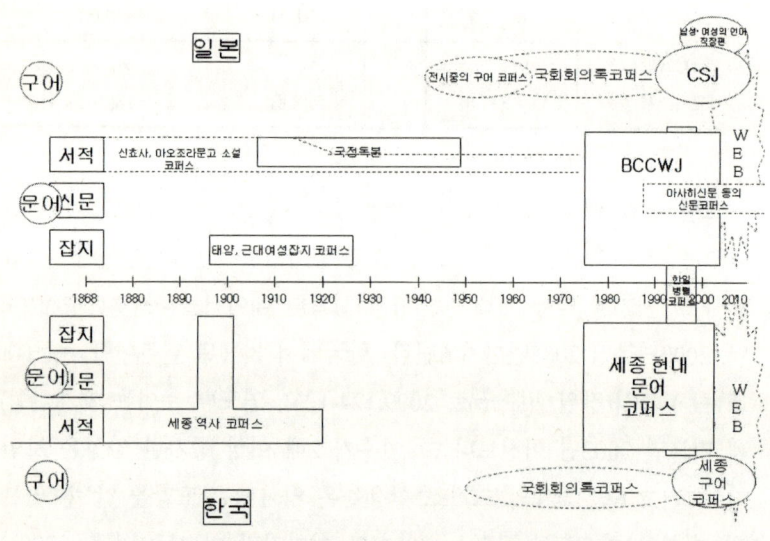

〈그림 1〉 근현대 한국과 일본의 코퍼스 구축 현황

<그림 1>의 한일 코퍼스 구축현황을 정리하면 다음과 같다.

- 현대어 코퍼스는 매개체별로 한일 모두 문어균형코퍼스와 구어코 퍼스가 어느 정도 구축되어 있다는 것
- 근대어는 한일 각각 다르게 서적과 잡지의 일부분이 구축되어 있 다는 것
- 근대이후의 통시코퍼스는 한일 모두 1920년대 전후부터 1970년 대까지는 아직 구축되어 있지 않다는 것

<그림 1>의 구축현황을 토대로 이하 한일 공시적 관점에서의 현대 어, 근대어, 그리고 통시적 관점에서의 코퍼스에 대해 간략하게 살펴 보도록 한다.

1. 한일 현대어 코퍼스

현대 한일 문구어체(병렬코퍼스 포함)에 대해서 코퍼스 구성의 장르 와 타입, 양의 비교를 통해 다음과 같이 정리할 수 있다(자세한 사항은 張(2009:127-131)을 참조).

구어코퍼스는 한일 간의 코퍼스 양에 있어서 상당한 차이(한국: 약 82만어절, 일본: 약 630만어절)가 있으며, 대화나 잡담의 데이터가 극 히 적다(한국: 약 45만어절, 일본: 약 13만어절). 단, 독화(独話)의 경우 는 코퍼스 양의 차이는 있지만 연구목적과 방법에 따라서는 부분적으 로 이용 가능하다고 판단한다.

한편 문어코퍼스는 장르로서는 「신문」「잡지」「서적」「교과서」가 한일 모두 구축되어 있으며, 특히 「서적」(베스트셀러 포함)의 경우는 상당 량의 코퍼스가 구축되어 있고 그 하위구성은 다음과 같다.

일본의 「서적」 장르구성(단위 : 샘플수)

- 0총기:128, 1철학:295, 2역사:362, 3사회과학:1096, 4자연과학:263, 5기술·공학:178, 6산업:127, 7예술·미술:157, 8언어:95, 9문학:1932, n기재없음:36

한국의 「서적」 장르구성(단위 : 어절수)

- a:신문:18,088,949, b:잡지:8,519,211, c:서적-교과서:1,412,346, d:서적-사전:818,317, e:서적-소설:11,124,414, f:서적-시:27,395, g:서적-그외의 책(수필 등):1,868,621, h:서적-정보(인문, 사회, 자연, 예술):17,202,373, i:그외의 출판물:111,386, j:비출판물:165,928, k:시나리오:-, N:전자출판:549,005, *작문:237,418, *불명:530,794

이상의 한일 장르구성에서 알 수 있듯이 구어·문어코퍼스는 양적으로나 질적으로나 한일 비교코퍼스로서 대조연구가 가능하다고 보며, 연구목적에 따라서는 「구분대조(区分対照)」[4] 연구도 가능하다.

그리고 한일 병렬코퍼스는 전체 어절수가 약 59만어절로 언어별로는 한국어가 약 28만어절, 일본어가 약 30만어절이며, 원전별로는 한국어 원전이 약 30만어절, 일본어 원전이 약 28만어절이다. 언어별, 원전별 어느 정도 한일 간의 균형이 맞지만, 장르별로 나누어 조사하면 소설은 일본어 원전만이 있고, 신문은 대부분이 한국어가 원전으로 연구 진행시 주의가 필요하다[5].

---

4 구분대조란 「코퍼스 내부를 어떤 기준으로 구분하고, 각각의 구분된 데이터를 조사하여 얻어낸 정보를 비교 대조하여 그 구분간의 차이와 관계를 명확히 하는 것(コーパスの内部を何らかの基準に基づいて区分して扱い、それぞれの区分されたデータから得られる情報を比較対照することにより、区分間の差異や関係を明らかにしようとするもの)」이라 정의하고 있다(다노무라 타다하루(田野村忠温, 2010b:219)).

5 한일 병렬코퍼스 검색은 http://corpus.mireene.com/nara.php에서 가능하며, 병렬

코퍼스로서의 웹 문서는 신문 1000년분 이상의 양과 다양한 문체와 장르로 구성되어 있어 이를 이용한 언어연구는 1990년 후반부터 주목되어 현재까지 이르고 있다. 지금까지는 검색엔진을 통하여 웹 문서를 검색하여 연구하고 있는데 웹 문서의 유동성, 웹 문서 성격의 불명확성, 검색엔진의 불투명한 검색방법, 검색표시 건수의 제한성 등에 따라 언어연구의 적합성, 유효성 등이 논의되고 있지만, 필자의 견해로는 이런 제약과 한계성을 인지하고 본인의 연구목적에 따라 부분적으로 이용한다면 상당히 유효하다고 보고 있다[6]. 최근 WWW를 이용한 일본어연구에 대한 참고서가 출간되었으니 자세한 것은 오기노 쓰나오·다노무라 타다하루(荻野綱男·田野村忠温, 2011)를 참고하기 바란다.

국회회의록코퍼스에 대해서는 한일 각각 검색시스템[7]이 운영되고 있으며, 1940년대 후반이후의 한국어와 일본어의 변화를 알 수 있는 대규모 구어코퍼스로서 매우 유익한 자료이다. 일본어의 경우는 국회회의록 검색시스템의 검색방법, 회의록 자료의 의의 및 문제점, 연구사례 등을 기술한 연구서(마쓰다 켄지로 편(松田謙次郎編, 2008))가 있으니 참고하기 바란다. 1945년 이후를 현대어라고 규정하는 이 시기도 이미 약 60여년이 넘었으며 60여년 간의 언어변화에 대한 연구 가능성을 위의 연구서 이외에도 다노무라(田野村, 2010b), 이시이 마사히코(石井正彦, 2010) 등에서 알 수 있다. 현대 한국어의 통시적 연구 및 한일 대조연구에도 매우 흥미로운 자료이다.

코퍼스 연구모델과 사례에 관해서는 曹大峰(2011)을 참조.

6 검색엔진을 통하지 않은 Web코퍼스 구축 사례와 연구 예는 다노무라(田野村, 2009)를 참조.

7 한국 국회회의록검색시스템: http://likms.assembly.go.kr/record/index.html
일본 국회회의록검색시스템: http://kokkai.ndl.go.jp/

2. 한일 근대어 코퍼스(통시코퍼스)

그럼 한일 근대어 코퍼스의 구축 현황을 살펴보도록 하자. 위의 그림에서 근대를 1868년부터 1910년까지로 정한다면 한일 구축 현황은 아래와 같다.

일본 : 신쵸사(新潮社) CD-ROM류와 아오조라문고(青空文庫)의 소설류[8],
『태양코퍼스』와『근대여성잡지코퍼스』의 종합잡지류[9],『국정독본』
의 교과서 일부
한국 : 세종계획 통시코퍼스

우선 한국 근대의 세종 통시코퍼스는 매체별로 신문, 잡지, 서적별로 구축되어 있으나, 신문과 잡지는 특정시대에 국한되어 있으며 개별 구축 현황은 다음과 같다.

신문 :『독립신문』(1896년-1899년, 전문),『협성회보』(1898년, 16,032어절),
『매일신문』(1898년, 267,853어절)
잡지 :『대조선독립협회회보』(1896년, 6,163어절)

---

8   신쵸사 CD-ROM시리즈 중 메이지시대 작품은『CD-ROM版明治の文豪』이며, 青空文庫(http://www.aozora.gr.jp/, 2012년 6월 12일 현재 등록작품수 11307) 중 메이지시대 작품이 대상이다.
9   태양코퍼스는 구축대상년이 1895년, 1901년, 1909년, 1917년, 1925년이며, 근대여성잡지코퍼스는 1894·1895년, 1909년, 1925년이다. 자세한 사항은 国立国語研究所編(2005)과 국립국어연구소 홈페이지(http://www.ninjal.ac.jp/database/)를 참조

〈표 3〉 세종 통시코퍼스의 시기별 코퍼스 구축량과 19·20세기 장르별 구축량

세기	파일수	어절수	장르	파일수	어절수
11	0	0	시가류	1	17,618
12	0	0	소설류	71	1,003,052
13	0	0	신문·일기류	33	696,603
14	5	2,038	성서류	23	713,718
15	78	1,412,435	의학·병서류	5	38,857
16	54	264,116	역서류	1	10,279
17	74	503,180	학습서류	26	133,171
18	166	1,265,709	역사서류	0	0
19	117	2,007,675	운서류	0	0
20	57	1,647,825	사전류	14	1,042,202
불명	282	5,322,099	그 외	0	0
합계	833	12,425,077	합계	174	3,655,500

한편 서적은 1920년대까지 구축되어 있으며 시대별 장르별 구축현황을 구체적으로 살펴보면 <표 3>과 같다. 조사대상은 『2007 21세기 세종계획 최종공개판』으로 통시코퍼스 리스트를 토대로 계산한 깃인데, 실제 통시코퍼스 리스트를 조사해 보면 최종판 통시코퍼스 수록파일(833)과 코퍼스리스트 파일수(206)가 상이하였다. 이에 필자가 수록파일을 확인하여 리스트를 작성하고 계산한 것이다

위의 <표 3>에서 알 수 있는 것은 한국어 통시코퍼스는 양적으로 15세기, 18세기~20세기가 많으며, 19·20세기는 장르별로 「소설류」「신문·일기류」「성서류」「사전류」가 비교적 어느 정도 구축되었다는 것이다.

그렇다면 위의 한일 간의 구축현황에서 볼 때 소설류에 관해서는 연구목적에 따라 근대 한일 대조연구가 가능하다고 판단되나, 잡지와 신문은 대조연구를 하기에는 구축 유무와 양적 차이로 인해 현재로선 대조연구에 코퍼스를 이용하기가 어려운 실정이다. 그러나 일본의 『태양코퍼스』가 종합잡지인 만큼 다양한 장르의 문장이 포함되어 있기

때문에 특정 장르를 대상으로 한다면 어느 정도 연구 가능성이 엿보인
다.『태양코퍼스』의 1895년 장르 구성을 살펴보면 다음과 같다(国立国
語究所編(2005:24)).

論説, 講演, 史伝, 地理, 小説, 雑録, 文苑, 芸苑, 家庭, 政治, 法律, 軍事,
文学, 科学, 美術, 教育, 宗教, 医事, 商業, 農業, 工業, 社会, 海外思想, 輿論
一斑, 社交案内, 新刊案内, 実業案内, 海外彙報, 海内彙報

위의 장르 중 「논설」을 예로 들면 1895년에 가장 근접한 시기인 한
국『독립신문』(1896.4-1897.3)의 논설과 대조가 가능하지 않을까 하는
것이다. 이에 필자는『태양코퍼스』(1895년) 1년분 논설과『독립신문』
(1896.4-1897.3, 156일분) 1년분 논설을 1/4 추출비로 추출한 39일분
기사를 NDC분류로 분류한 것이 <표 4>이다.

〈표 4〉『태양코퍼스』(1895)와『독립신문』(1896.4-1897.3)「논설」의 NDC분류

NDC	0총류	1철학	2역사	3사회과학	4자연과학	5기술	6산업	7예술	8언어	9문학	기사수(문자수)
태양	3	4	3	19	1	0	3	1	3	5	42 (262,050)
독립신문	0	1	0	34	0	0	4	0	0	0	39 (71,671)

NDC분류의 분포를 살펴보면『독립신문』이 보다 「사회과학」분야에
편중되어 있음을 알 수 있으며,『독립신문』을 추출할 시『태양코퍼스』
의 기사수에 맞추어 추출함에 따라 문자수가 적음을 알 수 있다. 문자
수와 관련해서는 독립신문의 양을 늘리면 어느 정도 유사한 구성 분포
가 나오지 않을까 예상한다. 참고로 독립신문의 추출비를 1/2로 하면

문자수는 134,975문자(79일분)가 된다. 이와 같이 어느 정도 특정장르
의 대조연구는 가능하다고 판단되나 『독립신문』의 경우는 순한글문으
로 태양의 문체와 차이를 보이기 때문에 연구목적에 따라 주의가 필요
하다.

Ⅳ 한일 코퍼스 활용과 어휘연구

1. 한일 현대어 어휘 및 대역사전 연구

1) 한일 단어수와 커버율의 비교

커버율은 각 단어를 빈도순(사용율순)으로 배열했을 때 상위 n번째
까지의 단어가 어떤 범위의 표현에서 나타나는 총개별어수의 몇 퍼센
트를 차지하고 있는가를 측정한 것으로 해당 언어의 단어 분포 및 어
휘 학습과 교육에 유용한 자료가 된다.

<표 5>는 「한국어2」를 제외한 8개 언어(한국어1)의 커버율을 제시
한 다마무라 후미오(玉村文郎, 2002:231)[10]의 데이터와 심재기외(2011:
138)[11]의 「한국어2」를 합친 것이며, 「한국어1, 2」는 필자가 편의상 구
별하기 위한 것이다.

---

10 다마무라(玉村, 2002)의 각주에 따르면 위의 데이터(한국어는 「한국어1」)는 원래
    『語彙の研究と教育(上)』(1984, 国立国語研究所)에서 5개 언어를 대조하고, 그 후
    에 『日本語の語彙·意味(1)』(1987, アルク「日本語教師養成通信講座」)에서 8개 언
    어로 확대하여 대조하였으며, 이를 다시 재정비한 것을 『新しい日本語研究を学
    ぶ人のために』(1998, 世界思想社)에 게재하였다고 한다. 여기서 「한국어1」은 문
    교부(1956)『우리말 말수 사용의 잦기 조사』를 자료로 하고 있다.
11 심재기 외(2011)에는 영어, 프랑스어, 스페인어, 중국어, 일본어, 한국어2의 데이터
    가 있으며, 한국어2를 제외한 데이터는 다마무라(玉村, 2002)와 같다. 「한국어2」
    는 조남호(2002)『현대 국어 사용 빈도 조사-한국어 학습용 어휘 선정을 위한 기
    초조사』에 의한 것이다.

〈표 5〉 8개 언어의 단어수와 커버율

단어수	영어	프랑스어	스페인어	독일어	러시아어	중국어	한국어1	한국어2	일본어
1-500				512 62.83	57.5	63.1	66.4	47.5	51.5
1-1000	80.5	83.5	81.0	1022 69.20	67.46	73.0	73.9	57.7	60.5
1-2000	86.6	89.4	86.6	2017 75.52	80.00	82.2	81.2	68.2	70.0
1-3000	90.0	92.8	89.5	3295 80.00	85.00	86.8	85.0	74.1	75.3
1-4000	92.2	94.7	91.3		87.5	89.7	87.5	78.0	1-3500 (77.3)
1-5000	93.5	96.0	92.5	4691位 83.13	92.0	91.7	89.3	80.9	81.7
계	93.5%	96.0%	92.5%		92.0%	91.7%	89.3%	80.9	81.7%

　지금까지 거의 대부분의 연구서와 개설서에서는 위의 데이터(타 언어와 한국어1)를 근거로 일본어가 가장 커버율이 낮다(즉 어떤 범위를 표현함에 있어서 가장 많은 단어가 필요로 한다)고 보고되고 있다. 그러나 언어구조가 가장 유사한 한국어와의 비교 없이 기술한다거나, 「일본어」의 조사단위(β단위인 짧은 단위)와 다른 어절단위인 긴 단위의 「한국어1」과 비교하여 기술하는 경우가 대부분이었다. 비교적 최근 데이터인 「한국어2」(어절단위)를 참고하여 비교하면 우선 「한국어1」과 조사단위가 비교적 유사함에도 커버율이 상당히 차이가 난다는 점이며, 그 다음으로는 일본어와 비교하였을 경우 한일 간의 커버율의 결과가 역전된다는 점이다. 이는 한일 간에 조사대상 및 범위, 조사단위, 조사량 등에 기인하는 것으로 조사 조건이 통일된 전제하의 비교가 요구된다.

　필자는 이러한 문제점을 지적하고 조사 조건을 통일하여 조사하여 본 결과 전체적으로는　짧은 단위든 긴 단위든 한국어가 일본어보다 커버율이 낮게 나타나고 있으며, 짧은 단위의 경우는 고빈도어군(상위 500단어)에서 한국어가 일본어보다 커버율이 높다는 결과를 보고한 적이 있다(張, 2003·b2004). 그러나 한 개의 장르인 신문, 대역자료, 소규모 조사량이란 한계점에서 일반화하기 어려운 점이 없지 않다는 아쉬움을 갖고 있다.

필자가 <그림 1>과 Ⅲ의 1절에서 제시한 바와 같이 한일 간의 비교코퍼스로서 한일 모두 균형코퍼스가 구축되어 있으므로 장르와 조사량을 통제하여 형태소분석기를 통한 대규모 어휘조사가 가능하다. 커버율(누적사용율)은 고빈도어군의 사용율이 영향을 끼치기 때문에 커버율의 높고 낮음은 고빈도어군의 한일 차이로 수렴된다. 균형코퍼스 구축 이전에는 연구하기 어려운 것으로 균형코퍼스 구축의 유효성과 가치를 찾을 수 있다.

2) 한일 동형한자어의 빈도 비교

한일 어휘 연구는 앞에서 언급한 것과 같이 균형코피스의 조사와 더불어 이미 조사된 각종 어휘조사 결과를 비교하는 메타연구적인 방법도 가능하다. 본 절에서는 그 가능성으로서 한일 각각 1종의 어휘조사를 바탕으로 한일 동형한자어를 비교해 본 것이다.

한국 : 조남호(2002)『현대 국어 사용 빈도 조사』국립국어원[12]

일본 : 다나카 마키로 외(田中牧郎ほか, 2011)『特定領域研究「日本語コーパ
 ス」言語政策班報告書 言語政策に役立つ、コーパスを用いた語彙
 表·漢字表等の作成と活用』[13]

---

12 조사대상은 한국어교재, 교과서, 교양, 문학, 신문, 잡지, 대본, 구어, 기타 장르로 총 어절수는 약 150만어절이며, 조사단위는 어절단위인 긴 단위이다.

13 조사대상은 BCCWJ의 서브 코퍼스인 아래와 같다. 총 단어수는 약 1800만단어이며, 조사단위는 형태소 단위인 짧은 단위이다. 각 서브코퍼스마다 어휘등급이 조

〈표 6〉 어휘등급과 커버율

어휘등급	커버율(누적사용율)
a	0 ~ 78%
b	~ 88%
c	~ 94%
d	~ 97%
e	~ 100%

조사방법으로서는 한일 각각 위의 어휘조사 빈도(일본어는 서브코
퍼스의 총 빈도수를 계산함)를 바탕으로 다나카 외(田中ほか, 2011)의
〈표 6〉과 같이 어휘등급으로 나누었으며, 조사대상어는 한일 동형한
자어 중 임의로 선택하여 조사한 것이다. 〈표 7〉의 ( )밖의 등급은 조
사대상 전체이고, ( )안의 등급은 준구어적인 텍스트를 제외한 어휘등
급이다. 한국어는 「대본과 구어」를, 일본어는 「Yahoo! 知恵袋, Yahoo!
블로그」를 제외한 어휘등급의 표시로 ( )안의 등급이 문어체의 어휘등
급으로 판단하면 된다.

한국어의 경우는 어절 단위이므로 예를 들어 「안도(安堵)」의 경우
「안도, 안도감, 안도하다」등으로 표제어를 달리하고 있어, 그 빈도수
및 어휘등급이 다르므로 가장 높은 어휘등급으로 표시하였다. 「한국어
내역」은 조사단어의 각 표제어 등급이다.

사되어 있으며, 일본어 교과서와의 비교 조사도 있다. 기본어휘 재선정, 매체별·
문체별 특징어휘, 교과서 특징어휘 등의 언어정책과 한자정책에 상당히 유용한
자료라 사료된다.
(1) 유통실태(도서관) 서브코퍼스의 서적 (LB_FL)
(2) 생산실태(출판) 서브코퍼스의 서적 (PB_FL)
(3) 생산실태(출판) 서브코퍼스의 잡지 (PM_FL)
(4) 생산실태(출판) 서브코퍼스의 신문 (PN_FL)
(5) 비모집단 서브코퍼스의 Yahoo! 知恵袋 (OC_VL)
(6) 비모집단 서브코퍼스의 Yahoo! 블로그 (OY_VL)

<표 7>에서 알 수 있듯이 조사단위를 감안하여도 「안도, 쾌청, 착실」을 제외한 한자어들은 한국어가 일본어보다 어휘등급이 높으며, 「명랑, 분명, 사치, 부실」은 2개 등급 이상 높은 단어들임을 알 수 있다. 또한 「분명, 사치」는 일본어의 경우 문어체(d)에서 보다 많이 사용하고 있고, 한국어의 경우는 조사대상어의 품사에 따라 사용빈도가 다름도 알 수 있다.

이는 한일 간에 동형한자어라도 빈도와 쓰임새가 다르다는 것을 의미하는 것이며, 지금까지 충분한 연구가 이루어지지 않았다고 할 수 있다. 한일 동형한자어 및 동어원 외래어가 [형태소(어기)→단어(파생어, 복합어)→구, 표현]으로 차이점이 두드러지는 현상을 생각하면 한일 대조언어학 관점에서 매우 유익한 연구가 되지 않을까 생각한다. 가게야마 타로(影山太郞, 2010)의 한일 간 어구성의 차이점과 그 차용(통시적 연구가 필요)에 관한 연구가 보다 실증적으로 명확해지지 않을까 기대한다.

〈표 7〉 한일 동형한자어의 어휘등급

조사단어	한국어	일본어	한국어 내역
안도(安堵)	c(c)	b(b)	안도c(c), 안도감c(c), 안도하다e(d)
명랑(明朗)	b(b)	d(d)	명랑하다b(b), 명랑e(e), 명랑해지다e(e)
쾌청(快晴)	e(e)	b(c)	쾌청e(e), 쾌청하다e(e)
착실(着實)	c(c)	b(b)	착실하다c(c), 착실히c(c), 착실해지다e(e), 착실e(e)
분명(分明)	a(a)	e(d)	분명하다a(a), 분명히a(a), 분명01(부)a(a), 분명해지다b(a)
방해(妨害)	a(b)	b(b)	방해a(b), 방해꾼e(e), 방해되다e(e), 방해물d(d), 방해받다d(d), 방해죄c(c), 방해하다b(b), 방해당하e(e)
사치(奢侈)	b(b)	e(d)	사치b(b), 사치성d(d), 사치스럽다c(c), 사치품c(c), 사치하다e(e)
침착(沈着)	b(b)	c(c)	침착되다e(e), 침착하다b(b)
부실(不實)	b(b)	d(d)	부실c(b). 부실시공e(e), 부실하다b(b), 부실화되다e(e)
무모(無謀)	b(b)	c(c)	무모하다b(b)

이러한 연구는 한일 간의 한자어 대조연구만이 아니라 일본어교육 또한 한국어교육에서도 유익한 정보를 제공한다. 한자어에 관련해서는 한국인 일본어학습자가 한자어를 다용한다거나 문체 구별 없이 한자어를 사용하는 것은 각종 오용 연구조사 결과에서도 알 수 있기 때문이다. 향후 코퍼스일본어학·한국어학(대조언어학)의 발전을 기대하는 까닭이다.

3) 일본어교육과 한일·일한대역사전 연구

코퍼스를 이용한 단어의 빈도 및 의미·용법조사는 언어교육에 유용한 정보를 제공할 수 있으며, 이는 사전연구의 발전으로도 이어진다. 현재 수십 종의 한일·일한대역사전이 간행되고 있으나 대역사전의 역사가 짧으며, 표제어 선정 및 중요도 표시, 품사정보, 대역어 처리, 용례 등에서 여러 가지 문제점들이 지적되어 왔다.

예를 들어 위의 <표 7>에서 어휘등급이 상당히 차이가 나는 「명랑」과 「분명」을 한일대역사전(프라임 한일사전, 두산동아)에서 찾아보면 다음과 같다.

명랑[明朗]
　名·하形·히副　明朗
분명[分明]
　名·하形　分明；明らかなこと；はっきりしていること；明白

일본어의 대역어가 첫 번째로 각각 「明朗」「分明」을 제시하고 있음을 알 수 있다. 물론 용례에 나타나는 대역어를 종합 판단하여 습득하는 경우도 있지만, 대부분의 학습자는 첫 번째로 제시되는 대역어를 우선시하리라 생각한다. 그런 의미에서 과연 한국어에 대한 일본어의 대역어 또는 그 순서가 적절한지 의심스럽다. 「분명」의 경우 한국에서 자주 사용하는 의미를 살펴보면 다음과 같으며(서상규, 2000)[14], 한자어가 아닌 다른 고유어의 대역어가 보다 바람직하다는 것을 알 수 있기 때문이다.

③ (어떠한 사실이) 흐릿하지 않고 확실하다.43.05%

¶ 그의 나이가 분명치 않다.

⑤ (따지고 보니 어떠한 사실이)틀림없다.34.44%

¶ 그걸로 보아 그녀는 누구로부턴가 내 이야기를 들은 것임이 분명했습니다.

이와 같이 한일·일한대역사전의 문제점에 대해 충분한 고찰이 필요하며, 사전의 개선점 및 제작에 관해서는 「取る」의 의미빈도를 조사한 이수빈(2009), 한자사전의 개선점을 제시한 張(2011), 연어(collocation) 사전 기술의 개선과 제작의 예를 보여준 다노무라(田野村, 2010a)가 코퍼스를 활용한 사전연구의 일예가 될 수 있겠다[15].

2. 한일 근대어 어휘연구(통시적 연구)-근대 한일 어종분포와 변화-

현대 일본어와 중국어의 기본어휘 형성은 서양어에 비해 비교적 늦은 시기인 메이지시대 이후이며, 중국어는 일본어보다도 늦게 형성되었다고 한다(미야지마 다쓰오(宮島達夫, 1994·2010)). 또한 메이지시

---

14 『연세한국어사전』(연세대학교 언어정보개발연구원편, 두산동아)의 5가지 의미 중 의미빈도가 가장 높은 2개 의미를 제시하고, 용례는 각각 1개씩을 들어 보았다. 각 의미의 %는 의미 사용률이다.

15 최근에 공개된 국립국어연구소의 NLB(NINJAL-LWP for BCCWJ) 검색시스템은 명사, 동사의 공기관계 및 문법적 특징을 망라하여 검색해 주는 시스템으로 사전연구에 유익한 정보들이 많다. http://ninjal-lwp-bccwj.ninjal.ac.jp/

대 이후에 형성된 어휘는 대부분 한자어이며, 이는 한중일 3국간의 어휘교류를 통해 3국의 현대어로 정착하게 된다.

한일 간의 어휘형성에 관해서는 아직 충분한 조사가 없으나 근대 한일 동형한자어수가 현대어의 그것보다 적다는 사실(張, 2000)과 근대어에서 현대어로 이행해 감에 따라 동형한자어가 동일한 증가곡선을 그리며, 증가한 한자어가 대부분 신한자어(일본제한자어)인 사실(張, 2003a)을 감안하면 시기의 차이는 있지만 일본어와 중국어의 형성과정과 유사할 것으로 추측된다. 그렇다면 근대 한일 어휘의 유사성은 현대어보다 낮았을 것이라는 것도 예상 가능하다.

이에 필자는 이미 언급한 근대 한일코퍼스 구축 현황과 문제점들을 고려하여 근대 한일 병렬코퍼스를 구축하고 하나의 연구 예를 소개하도록 하겠다.

조사자료는 일본어『서양사정(西洋事情)』(후쿠자와 유키치, 1866-1870)과 한국어『서유견문(西遊見聞)』(유길준, 1895)[16]이며, 『서유견문』은 『서양사정』을 번역한 부분과 유길준이 저술한 부분으로 나뉜다. 아래는 『서양사정』을 번역한 부분 중 전문 번역한 리스트이다(李漢燮, 1985).

　　　『서유견문』-『서양사정』
　　　第五編「政府의治制」- 初編卷之一「政治」
　　　第六編「政府의職分」- 外編卷之二「政府の職分」
　　　第十三編「泰西軍制의来歴」- 初編卷之一「兵制」
　　　第十七編「病院」- 初編卷之一「病院」
　　　第十七編「博物館及博物園」- 初編卷之一「博物館」
　　　第十八編「蒸気機関」- 初編卷之一「蒸気機関」

16　『서양사정』은 오카지마 아키히로(岡島昭浩)교수의 홈페이지(http://www.ne.jp/asahi/ nihongo/okajima/bungaku.htm, 황미정씨 작성)에서, 『서유견문』은 이한섭교수의 홈페이지(http://nihon.korea.ac.kr/, 링크 깨짐)에서 다운로드한 것이다.

이번 조사대상은 시간관계상 위의 전문 번역 리스트 중 「第六編「政府의職分」－外編卷之二「政府の職分」」을 제외한 다섯 편에 대해 조사하기로 한다.

조사단위는 한국어는 어절단위, 일본어는 文節단위를 채용하고, 한일 각각 조사·어미·기호, 조사·조동사를 제외한 부분을 1조사단위로한다. 이하, 근대 한일 어종 분포를 제시하면 다음과 같다. 참고로 현대 한일 어종 분포(張, 2004, 어절단위)도 같이 제시한다.

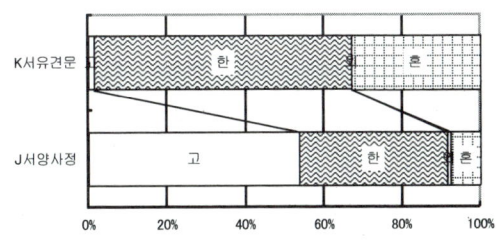

〈그림 2〉 근대어의 한일 어종 분포

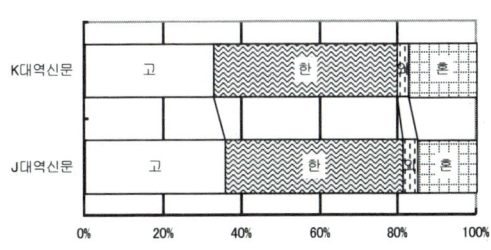

〈그림 3〉 현대어의 한일 어종 분포

그림에서 알 수 있는 것은 우선 근현대 모두 한국어는 한자어와 혼종어가 많은데 비해 일본어는 고유어와 외래어가 많다는 점과 근대어의 한일 어종 분포 양상이 현대어보다 상당한 격차가 보인다는 점이

다. 전자는 근현대 모두 어종 분포의 큰 틀은 바뀌지 않았다는 의미이
고, 후자는 근대어에서 현대어로 이행하면서 한일 어종 구성의 격차가
감소했다는 의미로 해석할 수 있다.

그럼 한국어와 일본어의 어종구성을 시기적으로 비교해 보면 아래
그림과 같다.

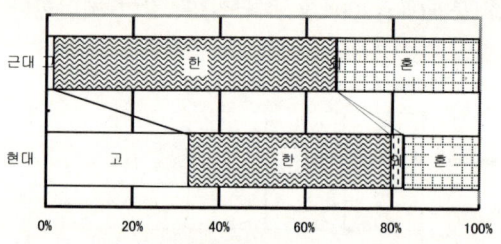

〈그림 4〉 한국어의 근현대 어종 분포

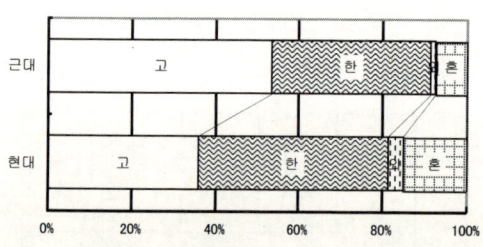

〈그림 5〉 일본어의 근현대 어종 분포

한국어는 고유어가 증가한 반면 한자어와 혼종어는 감소하였고, 일
본어는 한국어와는 반대로 고유어는 감소한 반면 한자어와 혼종어는
증가한 양상이 보임을 알 수 있다[17]. 즉 통시적으로 근대에서는 서로
다른 한일 어휘의 양상이 현대에서는 유사한 양상으로 변화하였다는

---

17 근대 이후의 일본어 어종 분포 변화에 대해서는 다나카(田中, 2010)를 참조.

것이다. 향후 어떠한 범주의 어휘가 어떻게 변화하였는지는 상세한 조
사가 필요하나 위의 조사로 근현대의 어휘 변화를 조금이나마 엿볼 수
있다고 생각한다. 근대 한일 어휘의 조사와 현대 한일 어휘의 형성과
정(변화)은 한일 언어사를 규명하고 기술하는데 중요한 시기와 과정인
만큼 근대이후의 통시적 한일 비교코퍼스와 한일 병렬코퍼스의 구축
이 필요한 까닭이다.

Ⅴ 맺음말

본고의 주된 내용인 「근현대 코퍼스 구축 현황」과 「근현대 어휘 연
구」는 필자가 일본 국립국어연구소의 「近代語コーパス設計のための文
献言語研究」(연구책임자: 다나카 마키로(田中牧郎))프로젝트에 참가하
면서 실제 필요에 의해 조사하고 시도해 본 것들이다. 필자가 근현대 한
일 어휘연구를 진행할 시 연구목적에 적합한 근현대 코퍼스가 어떤 장
르로 구성되어 있으며 어느 정도의 양이 구축되었는지를 파악해야 했기
때문이다. 코퍼스에 관심이 있는 연구자라면 필자와 동일한 과정을 거
쳤을 것이라 생각되어 몇 가지 연구 사례와 함께 기술해 본 것이다.

그러나 지면제약과 필자의 역량부족으로 인해 전자는 비교적 입수
하기 쉬운 주된 공개 코퍼스만을 제시했으며 그 내용 또한 충분히 언
급하지 못했고, 후자인 어휘연구의 예도 아직 코퍼스 기반 어휘연구가
충분하지 않은 것도 있지만, 필자의 좁은 시야가 더해져 특정 분야의
극히 일부분의 예만을 소개했음을 언급해 둔다. 한일 코퍼스와 어휘연
구에 대해 보다 더 상세한 정보와 사례는 인용문헌에 제시한 원 문헌
을 참조하기 바라며, 향후 활발한 한일 어휘연구와 성과를 기대하는
바이다.

┃ 인용 문헌 ────────────────────────────●

민경모(2010)「병렬말뭉치의 개념 및 구조에 관한 몇 문제」『언어사실과 관점』
　　　　　25, pp.41-70

이수빈(2009)「의미빈도를 활용한 일한 학습사전 편찬에 대한 고찰」계명대학교
　　　　　교육대학원 석사학위논문

서상규(2000)『한국어 교육 기초 어휘 의미 빈도 사전의 개발 사업보고서』

심재기외(2011)「제3장 어휘의 계량과 기본어휘」『국어어휘론』지식과 교양, pp.117-178

장원재(2004)「조사단위의 길이와 현대한일어휘」『日本学報』61-1, pp.261-276

_____(2011)「일본 한자사전의 현황과 전망」『일본연구』50, pp.385-402

조남호(2002)『현대 국어 사용 빈도 조사-한국어 학습용 어휘 선정을 위한 기초조
　　　　　사』국립국어연구원

石井正彦(2010)「通時コーパスにおける"テクストの年代差"と"書き手の世代差"-20
　　　　　世紀後半の新聞コラムコーパスを例に-」『コーパス日本語学の新
　　　　　展開』(田野村忠温ほか、特定領域研究「日本語コーパス」平成18
　　　　　年度~平成22年度研究成果報告書), pp.298-325

荻野綱男・田野村忠温(2011)『コーパスとしてのウェブ(講座ITと日本語研究6)』明
　　　　　治書院

影山太郎(2010)「日本語形態論における漢語の特異性」『漢語の言語学』くろしお
　　　　　出版, pp.1-17

国立国語研究所編(2005)『雑誌『太陽』による確立期現代語の研究-太陽コーパス研
　　　　　究論文集-』博文館新社

玉村文郎(2002)「第10章 対照語彙論」『朝倉日本語講座4 語彙・意味』朝倉書店,
　　　　　pp.208-235

徐尙揆(2006)「大規模コーパスに基づいた韓国語辞典編纂の20年」『第13回国立国
　　　　　語研究所国際シンポジウム 言語コーパスの構築と活用』, pp.9-18

曹大峰(2011)「中国におけるコーパスを利用した日本語研究-多言語コーパスの構
　　　　　築と利用に向けて」『日本学報』89, pp.1-14

田中牧郎(2010)「雑誌コーパスでとらえる明治・大正期の漢語の変動」『国際学術研
　　　　　究集会 漢字漢語研究の新次元予稿集』国立国語研究所, pp.56-63

田中牧郎・愛沢正夫・斎藤達哉・棚橋尚子・近藤明日子・河内昭浩・鈴木一史・平山允
　　　　　子(2011)『特定領域研究「日本語コーパス」言語政策班報告書 言語
　　　　　政策に役立つ、コーパスを用いた語彙表・漢字表等の作成と活用』

田野村忠温(2009)「コーパスを用いた日本語研究の精密化と新しい研究領域・手法の開発」『人工知能学会誌』24-5, pp.647-655

_____(2010a)「日本語コーパスとコロケーション-辞書記述への応用の可能性-」『言語研究』138, pp.1-23

_____(2010b)「大規模な電子資料に見る現代日本語の動態」『コーパス日本語学の新展開』(田野村忠温ほか、特定領域研究「日本語コーパス」平成18年度~平成22年度研究成果報告書), pp.219-240

張元哉(2000)「19世紀末の韓国語における日本製漢語-日韓同形漢語の視点から-」『日本語科学』8, pp.76-95

_____(2003a)「現代日韓両国語における漢語の形成と語彙交流」『国語学』54-3, pp.85-100

_____(2003b)「現代日韓語彙の対照研究-対訳コーパスを資料に-」『日本学報』55-1, pp.157-170

_____(2009)「韓国の日本語学における日韓対照研究について-コーパス利用に向けて-」『日本語文学』47, pp.119-134

_____(2011)「日韓対照の言語研究とコーパス-近代以降を中心に-」『한국일본학연합회 제9회국제학술대회 발표논문집』, pp.68-76

松田謙次郎編(2008)『国会会議録を使った日本語研究』ひつじ書房

宮島達夫(1994)「言語史の比較対照」『国語学会平成6年度秋期大会要旨集』

_____(2010)「語彙史の巨視的比較」『漢日語言対比研究論叢』(北京大学出版社) 1

矢澤真人(2004)「研究資料(現代)-2002年・2003年における日本語学会の展望-」『国語学』55-3, pp.14-17

山崎誠(2006)「代表性を有する現代日本語書き言葉コーパスの設計」『第13回国立国語研究所国際シンポジウム　言語コーパスの構築と活用』国立国語研究所, pp.63-70

_____(2011)「『現代日本語書き言葉均衡コーパス』の構築と活用」『『現代日本語書き言葉均衡コーパス』完成記念講演会予稿集』, p.11-20

李漢燮(1985)「『西遊見聞』の漢字語について-日本から入った語を中心に-」『国語学』141, pp.39-50

일본어학과 일본어교육
日本語学·日本語教育

3 어휘(語彙)

일본어학과 일본어교육

日本語学·日本語教育

3 어휘(語彙)

海外著者原文

일본어학과 일본어교육

日本語学・日本語教育

3 어휘(語彙)

日本語語彙の歴史的構造変化とそこから見た和漢2文体の類型指標

安部清哉
学習院大学

Ⅰ はじめに──基礎語彙史研究とそこから見た語種比率文体指標JFR

(1) 日本語の基礎語彙の歴史を、奈良時代から長期的に分析して見ると、和語語彙による表現から、類義関係にある漢語・外来語に置き換えた語彙表現を多用する方向に変化している(安部2008参照)。その変化を、簡単なモデル文体で示すと、次のようになる。

A「和語和文型」＝「とても・すばらしい 大和言葉を、多く・学ぶ 事は、とても・良いことです。」 　　　　　　　　　　　　　　　　(古典型日本文体)

↓

B「体言+機能語」型＝「 大変 + φ(に)・魅力的 + な 日本語語彙を、
　　　　　　　　　　　①副詞　　②形容語

十分 + に・学習 + する ことは、非常 + に・大切 + な ことです。」
③副詞　④動詞　　　　　　⑤副詞　⑥形容語

　　　　　　　　　　　　　　　　　　　　　　　(近現代型日本文体)

これは、和語表現から、「語幹(漢語・外来語の体言)＋機能語(助動詞・助詞など)」に
よる語彙表現——サ変動詞、形容動詞(＝ナ形容詞)、「~ニ・~ト」型副詞——を多用す
る方向に変化していることを示す。具体的語例で示せば、以下のようになる。

　　　「和語(概念＋活用語尾)」　⇒　「体言(語幹)＋機能語部分」
　動詞　「はじめる」　⇒　「漢語・外来語＋する」(開始する・スタートする)
　形容詞　「うつくしい」⇒　「漢語・外来語＋な」(綺麗な・ビューティフルな)
　副詞　「はっきり」　⇒　「漢語・外来語＋に(と)」(明瞭に・クリアーに)

　Aの語彙表現の特徴は、「話しことば的」で「やわらかい」印象を与える点であ
る。一方、Bの語彙表現の特徴は、「文章語的」で「硬質な」印象を与える点である。

　(2)　実際の現代日本語においては、これらA・Bの語彙のパタンは混在して使
用されているが、いずれが多く使用されているかによって、文章の印象が異な
る。その特徴は、次のような計算式によって算定し数値化することで、客観的に
比較可能となる。(仮に、和語語種率JFRと呼んでおく。)[1]

　和語語種率(JFR)(％)＝和語語数÷(動詞・形容語・副詞の総用例数)×100

　Aの文は、6カ所中6語が和語なのでJFRは100％であり、同様にBはJFR 0％
である。JFRによって、語種が「文体指標」の1つとなり得ることを示している。
　さて、本稿前半では、上記(1)のような日本語語彙の歴史的構造変化について
解説し、後半では、(2)その特徴を利用して、日本語の文体における硬質・軟質の
典型的2類型を計量的に示す、語種論的文体指標を提示することを目的にする。

1　JFR と略称しておく。JFR= native Japanese words, the Foreign loanwords Ratio (of verbs,
　adjectives and adverbs). (直訳的には和語vs外来語比率となるが、《和語÷(動詞・形容語・副詞)
　における「和語＋広義外来語の総数」)》の意訳とする。漢語語数を分子に置くことで、「漢
　語語種率」とすることもできる。)

Ⅱ　日本語の基礎語彙史から見た「語彙体系」の通時的構造的変化
　－現代語使用頻度上位1000語の史的形成から見た特徴－

　安部2008において、日本語基礎語彙の歴史的特徴を、現代語の使用頻度上位1000語の歴史を調査するという方法で考察した。そこからは、和語表現から漢語表現へという推移が読み取れた(詳細は安部2008参照)。

　そこでは、まず、基礎語彙史を概観するために、資料的条件が整っている現代語の「使用頻度の上位1000語」を対象として選んだ。そして、この1000語の使用開始年代および品詞を計量的に分析した。具体的には、この1000語が、いつの時代にどのような段階を経て形成されてきたか、そこにはどのような特徴があるかを、品詞と意味から考察してみたものである(表1、表2、グラフ参照)。実際に使用したデータと分析結果は以下の通りである。

　国立国語研究所1962『現代雑誌九十種の用語用字』の使用頻度上位1000語を対象に考察した宮島達夫1967のデータを利用した。宮島1967では、この1000語について、次の各時代の資料との比較データが提示されているので、それを利用して歴史的観点から分析を行ったものである。

　　万葉集8世紀後半＝上代語彙
　　源氏物語1000年頃＝中古語彙
　　日葡辞書1603~1604年＝室町語彙
　　和英語林集成初版1867年(慶応3年)＝近世語彙
　　井上十吉『新訳和英辞典』1909年(明治42年)＝明治語彙

　表1・表2は、宮島のデータを改編し、％を付したものである。表中の実数は、上記「雑誌九十種」の上位1000語について、資料毎におけるその語の有無を集計したものである。それを日本語の意味分類基準となっている国語研究所『分類語彙表』の意味分類番号(の上位2桁)で分類して示してある。グラフはその％を示す。

　(％は、1000語の意味分類毎における各資料での比率である。例えば、名詞では、万葉集には、「雑誌九十種」上位1000語と一致する名詞が既に127語現れており、「雑誌九十種」の名詞581語のうち127語21.9％が既に上代に現れている、ということを示す。)

表 1　現代日本語基幹語彙の形成史（意味分野別）

意味分類（品詞分類）	万葉＝上代(8C後半)		源氏＝中古中期(1000年頃)		日ポ＝中世後期(1604年)		ヘボン（初）＝近世末(1867年)		井上＝近代前期(1909年)		上位1000語内％	
1) 体の類（名詞）	127	(21.9%)	174	(29.9%)	302	(52.0%)	370	(63.7%)	539	(92.8%)	581	(58.1%)
11) 抽象的関係	61	(30.0%)	79	(38.9%)	130	(64.0%)	145	(71.4%)	194	(95.6%)	203	(20.3%)
12) 人間活動の主体	15	(14.9%)	31	(30.7%)	51	(50.5%)	68	(67.3%)	88	(87.1%)	101	(10.1%)
13) 人間活動	13	(6.9%)	21	(11.2%)	57	(30.3%)	86	(45.7%)	177	(94.1%)	188	(18.8%)
14) 生産物・用具物品	10	(28.6%)	13	(37.1%)	20	(57.1%)	21	(60.0%)	27	(77.1%)	35	(3.5%)
15) 自然物・自然現象	28	(61.9%)	30	(55.6%)	44	(81.5%)	50	(92.6%)	53	(98.1%)	54	(5.4%)
2) 用の類（動詞）	136	(60.7%)	176	(78.6%)	208	(92.9%)	219	(97.8%)	218	(97.3%)	224	(22.4%)
21) 抽象的関係	77	(64.2%)	100	(83.3%)	114	(95.0%)	117	(97.5%)	117	(97.5%)	120	(12.0%)
23) 精神・行為	55	(55.6%)	71	(71.7%)	89	(89.9%)	97	(97.9%)	96	(97.0%)	99	(9.9%)
25) 自然現象	4	(30.0%)	5	(100.0%)	5	(100.0%)	5	(100.0%)	5	(100.0%)	5	(0.5%)
3) 相の類（形容詞・副詞他）	59	(36.2%)	87	(53.3%)	120	(73.6%)	142	(87.1%)	163	(100.0%)	163	(16.3%)
31) 抽象的関係	45	(34.1%)	68	(51.5%)	93	(70.5%)	112	(84.8%)	132	(100.0%)	132	(13.2%)
33) 精神・行為	11	(47.4%)	11	(57.9%)	17	(89.5%)	18	(94.7%)	19	(100.0%)	19	(1.9%)
35) 自然現象	5	(41.7%)	8	(66.7%)	10	(83.3%)	12	(100.0%)	12	(100.0%)	12	(1.2%)
4) その他	4	(12.5%)	9	(28.1%)	24	(75.0%)	30	(93.8%)	31	(96.9%)	32	(3.2%)
41) 接続詞類	1	(6.7%)	3	(20.0%)	11	(73.3%)	13	(86.7%)	14	(93.3%)	15	(1.5%)
43) 陳述副詞・感動詞類	3	(17.6%)	6	(35.3%)	13	(76.5%)	17	(100.0%)	17	(100.0%)	17	(1.7%)
合計	326	(32.6%)	446	(44.6%)	654	(65.4%)	761	(76.1%)	951	(95.1%)	1000	(100.0%)

宮島(1967)の表を改編し、％を付す
資料ごとの％は意味分類内での比率（分類ごとの計を分母とする）（例：名詞万葉127/581）
網掛けは、「意味分類」ごとにその比率が初めて50％を越えた段階（時代）を示す

表 2　相の類の内訳（品詞別集計）

3) 相の類　品詞別		万葉		源氏		日ポ		ヘボン（初）		井上		計163	
品詞別	形容詞	33	(66.0%)	41	(82.0%)	48	(96.0%)	50	(100.0%)	50	(100.0%)	50	(30.7%)
	形容動詞	1	(3.0%)	6	(18.2%)	18	(54.5%)	23	(69.7%)	33	(100.0%)	33	(20.2%)
	副詞	17	(27.9%)	29	(47.5%)	39	(63.9%)	50	(82.0%)	61	(100.0%)	61	(37.4%)
	連体詞	5	(38.5%)	7	(53.8%)	9	(69.2%)	13	(100.0%)	13	(100.0%)	13	(8.0%)
	名詞	2	(40.0%)	3	(60.0%)	5	(100.0%)	5	(100.0%)	5	(100.0%)	5	(3.1%)
	助動詞	1	(100.0%)	1	(100.0%)	1	(100.0%)	1	(100.0%)	1	(100.0%)	1	(0.6%)

網掛けは、「意味分類」ごとにその比率が初めて50％を越えた段階（時代）を示す

安部 2008で考察した結論は次のものである。

特徴① 上代・中古における「動詞類」による表現が、近代語以降は、「13)人間
　　　活動」(動作性抽象名詞)によるサ変動詞表現(例、名詞する)も加わっ
　　　た多様な表現へと変化する傾向を示す。(名詞優位化)

特徴② 「形容語」(＝形容詞+形容動詞)について見ると、形容詞の比重は、上
　　　代・中古までは高かったものが、中世以降徐々に低下していき、代
　　　わって、特に近代以降は、名詞(主に漢語)＋だ型の、いわゆる形
　　　容動詞の比重が高まっていく。(名詞優位化)

特徴③ 基礎語彙史における名詞の比重の漸増(名詞優位化)

特徴④ 総合的に見ると、基礎語彙の史的変遷においては、体言(名詞)の占め
　　　る比重が全体的に増大してきている。それは「体の類」の増大だけでな
　　　く、「用の類」(＝動詞)、「相の類」(＝形容語)の語彙いずれでも共通し
　　　て生じている一連の現象と把握される。体の類(＝名詞)以外の語形
　　　を、「体言(名詞＝自立語部分)＋機能語(付属語部分)」という形式に分
　　　析的に分割し、「概念的意味部分」と「文法機能的意味部分」とに二分し
　　　てとらえるという、「意味の分化」(「文法機能の分化」)を行う「単純化」
　　　の方向に、語彙全体が変化してきていると把握される。(名詞の増大

もその一連の語彙構造の変化の一部と位置付けられる。)つまり、あらゆる品詞において、体言を中心とした「名詞優位化」の現象が進行していると位置付けられる。

　これらは、全体として一連の構造的変化と見なせる。日本語史を踏まえて総合的に解釈すると、語彙体系全体としては次のように把握される。

　○ **基礎語彙史の特徴──意味と文法機能から見た場合──**

(ア)(アはここでは省略する。安部2008参照)

イ　長期的に見た場合、日本語は、古くからある動詞・形容詞・副詞(例、「はじめる」「うつくしい」「とても」)による語彙的表現(動詞・形容詞で言えば「語幹＋活用語尾」のような一体化した、いわゆる"和語型"の融合形式概念語)から、「漢語 ＋する」「外来語 ＋する」(開始する・スタートする)や、「漢語 ＋な」「外来語 ＋な」(綺麗な・ビューティフルな)や、「漢語 ＋に」(非常に)「外来語 ＋に」のように、「体言(名詞)＋機能語部分」という「分析的複合形式」による語彙表現(サ変動詞、形容動詞(＝ナ形容詞)、「～ニ／～ト」型副詞など)に、徐々に移行してきている。

ウ　このことは、新概念に即応して単語を交替させやすい、「体言」(名詞)を利用した語彙構造である「名詞優位型語彙形式」へと、日本語基礎語彙が体系的な変化を進行させていることを示している。

エ　「文化しての語彙」という観点から別の見方をすると、基礎語彙における動詞・形容語・副詞が、新しい時代の変化の早さに対応した表現に交替させやすいシステムへと変化しつつあるとも言える(文法上の変化でもある)。

オ　これらは、主に意味概念を担う部分と文法機能を担う部分とが融合(一体化)している語彙形式(和語型の「総合的単純形式」)から、意味概念部分と文法機能部分とを分離させる語彙形式(漢語型の「分析的複合形式」)へと、語彙が変化していると解釈できる。

＊＊＊＊＊＊＊＊＊＊＊＊＊＊＊＊＊＊＊＊＊＊＊＊＊＊＊＊＊＊＊＊

　これらから、特に「動詞・形容語・副詞」の語彙的変化としては、次のように類型化できる。

動詞　総合型(和語固有動詞) ⇒分析型(体言型語幹＋動詞機能部)
　　　　「~する」

　　　例　える(得る) ⇒ 獲得＋する、ゲット＋する

　　　他の語例　お茶＋する、ネット＋する、

形容語　総合型(和語固有形容語) ⇒分析型(体言型語幹＋助動詞的機能部)
　　　　「~な・だ」

　　　例　やわらかい ⇒ やわらか＋な、柔軟＋な、ソフト＋な

　　　他の語例　未来＋な、王様＋な、リッチ＋な、ビッグ＋な

副詞　総合型(和語固有副詞) ⇒ 分析型(体言型語幹＋格助詞)
　　　　「~に」「~と」「~φ」

　　　例　とても ⇒ 非常＋に

　　　　　てきぱき ⇒ 迅速＋に、スピーディー＋に

　　　　　すべて(力を出す) ⇒ 完全＋に

　　　　　いっぱい(一杯)＋φ(に)、フル＋に

　　　他の語例　はっきり ⇒ 明瞭(明確)＋に、クリアー＋に

　　　　　　　　堂々＋と、悠々＋と、漫然＋と

　このような史的特徴を、具体的な日本語文の事例で示すと、冒頭に示したA・Bのように示すことができる。A「和語和文型」としたものは、いわば「和文語彙による和文的文体」であり、漢語を受容する前の日本古来の表現である。B「体言+機能語」型としたものは、実は「漢語語彙による漢文訓読的文体」であり、漢語を多く受容することが定着するようになって以降(およそ中世以降)、しだいに日本語に浸透してきたものである。Bをより簡単なモデル文体で示すと次のようになる。

　A「□□に□□な□□を□□に□□する□□が□□です。」

　Aの□□の部分はどのような名詞(あるいは漢語・外来語)にも置き直せるから、Aの文体の特徴は、「語彙が交換可能な、パーツ化した文体」と言うことができる。

Ⅲ 日本語の語彙の2類 — 和語と漢語(＝広義の外来語) —

1. 漢語表現の受容と日本語文体の変質

　Ⅱで見た語彙の歴史的変化は、現代語の文体の類型化を生み出すことになった。日本語語彙は、特に中世以降、漢語を多く取り込んだため、漢語が使われていた文体も同時に取り入れたからである。その結果、日本語の文章・文体も大きく変化し、2つの類型を形成した。それは、わかりやすく表現すると「やわらかい文体」と「硬質な文体」の2類型である。

2. やわらかい文体

　まず次の文章を、下線部(動詞・形容詞・形容動詞・副詞の箇所)に注意して通読してみていただきたい(番号・下線・網掛け等の記号は、解説のために付したもので後述する)。これは、日本語教育に関連する国際的研究会の案内文面である。[2] その文面の一部の語彙に(下線部)、本稿での目的のために、一定の改編を加えたものである。[3] 下線の部分41箇所は、動詞、形容語(形容詞・形容動詞を総称する)、副詞の箇所である。(下線は、動詞＝実線、形容語＝点線、副詞＝二重線。＊は原文を変更した語の中で、対応する同義の和語が見つけにくかった部分。数字の○と□の相違、および、網掛け部のことは後述。)

2　作文ではなく実際に使用された文を例文に選択した。2010年に開催された「中国日語教学研究会例会」の「第六回中日韓文化教育研究会フォーラム」の開催案内状。実際にネットで配信されたもの。作成者は、一部の表現から推しておそらく中国人で、日本人の添削を経ているかと推定する。

3　本論のテーマに関わるところのみを問題にしたかったので、原文に対しては、次の2ヶ所以外は手を加えていない。より自然になるように修正したのは次の箇所のみ。
　①「中国人日本語学習者に**おいて**は」とあるのは、原文では「中国人日本語学習者には」。
　② 37・38の「相互に交流する」は、原文は「相互交流する」という四字漢語である。サ変動詞としてはやや落ち着きが良くないので「に」を補った。
　なお、「㉕ 質の高い」は、形容詞としては「高い」の部分のみであるが、対応させた漢語表現を「良質の」とした関係で、便宜的に「質の高い」で対応させている。「良い」の部分のみを、「(質の)上等な／高位の(ものへ)」と出来なくはないだろうが、それでは一般的な日本語ではなく、不自然になろう。

<フォーラムの案内>　(中国における、ある学会の開催案内文から)

<和語版>

2010年9月、第○回○○フォーラムが○○大学で 1 開かれることになりましたので、2 お知らせします。

このフォーラムは ③ ほぼ二年に一回のペースで~~大学の主催で ④ 行われてきていますが、今回は○○研究会との共催で ⑤ 開かれ、テーマは「学習者中心の日本語教育に ⑥ 向けて」です。

近年、大学における外国語教育では、「教養語学」より「実用語学」への改革が ⑦ 進められており、「⑧ 使える」力の養成や 9 役立つ語学運用能力の増進が ⑩ 求められています。日本語教育もそうした状況の中で、教材開発や教授法の検討など、教授側を視点とする ⑪ さまざまな取り組みが ⑫ 行われています。

しかし一方、学習者では「どのような動機を ⑬ 持って日本語学習を ⑭ 始めたのか、どのような言語習得環境で日本語を ⑮ 学ぶのか、また学習過程でどのようなことに困難を 16 覚えるのか、さらに、中国人日本語学習者においてはどのような習得が ⑰ 行われ、どのような学習ストラテジーを ⑱ 用いるのか」など、日本語教育に ⑲ 関わる学習者要因の ⑳ さまざまな課題が㉑ まだ・22 あまり 23 解き明かされていません。

中国の日本語教育を ㉔ より質の ㉕ 高いものへと ㉖ 引き上げ、時代や環境の変化に 27 しなやかに ㉘ 応(こた)えてゆくためには、㉙ 教える側の立場から ㉚ 学ぶ側のほうに視点を ㉛ 移していくべき時が ㉜ やってきていると ㉝ 考えています。

今回のフォーラムは、教授者としての立場のみならず学習者としての立場からも、「㉞ わかる」日本語から「㉟ できる」日本語への橋渡しとして、日本語教育における学習者の分析、及び学習者のコミュニケーション能力育成などの問題について、その理論と実践方法を 36 見つめ直し、日本語教育に ㊲ 関わる学習者・支援者・教師・研究者が 38 たがいに 39 語り合うための場を 40 設けたいと ㊶ 思っております。

特に下線部はやわらかでわかりやすく書かれているという印象を与え、全体にも、練(ね)れた平易な表現であると言えよう。一部には、“このような文書(学会の案内)では、通常は使用しないだろう”と思われる文芸的語句もある(例えば、26

番の「しなやかに」等)。しかし、合計41ヶ所全体としては、日本語母語話者が見ても、26番以外には、ほとんど"違和感をいだかない"であろう。あえて言えば「やわらかくやさしい表現にしようと<u>意図的に</u>書いている」という印象を持つ程度であろう。

　この下線部には、原文において、和語ではなく漢語が使われている所がある。次節の<漢語版>は、下線部をすべて漢語表現に入れ替えた文章である。和語版と比較し、原文ではどの箇所が漢語であったか推察してみていただきたい。

3. 硬い文体

　次の「漢語版」は下線部すべてを、同義語ないし類義語の漢語表現にした文章である。動詞は漢語サ変動詞に、形容語は漢語形容動詞(ナ形容詞)に、副詞は「漢語＋に・として・と等」の形式に変更した。前の文章に比べ、全体に硬質な印象を受けるであろう。

<漢語版>

　2010年9月、第〇回〇〇フォーラムが〇〇大学で①<u>開催される</u>ことになりましたので、②<u>御案内します</u>。

　このフォーラムは③<u>概略</u>二年に一回のペースで〇〇大学の主催で④<u>開催</u><u>されて</u>きていますが、今回は〇〇研究会との共催で⑤<u>実施され</u>、テーマは「学習者中心の日本語教育を⑥<u>志向して</u>」です。

　近年、大学における外国語教育では、「教養語学」より「実用語学」への改革が⑦<u>推進されて</u>おり、「⑧<u>実践できる</u>」力の養成や⑨<u>実践的な</u>語学運用能力の増進が⑩<u>期待されて</u>います。日本語教育もそうした状況の中で、教材開発や教授法の検討など、教授側を視点とする⑪<u>多彩な</u>取り組みが⑫<u>実践されて</u>います。

　しかし一方、学習者では「どのような動機を⑬<u>有して</u>*日本語学習を⑭<u>開</u><u>始した</u>のか、どのような言語習得環境で日本語を⑮<u>学習する</u>のか、また学習過程でどのようなことに困難を⑯<u>感じる</u>のか、さらに、中国人日本語学習者においてはどのような習得が⑰<u>実践され</u>、どのような学習ストラテジーを⑱<u>使用する</u>のか」など、日本語教育に⑲<u>関連する</u>学習者要因の⑳<u>多様な</u>課題が

㉑ 依然として ㉒ 十分に ㉓ 解明されていません。

　中国の日本語教育を ㉔ 一層 ㉕ 良質なものへと ㉖ 向上させ、時代や環境の変化に ㉗ 柔軟に ㉘ 対応してゆくためには、㉙ 指導する側の立場から ㉚ 学習する側のほうに視点を ㉛ 転換していくべき時が ㉜ 到来し*ていると ㉝ 分析し*ています。

　今回のフォーラムは、教授者としての立場のみならず学習者としての立場からも、「㉞ 理解する」日本語から「㉟ 実践できる」日本語への橋渡しとして、日本語教育における学習者の分析、及び学習者のコミュニケーション能力育成などの問題について、その理論と実践方法を ㊱ 検討し、日本語教育に ㊲ 関係する学習者・支援者・教師・研究者が ㊳ 相互に ㊴ 交流するための場を ㊵ 提供したいと ㊶ 計画して*おります。

4. 語彙の置き換えパタン

　動詞、形容語、副詞について、どのような語彙の変換(⇔)を試みたかというと、次のようなパタンによる。これらは、Ⅱで見た歴史的変化の特徴に合わせたパタンである。(語彙の変換は、「例」の直後が原文、括弧内">"の右側が改編後の語形)

```
動詞－和語動詞 ⇔ 「漢語＋サ変動詞する」 例 ①開催する ＞ 開く
形容詞・和語形容動詞－
　　形容詞 ⇔ 「漢語＋断定の助動詞だ」 例 ㉕(質の)高い ＞ 良質な
　和語形容動詞 ⇔ 「漢語＋断定の助動詞だ」
　　　　例 ㉗柔軟に ＞ しなやかに
副詞 －和語副詞 ⇔ 「漢語 ＋ に・として・と等」
　　　　例 ㉑まだ 　(＞依然として)
　　　　　㉒十分に 　(＞あまり)
　　　　　㉔より 　(＞一層)
　　　　　㊳相互に 　(＞たがいに)
　　　　　(「~と」の例として： きちんと ⇔ 整然＋と)
```

これらの和語と漢語表現との間には、次のような対応パタンがある。

和語⇔「漢語体言＋語尾(サ変動詞スル / 断定の助動詞ダ / 副詞化語尾ニ・ト)」

この中には、漢語表現にすると、母語話者から見て不自然に感じる箇所がある。その箇所には次のような傾向がある。

○「⑥志向して」のように、キャッチコピー(研究会のテーマ、キャッチフレーズ等)として使うには文章語的過ぎるもの(同様の箇所は ㉞ ㉟等)

○「⑬ 有して」のように、引用形式内にあり、通常、カッコ付きの口語的表現として使用することがないもの(文章語的とも言えるもの)(⑭　⑰も同様に引用形式内)

○「㉝ 分析しています」のように(漢語だから硬いということもあるがむしろ)、このような一般的案内文としては、意味が分析的に過ぎて(＝詳し過ぎて)合わないもの(「考えています」程度の抽象的表現の方が合うもの)。(㊲　㊶も同様)

しかし、上に例示したこれらの番号の箇所すべてを除外すれば、上記「やわらかい文体」と比較して、どちらの表現が原文なのかを選択するのは、日本人母語話者でも決して容易ではないだろう。

5. 漢語・和語が特徴的に選択されている箇所とその理由

1) 漢語が選択されている箇所

実は、原文で漢語の方が使用されているのは、41カ所中、次の11カ所である(番号を□で囲んであった語が原文では漢語の箇所である)。なお、網掛け部分は原文で漢語表現が出現している箇所である。

[1] 開催する　[2] (御)案内する　[9] 実践的な　[16] 感じる　[22] 十分に
[23] 解明する　[27] 柔軟に　[36] 検討する　[38] 相互に　[39] 交流する
[40] 提供する

原文の漢語表現の使用箇所に関して興味深いのは、次の5つのような現れ方で

ある。

　　Ⅰ　文頭部分
　　Ⅱ　文末部分
　　Ⅲ　強調部分(「しかし」で始まっている、起承転結で言えば「転」部分の末尾に
　　　　あたり、従来の未解決問題を「強調している」箇所)
　　Ⅳ　引用箇所・キャッチコピー等と対照されている箇所(括弧書き部と対照的
　　　　な部分)
　　Ⅴ　和語と同程度に日本語内に定着している漢語語彙(使用期間・使用頻度な
　　　　どの上で定着度が高い)(例　漢語一語語幹サ変動詞「愛する」など)

　特に注意されるのはⅠ・Ⅱ・Ⅲである。これらが、人目を引く重要な部分であることは明瞭である。そのようなところに偏って、かつ、集中している(2例以上連続)という点は、偶然というよりも、この漢語表現の本質を象徴していて注目される。おそらく漢語を使用することの効果と無関係ではないであろう。つまり、重要な箇所、強調したい箇所、文章を引き締める箇所などに、硬く抽象度の高い傾向をもつ漢語語彙が向いていることを投影していると解釈できる。
　Ⅳは、次のように、直前のカッコ書きの表現と対句的な関係をもっている箇所である。

　　「「⑧使える」力の養成や⑨ 実践的語学運用能力の増進」

　前半部は、カッコ書きでのキャッチコピー的な部分のため、親しみやすい(口頭語的)表現として和語が選択されている(次の(2)参照)。それに対して、後半部はカッコ書きでなく、かつ、直後の被修飾語が漢語複合語の「語学運用能力」という硬い表現であることもあって(前半部の被修飾語は和語「ちから」)、「(和語句)や(漢語句)」という対照的対句表現になっていることが影響している、と解釈できる。

　　「使える」力＝＝和語＋和語　　⇔　「実践的語学運用能力」＝＝漢語＋漢語

　前半部のようにキャッチコピー的表現にしていたら、おそらく次のような和語

が選択された可能性が高いであろう(次節(2)参照)。

　　比較：「使える」力の養成や「役立つ」語学運用能力の増進

　最後に、Ⅴであるが、上記いずれにも該当しない「16 感じる」の単独使用箇所
である。これは「感じる」が漢字1文字での漢語サ変動詞である。漢字1字(語幹)漢
語サ変動詞の一部は日本語への定着時期が早い(例えば、「愛する」、また、平安時
代の例で言えば、当時定着していた「具(ぐ)す」)。そのこともあって、ほとんど和
語に準じて受け取られているためと言えよう。これは、Ⅰ・Ⅱ・Ⅲとは別の意味で
注目される特徴である。「漢字1字サ変動詞」に対する"語種意識"の問題や、広く
は"和語との区別意識の希薄化した漢語・外来語語彙の特徴"として、語彙研究の
テーマとなる問題である。機会を改めて考察したい。(後者の他の例としては漢語
であるが和語と誤解されやすい「ごはん(御飯)」＝日常語、「イクラ(鮭の卵、ロシ
ア語起源)」＝音声特徴が「おくら」(野菜)と類似、などがある。)

　2) 和語が積極的に選択されている箇所
　例文の原文は、8割近くは和語であるから全体的に和語優先であるが、漢語と
は反対に、和語が積極的に選択されている箇所を指摘しておく。漢語の特徴と対
比的に見てみると、引用形式内での多用が特徴的である。カッコ書き部分での
キャッチコピー的表現(下記のイ・エ・オ)や呼びかけ的表現(ア)では、意図的に、
より平易な表現として和語が選択されている。ウの部分は、文末の「~のか」から
見て、話し言葉的表現と見ることができるから(書き言葉的「~始めたか」等と比
較してみよ)、口語調のために、漢語が回避され和語が選択されている、と解釈
される。

◆ 引用形式部分(カッコ書き部分)抜き出し (以下は、原文の表現にて示す)
　　ア 「学習者中心の日本語教育に ⑥ 向けて」
　　イ 「⑧ 使える」力の養成や⑨ 実践的語学運用能力の増進
　　ウ 「どのような動機を ⑬ 持って日本語学習を ⑭ 始めたのか、どのような
　　　　言語習得環境で日本語を⑮ 学ぶのか、また学習過程でどのようなことに
　　　　困難を 16 感じるのか、さらに、中国人日本語学習者においてはどのよ

　　うな習得が ⑰ 行われ、どのような学習ストラテジーを ⑱ 用いるのか」
　　《比較：文末書き言葉調「~始めたか」》
　エ 「㉞ わかる」日本語
　オ 「㉟ できる」日本語

　ただし、注意しておきたいのは、この引用形式部分の扱われ方は、おそらく文章の内容やスタイルによって、その位置付け・意味付けが異なる部分と考えられる。文章によっては、カッコ内での表現の方が、これらとは反対に、硬い表現、より文章語的な表現をあえて選び、それを多用するということも起こり得る。それゆえ、引用形式部分では、和語漢語のいずれが選択されやすいか、という問題とは別に、次のように把握しておくのが適切と思われる。――「引用形式部分での語種の選択は他の部分とは異なり、一定の文章的傾向が生じやすい箇所として注意が必要である」

Ⅳ　和語比率による文体指標の計算式

　「漢語版」では、一部不自然な、やや無理な箇所も含まれた。しかし、それらを除外すれば、全体としては、やや堅苦しい文章、あるいは、日本語にまだ完璧には習熟していない外国人の文章としてなら、許容可能な範囲とも言えるものであった。この典型的2文体の特徴に注目すると、日本語は、「和語版」と「漢語版」という置き換え可能な2つの文体を保持している言語であると見ることができる。

　和文版は41カ所すべて和語による100％和語による和文体で、漢語版は41カ所漢語表現による100％漢語文体ということができる。一方、原文は11カ所が漢語であるので約73％の和文体表現、ないし、約27％の漢文体表現ということができる。そのように見るとき、われわれは、これら「動詞・形容語・副詞」における和語・漢語「採用比率」が、文体の和文率漢文率の文体指標として利用可能であることに気づく。いまそれを、和語側からみて「和語和文体比率」と仮称する。その「和語和文体比率」は次の計算式による百分率で示すことができる。

文体指標としての和語率(略称JFR[4])%

＝「動詞・形容語・副詞」箇所における和語数÷同箇所の総数×100

(これは漢語の側から反対に「漢語漢文体比率」としても提示することができる。)

例 41ヶ所中 41ヶ所すべて和語の場合＝和語率 100%

41ヶ所中 41ヶ所すべて漢語の場合＝漢語率 100%

例文は、41ヶ所中和語30語＝和語率73.2%(漢語11ヶ所＝漢語率26.8%)の文体。

なお、漢語の部分が外来語による表現の場合でも、漢語と同様のパタンを取り得る(例えば、「はじめる＞開始する＞スタートする」)。その点では和語の側からの計算式によって示しておくのが便利である。あるいは、和語：漢語：外来語の比率を示すこともできる。

このように、「動詞・形容語・副詞」の箇所の語種に注目することで、文体の相違を客観的数値で示す方法を新たに見出すことが可能となることを新たに指摘することができた。

Ⅴ 発展課題 —①名詞の文体指標、②和語・漢語・外来語の意味分担—

すでに紙幅がないので、発展的問題を簡略に書いておく。

(1) 今回は名詞は除外したが、名詞を加えた処理も考えられる。その場合は、動詞連用形名詞などの扱いなどが課題となる(例文中の⑪多彩な取り組み」の「取り組み」等)。

(2) 同義・類義語への言い換え操作(変換)によって、興味深い課題に気付くことができる。意味によって、和語・漢語での語彙の多寡が異なる同義語関係があることである。例えば、⑨ 実践的な」に相当する和語は乏しい。一方、⑬の「持って」に相当する漢語では適当なものが見つけにくい。特定の意味分野と語種の間

4　JFR と略称しておく。JFR= native Japanese words, the Foreign loanwords Ratio (of verbs, adjectives and adverbs). (直訳的には和語vs外来語比率となるが、《和語÷(動詞・形容語・副詞における「和語＋広義外来語の総数」)》の意訳とする。漢語語数を分子に置くことで、「漢語語種率」とすることもできる。)

には、何らかの相関性があることがうかがえる。この比較を発展させることによって、和語・漢語(・外来語)という語種の特性と意味との関係を新たに研究していくことが可能になろう。

Ⅵ　まとめ

　本稿では、以下の点について、考察した。外国人の日本語学習者は、ＡとＢの文体を習得すれば、やわらかでわかりやすい日本語(A)と、改まった書きことば的なかたい日本語(B)とを、使いわけることができるようになる。

　(1)　日本語の基礎語彙の歴史を奈良時代から長期的に分析して見ると、和語語彙による表現から、類義関係にある漢語・外来語に置き換えた語彙表現を多用する方向に変化している。それは、モデル文体で示すと、次のような文体を獲得してきたという歴史である。

　　Ａ「□□に□□な□□を□□に□□する□□が□□です。」

　この特徴は、「語彙が、交換可能な、パーツ化している文体」と言うことができる。
　(2)　現代日本語の文体特徴は、次のような計算式によって数値化することで、客観的に比較可能となる。

　和語語種率(JFR)％＝和語語数÷(動詞・形容語・副詞の総用例数)×100

　JFRによって、語種が「文体指標」の１つとなり得ることが示された。

▌ 参考文献 ────────────────────────────●

安部清哉(1985)「国語語彙論の方法について」『文芸研究』110
安部清哉(2003)「記述と仮説と実証と理論との相互作用的発展 - 主に語彙史研究の視点から -
　　　　　　(シンポジウム要旨)」『国語学』215。より詳細は、『国語学会2003年度春季
　　　　　　大会予稿集』大阪女子大学

安部清哉(2009.11)「語彙史研究と語彙的カテゴリー-その多様性と体系化」『シリーズ日本語史３語彙史』(第１章)(安部清哉・金水敏共編) 岩波書店

安部清哉(2009.11)「意味から見た語彙史」『シリーズ日本語史３語彙史』(第3章)(安部清哉・金水敏共編) 岩波書店

安部清哉(2010.3)「語彙の特性から見る語彙史研究の諸相 -「語彙的カテゴリー」「部分語彙」「反現象」「反作用」「中和」-」『人文』8、学習院大学人文科学研究所

安部清哉(2011.3)「形態と意味との相関関係をめぐる語彙論的諸相 -『ク活用2音節対義形容詞の形態的対応』を添えて -」『学習院大学文学部研究年報』57、学習院大学文学会

国立国語研究所(1962)『現代雑誌九十種の用語用字　第一分冊 - 総記および語彙表 -』『同　第二分冊』『同　第三分冊』秀英出版

国立国語研究所(2005)『現代雑誌の語彙調査』

田中章夫(1978)『国語語彙論』明治書院

田中章夫(2002.a)『近代日本語の語彙と語法』東京堂出版

田中章夫(2002.b)「語彙研究の諸相」『朝倉日本語講座４語彙・意味』第一章、朝倉書店

宮島達夫(1967)「現代語いの形成」『ことばの研究』(国立国語研究所論集3) 秀英出版

宮島達夫(1977)「語彙の体系」『岩波講座日本語９語彙と意味』第１章、岩波書店

宮島達夫(1997)「雑誌九十種表記表の統計」『日本語科学』1、雑誌九十種の最終的語彙数と統計が掲載されている。

宮島達夫(2007)「語彙調査からコーパスへ」『日本語科学』22、雑誌九十種と雑誌70誌の比較、雑誌九十種の語数に関する注意が記されている。

宮島達夫(2009)「語彙史の比較(１) - 日本語(雑誌90種と雑誌70誌)」『京都橘大学研究紀要』35

専門語彙研究の基本的視点と枠組み

影浦峡

東京大学・大学院教育学研究科・図書館情報学研究室

I はじめに

　本稿では、たまたま専門用語をデータとした語構成や語構造、語彙の研究ではなく、まさに他でもない専門語彙そのものを対象とする研究を可能にする基本的な視点と枠組みを定式化する。そのために、以下ではまず語彙論の位置づけを明らかにし、次いで、専門語彙研究の領域と視点、枠組みを明確にする。なお、論を展開するに当たっては、最近、急速に発展している「コーパスに基づく言語研究」の位置を念頭に置く。なお、本稿は、Kageura(2012)の第1章および第6章に多くを負っている。

II 語彙論の領域

　専門語彙の議論に入る前に、語彙論の領域について簡単に整理しておくことにしよう。

　Crystal(1992)は、語彙論(lexicology)を「ある言語の語彙に関する研究」(the study

of a language's lexicon)と定義し、さらにlexiconとしての語彙を「ある言語の語彙(vocabulary)、とりわけ語の見出し集合として辞書にリストされるもの」(the vocabulary of a language..., especially when these are listed in a dictionary as a set of lexical entries)としている。ここで重要なのは、「集合」(set)という言葉である。すなわち、語彙論は個々の語について分析しそれを一般化するものではなく、集合としての語彙の特性を研究対象とする。この定義が必ずしも広く共有されているわけではないが(例えばMcCarthy 1991; Geeraerts 1994, Halliday 2004を参照)、本稿ではあくまで、集合としての語彙を対象とする研究を語彙論の領域として議論を進める(そうでなければわざわざ「語彙」と言う必要はない)。このように定義された「語彙」は、文法とともに、ソシュール(Saussure)が言語(langue)における基本的な存在として認めたものである。このうち文法は抽象的な形式、語彙は具体的な存在と見なすことができる。

　ところで、最近特に、発話(ここではこの言葉を書かれたものも含む広い意味で使う)されたデータの集積であるコーパスを用いた言語研究が盛んになっているので、発話されたデータとここで言う語彙との関係を簡単に整理して置こう。<図 1>にその非常に粗い関係を示す。

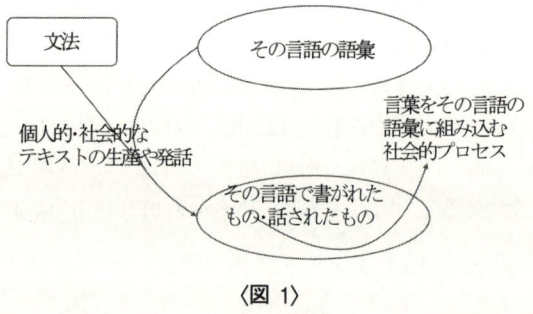

〈図 1〉

　具体的な発話と語彙の関係を考えるためには、この図をもう少し詳細にする必要がある。まず、我々が「ある言語の語彙」と言うとき、社会的に共有され蓄積されたもを理論的に想定している。それに対して、発話と言った場合には、コーパス言語学のように具体的なデータを想定するだけでなく、潜在的に可能な発話の全体を考えることもできる。重要なのは、前者は語彙に対応していないことであ

る。例えば、米国における英語の発話を分析すれば、「イスラム」は「テロリズム」と強く関係づけられるであろうが、語彙的な意味においては「イスラム」は「テロ」とはいささかも関係がない(両者の関係は「イスラム」と「テロ」という語の意味に関する領域においてではなく、米国の発話に反映された米国人(の一部)の社会的欲情の領域において付けられているものであり、語彙論的には、「イスラム」という語はどんな側面においても「テロ」という用語と無関係である。これは、例えば15世紀に男性が書いた女性の描写が当時の女性の性質を表しているよりもむしろ当時の男性の女性観を表しているに過ぎないことと同様である)。

　この点を考慮するならば、<図　1>は<図　2>のように変更する必要がある。すなわち、発話の側には潜在的に可能な発話の全体を想定し、語彙論が対象とする領域はそれに対応するものと見なすのが妥当である。現実の発話から取り出された「語彙」に関する情報は、その一部のみが語彙論の領域に関わるに過ぎない。自然言語処理の領域においてテキスト・コーパスからの専門用語抽出や連語抽出などがなされているが、それらが、情報検索のようなテキストを中心とする応用にはそれなりに有用であっても、辞書構築をはじめとする語彙論的な応用には十分でないのも、この点にかかわる。

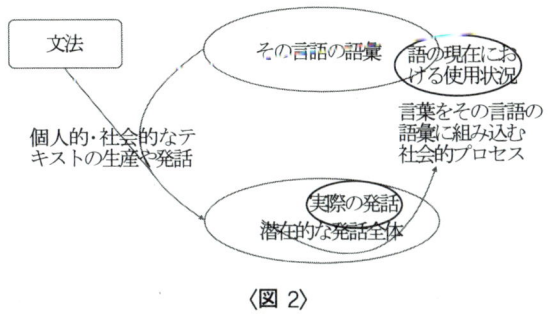

文法

その言語の語彙

語の現在における使用状況

言葉をその言語の語彙に組み込む社会的プロセス

個人的・社会的なテキストの生産や発話

実際の発話

潜在的な発話全体

〈図 2〉

　ここに、語彙論の奇妙な理論的性質が現れている。一方で、適格文を生成する抽象的な計算メカニズムとしての文法(これには語構成の形式的規則も含めてよい)と比べるならば、語彙論の対象は極めて具体的な語の集合という存在である。他方で、いわゆるコーパスと比べるならば、語彙論の対象ははるかに抽象度が高い存在である。従って、具体的な語彙のデータを研究対象とする必要はあるが、

そのようなデータは発話されたものの集積であるいわゆるコーパスから自動的に
とってくることができるものではなく、必ず語彙論研究であるために求められる
理論的抽象化の操作が必要となる。結局のところ、我々は、辞書の見出し集合の
ようなものを語彙論の基本対象として想定しなくてはならない。上で見たCrystal
(1992)が、語彙を「とりわけ語の見出し集合として辞書にリストされるもの」とし
ているのは、理論的な必然なのである。そして、語彙論一般が有するこのような
性質は、専門語彙論にも妥当する。

Ⅲ 専門語彙

1. 専門用語の定義

　多くの研究者が専門用語あるいは専門語彙を様々なかたちで定義してきた。代
表的な定義としては、以下のようなものがある。

　　専門用語は・・・一つ以上の概念に割り付けられる言語的記号であり、概念は
　近隣の概念により規定される。専門用語は単一の語である場合も語の連なりで
　ある場合もある(Felber 1984:168)

　　[専門用語は] 一つ以上の単語からなる語彙単位であり、ある領域におけ
　る概念を表象する(Bessé et al. 1997:152)

　いずれも「概念」という概念に依拠した定義であるが、専門用語は概念を表すと
規定しても十分な定義にはならない(Kageura 2002)。というのも、(1) 専門用語と
概念の関係は一般語と意味の関係と同型であるし、(2) 概念の記述様式は一般の意
味の記述様式と同型であるし、(3) 概念記述の解像度は概ね一般語の意味記述の
解像度と大きく異なることはないからである。「概念」の重要性は、一旦専門用
語・専門語彙を確定した上で遡及的に見出させるものであって、専門用語と専門
語彙を定義するために有用なわけではない。
　これに対して、より現実にあった専門用語の定義は、「語彙単位の中のある機

能的クラス」(Sager 1998)というものである。ここから、専門用語を、ある専門領域で特別なかたちで使われている語彙単位と定義することができる。もちろん「特別なかたちで使われている」というのが何を指すかには揺れがあるが、ある与えられた単語が専門用語であるかどうかについては、専門家の間でも揺れがあるのだから、それ自体は特に問題ではない。専門語彙が「機能的クラス」である限り、これは専門用語の本質の一部である。

2. 専門語彙と専門用語

　専門用語の定義を参考に、専門語彙については「ある専門領域の語彙」(Bessé 1997)と定義することができる。これは、語彙論の対象を「ある言語の語彙」と定めることとほぼ対応しているが、それにもかかわらず、専門語彙の理論的な位置づけは一般語彙と比べてはるかに曖昧である。一般の語彙は、対象とする言語を確定できれば基本的に確定することができる。これに対して、専門語彙については、まず対象とする専門領域を定めることが言語を定めることより困難であるし、また、専門領域を定めたとして、その領域においては一般語と専門用語の双方がコミュニケーションで使われているためである。

　実際の曖昧さは別として、いずれにせよ専門語彙の研究を行うためには、対象とする専門用語の集合を定める必要がある。専門用語を「機能的クラス」と見なすならば、「機能」が現れるのは発話の中でであるから、専門領域の発話を収集し(専門分野コーパス)、そこから専門用語を抽出し、集合としての専門語彙を構築するという順番で実際の分析は進められると考えるのが自然である。

　しかしながら、理論的／概念的な観点からは、この順番は適切ではない。第一に、一般の語彙と発話との関係で見たように、具体的な発話は必ずしも語彙に対応しない。これは、専門語彙においても同様である。第二に、確かに、経験的なレベルでは専門語彙は専門用語の集合であるから、要素としての専門用語が存在しない限り専門語彙は成り立たない。しかしながら、概念的にはこの関係はまったく逆であって、我々がそもそも個々の語彙単位について、それが「専門用語」であるかどうか検討できるのは、既に、事前に「専門語彙」の存在が前提とされているからなのである。したがって、具体的な専門用語、具体的な専門用語の集合としての専門語彙、専門用語という概念、そして専門語彙という概念の関係を示す

ならば、<図 3>のようになる。

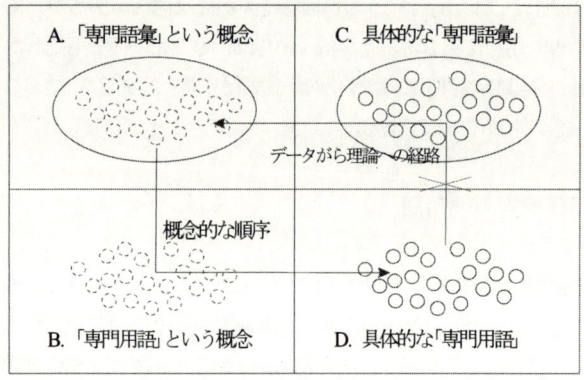

〈図 3〉

　この図式を受け入れるならば、概念的にはあくまで専門用語は専門語彙という存在から派生するものであるから、専門用語の研究ではなく専門語彙の研究こそが、本来的な研究を構成するものとなる。すなわち、<図 3>の「A」の様態を明かにすることが専門語彙の理論的な研究における第一義的かつ本質的な課題となる。しかしながら、語彙論一般と同様、専門語彙論も文法のように形式を扱うのではなく、具体的な存在としての語彙を扱うものであるから、実際に研究を進めるためには、当然、具体的なデータが必要になる。存在するデータの中で経験的観点から一次的なものは発話であり、そこにおいて認められる個々の専門用語(<図 3>の「D」)が専門語彙研究における基本的なデータとなる。注意すべきは、<図 3>における「D」はあくまで専門語彙研究における基本データであって、それ自体が目的ではないことである。コーパスからの自動専門用語抽出の多くが、<図 3>に示す専門語彙論の理論的枠組みを意識しないまま進められているため、コーパスから「D」に相当する部分を抽出するところに留まり、「D」から、「A」の反映である「B」へと移行しない。上述したように、自動専門用語抽出が語彙論的な応用として不十分である理由は、ここからいっそう明らかになる。この点を認めるならば、応用においても<図 3>のような理論的な枠組みを考慮する必要があることがわかる。

3. 専門用語と一般語

　ここで少し脇道にそれて、「機能的クラス」としての専門用語を一般語との関係
で整理しておこう。専門用語は、一般に、内包が一般語よりも狭く規定される。
その意味では、化学式のような人工的な記号システムに近い。その一方で、人工
的な記号システムとは違い、個々の専門用語は一般語と同じ記号を用いるため、
一般語と常に相互作用を起こしている。ある専門用語が一般語として使われるよ
うになることもあれば、一般語として生まれた言葉が専門用語になることもあ
る。
　こうした状況を考慮して、一般の語彙、専門語彙、人工的な記号体系の関係を
図式的に整理すると<図 4>のようになる。

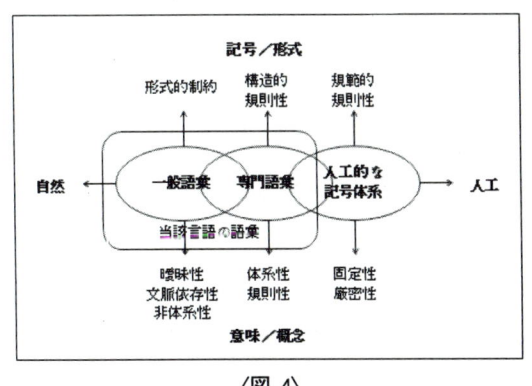

〈図 4〉

　一般語彙は、意味の側面では曖昧性、文脈依存性、非体系性などを特徴とし
(もちろん体系的な側面があっての上であるが)、記号面では語の構成、すなわち
文の構文と同様のレベルでの形式的制約に焦点が当てられることが多い。これに
対して、人工的記号体系はその対極で、人間における記号体系と対応する意味の
厳密な構築が問題とされる。専門語彙は、両者の間にあって、記号面では語彙の
体系・構造に依存した規則性が、意味／概念面でもやはりそれを反映し、それに
反映されるような体系性と規則性が顕著な特徴であると見なされる。

Ⅳ 専門語彙研究の視点

ここでは、専門語彙研究の視点と枠組みを、具体的な研究に深入りすることなく整理する。その際には、これまで述べてきた専門語彙の位置づけを背景に、理論的な研究を一応の念頭に置く。3.2の末尾で見たように、応用研究においても専門語彙をめぐる理論的な枠組みを考慮する必要があることは明らかだからである。

1. 用語の構成と語彙の様態

語構成を扱った優れた研究の中で、専門用語を対象とするものは少なからず存在する(石井 1997; 石井 2007)。とりわけ専門用語は複合語であることが多いので、複合のパターンの記述としては様々な研究が行われている(Pugh 1984)。しかしながら、こうした研究は、語構成要素の特性(語種・品詞・意味属性)と語構成要素間の関係を分析し定式化するという点で、一般語における複合語の研究と同型であり、記述の解像度を見ても、記述された結果が、対象としている専門語彙の属性なのか、一般語にも当てはまる属性なのかを判断することは難しい。実際、石井による一連の研究はむしろ後者に重点を置いていると思われ、その場合は、データとしての専門用語の特徴さえ考慮されれば、語構成の研究として特に理論的な問題が生ずるわけではない。

これに対して、まさにある領域の専門用語の構成そのものを研究対象とするならば、記述がその分野の専門語彙のものであることを保証するためのメカニズムが必要となる。それを保証する一つの有力かつ現実的な方法は、語構成の記述を語彙体系と結びつけることである。例えば、自然言語処理分野の専門用語である「構文解析」という用語を取り上げてみよう。この用語に対して、

「構文」(言語形式) − [対象] − 「解析」(処理操作)

といった記述を与えるだけでなく、この記述そのものを、自然言語処理分野の中で「構文解析」とともに一つの概念グループを構成する「意味解析」「形態素解析」などと同一の「場」において扱い、この用語の構成を語彙体系中の造語の様態の一つとして固定することで、用語構成の記述が専門語彙の様態の一部を記述するもの

と位置づけることが可能になる。

　この操作はまた、個別の用語構成を記述することと比べて、用語の構成に関与する範列的(paradigmatic)要因の考慮を同時に可能にするというメリットも持つ。すなわち、「構文解析」が「構文」と「解析」の組からなるのは、「構文」という要素を「解析」という要素が、「構文」が「解析」の対象として結びつく形式が日本語において許容されているから(だけ)ではなく、「形態素解析」「意味解析」「文脈解析」などといった他の用語と概念的に並立しているという専門語彙体系における事実を、言語構造として素直に反映しているからでもある。

　用語の構成の記述と語彙の様態の記述の相違を図式的に示すと、<図 5>のようになる。このような視点を入れることにより、形式的に許容される用語の構成の記述から一歩進んで、その分野における語彙として妥当な用語の様態の記述が可能になる。<図 3>で言うと「D」のデータを「C」において記述することで、記述結果を「A」に帰属するものと解釈することが可能になるのである。

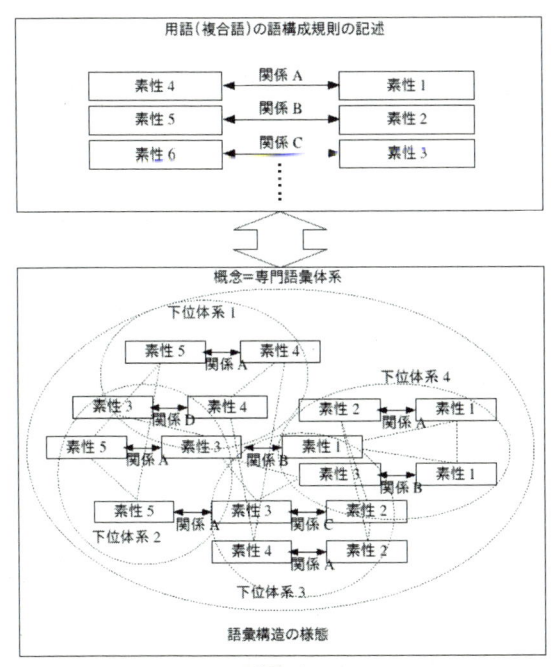

〈図 5〉

2. 語彙の様態：博物学的記述から構造的動態記述へ

4.1で導入したアプローチは、用語の構造・構成に対する記述研究を対象とする専門語彙の様態として位置づけるためには理論的に有効であるが、この操作は、同時に、記述が答えるべき問いの形式を、通常の語構成研究における「可能な語の形式は何か」という問いから、「この分野の専門語彙において用語はいかに構成されているか」という問いに変換する。ある分野において現実に存在する専門語彙の体系に個々の用語の構成を位置づけ、専門語彙の様態として解釈するのであるから、解釈が与えられる枠組みは、当然、語構成よりも一歩具体的なものとなる。

このように、「形式的に適格な用語の形式」から「現実の語彙における用語の構成様態」に記述を具体化すると、結局のところ専門語彙研究としての専門語彙の研究は、その時点その時点で存在する具体的な専門語彙の博物学的記述に留まり、言語の動的側面を把握することができなくなるのではないかという危惧が発生する(もちろん博物学的な記述の成果である辞書は、語彙論におけるほぼ唯一の現実に使われる応用として極めて重要なものであるが、専門語彙の理論研究が博物学的記述のみに収斂するとするとやはり不十分である感を否めない)。

したがって、専門語彙の理論研究を豊かなものにするためには、専門語彙の動態を把握する方法論と、妥当な解釈を可能にする枠組みが要請される。方法論については、概念分析に依拠した質的なものから語構成要素の分布特性を語彙の動的様態のある時点における反映と見なして動的メカニズムをそこに読み取るアプローチまでありうるが、極めて技術的な話になるのでここでは述べない(関心のある読者は、Kageura (2002; 2012)を参照してほしい)。理論的な解釈の枠組みとしては、専門語彙の様態の動的側面を対象とする研究は、語構成の研究のように用語を形式的適格性の生成的記述というものではなく、ある専門語彙における用語の現実的存在可能性の範囲を生成的に記述するものと捉えることが理論的に妥当なものとなる。

V おわりに

語彙論は、具体的な語彙の様態を第一義的な研究対象とする。専門語彙の研究

も例外ではない。本稿では、この立場から、語彙論研究と語構成論のような形式面の研究を分離するとともに、機能的クラスとしてある言語の語彙の一部を構成する専門語彙の理論研究を、たまたま専門語彙をデータとして使った何らかの語彙の研究ではなく、まさに与えられた専門語彙の研究として成立させるための視点と配置を整理した。紙幅の関係で十分に論じ切れなかった側面もあり、また、ここで提示した枠組み以外にも、理論的に妥当な専門語彙・専門用語研究はありうるだろうが、本稿で整理した議論は、専門語彙研究における一つの自然かつ妥当な理論的枠組みであることは示すことができたと思う。

参考文献

Bessé, B. de, Nkwenti-Azeh, B. and Sager, J. C.(1997) "Glossary of terms used in terminology," Terminology 4(1), pp. 117-156.

Crystal, D.(1992) An Encyclopedic Dictionary of Language and Linguistics. Oxford: Blackwell.

Felber, H.(1984) Terminology Manual. Paris: Unesco and Infoterm.

Geeraerts, D.(1994) "Lexicology," In Asher, R. E. (ed.) The Encyclopedia of Language and Linguistics 4. Oxford: Pergamon Press. pp. 2189-2192.

Halliday(2004) "Lexicology," In Halliday, M. A. K., Teubert, W., Yallop, C. and Čermáková, A. Lexicology and Corpus Linguistics: An Introduction. London: Continuum. pp. 1-22.

石井正彦(1997)「専門語の語構成」『日本語学』16(2), pp. 21-30.

石井正彦(2007)『現代日本語の複合語形成論』東京：ひつじ書房.

Kageura, K.(2002) The Dynamics of Terminology: A Descriptive Theory of Term Formation and Terminological Growth. Amsterdam: John Benjamins.

Kageura, K.(2012) The Quantitative Analysis of Dynamics and Structure of Terminologies. Amsterdam: John Benjamins. (to appear)

McCarthy(1991) "Lexis and lexicology," In Malmkjaer, K. (ed.) The Linguistics Encyclopedia. London: Routledge. pp. 298-305.

Pugh, J.(1984) A Contrastive Conceptual Analysis and Classification of Complex Noun Terms in English, French and Spanish with Special Reference to the Field of Data Processing. PhD Thesis. Manchester: University of Manchester.

Sager(1998) Unpublished memo.

일본어학과 일본어교육

日本語学・日本語教育

3 어휘(語彙)

日本語の「レキシコン」
-語彙世界の追求-

神崎享子

豊橋技術科学大学

Ⅰ 「レキシコン」とは何か

1. 「レキシコン」の定義

　日本語学であれ理論言語学であれ「言語学」(以下，「日本語学」「理論言語学」「認知言語学」など区別する必要がない場合は総称として使う)の分野に踏み入ると「レキシコン(lexicon)」という用語にぶつかる。そこで，事典類などで「レキシコン」を調べると「語彙目録」「語彙集」などと書かれている。また，時に「辞書」と呼ばれていることもわかる。しかし，今ひとつ実体がわからないという経験をされた人も多いであろう。

　レキシコン(メンタルレキシコンとも言う)とは，話者が脳内に母語の語彙について記憶している知識の総体のことを言う(伊藤 2005)。語彙知識とは主に，音に関する情報，形態的な情報，統語的な情報，意味的な情報などのことである。

　語彙知識の総体は「語彙目録」「語彙集」という用語から得る印象とは異なり，実は，語のもつ情報が有機的に結びついて保存されている。つまり，語彙知識が個々バラバラに列挙されているのではなく，有機的に結びついて語彙世界を構成

している。そしてその有機的な関連性は，非文を作らず自然に理解できる文を生成する際の重要な鍵となっている。

2. なぜレキシコンが必要か－レキシコンの背景－

そもそもなぜレキシコンが必要なのか。言語学だけでなく，コンピューターで言語を処理する自然言語処理分野や人工知能などいろいろな分野でレキシコンは重要な位置を占めるが，レキシコンは，チョムスキーの生成文法から飛躍的に発展したといってよいであろう。なぜか。それは研究の視点として，人間の脳内に内蔵されている言語知識の解明の研究であったからである。チョムスキーの生成文法の研究課題は，人間の言語知識の内容がどのようなものか，言語知識の獲得・理解，使用がどのようになされているか，があげられる(稲田 1998)。その解明は言語学でも自然言語処理でも，人間が言葉を操るしくみを知る上で共通の重要なテーマであった。言語学分野では，個別言語によらず世界中の言語に共通する普遍的な文生成ルールが説明できるという可能性を見出し，自然言語処理分野では，文法規則で演算することによりコンピューターが文を生成できるという可能性を見出した。

初期の生成文法では，語彙知識は導入されておらず文法規則だけで文生成について説明しようとしたが(Chomsky 1957)，語彙知識を考えなければ説明できない現象が次々と見つかり，文生成の過程に語彙知識を考察することが重要であることが言われた(Chomsky 1965, 中島 1998)。語は，それぞれ固有の発音，形態的，統語的，意味的性質を持っている。たとえば「食べる」という語は，統語上の性質として動詞に属し，動詞の中でも目的語となる名詞句(NP:Noun Phrase)をとる他動詞に属し，NPには基本的に食べ物を表す名詞句が入るという選択制限を持っている，などである。個々の語の多様な性質をまとめたものが，レキシコンである。辞書と語形成を司る機構を合わせて生成文法では「語彙部門(lexical component)」と呼び，我々が脳内に語として蓄えていると考えられている。このようにして作られた語は，統語部門に供給されて句や文を作る土台となる。しかし，統語的なしくみと同じしくみで形成される語があったり，語彙部門独特の性質をもつ語があったりで，語彙部門で行われる語形成が，語彙部門だけで行われるのか，統語部門だけで行われるのか，両方がかかわるのかなど，議論が続いて

いる(影山 1997, 伊藤 2005)。

　一方，日本語学(「国語学」とも呼ばれることがある)での「レキシコン」いわゆる「辞書」の歩みや考え方は異なっている。日本語での初期の辞書は，漢字・漢語を正しく読み書きするために発生した辞書である。その後，上田・橋本(1916)の分類によると(1)読むための辞書(① 文字からそのよみと意義とをまとめるもの　② 文字のよみからその意義をもとめるもの)　(2)書くための辞書(① 意義から語および文字をもとめるもの　② よみからこれにあたる文字をもとめるもの)などの体裁の辞書が，古代から編纂されてきた(青木 1978)。明治になると，大槻文彦の『言海』(1889~1891)が発刊され，6万語の語彙が五十音順に配列され，発音，品詞，語源，語釈，出典の5要素が掲載された(日本の辞書の歴史については東條 1965，青木 1978，築島 1982 参照)。このように記述的な辞書編纂の歩みの一方で，日本語文法研究の発展に比べて語彙の研究は遅れていた。語彙研究の初期の研究は泉井久之助(1935)であり「語彙は意義質としてみた言語単位の集まりである」と述べた。泉井は「語彙を語の集まりである」として語彙というまとまりと語の意味的側面を重視して考えたといえる(前田 1982)。また，泉井(1935)は「語彙は常に各要素が張り合っている統一体である」と述べている。つまり，語彙も各部分が有機的に結びついた体系をもっていることを主張した。語彙研究は，大きなマクロ的な体系，たとえば語彙の使用頻度調査による基本語彙の特定や位相の調査，『分類語彙表』(国立国語研究所 1964，2004)などの日本語語彙全体の意味体系構築などが行われると同時に，単語を完全に独立のもととしてではなく他の単語との関係を明らかにするミクロ的な体系の解明が行われ，両面から語彙研究が発展していった(宮島 1977)。やがて西洋言語学の波を受けて，欧米の語彙研究や「レキシコン」などの考え方が日本語の語彙研究に影響を与え，時に融合して，レキシコンの研究が発展・深化してきている。

　人間の言語活動に重要な働きをもつレキシコンであるが，前述したように，語彙の性質には形態的，統語的，意味的性質が絡んでくる。語彙論研究の深化によってレキシコンの情報も進化をしている。

　次節では，言語研究や自然言語処理研究において，どのような語彙知識に着目しているかについて考えながらレキシコンを紹介していく。語彙知識の分析や利用の際に重要視される事柄は，レキシコンにおいて必要な情報であるからである。

Ⅱ 레키시콘은 語彙情報을 어디까지 記述하고 있는가.

1. 既存のレキシコン

　本節では，現在作成されたレキシコンの語彙情報のうち，共時的な情報，つまり現代語の形態的・統語的・意味的情報が，どこまで付与されているかについて述べる。

　言語学の分野では生成文法の理論を受けて，語彙部門で行われる語形成のしくみや統語部門とのかかわり，またレキシコンに何が書かれるべきかなど議論は活発化していたが，いろいろな語彙知識を含むレキシコンの「実現」は，自然言語処理研究の分野で切実に必要であった。計算機(コンピューター)に入力される文を，形態素に区切ったり，構文の係り受け関係を推定したり，意味解析などを行う必要があったからである。そのため，日本語学で辞書に必要とされてきた大槻(1889~1891)の5要素，すなわち発音，品詞，語源，語釈，出典などの情報以外に形態的・統語的・意味的情報を大規模に付与し始めたのは，計算機用の辞書がはじまりであった。さらに計算機が導入されると，日本語学でも日常語彙の語彙調査を始めるなど計量的な情報も重要視されてきた。このようにレキシコンを実際に作り応用し始めたのは自然言語処理分野であったが，言語学研究の知見は，計算機用のレキシコン構築の際に取り入れられていった。本節では，これまでどのような情報が辞書に付与されてきたか，これまでの代表的な辞書を紹介しながら述べる。

　1) 活用，文型パターン，共起名詞，受身，使役，アスペクトなどの情報
　いろいろな語彙情報が詳細に付与されているレキシコンとして代表的なものは，情報処理振興事業協会(1997)で作成したIPALの基本辞書であろう。1987~1995年に情報処理振興事業協会(IPA)から公開された「計算機用日本語基本辞書IPAL－動詞・形容詞・名詞－」の辞書データには，動詞として基本和語動詞861語，形容詞として基本形容詞136語，名詞として文法的に特徴のあるもの1081語が収録されている。動詞辞書や形容詞辞書の場合，形態情報として，活用型，表記，語幹，動詞の場合は自他，異音同語，派生，転成，などの情報，複合語などの情報も一部含んでいる。統語情報として，文型，文型に出現する名詞の意味

とその意味素性, 述語素とよばれる動詞と名詞句との関係, 同じ文型に出てくる名詞句どうしの関係などの情報, ヴォイス・テンス・アスペクト・ムードなど, 形容詞や名詞の場合は, 連体用法と連用用法などの独特の用法についての情報が付与されている。意味情報としては, 意味記述や, 意味分類, 同義語, 類義語, 反義語などの情報が付与されている。語数は基本語彙に限られていて少ないが, 詳細な情報が付与されている。

2) 類義語, 上位・下位語

日本語学の分野でも泉井による語彙の体系性の指摘から, 語彙の類義関係や対義関係をとらえようとする現代語の語彙研究が活発に行われてきた。日本語学の分野で, 全品詞に対してある程度の量の語彙で体系化を図ったのが『分類語彙表』である。計算機用の体系的な語彙の辞書は収録語数が約３０万語前後の大規模辞書で, 『EDR電子化辞書』(情報通信研究機構 2002), 『日本語語彙大系』(池原、宮崎他 1997)などがある。類義関係の辞書として他に『日本語ワードネット』(情報通信研究機構 2009)がある。プリンストン大学で作られたWordNetという辞書があり(Miller, et.al 1990, Miller et.al 1993), 語彙が類義関係でネットワーク的に結ばれているという体裁をとっている。現在50言語以上でWordNetの辞書が作られているが, 日本語で構築したものが『日本語ワードネット』である(Bond, et.al 2008)。そのほか, 複合動詞も収録した『日本語表記活用辞典』(姫野 2004)などもある。複合動詞の場合, 類義語や上位語, あるいは上位概念の情報があると, 前項動詞と後項動詞から推測できない意味をとらえることができる。たとえば「寝返る」という語は, 「敵に寝返った」という表現で使われるが, 前項動詞と後項動詞の「寝る」と「返る」からは想定できない意味である。「裏切る」「そむく」などの動詞と関連づけることで日本語学習や情報検索の助けとなる。

このように語彙体系がいくつかあるが, 実際, 何を類義語とし, 何を上位・下位語にするか統一的な基準がないこと, 一貫性のある体系の保持が難しいなどの問題点がある。

3) 述語と格

動詞を中心にいくつかの名詞が結びつく意味関係の考え方は, もともとはテニエル(1959)が示唆しテニエルの理論とチョムスキーの理論を合わせてフィルモア

が格文法として確立した(Fillmore 1968, フィルモア 1975, 石綿 1999)。フィルモアはチョムスキーの標準理論を受け入れつつ, さらに深層構造を詳しく記述していった。格文法では, 動詞と名詞の意味的な関係を追及していくが, 深層構造で動詞の意味に参与する名詞の働きを深層格として, 動詞の意味とそれに参与する名詞の格の記述を行った。深層格をどのように設定するかが問題となったものの, この文法理論は有効なものとして広まり, 日本でも, 格文法の考え方を取り入れた研究が行われた。自然言語処理では, 格文法は主に意味処理に使われていった。フィルモアの格文法に影響されて, シャンクの概念依存文法が提案されたが, これは人工知能の分野で応用されていった(石綿 1999)。依って立つ理論によって, 述語と格のような関係は, 述語と項という言い方もされる。

　具体的に, 格に付される意味役割は, 文型で出現する「Nガ」, 「Nヲ」, 「Nへ」などが述語動詞に対してどのような役割をもつかを表すものである。たとえば「[N1へ]行く, [N2へ]出発する, [N3へ]送る, [N4へ]帰る」などでは「Nへ」は方向を表し, 上記四つの動詞は, モノや人の移動を表す動詞であることがわかる。

　レキシコンへの意味役割付与の試みは, アメリカではフィルモアの格理論を応用したBaker, Fillmore and Lowe(1998)のFrameNetや, 日本語では, 黒田ほか(2008)や小原(2011)などがFrameNetに基づいたデータ構築を試みている。FrameNetとは別に, Kipper, Hoa and Palmer(2000)は, Levin(1993)の統語的情報で分類した動詞クラスに対して意味役割を付与したVerbNetを構築している。

　このように, 意味役割は国内外でデータベースが作られるほど有用な情報である反面, いまだに明確な判断基準がないことから, 意味役割の粒度や付与の方針がデータベースによって異なり, 標準的な意味役割の付与が難しい面もある。

4) 語の意味の構造

　1970年代ごろから提唱された語彙機能文法(LFG)や一般化句構造文法(HPSG)理論は, マトリックス形式の記述になっており, 計算機で扱うことを想定している文法理論である。各語の情報記述で, 同じ情報があれば矛盾がないか照合された上でユニフィケーション(単一化)を行い, 同じものがなければ合併される, ということを繰り返し, 文全体のユニフィケーションが完了したときに文が生成, 解析される。これらの文法は単一化文法とも言われ, 自然言語処理でも用いられている。

　また，語の意味的構造と統語的な構造を結びつけるような語彙研究が盛んに行われ，語彙概念構造(LCS)の情報が項構造を介して統語構造にリンクされるというモデル(Grimshow1990, Levin and Rappaport Hovav 1995)が提唱されるなどした。主に述語動詞に対して概念構造を記述し，方法は意味分解手法による意味構造表示を行う。たとえば，"put"という動詞は，「[x CAUSE [BECOME [y BE AT z]]]」と表示し「yがzの位置に存在するようになるという変化をxが引き起こす」という意味を表す。そしてputがとる項構造は「x <y, z>」として，この項構造からx, y, zの統語的位置が決まり，統語構造への対応付けがなされる，というものである(伊藤 2005)。

　さらに，統語に関与する属性だけではなく，詳細な意味的な側面，特に，語の運用の際に必要な世界知識を，語の意味記述に組み込んだのが，Pustejovsky(1995)の生成語彙意味論(GL: Generative Lexicon)である。語の生成的な側面や創造的な側面を重要視した考え方である(小野 2005)。

　上記のような文法理論や意味理論を受けて，日本語のレキシコンにこれらを反映した辞書がいくつか試みられている。たとえば，竹内(2011)，加藤(2005)などが語彙概念構造によるレキシコンを構築している。

5) 統計的情報

　統計的情報が記載されているものは「レキシコン」というより，むしろ「データベース」と呼んだほうがよいかもしれない。しかし，語彙を一まとまりの大きな体系としてみたとき，統計的情報が有益な場合もある。たとえば，野村・石井(1987)では複合動詞において構成要素となる二語の動詞の結合率を求め，前項に出現しやすい動詞，後項に出現しやすい動詞などが一覧できるようにした。山下(2007)は，日本語教育での複合動詞学習に役立てることを目的に，複合動詞の構成要素(動詞)が造語成分としてどれくらい生産性があるかという観点で調査し，データ化を行った。

　以上のように，(1)から(5)までの語彙知識についてまとめたが，詳細に記述していても語数が少なければ実用的ではなくまた理論を実証するのは難しく，反対に，語数が多いと整合性という面で問題が出てくる。意味に踏み込めば踏み込むほど，客観的な基準がなかったり，理論があっても語彙全てに適用させる場合には説明が一義的に決められなかったりで，難しい面も多々ある。しかし語彙研

究やレキシコンの挑戦は続いている。

2. レキシコンで扱う対象について

　Ⅱ.1節で述べた項目もまだ十分レキシコンに反映されているとは言えない状況ではあるが，今までの語彙研究から見て今後、レキシコンが扱う必要があると思われるものについていくつか検討してみる。

　言語学においては，今まで単純語(自立語で単一の語でできているもの)が主に対象であった。理由は，私見だが，まずは使用頻度が高く、基本的なものということもあり，また，欧米の言語理論で扱われる例と比較して考える際に，単純語が検討しやすいということもあろう。しかし，東アジアには複合動詞という特徴的な言語現象がある。野村・石井(1987)では，複合動詞を収集対象にした文学作品のうち，3割は辞書データと重なるが，残りの7割は辞書データにない複合動詞であるとしている。複合動詞は雑誌や新聞などに多く出現して重要な位置を占めているにもかかわらず，レキシコンに複合動詞の情報を取り入れたものはかなり少ない。複合動詞のデータベースとしては，複合動詞の構成要素となる動詞(「構成動詞」と呼ぶことにする)の緊密性や造語性などに着目している野村・石井(1987)や山下(2007)などがあり，またレキシコンとしては，Tagashira and Hoff(1986)がある。これは日本語学習者や日本語を母語としない話者が，複合動詞の意味や用法を正しく理解することをサポートする目的で編纂されたものである。研究社の日英辞書の見出し語から取り出した1000語の複合動詞のリストを作成し，そのうち，日本語学習にとって最重要な複合動詞200語を選定して，情報を付与したものである。付与情報は，① 前項動詞と後項動詞，複合動詞自体の日本語読みと英語訳，並びに前項動詞と後項動詞の意味関係，② 複合動詞の定義文，③ 文型と文型パターンに入る名詞，④ 例文(日本語文と英訳)から構成されている。たとえば，「NIGIRISHIMERU(握りしめる)」の場合を例にとると次のようになる。

　　(例) NIGIRISHIMERU
　① V1= nigiru=grasp
　　 V2= - shimeru=(intensification)

CV= "activity-manner"= grip tightly

② Hold something with one or both hands as one's own posession with no intention of letting it go; ….

③ [people] ga [thing/body part] o nigirishimeru

④ 三つか四つかの例文が記載(ローマ字表記の日本語文, 日本語表記の日本語文, 英訳)

　語数は少ないものの, 複合動詞にとって重要な情報が掲載されているレキシコンである。

　これ以外に, 加藤・林・伊藤(2011)では, 「動詞＋動詞」型の複合動詞をその構成動詞と特定の意味関係で関連づけたり, 複合動詞の語彙概念構造をその構成動詞の語彙概念構造と関係づけて表現することを目的として, 複合動詞に統語的・意味的情報の付与を行っている。

　しかし, 既存の複合動詞のデータベースやレキシコンでは, 不足している情報は, 大きく二つ考えられる。一つ目は, 統語的・意味的情報が付与された複合動詞の数が少ないという点である。野村・石井(1987)の報告では, 雑誌や文学作品などから抽出した2万語の異なり語の中で35％が「動詞＋動詞」型複合動詞であると述べている。日常的に使用頻度の高いこのタイプの複合動詞をデータベース化する際には, ある程度の規模が必要であろうと考える。二つ目は, 二語の動詞が結合して複合動詞になる際の, 動詞どうしの有機的な関係がわからないため, 体系的に複合動詞をとらえることができない, という点である。

　近年, 複合動詞の語形成の研究も盛んになっており, 複合動詞には規則的に作られる統語的複合動詞と, 構成動詞の緊密性の高い語彙的複合語がある, ということが知られている(影山 1993)。たとえば統語的複合動詞には「食べ始める」「書き始める」などがある。「～始める」はアスペクトを表しており, ある動詞(たとえば「食べる」「書く」など)と動詞「始める」の2つの動詞を規則的に合成すればよく, 辞書に書き込んでおかなくてもよいものといわれる。しかし, たとえば「書き殴る」(乱暴に字や絵を書く)は, 「書く」と「殴る」の意味を単純に足し合わせたものではないし, 「書く」と「殴る」の間に意味的な関係が生じている。このようなものは語彙的複合動詞とよぶが, 辞書に登録する必要がある語彙とされている。複合動詞に特徴的な性質, たとえば構成動詞どうしの意味関係や主要部の情

報, 単純語の場合と複合動詞の構成要素になった場合とで意味がどのように異な
るか, などの情報もレキシコンに入れる必要があると考える。

　また, 人間の感性と言葉の関係についても, レキシコンに必要な語彙知識を
考える上で重要な情報であると考える。自然言語処理分野では, 評判や意見から
評価表現を抽出するニーズがあり, 英語ではWordNetをベースに評価の情報を付
与したSentiWordNetなども構築されているが, 感性の情報をいれた辞書は少な
い。日本語ではたとえば形容詞のプラスイメージ・マイナスイメージなどの情報
を掲載した『現代形容詞用法辞典』(飛田1991)や, 機能言語理論の観点から評価
体系を構築した『日本語アプレイザル評価表現辞書』(佐野2012)などがあるが,
今後, さらに感性の研究と連動して情報をレキシコンに取り入れていく必要が
あろう。

　さらに, 名詞にどのような知識を記述するかについても考える必要があろう。
Pustejovsky(1995)は, 統語的な属性だけではなくもっと広い語彙知識を語の意味
構造に取り入れる必要があると述べているが, GL理論は特に名詞の意味記述に
は画期的な考え方である。どのように何を記述するべきか, そしてどこまで柔軟
に知識を構造化できるかについては, これから実証的に検討を重ねていく必要が
あろう。そして今後も推論に必要な語彙知識が動的にとらえられるレキシコンに
ついてさらに探究を続ける必要があろう。

Ⅲ レキシコンの新展開

　語彙研究は言語学で活発に議論されてきたが, 実際に, 数多くの語彙に情報
を付与したレキシコンを構築したのは, 利用する必要のあった自然言語処理分野
であった。工学的研究の要請からのレキシコンの構築であったが, 言語学でも,
提唱されてきた理論研究を実証することができる場でもあった。構築という点で
は双方向的に有益な点もあったと考える。しかし, 利用の点では, 国立国語研究
所の『分類語彙表』やIPALの『計算機用基本辞書』など人間が利用可能なサイズの場
合は言語学研究でも用いられたが, コーパスデータのサイズが大きくなり大規模な
語彙情報がついたレキシコンも出現すると, 言語学研究でそれを生かすことは難し
くなった。そのような背景の中で, 言語に携わる文系研究者が, レキシコンやデー

タベースからどのような情報を得たいかという視点が欠けていた感があった。

コーパスを使って言語研究をするために，初期の頃はKWIC検索が使われた。これは文中のある単語から，前後のある範囲の文字列を画面で表示させるものである。言語研究者が指定したキーワードで用例を検索できるものであったが，それ以上の情報はなかった。また，英語ではイギリスのSketch Engine(Kilgarriff 2004)というシステムが開発されたが，文系でも簡単に大きなコーパスで頻度調査ができるというのは画期的であった。

2006年から5年間，国立国語研究所は1億語のコーパスである『現代日本語書き言葉均衡コーパス』(BCCWJ:Balanced Corpus of Contemporary Written Japanese)を構築した。最大30年間(1976~2005)の刊行物を対象にしており，雑誌，新聞，書籍，白書，教科書，web文書などは幅広いデータを扱っている。そこでは文系でも簡単に条件を指定して用例検索できるツール（「少納言」「中納言」）も公開している。

また，国立国語研究所では，このBCCWJコーパスを元にいろいろな言語学的角度から情報を得られるNINJAL－LWP(2012)というシステムを公開している。「レキシカルプロファイリング」という形式であるが，これは語の振る舞いを文法関係ごとに整理した形で表示されることで，人間の感覚に近い形でコロケーションを調べることができる，というものである(プラシャント 2012)。たとえば，見出し語ウインドウには次のような情報が見られる。

このように，頻度やコロケーションや用例だけではなく，活用形の頻度，後続する助動詞の頻度，文型パターンにはどのようなものをどれくらいの頻度で使用しているかなどが調べられる。これは，言語学研究や言語教育などの文系の研究で何をコーパスから調査したいか，という視点から作られたものであり，実データの語彙と語彙情報をリンクさせることで，大規模コーパスから動的に，個々の語の形態的・統語的関係の実態を把握できるという点で画期的なものと言えよう。

また，これまで欧米の言語学の流れの影響を受けてきたこともあり，後回しになっていたアジア言語特有の言語現象も扱う必要があろう。たとえば，2.2節でも触れたが複合動詞は東アジアに特徴的な語彙であり，複合動詞研究そして複合動詞のレキシコンは，動詞の研究に比して遅れている。今後のレキシコンはそのようなアジア言語特有の語彙情報も取り上げる必要がある。

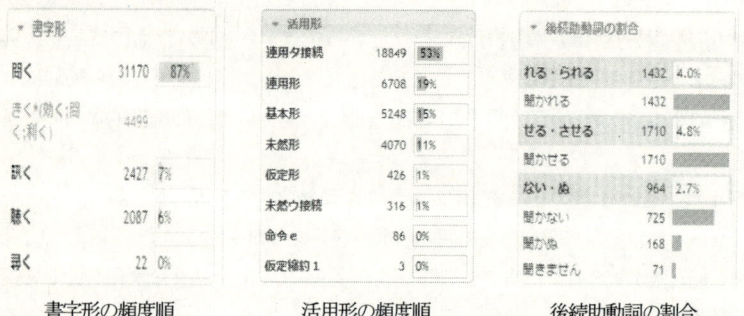

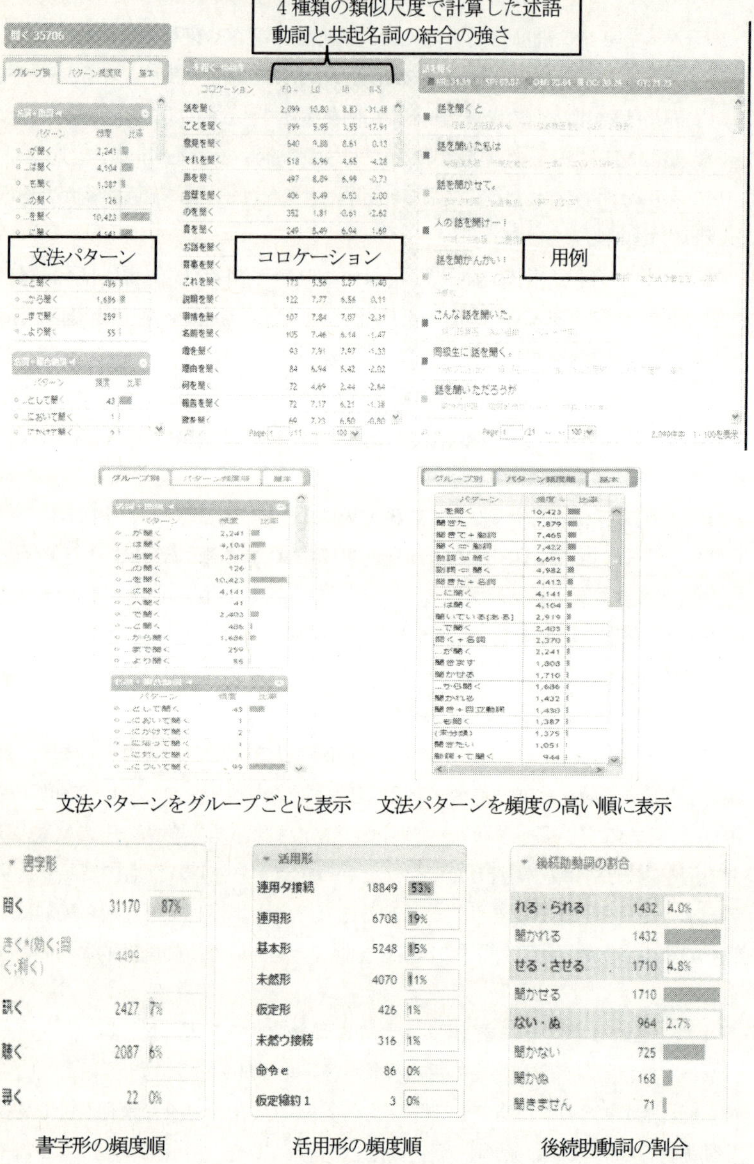

〈図1〉 LWPで調べられる情報

レキシコンによる挑戦的な研究としては，言語横断的にレキシコンを比較し，言葉の普遍性と個別性をとらえることではないかと考える。たとえば，The Leipzig Valency Classes Projectが，ドイツのMax Planck Instituteで行われているが，これは約30言語で70語程度の動詞に項情報を付与したデータベースを構築する試みで，言語ごとに動詞の統語的なふるまいを調べることできる。このように特定の語彙知識に着目して，言語横断的に観察し言語の個別性と普遍性について研究するというのも「レキシコン」の新しい展開の一つではないかと考える。

Ⅳ おわりに －レキシコンの挑戦－

　これまで言語理論の発展とそれに伴って構築されたレキシコンの語彙知識について述べてきた。レキシコンを構築することは，どこまで語彙を明らかにできるか，言語理論でどこまで言語知識を説明できるかの検証でもある。そしてレキシコンは理論の実証の場としての「構築」だけではなく，構築されたレキシコンを「応用」していくことでレキシコンの新たな挑戦が始まると考える。

　たとえばレキシコンによって，言語研究には量的サポート，情報処理には質的サポートができるようになると，これまで両分野で不足していた情報を補うことができ，研究の推進が図れるだけでなく研究交流も活発になっていくのではないかと考える。そして，理論に基づいて語彙知識をレキシコンに導入し，レキシコンを実際に応用することでデータから実証的に解明できたことを言語研究に反映していくというループができると，言語研究は科学になり，さらに人間の知に迫れるのではないかと考える。

┃ 参考文献 ★姓のアルファベット順 ─────────────────●

青木孝(1978)「8.辞書・索引作成の歴史」全国大学国語国文学会　佐伯梅友，中田祝夫，林大編『増補国語国文学研究史大成15国語学』三省堂

Francis Bond, Hitoshi Isahara, Kyoko Kanzaki and Kiyotaka Uchimoto(2008) Boot-strapping a WordNet using Multiple Existing WordNets. In the Proceedings of LREC-2008, Marrakech.

Norm Chomsky(1957) *Syntactic Structures*. The Hague: Mouton

Norm Chomsky(1965) *Aspects of the Theory of Syntax*. Cambridge, Mass: MIT press

Baker Collin. F, Charles J. Fillmore and John B.Lowe(1998) The Berkeley Framenet project, In the Proceedings of the COLING-ACL '98 Conference. Montreal, Canada, pp.86-90

Charls Fillmore(1968) The Case for Case.E.Bach and R.Harrms(eds.), *Universals in Linguistic Theory*, New York: Holt, Rinehart & Winston,pp.1-90

フィルモア(1975) (田中春美, 船城道雄訳)『格文法の原理言語の意味と構造』三省堂

JaneGrimshaw(1990) *Argument Structure*. Cambridge, Mass:MIT press

飛田良文・浅田秀子(1991)『現代形容詞用法辞典』東京堂出版

姫野昌子(2004)『日本語表現活用辞典』東京：研究社.

池原悟, 宮崎正弘, 白井諭, 横尾昭男, 中岩浩巳, 小倉健太郎, 大山芳史, 林良彦 (1997)『日本語語彙大系』岩波書店

池原悟, 宮崎正弘, 白井諭, 横尾昭男, 中岩浩巳, 小倉健太郎, 大山芳史, 林良彦(1999)『日本語語彙大系 CD-ROM版』岩波書店

稲田俊明(1998)「生成文法」『岩波講座 言語の科学6 生成文法』岩波書店

石綿敏雄(1999)『現代言語理論と格』ひつじ書房

伊藤たかね(2005)「形態論」中島平三編『言語の事典』

泉井久之助(1935)「語彙の研究」『国語科学講座Ⅲ』明治書院

情報処理振興事業協会(1997)『CD-ROM版計算機用日本語基本辞書IPAL －動詞・形容詞・名詞－』

情報通信研究機構(2002)『EDR電子化辞書』http://www2.nict.go.jp/r/r312/EDR/J_index.html

情報通信研究機構(2009)『日本語ワードネット』http://nlpwww.nict.go.jp/wn-ja/

影山太郎(1993)『文法と語形成』ひつじ書房

影山太郎(1997)「文法と形態論」『岩波講座言語の科学3 単語と辞書』岩波書店

加藤恒昭, 畠山真一, 坂本浩, 伊藤たかね(2005)「日本語和語動詞に関する語彙概念構造辞書構築の試み」言語処理学会第11回年次大会, pp. 871-874

加藤恒明・林良彦・伊藤たかね(2011)「複合動詞を用いた複合動詞の特徴分類」『言語処理学会第17回年次大会発表論文集』pp.568-571

Adam Kilgarriff, Pavel Rychly, Pavel Smrz, David Tugwell (2004) The Sketch Engine. In the Proceedings of *EURALEX* 2004, Lorient, France; pp 105-116

Karin Kipper, Dang Trang Hoa and Martha Palmer (2000) Class-based construction of a verb lexicon. In the Proceedings of *Seventeenth National Conference on Artificial Intelligence*, Austin, TX. pp.691-696

国立国語研究所(1964)『分類語彙表』秀英出版

国立国語研究所(2004)『分類語彙表増補改訂版』大日本図書

国立国語研究所(2011)『現代日本語書き言葉均衡コーパス』
　　　　　　http://www.ninjal.ac.jp/kotonoha/ex _1.html

国立国語研究所(2012) NINJAL－LWP for BCCWJ (NLB), http://nlb.ninjal.ac.jp/

黒田航, 李在鎬, 渋谷良方, 井佐原均(2008) 「複層意味フレーム分析(の簡略版)を使った意味 役割タグづけの現状：タグづけデータから派生する言語資源の紹介を中心 に」『言語処理学会14回年次大会予稿集』pp.2-5

Beth Levin(1993) *English verb classes and alternations*, Chicago: University of Chicago Press

Beth Levinand Malka Rappaport Hovav(1995) *Unaccusativity: At the Syntax-Lexical Semantics Interface*, Cambridge, Mass:MIT press

前田富祺(1982) 「語彙」『講座日本語の語彙1語彙原論』明治書院

George A. Miller, Christiane Fellbaum, Katherine J.Miller. (1993) Five papers on WordNet, http://wordnetcode.princeton.edu/5papers.pdf

George A. Miller, George A., Richard Beckwith, Christiane Fellbaum, Derek Gross and Katherine J. Miller (1990) Introduction to WordNet: an on-line lexical database. International Journal of Lexicography 3 (4), pp.235-244

宮島達夫(1977) 「語彙の体系」『岩波講座日本語9語彙と意味』岩波書店

中島平三(1998) 「第一次認知革命」『岩波講座言語の科学6生成文法』岩波書店

野村雅昭, 石井正彦(1987) 『複合動詞資料集』文部省科学研究費補助金特定研究(1)言語データ の収集と処理の研究

小原京子(2011) 「日本語フレームネットの全文テキストアノテーション: BCCWJへの意味フ レーム付与の試み」『言語処理学会第17回年次大会予稿集』pp.703-704.

小野尚之(2005) 『生成語彙意味論』くろしお出版

プラシャント・パルデシ, 赤瀬川史朗(2012) 「レキシカルプロファイリング手法を用いた BCCWJ検索ツールNINJAL-LWPとその研究事例」日本言語学会第144回大 会ワークショップ「コーパス基盤の日本語研究の新地平」pp.364-369

James Pustejovsky (1995) *The Generative Lexicon*, Cambridge: MIT Press

佐野大樹(2012) 『日本語アプレイザル評価表現辞書』http://www.gsk.or.jp/catalog.html

佐野大樹(2012) 「アプレイザル理論を基底とした評価表現の分類と辞書の構築」国立国語研 究所『国立国語研究所論集 3』pp.53-83

Yoshiko Tagashiraand Jean Hoff (1986) *Handbook of Japanese compound verbs*, Tokyo: Hokuseido.

竹内孔一(2011) 「動詞項構造シソーラスの構築」*In the proceedings of the 25th Annual Conference of the Japanese Society for Artificial Intelligence*, pp1-4

Teniere L. (1959) Elements de syntaxe structurale, Klincksieck.

東條操(1965) 『国語学新講』筑摩書房

築島裕(1982) 「辞書」『講座日本語の語彙1語彙原論』明治書院

上田万年・橋本進吉(1916) 「古本節用集の研究」『東京帝国大学文化大学紀要第二』

山下喜代(2007) 『日本語教育のための合成語のデータベース構築とその分析』平成17年度(2005) ~平成19年度(2007) 科学研究費補助金基盤研究(c)研究成果報告書

일본어학과 일본어교육

日本語学·日本語教育

3 어휘(語彙)

日本語語彙史とは何か
－言語を階層的な資源と見る立場から－

金水敏

大阪大学

Ⅰ　はじめに

　本稿では、日本語語彙史を考える手がかりとして、「階層的な言語資源」という考え方を導入する。これは、ややもすれば一面的で単一視点的な「国語語彙観」が歴史の見方を誤らせることがあったのではないかと考えるためである。このような見方が、一方で「国語の正しさ」についての見方をも誤らせる。語彙史は決して懐古的な学問ではなく、今日の私たちの生活に繋がる学問である。このような観点から、改めて「国語の正しさ」についても述べていく。

Ⅱ　階層的な言語資源

　日本語の歴史とは何か、ということを考えた場合、そこにはかなり異質なものが含まれている。例えば語彙史について考えたとき、教育の問題を無視することはできない(cf. 小野 2010)。一方で比較言語学の対象となるような音声・音韻の現象は、教育や政治・社会とはまったく無関係とは言えないまでも、む

しろそのような影響を排除したところで成立する問題であると言える。

　日本語のみならず言語の歴史というものを考える上で、言語を一様のものと考えず、そこに性質の異なる複数の階層が存在すると考えることを提案したい。また、言語およびその要素を、コストをかけて手に入れ、また手に入れた言語を用いて何らかのベネフィットを得ることができるような、"資源"として捉えたい。

　言語資源は3つないし4つの階層に分けられる。一つは子どもが生まれて最初に獲得する第一言語、すなわち"母語"である。ここには、基本語彙と基本的な文法の情報が含まれる。これは基本的に音声言語である(手話は音声言語に準じるとしておく)。これを<子どもの言語>と名付けておく。

　次にやがて子どもが成長し、地域社会に編入されていく過程で、様々な言語変種を身につけていく。この言語変種とは使用場面に応じて使い分けるスタイルの変種(例えば敬語など)や、話者の社会的グループによって異なる話し方の違いなどで、自分自身が用いるものもあれば理解言語に留まって使用言語とはならないものも含まれる。なお日本で生活している場合はこの言語変種とは文字どおり日本語のヴァリエーションに収まるであろうが、世界の様々な言語状況(あるいは日本においても過去の状況)に鑑みて、母語とはまったく異なる言語を身につけることを迫られる場合も少なくないのである。また言語変種は音韻、語彙、文法等を知識として身につけるだけでなく、適切な場面で適切な変種を使用するという語用論的ルールを同時に学ばなければ役に立たない。このような言語変種を身につけて使いこなすということが即ち言語が"大人"化してくということであると考える。この段階を<地域の言語>と呼んでおく。<地域の言語>は音声言語が基本であり、一部に書記言語(文字言語)を含むものとする。いわゆる方言は<子どもの言語><地域の言語>のレベルの言語である。

　ここで、"子ども""大人"という用語を用いているが、これは象徴的な意味であり、何歳まで子ども、それ以上は大人というような厳密な境界があるわけではない。例えば学齢に達する以前からある種のスタイルの習得や使い分けは始まっているし、また大人になって習得されるような基礎語彙も存在するであろう。むしろ<子どもの言語>とは無意識的、無選別的に獲得される言語と捉えて、それを身につける実年齢とは緩やかな相関を持つくらいに捉えておきたい。

　音声言語による地域のコミュニケーションの範囲を超えて、行政、司法、産業、医療等、知的な情報を扱う言語のレベルを<広域言語>と呼ぶ。水村(2008)の言う「国語」にほぼ相当する。このレベルでは書記言語が主体となり、音声言語がこれに従属する。<広域言語>は孤立して存在するのではなく、一般に<グローバルな言語>あるいは<超広域言語>とも言うべき“外のことば”との交流(翻訳)によって成長する。<グローバルな言語>とは現在の世界的な状況では間違いなく英語が該当するが、近世以前の東アジアでは<超広域言語>として古典中国語(漢文)がその位置を占めていた。また中世ヨーロッパではラテン語がこれに該当する。

　以上の階層を図式化したものが<図1>である。これは個人の持つ言語資源が成長していくイメージで示したもので、<子どもの言語>の上に<地域の言語>が積み重なり、さらにその上に<広域言語>が積み上げられるという様子を描いている。

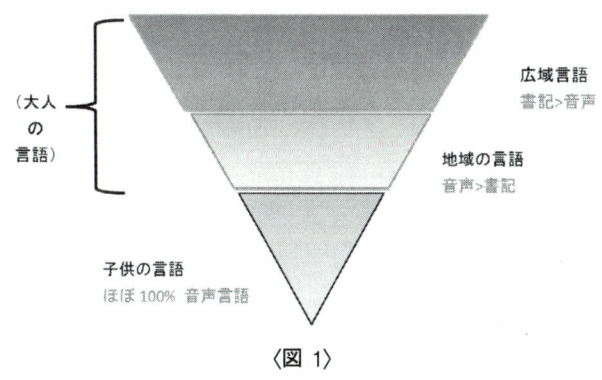

（大人の言語）

広域言語
書記>音声

地域の言語
音声>書記

子供の言語
ほぼ100% 音声言語

〈図 1〉

Ⅲ　言語史と言語の階層

　言語学の世界でもっともよく知られている歴史的研究は比較言語学である。ここで扱われる現象は音韻対応であり、同系と仮定される2言語の比較から、その共通の祖語の状態を推定するという方法を取る。19世紀末から20世紀

にかけてヨーロッパで大いに発展し、いわゆる印欧祖語の探求が進められたことはよく知られているが、日本語に関連して信頼度の高い比較研究としては日琉祖語の研究が挙げられる。古くは服部四郎の一連の研究(服部1978-1979)が挙げられるが、近年ではThomas Pellardの研究(Pellard 2008; 2010)が目覚ましい。ここで扱われているような音韻変化(例えば日琉祖語の*oと*uが上代日本語でuに合流することなど)は、発話者の意識によって選別されるような種類のものとは言えない。気づいてみたら変わっていたと分かるような種類のもので、無意識的・無選別的な変化と言いうる。このような変化が果たして子どもの時代に起こるのかどうかは実証されていないが、無意識的という意味で<子どもの言語>の変化であると考えておこう。ただし、もしこのような変化が共同体の中で気づかれ、変化を起こした話者(グループ)と起こしていない話者(グループ)が社会的に分化し、言語変種として捉えられると、意識的な選別の対象ともなり、<地域の言語>の一部をなす。

　一方で、基礎語彙ではない文化的な語彙はその使用価値によって意識的に選別される。例えば類義語としての「てじな(手品)」「奇術」「マジック」について考えてみよう。江戸時代、「てじな」と「奇術」は同時代語として存在していたが、「てじな」が一般語彙として普及していた一方で、「奇術」は一部の知識人が漢文脈の中で使用する語であった。しかし明治時代になって翻訳語彙が漢語として広く用いられるようになると、「奇術」がより現代的ないいイメージを持つ語として一般に用いられるようになり、相対的に「てじな」はやや旧弊なイメージを持つ語と見られるようになった。さらに戦後、外来語(カタカナ語)が流行すると、「マジック」が一般化し、相対的に「奇術」もまた古くて固い印象を与える語となった。この例に典型的に見られるように、語彙の変遷においては時代背景としての文化状況が大きく影響を与えるのであり、また社会における人々の価値付けや選好が強く関与していることが分かる。

　以上のような言語史の違いを、階層的な言語観に当てはめて考えてみよう。<子どもの言語>を無意識・無選別的な言語と読み替えた場合、比較言語学の対象となるような言語変化とは、ある世代の<子どもの言語>が次の世代の<子どもの言語>へと受け継がれる際の変質であると位置づけられる。その要因はなんらかの生理的、認知的バイアスあるいは傾向として説明できるかもしれないが、いずれにしても意識的・選別的なものではない(<図 2> 参照)。

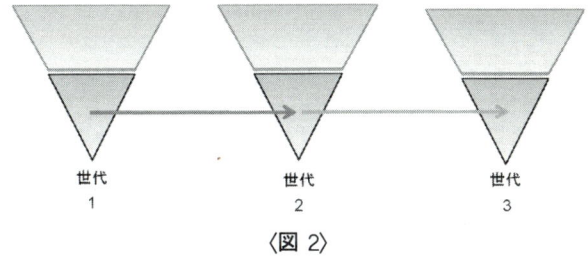

〈図 2〉

　一方で、例えば「奇術」や「マジック」がたどった道筋を考えてみると、いずれも外の言語としての<超広域言語>から翻訳を通して<広域言語>にもたらされ、それがやがて音声言語としての<地域の言語>にまで降りていった事例と考えることができる。これ以外に、例えばある世代の<子どもの言語>が古語や卑語となって<地域の言語>の一言語変種となる場合もあろう(例「くそ」が基礎語彙から卑語化した例など。<図 3> 参照)。

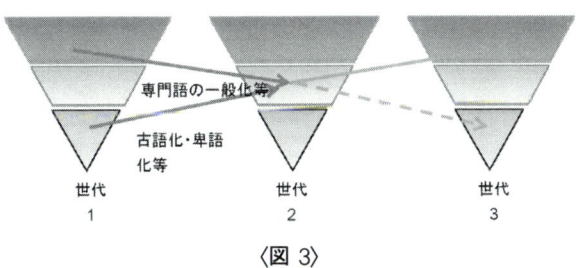

〈図 3〉

　以上、言語変化を無意識的・無選別的なものと、意識的・選別的なものとに分け、前者は<子どもの言語>に起こる変化であり、後者は<地域の言語>あるいは<広域言語>に関わる変化であることを述べた。前者の例として音韻変化を例に取ったが、基本的な統語構造の変化や動詞活用など形態変化もここに入るであろう。一方で、後者の例として語彙変化を取り上げたが、他に文体史や、敬語など語用論的な問題の歴史的変化がここに含まれるだろう。しかしながら両者の交渉的な問題も十分あり得るのであり、さらなる検討が必要である。

Ⅳ 標準語 / 共通語と日本語史

　現在、標準語あるいは共通語が書記言語・音声言語にまたがって"正しい"日本語として広く認識され、話し言葉における標準語化・共通語化が進むことにより、多くの伝統方言が消滅の危機に瀕している。このような状況は日本語の歴史の中ではここ100年余りの間に急激に進んだ状況であり、世界的に見ても決してありふれた状況とは言えない。

　江戸時代以前には、<広域言語>すなわち標準的な書記言語として漢文あるいは候文が存在し、音声言語としては、各地域・身分に応じた方言が個々に存在していた。音声言語の標準化という発想は近代になるまで存在しなかったと言える(ただし演劇・演芸や心学道話、また戯作等によって事実上の標準的な音声言語が準備されていたことには注意。森岡1991、野村2011等)。

　近代になって、教育、産業、軍事等における効率化の観点から、国語改良の発想が生まれ、書記言語のみならず音声言語にも及ぶ、国語としての標準化が図られた。即ち言文一致運動である。しかし、標準的な言＝音声言語自体が定まっていない時点で、政府主導では言文一致は進まず、結局、小説改良運動が主導する形で明治末年から大正時代にかけてほぼ完成することとなった。しかし、あらゆる文書が言文一致になった訳ではなく、例えば法令文書は第2次世界大戦後までは文語体のままであったし、改まった手紙文などは候文のままであった。

　ともあれ、言文一致体が東京山の手の知識人層の言葉をもとにして成立したのと相前後して、音声言語の標準語化が教育界で進められた。それは「方言は汚い言葉である」というテーゼのもと、方言撲滅運動として展開された。このキャンペーンの結果、国語＝標準語という唯一正しい音声言語が存在し、かつそれは書記言語と連続的である(言文一致)という理念が成立したのである。国語史とは、すなわちこの近代国語にいたる物語であるという了解が同時に生じた。

　言文一致・標準語確立以後の状況を、階層的な言語観に当てはめるならば、次のように考えられる。<広域言語>の中核に、書記言語としての口語文体が位置するが、これはあくまで書記言語が中心であり、音声言語はこれに付随する。例えば「~である」という断定表現はあくまで書記言語の文体の一部であ

り、音声言語には本来ない形式である。一方で、音声言語としての共通語が
<地域の言語>における一言語変種として広い地域に存在している。またこれと
は別に、首都圏では首都圏方言があり、<子どもの言語>～<地域の言語>とし
て存在する訳であるが、首都圏方言と共通語は当然多くの共通部分を持つの
で、話者の意識のなかで十分分離されていないとしても不審はない。

Ⅴ　役割語の発達と言語史

　「役割語」とは、主として特定の社会的グループが共通に用いると広く考え
られているステレオタイプ的な話し方の変種である。これは、話し方を現実の
「位相(差)」として見るのでなく、人々が共通に持つ知識の問題として見る見方
であり、現実の話し方と近い場合もあれば遠い場合もある。例えば「わしは～
じゃ。」のような話し方をすると、日本で育った多くの日本語話者は老人を想起
する。これを仮に<老人語>と名付ける。しかし、現実には、老人になると<老
人語>を使用するようになるという事実は存在しない。一方で、「おれは～だ」の
ような言い方は<男ことば>であり、「あたしは～よ」のような言い方は<女こと
ば>であるということについて多くの日本語話者は同意するであろう。たしか
にそのように話す男女は存在し、これを現実の日本語の位相差と認めることは
できるが、しかし同時に役割語として認めることも可能である。
　実際のところ、上のように話す男女は確かに存在するとしても、そうでは
ない男女も普通に存在する。特に、首都圏以外の地域ではそうであろう。で
は、日本語話者は、実際の女性がいろいろな話し方をするのに、なぜ「あたし
は～よ」をその中から女性語として選別することができるのであろうか。それは
話し手が現実から直接帰納的に学び取ったのではなく、おそらく絵本やアニメ
等の作品を通じて役割語として学び取ったからである。しかし、私たちはどの
言語変種が現実に基づくものであり、どの言語変種がヴァーチャルな作品上の
ものであるかというような区別を必ずしもつけることは出来ない。現実の言語
変種の知識と、役割語としての<老人語>や<男ことば>や<女ことば>の知識は
話者の知識のなかで入り交じっていることの方が多い。即ち、役割語は、子ど
もが大人になる過程でさまざまな言語変種を学んでいく過程の中で、現実では

なく、作品を通じて学習される。厳密な意味で<地域の言語>とは言えないが、<地域の言語>と同レベルで多くの話者が共有する言語変種の知識であると規定できる。

では、役割語の成立・発達過程を歴史的に捉えるとどのようになるであろうか。ここでは<老人語>を例に採ろう(金水 2003: 第1章、金水・乾・渋谷 2008: 第7章)。老人語の起源は、18世紀後半以降の江戸の町に求めることができる。当時、知識人層、富裕層階級の人々は多く上方語を話していたが、下層階級の人々を中心に江戸語が成立、次第に江戸の広い階層において用いられるようになっていった。その過程で、保守的な老人層が比較的上方語に近い話し方をし、革新的な若年層が新しい江戸語を話す傾向が強かったと想像される。その世代的な対立を誇張的に描いた作品が戯作や歌舞伎に存在する。すなわちこれらの作品を通して、上方風の話し方＝老人という図式が確立された。その後、大衆的な作品ではこの図式が踏襲され続け、今日の<老人語>につながっているのである。

ここでは、役割語が持つ保守的な性質がよく表れているが、このような保守性は書記言語一般が強く持つ性質である。一方で、役割語とはあくまで音声言語における話体の変種であると言わなければならない。すなわち役割語は、書記言語を通じて媒介、継承される音声言語の変種であるという二面性を持っていると考えられるのである。これは、標準語／共通語が書記言語と音声言語の二面性を持っていることと平行的に捉えられる一面を持つと言えよう。

Ⅵ 「国語の正しさ」について

「正しい日本語」と言う際、私たちは「どこかに唯一正しい日本語というものが存在している」という観念を前提としていることが多い。またその「正しい日本語」を熟知して、一般人を教え導いてくれる先生や書物が存在し、いざとなったらそういった先生や書物にお伺いを立てればいい、と思っているかもしれない。しかし、このような見方は言語の実態を捉え損なっている。前節までに見たとおり、「日本語」はただ一つではなく、いくつもの日本語があり、それらは社会のさまざまな場所でちらばったり繋がったりしているし、また私たち

の頭の中でも、複数の日本語が折り重なっている。

　第2節で示した図式にそって言えば、<子どもの言語>～<地域の言語>は多様性が高い。話者一人一人の言語がどこかしら違っていると言っていいくらいである。本来、規範と呼べるものがないのも、また日々刻々と変化して行くのもこれらの言葉の特徴である。またその変化は意識によっては捉えがたく、気がついてみたら変わっていた、ということが多い。例えば、可能を表す「見られる」「食べられる」から「見れる」「食べれる」等、「ら抜き」への移行などは、音声言語の世界でじわじわと広がって行ったのであるが、しかし音声言語の世界から書記言語の世界にその兆候が漏れ出たとき、激しい抵抗にさらされることがある。「ら抜きことば」は今、そういう状況にあるのだろう。この抵抗を跳ね返して、<広域言語>についに変化をもたらす場合もあるが、明治時代の言文一致運動に見るごとく、<広域言語>が変化するのは政治状況の変化などによる“上から”の改革によることが通例である。これに対し、母語としての<子どもの言語>～<地域の言語>は、本質的に規範がなく、また絶えず流動的である故に、「正しさ」の範疇の外にあると言えよう。

　一方で、<広域言語>に含まれる学術、文化、技術、法制等、専門家や趣味の共同体等の言語は、使用語彙や表現が歴史的な過程の中で吟味を経て今日に至っているのであり、容易に個人による改変が許される場ではない。そこは確かに「正しさ」が厳密にはかられる世界である。例えば医学の世界では、漢字の「癌」と平仮名の「がん」とは指し示す対象が異なっており、また片仮名の「ガン」は専門用語として認められていない。ここでは、その三者の使い分けができなければ専門家とは言えない。

　日本語の“正しさ”が問題にされるのは<広域言語>としての現代共通語の揺らぎや経年変化、また<広域言語>と<地域の言語>が接触し、影響し合う場面で起こっているようである。今日の口語体の書き言葉は文語体の影響を色濃く受けているので、漢文文化や文語的言い回しが多く残存している。しかしそういった知識は次第に弱まってきているので、伝統的な観点からは“誤り”と言うべき表現が目立つようになってきたと言えるだろう。「図る」「計る」等の同音異字語の使い分けや、「～ざるをえない」「やむを得ない」等の文語的な表現がそれに当たる。「住めば都」「情けは人のためならず」といったことわざの“誤解”もその類いと言うことができる。

　また、先に「ら抜き」に触れたところで述べたように、<地域の言語>が<広域言語>に侵入しさらに浸食していこうとする時、非難の声が高まる傾向が強い。「ら抜き」自体は、五段活用動詞の可能動詞形に当たる形式が一段動詞・カ変動詞で欠けているのを、埋めて行こうとする、極めて合理的でむしろ体系補完的な現象と言える。従って音声言語では広まりこそすれ、決して一時の流行で終わるものではないのだが、保守的な書記言語からは強く忌避されるのである。書記言語において「ら抜き」の排除が緩まる日が来るのかどうかはまだまだ分からないが、「ら抜き」を用いることのリスクはまだまだ高いことを考えると、やはり一定以上の公的な文章に「ら抜き」を用いることは"ふさわしくない"というべきだろう。しかしその尺度も、今後とも不変であるとは決して断言できない。

Ⅶ 「正しさ」を衆議で決める

　不特定多数の人々が、生活上の必要のために情報共有をしたりさまざまなサービスを受けたりする場において用いられる言語は、<地域の言語>に近いものでなければならない一方で、しばしば専門家の<広域言語>も接触する"境界面"＝インタフェースとなる。これを公共的な言語空間と呼んでおこう。

　この公共的な言語空間で問題になるのが、<広域言語>の専門用語が生のまま露出することによって生じる通じにくさや、<地域の言語>が逆に専門家に通じないことの不都合であり、そのことによって言語情報弱者が不当な不利益を被ることなのである。医療用語がその典型であり、医療や介護の専門家が用いる「褥瘡」「清拭」「インフォームド・コンセント」等の専門用語がそのままサービスの受け手にさらされることによって、不必要な分かりにくさを生んでいる。この問題を解決するには、より優しい用語への言い換えや丁寧な説明が必要であるが、これについては相澤(2012a; 2012b)を参照されたい。

　言語情報弱者には外国語話者も多く含まれるので、それに対する配慮も必要である。代表的な解決法として公共的な情報提示の多言語化が挙げられるが、多言語化はどれだけの言語に対応すればいいかという問題もあり、翻訳者など多くの資源を必要とするという点も対応を難しくしている。この点で、平

行してすすめられるべき対策として、弘前大学人文学部社会言語学研究室が進めている「やさしい日本語」(本稿末尾のURL参照)と呼ばれる、日本語学習者にとっても理解がしやすい日本語による情報提示が挙げられる。同研究室のホームページによれば、「やさしい日本語」は、語彙は日本語能力試験出題基準3級・4級(最も初級)の語を用い、1文を短くして、分かち書きにし、文の構造を簡単にするなどのルールが定められており、その通りに作れば日本語話者なら誰でも作れるという点が勝れている。検証実験も行われており、「やさしい日本語」による情報提示は外国人だけでなく小学生にも分かりやすかったという結果がでている。

　"正しさ"は、伝統的な規範による場合が確かに多いので、知識を多く持つ"先生"にお伺いを立てるという発想は不自然なことではない。しかし実は規範自体もゆらぎを多く含み、また経年変化もあって不変ではない。また敬語の形態統語論的な性質は口語文法の確立後ほとんど変わっていないが、しかし敬語使用の意識(いつ敬語を使うか、使うとすればどのような時か)はかなり変わってきている。

　先に述べた公共的な言語空間における使用語彙の問題を含めて、権威者の一方的な決定を待つというよりは、日本語話者自身が決めてよい、決めるべきであることがらが、実はたくさんある。国語の問題として、伝統の継承や危機方言の保全も重要であるし、自律的・機能的な音声言語の変容に寛容であることも大事である一方で、自分たちが使いやすいと思う日本語を自分たちで決めていくということが同じぐらいに重要であると考えるが、そのような自己変革の発想も機会もいままで著しく欠けていたように思う。原子力問題や医療問題に代表される、"トランス・サイエンス"な(＝科学技術の専門家だけでは決めきれない)問題を市民の衆議・熟議で決めて行こうとする動向が最近注目されているが(小林2007他)、他ならぬ"国語"の問題についても同じ発想が当てはまる。そのとき、ことばの専門家である研究者は、一方的に知識を与える司祭としてではなく、市民に正確な知識を与えながら議論の支援をしていく"ファシリテータ"としてのふるまいが要求されるのである。

Ⅷ まとめ

　本稿では、言語を階層的な資源と見る見方から、日本語の歴史について性質の異なるものを分離することを提案した。すなわち、言語の変化には無意識的・無選別的なものと、意識的・選別的なものがあり、前者は<子どもの言語>に、また後者は<地域の言語>また<広域言語>に関わるものであるとの見方を示した。また標準語／共通語の歴史的位置づけや、役割語の考え方についても述べた。さらに、この考え方の延長上に「国語の正しさ」を考える新しい視点が開けることを示した。

▌参考文献

相澤正夫(2012a)「『『外来語』言い換え提案』とは何であったか」陣内正敬・田中牧郎・相澤正夫(編)『外来語研究の新展開』おうふう

相澤正夫(2012b)「専門家と非専門家の橋渡し」『日本語学』31‐13：36−45, 明治書院.

小野正弘(2010)「国語語彙史における近代―広義と狭義と―」第96回国語語彙史研究会発表資料.

金水　敏(2007)「言と文の日本語史」『文学』第8巻・第6号(11, 12月号) pp. 2−13, 岩波書店.

金水　敏・乾　善彦・渋谷勝己(共編著)(2008)『日本語史のインタフェース』シリーズ日本語史, 4 岩波書店.

金水　敏(2010a)「日本語の将来を考える視点―「言語資源論」の観点から―」日本学術会議主催公開講演会 「日本語の将来」(主催日本学術会議・言語系学会連合後援国立国語研究所) 発表資料

金水　敏(2010b)「写生(文)、言文一致体と子規・漱石」『松山坊っちゃん会会報』11：1−3.

クルマス、フロリアン(著)諏訪功・菊池雅子・大谷弘道(訳)(1993)『ことばの経済学』大修館書店.

金水　敏 (2011)「日本語史とはなにか―言語を階層的な資源と見る立場から―」『早稲田大学日本語研究』20：1−10, 早稲田大学日本語学会.

金水　敏(2012)「日本語の正しさとは何か」『日本語学』31－13: 16－2, 明治書院.

小林傳司(2007)『トランス・サイエンスの時代―科学技術と社会をつなぐ―』NTT
　　　　出版

小林傳司(2011)「専門家の知の限界に社会はどう向き合うか」『外交』7: 10－11.

野村剛史(2011)『話し言葉の日本史』吉川弘文館

服部四郎(1978－1979)「日本祖語について (1－22)」『言語』7－1~7－3, 7－6~8－
　　　　12, 大修館書店.

水村美苗(2008)『日本語が亡びるとき―英語の世紀の中で―』筑摩書房.

森岡健二(編著)(1991)『近代語の成立 文体編』明治書院.

Pellard, Thomas(2009) Ōgami: Éléments de description d'un parler du Sud des Ryūkyū,
　　　　École des hautesétudes en sciences socials.
　　　　http://tel.archives－ouvertes.fr/tel－00444150/fr/

Pellard, Thomas(2010)「日琉祖語の母音について―比較音韻論の方法と実践―」ワー
　　　　クショップ「日本語音韻史の方法と実践」発表資料, 大阪大学.

弘前大学人文学部社会言語学研究室URL
http://human.cc.hirosaki－u.ac.jp/kokugo/index.html

일본어학과 일본어교육
日本語学·日本語教育

3 어휘(語彙)

日本語の文字・表記

笹原宏之

早稲田大学

1 日本語の文字・表記の多彩さ

　日本語を表記するための文字は、体系としてみると基本的なものとして漢字、ひらがな、カタカナが含まれている。ほかにも、用途が限定されたものとして、ローマ字、ギリシャ文字、アラビア数字、ローマ数字が存在している。そのうち漢字をとってみれば、現在日常的に流通している字種は数千に達しており、その字体には新・旧、繁・簡などの属性を持つ種々のバリエーションすなわち異体字が共存している。それぞれの文字には、音読み、訓読みなどの読み方が複数付与されており、さらに熟語レベルになると特有の読みを生みだし、熟字訓を形成することもある。このように、表記体系の要素としての日本の文字は、その要素と運用法において、世界でももっとも複雑な状況を生み出している。

　そして、それらを用いて行われる日本語の表記には、さらなる多様性が発生している。表記は、種々のレベルや質的な差異によって分割される集合において、一定の傾向をもちながらも、個々の語、そして使用者や場面ごとに変異を出現させることさえもある。

　本稿では、日本語のそうした世界でもまれな文字とそれによる表記について、

具体例を提示しながら、いくつかの問題点を説いていきたい。

Ⅱ 漢字の日本化

1. 字音・音読み 呉音・漢音・慣用音

　漢字は、中国語の発音を表すものであった。「山」を韓国や日本でサンと読ませるのは、古代中国の発音を模倣した結果である。中国語の音韻は日本語に取り込まれ、日本語の音素を増やすとともに、日本語化され簡素化されていく。日本「止」を音読みでトと読ませることが古代の日本にあったが、こうした古音や、後の呉音は朝鮮半島から伝わったとの見方もある。唐代に伝えられた漢音は、体系性をもっており、宋代以降には唐音のような南方音が語とともに渡来した。さらに、「輪」は、「諭」などからの類推でユと読まれるようになる。輸出はシュシュツだったもので、こうした類推読みをかつては百姓読みと呼び蔑んだ。音訓を混ぜた湯桶読み、重箱読みが有職読み、故実読みと区別されたことと合わせて、こうした意識は語の生成、運用にも影響を与えており注目される。「消耗」も、この意味ではショウコウだったが、モウという類推読みが定着している。この方法は、漢字圏各国に見られる(韓国語の「秒」「欧」など)。

　なお、漢字と漢語を用いた文化的交流の結果、「注意」「約束」「薬品」「経済」「手紙」などいわゆる同形語が漢字圏で多数共有されることとなった。各国の漢語には、表記、字体のほか語構成、意味や用法の面で共通点と類似点、相違点があり、どこで発生し、どのように変遷してきたものかなどの考証がなされている(荒川清秀1997、笹原宏之2006、陳力衛2008など)。近世、近代以降に共通化した語には、和製漢語が多いが、その和製漢語は、古くから生じており、和語「ひのこと」から「火事」が生まれ、「諦観」が和語「あきらめる」の語義変化に伴って熟語に語義の転用により別の意味が派生した。「腺」は、一人の造字が専門用語となり、一般用語、そして常用漢字へと移ろったケースである。和製漢語の「猟奇」のように、近年、韓国でハングル表記によって語義が変化し、日中間で意味に不一致を来したが、韓流ブームで日本にも影響を与えるケースも現れた。

2. 字義・訓読み　国訓

　やがて漢文を理解するために、漢字を日本語の和語で読むことが始まる。「山」を「やま」と読む訓読みである。中国の用法をもとに、韓国で先に行われた固有語による読み方を応用したものであろう。朝鮮半島ですでに生じていた独自の字義も、「小椋」の「椋」(倉の意を持っていた京に木偏を加えたもの)、「鎰」(カギの意の鑰の変形)など朝鮮半島での国訓(ある国で生じた字義)が早くに日本に伝わっている。「串」「蚫」にもそうした伝播の可能性が各国の文献を通して指摘される(笹原宏之2012、2012b)。「椿」「霞」など、日本独自の国訓も7世紀には使用されている。「恋」にコロスという訓が古辞書に見えるなど、不明なものも少なくない。

　とくに日本語では、「生」には、セイ・ショウという字音のほか、「なま　いき　うぶ　うむ　はえる」など和語の各種の語形と結びつき、定訓としての字訓となった。多訓をもつ訓漢字である。ここには、中国、韓国のようなオリジナルなものが次々に現れて認められるような上書き保存ではなく、流入したものをそれぞれ消化しながら別名保存していく日本の文化の性質を見出すことができよう。個々に繊細ともいえるニュアンスを込めることもある。漠然として、曖昧性を持った和語の一つの特質も影響している。さらに、漢語の方がむしろ多義であることも手伝っている。日中韓ともに、漢語によって和語の語義が、和語によって漢語の語義が拡張することも生じた(ジスク・マシュー2010)。時代や地域、集団、文献、解釈、個人や場面ごとに差も生じていた。たとえば、日本では、「凧」という日本製漢字に対して訓読みは「たこ　いか　はた」と各地でバリエーションを派生し、後者のような地域訓が発生した。

　訓読みには、「蠱」で「まじこる」のように、使われることが稀なものも一部の文献で使われ、辞書に定着を見た。1980年には、ニュージーランドを略記できるようにと「乳」が当てられたこともあった。「絆」の「きずな(きづな)」は、字義と語義が変化した結果、近年、人と人との欠かせない繋がりという意味が国訓として漢和辞書にも載った。糸を半分ずつもっているとまで解釈する人も現れている。

3. ニュアンス 俗解

　日本では、漢字は象形文字、それを組み合わせた会意文字として認識する傾向がある。読めない字は百姓読みをするということを蔑んだ歴史と根は同じ可能性がある。

　「人」という字は二人の人が支え合ってできている、という類の、漢字に道義性まで期待した分析は特に日本で人気があり、俗解ながら字源説としても認知されてしまっている。字源の研究には言語研究とは異なる性質もあり、種々の説が唱えられている(『日本語学』2011年10月号「字源研究の現在」参照)。後述する表イメージ文字となってきていることとつながりをもち、「H」(エッチ)という語と表記の起源にまで象形文字起源意識を当てはめる人たちも現れている。

4. 字種 字体 国字

　「氏」の異体字「弖」や、「閉」の異体字「刋」なども朝鮮半島辺りで生じた異体字が日本に伝わったものと考えられている。ツに「川」を用いた原因も、朝鮮半島での用字にあるともいわれている。

　日本でも独自の字体が生まれ、平安時代には「圓」が「円」の原型の略され始めた。室町期には、難字の「鬱」を「欝」とする略字さえ書けずに「林四郎」を縦に縮めて書くことが生じ、無学との非難を受けた。漢字が教養を代表しているためである。韓国では「朩」という独自の略字が発生していた。仮名が派生した後には、「機」が「柀」、「議」も「訝」となり、ローマ字が定着した後には「慶應」が「広庅」、「寮」が「宀」と遊戯性を帯びながら略される筆記が生じた。「転」「広」なども日本製だが、藝に対する「芸」は近年日本よりも早い使用例が韓国で見つかっており(何華珍2012)、出自の解明のために日中韓の文献を精査していく必要がある。日本では、電子機器の普及によって、略字離れが進展しており、「門」の略字を書いたことがない若者、「第」を略して書きたいが書き方が分からないという若者の声がある。一方で、字体への雰囲気の感じ取りはむしろ強まっている(後述)。

　日本人は、既存の漢字ではしっくり来ない場合や、表せない和語があれば、新たに字を造ることもあった。「橿」は「樫」に「鵯」は「鳴」へと声符が実感に即した意味を示す要素に置換され会意化された。「鰯」「鑓」「鱈」「鈍」など、日本人の生活に

即した国字が数千種造られ、個人の提起や使用に終わったものもあれば、集団内に広まり、一部は辞書に載ったり使用が継続したりするに至った。「働」「躾」「糀」のように暮らしの中で、日本人の感性・美徳などの価値観を反映しているものがある。和語を表記するためには、字音を声符で示す形声よりも会意のほうがしっくりときたのである。

　訓読みに適した会意の方式で造出された国字「峠」は絵画的な構成をもち、イメージ重視の姿勢もうかがえよう。一語一字意識と和語を的確に漢字式に書きたいという要求から、「邏」で「あまのはしだて」と読ませるようなものさえも連歌の世界に出現した。「麿」「粂」のような合字は、一字を一語で書きたいという要求が縦書きされる文字列を結合させたものである。

　「辻」は象形的な要素を含む。漢籍に出た「十字街」という字喩による語に基づくと考えられ、とくに西日本で姓に多用され、日本から帰化した韓国人の姓にもsibと字音で読まれて用いられている。韓国人の名付けにも「躾」はmiとして見られ、文字の交流は現在でも続いている。なお、韓国では字音と多くの固有語に発音上の共通性があるため、国字にも形声文字が多かった。「垈」は日中韓いずれでも、現在まで地名として使われつづけている。たまたま字体が一致したようである。

Ⅲ　漢字と国語政策

　戦後、1946年の「当用漢字表」により、日常で使う漢字は1850字に制限された。戦後民主主義を実現させるための漢字制限の試行であったが、具体的には「犬」は漢字で、「猫」は仮名でといった不均衡などが批判を集めていった。

　1981年に「常用漢字表」に切り替わり、95字が追加され、表も目安として緩やかな位置づけとなった。「猫」も採用され、また「癒」も採用されたことで、「ゆ着」「ユ着」という交ぜ書きは正式な文書でも「癒着」と書けるようになった。さらに2010年の改定によって、196字が追加され(5字が削除)、「いやし」も「癒やし」(癒し系)などと表記できるようになった。流行して社会的に定着を見た語が表に反映することもある。「麺」「串」「丼」、「痩」なども入り、改定はグルメブームやエステ・健康志向の反映とみることもできよう。

　子の名前に使える漢字も、当用漢字とともに制限を受けた。法務省が主管する

人名用漢字は当用漢字や常用漢字を拡張したものだが、制限の合憲性や個々の字の「常用平易」性を巡って裁判などが繰り返された。近年、「腥」「胱」といった字でも、見た目の直感的なイメージから名付けに用いたいとする親が現れており、漢字の捉え方や用い方に、後述するように表意文字＞表語文字＞イメージ偏重文字という変化が顕在化してきた。「一二三」も、主流がひふみ＞ワルツと変化してきており、子に背負わせる命名の行方が日本の文字の動向を象徴するかのようである(笹原宏之2006)。こうした現象に対しては、政策に安定的に応用することが可能な客観的な大量のデータと研究方法が求められる。

Ⅳ 文字・記号と情報化社会

20世紀の末には、ワープロ、パソコン、携帯電話などの電子情報機器が急速に発達した。そこでは、経済産業省(当時は通産相)によってJISつまり日本工業規格によって定められたJIS漢字が実装されている。仮名漢字変換の技術により、日本語もほぼ自由に入力、出力できる環境が整った。そのために、「扨」(さて)「軈(やがて」「躊躇」「憂鬱」といった手書きでは仮名表記が一般化してきていた難字まで文章中に復活し始めてきた。

地名・人名用字は、日本語の中でも独自の発展を遂げてきたものなので、JISも対応が十分ではなかった。読みに地域差(「藤」西日本の姓で多い読み「ふじ」：東日本の姓で多い読み「トウ」)や地域訓(「谷」の「たに」に対する東日本の「や」)をもつものもある。「藤」は、姓での使用頻度が高かったため、2010年になって常用漢字表に採用された。「圷」「椛」のように各地に生きる地域文字も、第4水準まででかなり拾われている。「蛯原」姓が入力できたのは当然であったが、「草彅」は第2水準までに漏れてしまっていたため、今でも各種の代用表記が流通している。JIS漢字を選定する際には、幽霊文字とよばれる人間らしい転記や字体の誤認などのミスによる新たな誤字が生じてしまった。「妛」「彁」はその代表である(笹原宏之2007)。

記号・絵文字も主なものはJISには収められており、文字列への参入が一部で行われている。表意性の高い漢字に慣れていてこそ、文中での表現効果が類推できるのが記号類であり、また堅い漢字に比して柔軟な表現効果を発揮できるのが記号類である。近年のパソコンでは、ユニコードまで装備されており、「♡」(ハート

マーク)「ノ」などもモダリティーやイントネーションなどの表示として容易に使用できるようになった。しかし、メールで送ると今なお文字化けが生じ、「♡」のようなものが「㈱」などに変わってしまう障害も起きている。

　文字の街中での有り様について、社会言語学においては、言語景観という観点からの調査が増えてきた(庄司博史ほか2009)。漢字仮名比率なども算出されるが、多くは多言語の状況を概観するものである。多面性を持つ日本の文字・表記について理解するためには、認知心理学からのアプローチなど、学際的に追究することも必要である。

Ⅴ　仮名

1. 仮名遣い

　日本語の音韻(音声ではない)に対し、仮名を用いてどのように書き表すかという方法のことを仮名遣いという。特にそれに対する法則性や基準のことを指す。
　表音的な仮名遣いは、江戸時代に萌芽し、戦前に体系的に試みられるようになり、戦後に至って国語施策として制定された。昭和21年に「現代かなづかい」、昭和61年に「現代仮名遣い」が内閣告示・訓令として公布されている。
　一般には、「とおり」がなぜ「お」なのかを順序立てて理解するためには、かつて「とうり」ではなく「とほり」か「とをり」であったという歴史的仮名遣いの知識が子供にまで要求されてしまう側面があり、それを知らないとただ闇雲に覚えるしかなくなる。一方、若年層などに、「いう」(言う)を「ゆう」、さらに「ゆー」のように記すケースも見られる。固有名詞では、比較的自由度が高く、「ヱビス」、特定の集団、場面では「ヲタク」(オタク)などの違例も使用されている。

2. 字音仮名遣い

　「王」(オウ)の「ワウ」、「甲」の「カフ」など、和語ではなく漢字音に対する字音仮名遣いは、『韻鏡』などによる漢字音に対する研究によって進展した(近年の成果は、佐々木勇2009など参照)。なお個々の字音については説に一定しない部分も

残っている。和語の仮名遣いにも同様の「疑問仮名遣い」と呼ばれる例がある。

字音「コウ」には5種の書き分けが生じたが、明治期には、「かう　かふ　こう　こふ　くわう」を「こー」と簡易化する棒引き仮名遣いが、「小学校令施行規則」により国定教科書に用いられたことがあった(感動詞の表記も含む)。現在、「ケータイ」(携帯)は、単語としてこの表記が定着した。「クヮ」は、現代でも中国語や韓国の漢字音によく対応する。地球は「チキュウ」なのに、同じ「地」を含む「地面」が「ヂメン」でなく「ジメン」となることは、布地の「ぬのジ」など、もともとジだったものと合わせて理解することが必要となる。「地」にはもともと「チ」「ヂ」の２つの字音があり、後者は現代仮名遣いで「ジ」に変わったのであるが、連濁によって生じる「はなぢ」(鼻血)との区別も、一般には難しい。一般には、音訓意識の稀薄化も起こっており、「憂鬱」(ユウウツ)を「ゆうつ」「ゆーつ」と記すようなケースも見られる。

3. 外来語の表記

外来語の表記も、仮名遣いと類似する現象があり、「バレー」「バレエ」、「ボール」「ボウル」は語の区別の機能をもつ。「ライブ」「ライヴ」、「キーウィー」「キウイ」「キューイ」などの揺れは、原語の綴りや音韻と関わることがある。これらについては、国語施策の中では「外来語の表記」として別に片仮名の用い方が取り決められている。固有名詞には、今なお原音や原綴りの影響を受けた「ビルヂング」「ヱヴァンゲリヲン」などの異例な表記も行われている。なお、ひらがなには、「ー」は抵抗感が示されることが多い。明治期に棒引き仮名遣いが小学校で行われたことがあったが、定着を見なかった。

韓国からの外来語の「チヂミ」は、この規則では「チジミ」となるはずである。チェジュ(済州)も同様になっていて一貫しないが、ほぼ慣習化している。同音の連呼による「ちぢみ」の類推だとすると、和語にだけ適用される現代仮名遣いが応用された例となる。

なお、日本語全体のローマ字による表記についても「ローマ字のつづり方」が示されている。英米式のヘボン式と、日本語の音韻規則にのっとった訓令式とを折衷したものとなっている。現実には、とくに長音の表記法など、ゆれも見られる。社名では、「YEBISU」のような違例も見られる。

Ⅵ 文字・表記体系と表現効果

1. 文字体系

上記のような複雑な形・発音・意味・イメージをもつ日本の個々の文字と、それを日本語に対して駆使する日本語の表記法は、さまざまな表現上の効果を生み出すことがある。早くからその問題点は検討されてきた(野村雅昭1976ほか)。多面的な分析を要する分野であるため、ここでは、試行的に種々の意識を引きながら、その多様性を生み出す要因とシステムについて可能性を模索する。それを、現代の大学生たちの意識を中心に記述していく。

日本では漢字は正式、かっこいい、硬い、難しい、古風、ひらがなは柔らかい、優しい、幼い、ばかっぽい、カタカナはかっこいい、欧米風、新しい、スタイリッシュ、冷たい、無機質といった感覚や評価が聞かれる。自国の言語に複数の表意性や表音性の高い文字体系を混用し、用法や表記法にも多様性があることによるもので、世界の中でも極めて珍しい現象である。ただ、それぞれには個々の字による例外も存在している。

2. 字種

漢字にはとくに種々の感情や思い入れが抱かれる。座右の銘とされる字や熟字も多い。好きな字というものも取りざたされ、「愛」の字が好きという人が多い。「好」という字を見るとテンションが上がるという女子もいて、メールや手書きの打ち解けた文書では「好」は「♡」と共起(コロケーション)を起こすケースが目立つ。

「匂い」「臭い」は「におい」の同訓異字(後述)である。「におい」「ニオイ」という表記は比較的中立的であり、芳香、悪臭の両方を指しうる。

3. 字体・字形

漢字の字体つまり字の骨組みとなる形に関する観念は、古代中国に萌芽したと考えられ、美観、筆記経済の追求、衝突回避などによって変化を重ねてきた。中

国でも「國」の中に「惑」があると占い師に言われて「圀」に換えた則天武后の話があり、そこには文字霊思想を読み取ることができる。しかし、中国に発祥してからは、「國」を則天文字で「圀」、「佛」を異体字で「仏」や「㑔」と書く字体は、むしろ他の漢字圏各地で用いられた。日本では、「岳」より「嶽」のほうが厳粛な感じがするといったケースがやはりある。この字の場合は別字意識が生じているが、「大学」より「大學」のほうが格が高そうだ、「拉麺」より「拉麵」のほうが本格中華らしいというような感覚は、しばしば聞かれるところである(後述)。日本では、漢字に歴史以上の「奥深さ」を感じることと名前に画数占いがはやっており、「恵」に1点を加える変形化の行動や、「歩」の旧字体を使うなどの数字合わせのための異体字選択も見受けられる。

　日本では、さらに種々の感覚が発露される。漢語の「リュウ」には「龍」と「竜」などの異体字があり、1981年に後者が常用漢字表に採用されたが、両字体で想起されるイメージに差があるという人が多い。前者は中国の空を飛ぶ体が長いもので、後者は西洋のドラゴンだというのは、字の形状とマッチさせた意識によるが、実際に小説や漫画、ゲームなどで区別がなされている。

　和語「ひのき」には「檜」とそれを略した「桧」が流通している。前者がよく使われてきたため、そちらに好みと馴染みが偏っているが(笹原宏之・横山詔一・エリク＝ロング2003)、2004年に人名用漢字に両方とも採用されたため、新聞社によっては略字を紙面に使う機会が増えてきた。しかし「檜風呂」「桧風呂」と書いた場合、前者に風情を感じる向きが多い。旧字体や珍しい異体字が古き良き時代のノスタルジックな感情を呼び覚ます効果があることは、「横濱」「神戶」「東京」(トウケイとも)「會津」(会津)など文芸作品や観光地のパンフレットなどで地名表記に利用されている。このように字体による工夫は固有名詞に顕著に表れているほか、「大学」を「大學」と表示しつづけたり、新設大学でも校門にこの旧字体を表示したりするところがあるなど、その宣伝効果は無意識に発揮されている。

　一方、誤字体は書写者や使用機関の信頼や評価を下げることがある。これは、日本人が漢字こそ教養の現れとみる古来の意識に基づくものであり、「強い」に「弱」が混淆した字体や、「勉強」に「ム」が同化した字体、「短」や「辞」の要素が左右逆になった字体などには、子供っぽさが指摘される。人名では、「鼎」が異体字であったことが一因となって、名付けをした父親を殺害するという事件も起きた。

　変体仮名は、次第に収斂したが1900年に正式に小学校の教育から排除された。

しかし、街中の看板などでは、「そば」を「楚者゛」の崩し字による変体仮名で表示するものが江戸時代後期からとくに東日本で見られ、伝統ある老舗という雰囲気を醸成する。絡まったような複雑で非日常的な字形は麺の感じと特別感を演出する。「そば」「ソバ」「蕎麦」の間でも、そうした意識は感じ取れるだろう。「おてもと」「しるこ」(しるホと誤読される事態も生じた)などでも、和の風味を表そうと同様に変体仮名が利用されてきた。

　曲線的なひらがなの形にまでこだわりが発揮されることがある。変体仮名のほかに、「さいたま市」「さぬき市」の「さ」は役所内では柔らかい感じを出すためにロゴとして「さ(左下が切れるではなく)」とすることが定められている。その情報が一人歩きをして、それらの地名はそう書かないと誤りという指導さえもなされることがあり、ふりがな欄だけ異なる字形で記すといった硬直化した意識による区別がひらがなにまで生じてしまっている。「の」は中国語圏で、「ツ」はロシア語圏で、雰囲気作りや顔文字のために転用されるようになった。

　ナンバープレートの「相模」ナンバーが相撲に見えるとして、相撲ナンバーと揶揄する向きがある。熟字レベルのいわゆる点画少異字といえる。篆書では始皇帝が当時の罪を表す字が「皇」に似ていたために、同音の「罪」に換えさせたという。

　字の大きさ、筆画の掠れ、書き差しなども具体性をともなう字形であるが、それを超えた字の色、背景の色、字に対する模様、字や行のスペース、縦書き・横書きなどの配置も、あたかも口調や声色、フィラーのようにコノテーションと結びつくことがある。

4. 書体

　筆や硬筆による崩し字には、読めなくとも達筆という評価が与えられることがある。丸文字には、文字・表記体系としてのひらがなに見られるようなかわいい、幼いという両方の価値付けが見られ、手間を掛けたギャル文字には読めない、かえって頭が悪そうといった酷評も聞かれた。

　活字書体では、明朝体は正式で、ややもすると改まった堅苦しさが感じられている。ゴシック体は明治時代に日本で生み出された書体で、教科書で強調するためにも用いられる角が目立つものだが、若年女性からはかわいいという意見も聞かれる。写真植字の技術の中で開発されたナール体やファニー体には、若々しさ

がデザインされていて、そのようなものを追求する場面で使われる。古印体は、「恐怖」「祟り」などの字をテレビ画面や漫画などで示す際に多用される。血がしたたり落ちるような点画で「怨」「呪ってやる」といった字が表示されることもある。

ひらがなの「いちご」(後述)のナール体は、表記体も書体もかわいさが最も認められるものであるが、逆にかわいこぶっている、狙いすぎであざといという反感も生じる。

5. 書風

同じ書体の中でもさらに流派よる微妙な様式の差が指摘される。平安時代からの和様には唐様にはない日本的な柔和さ、優美な雰囲気が漂う。ラーメン店では、近頃は中国風ではなく、日本独自の太く力強い手書き文字が好まれる。究極的には個人に特有な書風もある。書き癖に人間性を見出すこともあり、詩人のあいだみつをの書は個性的であることで有名で、著名人となったため、他者にも波及した。

6. 漢字表記

上記の多層性をもつ文字を組み合わせて行われる語の表記には、いっそう複雑な効果が生み出される。

漢字は象形文字に端を発したものであり、視覚などの感覚に強く訴える力を持っている。「凹凸」や「串」など、象形性を利用した表記が可能であり、「凹レンズ」「凸面鏡」などの字面は、その語義について説明的でさえある。

「たまご」には、中国古典の発想を利用した「卵」と和語の語源に沿った「玉子」という2つの訓読みによる漢字表記が行われている。後者も当て字ではない。しかし、「学者の卵」「産みたて卵」「卵かけご飯」は、前者が多く用いられ、「玉子焼き」「玉子丼」のような食品として調理が進むにつれて、生々しさの薄らぐ後者に移行する傾向が一般に強い。ただ、メディアや地域による差も見いだせる。

coffeeには「珈琲」と表記すると高級感や本格的な感じ、日本らしいこだわりをもって淹れられたものと感じられる。伝来の地のローマ字よりも本格的に思われるのは、ねじれがある。外来語らしいはずのカタカナの「コーヒー」では安っぽ

く、缶に入っていそう、「こうひい」では甘そう、子供向けといった評価が語られる。漢字ならば何でもよいわけではなく、「可否」「咖啡」は歴史性が知られてもおらず、概して直感的には不評である。「こうひい」にかえって大正時代のようなレトロ感をいだく人たちもいる。curryは、ローマ字ではカリーという英語風の語形と読まれることが多く、「カレー」が一般的な料理として認知され、「かれえ」「かれー」などひらがな表記はまずないがやはり類推からか子供向け、甘口、「咖喱」も珈琲からの類推もあってレトロ感、本格的というイメージと結びつける人がいる。「蜜柑」が「蜜」という漢字や旁の「甘」が作用して漢字だと甘そう、「ミカン」はすっぱそう、というように、字や語ごとに差が生まれる。

　食品以外でも、こうした効果は意識され、実用化されている。「癌」は、恐いイメージを想起させ、治らなそうなので専門家でも本来の漢字を避け、「がん」「ガン」と表記することが多い。「クマ」は生物としての存在を指す、「くま」はかわいらしいぬいぐるみやキャラクター化されたそれを指して、携帯電話などの絵文字、顔文字に近い。「熊」は人を襲う恐ろしい動物としてのそれだと意識されることがある。暴走族の「夜露死苦」には画数が多い字面やマイナスの字義からおどろおどろしさを醸しだす効果があり、若年層などにも遊戯的な表記として、「宜しく」よりも広まった。「可愛い」は和語への当て字であるが、「愛」があるからかわいいという意見と、重いという意見がある。感覚的な表現だけに、このように個人差が目立つ。

　漢字表記同士では、同音異字で、ニュアンスレベルの差にこだわりが発揮されることが多い。「貫録」では嫌なので元の「貫禄」とする、「乱獲」「波乱万丈」では語義がおかしくなっているので「濫獲」「波瀾万丈」とするといった行動である。これらには漢字政策の変遷も影を落としている。漢語の「綺麗」「奇麗」は、いずれも漢籍に由来するものだが、後者は「奇」という字面や奇抜、奇妙などからの類推からエキセントリックなきれいさを指すといったイメージが語られる。「キレイ」は清潔さを表す、それは商品名からだという意見も強いが、商品名と一般的なイメージはどちらが先か検討を要する。同訓異字でも同様で、「日射し」は暑い時に、秋には「陽差し」といった表記選択も行う人もいる。

　日本人は、古くから表記にコノテーションを持ち込んだ。重層的な表現を文字にも応用している。たとえば「こひ」(恋)には『万葉集』で「孤悲」という万葉仮名が多用されている。後には、「戀」という漢字を「いとし、いとしというこころ」と分

解している。同書の「恋水」は、江戸時代には「なみだ」と解読された。

平安時代には女性は、漢字から派生したばかりのひらがなを用いるものと位置づけられた。「いちご」に「覆盆子」という漢字を書くのは大げさだと清少納言が『枕草子』で述べている。清少納言は漢字(真名)を書き散らして賢しらぶっていると、紫式部に日記で非難されていた。今日では、「いちご」がかわいい、「イチゴ」はすっぱそうだ、植物としてのものだという意見もある(前述参照)。

食品では、近代に中国語から入ったラーメンに「拉麺 拉麪 らー麺 ラーメン らーめん ら~めん らあめん らぁめん」など数多くのバリエーションが存在していて、店主のこだわりなどさまざまなニュアンスを出そうとしている。「らうめん 老麺」のように語形にも変化を求めることがある。同じく近代に中国から入ってきた単語ではシューマイを「シウマイ」(メーカーのロゴにもなっている)とするものなどが歴史を感じさせる。

西洋から入った外来語にも、「クラブ」「くらぶ」「倶楽部」などでそうした表記上のコノテーションが観察される。「フランス」「ふらんす」のほか、高級レストランで「仏蘭西料理」(さらに旧字体による「佛蘭」)という表記がなされるのもそれを目指したためだろう。「パリ」「巴里」、「ロンドン」「倫敦」、「サンフランシスコ」「桑港」などのほか、国内の「箱館」(函館)などもそうした意識によって用いられることがあろう。

「カツ丼」は「勝丼」と書くことで、縁起をよく見せようという文字霊思想の残存もうかがえる。「にんにく」を「大蒜 蒜」としても読めないためか、店頭では「人肉」という表記さえ見られるのは、漢字表記を第一と価値付ける意識によるものだろうか。

7. ひらがな表記

平仮名を「ひらがな」「ひら仮名」「平がな」と記すことがある。これは文字体系を表示する役割を担っており、「ヒラガナ」は珍しい。氏名などでは「ふりがな」とあればひらがなで書くことを暗示的に、見方によっては明示的に要求している。同様に、片仮名を「カタカナ」「カタ仮名」「片カナ」と記すことがあるが、「かたかな」は稀である。「かな」「カナ」だけで、どちらかを示すことも可能である。

漢語「極」は、副詞の場合には「ごく」と表記されることが増えた。これは、品詞

性や漢字の字数といった言語的条件に左右された結果である。一方、二字漢語で
ある「至極」は漢字が一般的である。漢語の「ぜひ」は副詞の場合、「是非」は名詞の
場合と区別されることが新聞などで行われている。「是非とも」は「ぜひとも」でよ
いが、「是が非でも」では語源が意識されることもあって漢字とすることが多い。
名詞には「是否」という俗解による誤表記も増えてきた。

　仮名遣いが、現代ではコノテーションに関わることがある。「かほり」は歴史的
仮名遣いと認識され、古風と思われがちだが、実際には定家仮名遣いであった。
「どぜう」は、元は江戸時代に下町のドジョウ屋で「どぢやう」など4字になる表記
を避けたことが習慣化した表記である。「こんにちは」は、あいさつことばとして
まとまってきて「こんにちわ」と書かれることも増えた。「子供」の「供」、「障害」(古
くは障碍)の「害」に差別的なニュアンスを感じるとの主張により、「子ども」「障が
い」などの表記が増えつつある。これらには、語源にまで遡った異論も多く提示
されている。

　ひらがなは、ニュートラルな表音文字だと解されるが、その形状が漢字の楷書
にはない、草書に由来する丸みを帯びており、かつ初期の段階でカタカナに先が
けて学習することになっており、身近さ、かわいさが感知されることがある。一
方で、幼さ、漢字が書けないための代用表記(仮名は仮の文字の意)というマイナ
スの性質も感じられることがある。「まんが」は「漫画」「マンガ」と違って子供向け
と、経験と感覚によって語られることもある。選挙ポスターで名前をひらがなに
することは、有権者全員に読んでもらえるようになるとともに、親しみを増す効
果を期待しているのであろうが、実際にはひらがなの姓名では幼く、頼りなく見
えるという感想も多い。「たんぽぽ」が親しみやすい、「タンポポ」は教科書や図鑑
の中にある学術的なイメージ、「蒲公英」は知らない、別の植物のようという。「あ
じさい」には「あ」の形状からいかにもかたつむりがいそうだとの声もある。色彩
でも、「ぴんく」は桃色っぽい、「ピンク」は原色、「pink」はショッキングピンクな
どという感想が聞かれる。こうした感覚は、実際に「とまと」「れたす」など、商品
の名称の表記に利用されている。

　漢語で、簡単な字であっても、ひらがなで表記されることがある。「あんしん」
「らくらく」「かんたん」など、宣伝広告などで漢字が醸しだす堅苦しさを消して、
親しみやすく表現しようとする際に定着して用いられている。

8. カタカナ表記

　「コツをつかむ」のコツは語源が「骨」か明確でない。「コクがある」というときのコクも「酷」か判然としない。こうした語はカタカナ表記が定着している。語を表記によって書き分けることがある。「クモ」は蜘蛛のことで、表外字でありかつ動物名なのでカタカナが定着しつつある。「くも」は雲の意に特化されてきたのは、衝突回避のために表記に区別が備わったとみることができる。こうした住み分けは、語義が分離した場合にも適用されることがある。「適当」は適切の意、「テキトー」はいいかげんの意と、くだけた場面では表記が区別されることが多い。片仮名では音が際立ち、字義と語義が薄れさせる機能を持つ。ただし「好い加減」と「イイカゲン」という区別は一般化には至っていない。

　「事」は形式名詞では公的には「こと」、私的な手紙などでは「コト」と表記が区別されることがある。「物」も形式名詞では「もの」とするメディアが多いが、「者」「モノ」の関係は「こと」とは一様ではない。

　「ゴマ」は、新聞では植物、「くろごま」などは加工されたのでひらがなとされている。表外字を含むが「ご麻」「ゴ麻」という交ぜ書きでは文中で可読性に欠ける。新聞はマスメディアであるため、こうした条件を設けているが、一般にはほとんど規則性が理解されていない。「バラ」は字形からとげとげしたイメージ、ヨーロッパのイメージ、「ばら」は幼稚、豚バラ肉が連想され衝突を起こしてしまうという人がいる。「薔薇」は表外字だが、一般にかなり読める熟字訓となっており、花びらと茎の姿、プレゼントの花束、お風呂に浮かべたいもの、ゴージャスといった感覚をいだかれるが、これこそとげとげしいと感じる人がいる。

　「蛋白質」も「蛋」が表外字であるため、「タンパク質」「たんぱく質」と専門用語としても学会ごとに表記に揺れが生じた。「たん白質」という交ぜ書きもあるため、一般には「蛋ぱく質」などさえも混淆から生じている。この語では、表されるものの性質から表記が変わってもコノテーションは不変のようだが、書き手の読み手に対する配慮の有無、強弱や、書き手の漢字運用能力、その場での表記規則について意識が向けられることはある。字義も語源、形態素の意味も忘れられており、「卵白質」への言い換えも提起されたが、習慣は改まらなかった。「ムラ」「クニ」など、専門領域の中で、独自の意味を込めたことばがカタカナで書かれることがある。「クルマ」もこれに準ずる。これはカタカナに限らず、「まち」(都市計

画)「いのち」(仏教界)など専門用語や業界用語でのひらがな表記にも見受けられる傾向である。

　「ラク」「カンタン」など、プラスのニュアンスを強化、転化させることがある。漢語の「ゴキゲン」は、新しい意味、感動詞的な用法になる。「オハヨー」「バンザイ」「ヤッター」など、語種を問わずに音声、感動詞を漢字の字義から遊離させることができる。一方、「ヘン」のようにマイナスを強める機能も持つ。「ユーウツ」は漢字が書けない場合の代行だけでなく、「ヒミツ」のように、軽い、独特なニュアンスに結びつくこともある。

　「サミダレ」には「ナミダ」の3字が隠れているというような文字の象形的利用、見立ての技巧も、場面に依存しながら行われることがある。漢字では古く「東大寺」を入れ込んだ「蘭奢待」という香木があった。

　なお、「がんばってネ」が「ネ」が近年、若年層の間で「ウザイ」とされることがある。これは、江戸から昭和のころまでの表現であったが、世代間で大きな断層が生じた。絵文字によって立ち現れた意識の断絶という可能性がある。無理をして若者ぶろうとよけいなことを、と意識する若者に対して、位相表記化したことに気づかない世代がある。こうした位相表記の中には、成人する頃に「卒業」し、さらには一時の流行に終わって継承されなかった例もあるのだが、これはディスコミュニケーションを来すケースとなった。

　外国人の発話をカタカナで表記することが漫画やテレビ字幕などで見られるが、これは、たどたどしい発音やニュアンスがこもりきっていない様子を表そうとするもので、役割語のようなものが表記上にも存在すると見ることができる。

9. ローマ字表記

　日本語をローマ字で書くことは、室町時代から行われ、江戸時代から看板に用いられ、それに禁令が繰り返し出されるほど、舶来指向にマッチした文字であった。ローマ字による文学作品の創作も試みられ、ローマ字化の運動も起きたが、日本語表記としてはアメリカの進駐を経ても補助的な位置づけを得るにとどまった。社名、店名などのほか、駅名はTokyoなどローマ字表記が併記され、文字列が長すぎると読み取りにくくはなるが外国人だけでなく日本人もその読みを知る手助けとなっている。

「1 F」はThe first floor ではなく、各国で自国語で読まれる。日本ではイッカイ、韓国ではイルチュン、中国ではイーロウ(イーツォンとも)と、それぞれ階、層、楼という漢語で発音される。ここでも、表音文字が表意文字のように機能している。漢字で書かないのは、国際的な対応のほか、おしゃれ感を出す、書きやすくするといった目的によるもので、漢字の代行をローマ字がしていると見ることもできる。

ローマ字の綴り方には、現在、英語圏で通用するヘボン式と、日本語の音韻規則にのっとった訓令式とが混在しているほか、民間では個々人の独自のスペリングも見受けられる。「FAX」は英語綴りのまま用いられることが多く、「hwakkusu」を見かけないのは筆記経済に劣ることと、英語を知らないようでかっこわるく、目的が不鮮明だからであろう。

ローマ字は海外の象徴としても意識されている。「早稲田からWASEDAへ」というコピーは、固有名詞を英語綴りにすることで、国際化を図る意志を示す。普通名詞の「KEIRIN」も同様の効果を持つが、「sushi」は、英米人の発音が想起されるとともに、カリフォルニアロールのようなものをイメージさせる。「JUDO」は、「柔道」がすでに日本の武術ではなくなって、国際社会の中で勝つためのスポーツとして変質した競技を指すことが多い。文末の助詞を「ね」を「ne」と表記することは女子の位相表記だが、「よ」を「yo」と表記することで、ラップの口調を表現したり再現したりすることもある。

ローマ字は、略語の産出にも寄与している。女性誌は「JK」、男性誌では「JKT」と2字、3字に分かれる傾向があるが、それらをジャケットと読んでいる人もいるであろう。かっこよさも追加されるが、「観音菩薩」をノートに略記する際に現れる「KNBS」には違和感を示す人が多い。このようにローマ字がつねにかっこいいとは限らない。女子生徒には、友人への手紙などで敬称の「ちゃん」を「chan」、さらに〇で1字目を囲んで「©」と書くことで親しみやかわいさを演出し、いわゆる女子力をアピールするケースもある。また、当てローマ字、つまり「・・・なのでR」のように、おかしみを生み出すことさえある。

10. アラビア数字表記

日本語では、数字のたとえば「2」を表記しようとすれば、「2 2 ② Ⅱ Ⅰ

Ⅰ Ⅱ ⅰ ⅱ 二 弐 貳 貮 弍」などが「2」として使用可能である。「Ⅱ」「ⅱ」「弍」などには使用場面に制約がある。また、これも日本だけとなってきたが、書字方向に縦書きと横書きとが併存しているために、それらによって使用傾向に差も意識される。

　こうした数字にも、使い分けの傾向が見られる。意識に登ることはまれだが、「二丁目2番地」「二段 vs 2級」のように、漢数字のほうが格が高い。「1万円」では軽く、「壱万円」ならば重みを感じるという意見もあり、改竄防止のための使用は法律で定められているが、実際にはより広く寄付金などの表記に利用されている。

11. 交ぜ書き

　「きのこ」は「茸」が表外字ながら使用されることがある。「菌」は、今日では意味が特化されて印象も悪く、使われない。「きのこ」「キノコ」のほか「木野子」「きの子」「木のこ」「木の子」などがメニューやWEBなどに現れる。かわいく感じられている可能性がある。同様の語構成を持つ「たけのこ」には「筍」が表外字ながら定着しており、「旬のもの」という俗解も生まれた。似たものに、魚偏に師と書く「鰤」は師走ころが旬だからという話がある。「タケノコ」「たけのこ」のほか「竹の子」なども行われている。

　「段ボール」は語義と形態素の関係が不明確で、語源意識の薄れも関係し「ダンボール」とカタカナで揃えられることが多い。ただ、コノテーションにはほとんどかかわってはいなさそうである。ここで、表記体系と語種との総当たり表を示す。これらはさらに混種語や複合語になれば応用が加えられる。

表記体系表　*は稀・位相(集団・場面)表記　**は転義				
分析レベルと機能	表意・表語	表音	音節(音素)	単音(母音・子音)
文字名　　漢字	ひらがな	カタカナ	ローマ字(大文字は省略)	他
語種　＼　文字体系				
和　語　　山	やま	ヤマ**	yama*	▲*
桜	さくら	サクラ	sakura*	✿*
熊	くま	クマ	kuma*	🐾*

	宜しく	よろしく	ヨロシク*	yorosiki*	
	宜敷*				
	夜露死苦*				
	四六四九*			4649*	☺*
	可愛い	かわいい	カワイイ*	kawaii*	Cawaii*
漢　語	楽	らく	ラク*	raku*	
	箪笥	たんす	タンス	tansu*	
	簡単	かんたん*	カンタン*	kantan*	
	東京	とうきょう*	トウキョウ*	Toukyou*・Tokyo*	

　　　　　　　　　　　　　　　(英語綴りと一致)　：固有名詞

外来語	煙草	たばこ	タバコ	tabako*・tabacco*	✎*
	倶楽部	くらぶ*	クラブ	kurabu*・club	

　表記体系によって，指し示される事物のイメージが左右される。それぞれに異なる表現効果が生じるのである。書体レベルでは、各国で見られるが、文字レベルでは世界の中でも極めて珍しい。

　ローマ字が好きというのは、前述のとおり江戸時代から見られる意識で、西洋への憧れが続いているためであろう。しかし、ICHIGOやichigoはかわいくなくてだめだという意見が多い。strawberryがローマ字ならば適していてよいと思いついてしまうためだという。また「A」「a」が含まれると、印象が良くなる、かわいくなる、かっこよくなるという意見もある。和のものならば、英語が思い浮かばず、逆にしっくりくる。SAMURAI、WASABI、SAKURAなどがそれに当たる。

　このように大きな傾向は見出しうるが、表記の選択に際しては言語的条件のほかにも心理的条件、生理的条件、物理的条件、地理的条件など10種を下ることのない因子が絡まり合い、それらが語ごと、場面ごとに強弱を持って作用しているために、究極的には、語ごと、文脈ごと、そして個人ごと、表記場面ごとに最適な表記は異なりうるのである。

　日本では、万葉仮名の手法を応用し、外来語の「倶楽部」「煙草」「珈琲」(前述)や漢語の「仏滅」(物滅から)など種々の当て字が生み出され、好んで使用された。たとえ外来語であっても、かつては漢字に訳すことが理解のうえで重要であり、音訳・意訳の手法に価値が置かれたのである。こうした音訳(字訓によるものもある)

や意訳による当て字は、今なお生産性を保持している。和語で位相語の「マジ」には「本気」「真剣」など、「大人」には今日でも「悲観的現実主義者」「因囚」といった当て字が歌詞やメールなどで生み出されつづけ、一般に定着するに至るものも「秋桜」(コスモス)のように現れている。「短丈」を当て読みでどう読むかなど、多層的な表現としての熟字訓の行方も注目される。

　このように語種と表記体とを組み合わせてみると、当て字とは当て漢字のことを指しており、ほかにも漢字やカタカナ表記が基準となる正式な表記、一般的で中立的、ノーマルな表記として強く意識される語の場合には「当てひらがな」や「抜き漢字」、漢字やひらがなが固定している語の場合には「当てカタカナ」といった現象も日本語には実は存在していることに気づく。つまり、日本語の文字と表記の多様性には理由がある。同音の語や多義語の語義を区別し、さらに細かなニュアンスを書き分けたい、文中で語を埋没させず卓立させたいなど次元を異にする条件が複合し、場面ごとに表記形が選択されているのである。

　漢字のもつ柔軟性は先に述べたとおり、イメージされる硬さとは逆に強く存在しているのだが、ときには言語を超越した用法さえも、日本ではなされる。漢文の不読字などにその淵源が見られる。近代以降の文学作品でも、たとえば川端康成の『雪国』冒頭の「国境」の例が有名だが、漢字が連なった色の名前など、音訓のいずれか、仮に音でも呉音か漢音かなど、作家が企図した語形が明確でないものがある。先の「1F」のようなローマ字表記は、限定された場面での特定の用法であり、文字は言語を表記するという機能を持つが、それを超越した日本独自の用法である。漢字は、表語性をもつのだが、遊園地などの料金表に広く見られる「小人」は、正式には「ショウニン」と読むとされているが業界語の類に過ぎず、実際には種々の読み方で、人々の間でなんとなく意味が捕捉されている。

　補助記号(符号)にも、表記上の揺れが生じる。「々」は国語では漢字としては習わないもので、「一々」「人々」はかえって画数が増えるが、反復という機能を明示する。「人びと」が読みやすさや親しみやすさ、柔らかさがある、「人人」が正式な表記だ、あるいは複数の人であることを強く表現できる、といった意識によって用いられることがある。「鬱々」よりも「鬱鬱」という選択には表現効果をより期待することがあろう。「くの字点」が戦後に廃止されたことが、「いろ2」のような遊戯的な表記の普及に拍車をかけた。

　こうした背景の中で、絵文字、顔文字が普及した。

　今日、🥫 ?

　これで、読みは様々に想起されるが、「飲みに行かない?」という意味だけは正確に伝わる(ワインである可能性もある)。口頭でも「ん」「これ」などしか言わずに、飲む動作や目の合図でそれを暗示するボディーランゲージで察するという慣習があることも、こうした表示を受け入れた背景にあろう。「📱 して。」も、携帯(電話)して、とは口頭でも言わないが、ケータイで連絡してほしい、という意味だけが伝わる。

Ⅶ　おわりに

　日本語を効率よく効果的に表記するという目的の中で、漢字を初めとする文字は、実はまだ変化の途中にあるといえる。歴史の中で、その変化が止まったことはなく、止まったら漢字はヒエログリフのように滅びるであろう。

　絵文字の流行には、漢字が定着したことによる下地と、その限界を超えるべく努力を見出すこともできよう。日本では、表語文字から、表意、表イメージ、表感情(表モダリティ)へと漢字の性質が変わる兆しがうかがえた。日本では、表記を相手に合わせようと変えることさえある。読み手の表記に対する主義や好みに合わせたり、漢字が苦手な人には仮名を多くしたり読み仮名を振ったりする。とくに顔文字のバリエーションを好むところからも、漢字圏における日本人の発想や表現の違いがうかがえる。原始的な文字や記号の姿を借りながら、キャラクターを装うことで配慮と情感を込めるためにワンクッション置いたコミュニケーションを実現している。

　日本語におけるこうした文字・表記の複雑な状況と変化は、現在、日本語による言語生活を営んでいる我々自身が引き起こしているのである。何を残し、何を変えていくのが良いのか、日本語を用いる一人一人がよく観察しながら考えていくことが肝要である。

参考文献

荒川清秀(1997) 近代日中学術用語の形成と伝播—地理学用語を中心に，白帝社

何華珍(2012) 俗字在韓國的傳播研究－以《漂海錄》《九雲夢》《樊川文集夾註》爲中心，第4屆韓中日漢字文化學術國際論壇(韓国済州大学校)

佐々木勇(2009) 平安鎌倉時代における日本漢音の研究，汲古書院

笹原宏之(2006) 日本の漢字，岩波書店

笹原宏之(2007) 国字の位相と展開，三省堂

笹原宏之(2010) 改定常用漢字表と日本語表記，『日本語学』29-10

笹原宏之(2012)「汉字圈里的造字与传播－以“鲍·蚫”为中心」,『漢字研究』7, 慶星大學校韓國漢字研究所

笹原宏之(2013)「クシを意味する「串」の来歴」,『太田斎・古屋昭弘両教授還暦記念中国語学論集』, 好文出版

笹原宏之(2013)『方言漢字』, 角川学芸出版

笹原宏之・横山詔一・エリク=ロング(2003) 現代日本の異体字—漢字環境学序説(国立国語研究所プロジェクト選書)，三省堂

佐竹秀雄(1990) 表記行動と漢字，『日本語学』9-11, 明治書院

ジスク・マシュー(2010) 意味の上の漢文訓読語—和語「あらはす」に対する漢字「著」の意味的影響—,『訓点語と訓点資料』125, 訓点語学会

庄司博史・P.バックハウス・F.クルマス編著(2009)『日本の言語景観』三元社

田島　優(2007) 代用字・代用表記(同音の漢字による書きかえ)について，『国語文字史の研究』10, 和泉書院

陳　力衛(2008) 日本の諺・中国の諺—両国の文化の違いを知る，明治書院

野村雅昭(1976) 表記の「ゆれ」，『佐伯梅友博士喜寿記念　国語学論集』，表現社

일본어학과 일본어교육

日本語学·日本語教育

3 어휘(語彙)

日本語の語形・表記の「ゆれ」について

- 韓国料理・中国料理名を例に -

塩田雄大

NHK放送文化研究所・専任研究員

Ⅰ 「비빔밥」を日本語で書くと

韓国料理「비빔밥」は、日本語でカタカナ表記した際に、いろいろな「ゆれ」が観察される。日本語としてどのような語形がありうるのかを考えてみると、理論的には以下のようになる。

【理論上】

① 1文字目［「비」をどう書くか］：「ピ」(半濁音)か「ビ」(濁音)か

② 2文字目［「빔」の「비」をどう書くか］：「ピ」(半濁音)か「ビ」(濁音)か

③ 3文字目［「빔」の「ㅁ」をどう書くか］：「ム」か「ン」か

④ 4文字目以降［「밥」をどう書くか］：「パ」か「パッ」か「パプ」
か「パップ」か「バ」か「バッ」か「バプ」か「バップ」か

つまり、「2×2×2×8＝64」と、(少なくとも)64とおりのパターンが考えられる。

このような場合に、どの語形が現代の日本語としてもっとも一般的なのかを知

るためには、どうしたらよいのであろうか。

　湯浅茂雄(2002)では、検索エンジンyahoo!でさまざまな語形を検索し、その出現件数を比較している[1]。また山下ほか(2003)では、全国調査(ランダムサンプリング)をおこなって調べている(後述)。両者の結果を整理してみると、近年の日本語で特によく使われている語形は、

ビビンバ(BibinBa)、ビビンパ(BibinPa)、ピビンバ(PibinBa)、ピビンパ(PibinPa)

という4つであることがわかる。

つまり、上記の問題は、現実的には以下のように整理される。

【現実の「ゆれ」】
　① 1文字目［「ㅂ」をどう書くか］：「ピ」(半濁音)か「ビ」(濁音)か
　② 2文字目［「빔」の「ㅂ」をどう書くか］：(「ビ」(濁音)でほぼ確定)
　③ 3文字目［「빔」の「ㅁ」をどう書くか］：(「ン」でほぼ確定)
　④ 4文字目以降［「밥」をどう書くか］：「パ」(半濁音)か「バ」(濁音)か

　この語形の「ゆれ」をめぐって、NHKの放送では「ビビンバ」として統一することが、2003年に定められている(放送研究部(2003))[2]。この決定の根拠となったのが、下記の全国調査の結果である(山下ほか(2003))。

1　장원재(2009)でもYahoo!の検索を用いてさまざまな韓国料理の語形の出現件数を詳細に比較・分析しているが、作業方針として「すでに日本の国語辞典に載せられている語は語形が定着していると思われるので調査対象としない」といったものを立てているために、「비빔밥」は取り上げられていない。なお、GoogleやYahoo!での検索結果(件数)をそのまま言語資料として活用しようとすることは現在ではかなり問題があることが、田野村忠温(2012)で客観的に実証されている。

2　一方、ウェブサイト「韓国語食のカタカナ表記辞典(八田靖史「コリアうめ～や!!」内)」[http://www.koparis.com/~hatta/]では、「ピビムパプ」を推奨し「ピビンパプ」「ピビンパッ」「ビビンバ」も可としている。

> 次にあげることばは、食べ物の名前を書いたものですが、どれが最も見やす
> いと思いますか。
> 【結果】ビビンバ：79%　　ビビンパ：6%
> 　　　　ピビンバ：3%　　ピビンパ：1%
> 　　　　（このことばを知らない：8%　その他・無回答：4%）
> (2002.12調査、1,374人回答)

　この結果は、日本人の多くが「ビビンバ」をもっとも自然な語形として考えてい
ることを示すものとして、たいへん貴重である。
　その一方で、語形に「ゆれ」のある単語について、どの形がもっとも一般的なの
かを知ろうとするときに、そのすべての語・語形について全国調査を実施するこ
とは、現実的にほぼ不可能である。そこで代案として、先述した湯浅茂雄(2002)
や장원재(2009)のように、ウェブサイト上での出現件数を調べる方法が出てく
る。ただしこの方法では、さまざまな属性による傾向の違い(年代差・男女差な
ど)を知ることはできない。
　こうした弱点を、別の手段によって補う方法を考えてみたい。

Ⅱ　「gooブログ検索」について

　ウェブを用いたさまざまな研究の現況をきわめて網羅的に紹介している服部匡
(2011)では、「gooブログ」の検索機能を使うと書き手の性別・年齢層別に検索がで
きることから、今後の研究に活用される可能性を指摘している。「gooブログ検索」
を用いた研究としては、萱沼優(2010)、竹内一輝(2010)、照内操(2010)、井上史
雄(2011)などがある。
　ポータルサイト「goo」で提供されているサービスの1つである「gooブログ」で
は、会員のブログを対象にした文字列検索をすることができる。文字列の検索
は、「全体」だけでなく「性別」「年代別」また「地域別」におこなうことも可能になっ
ている。
　まずgooブログの「書き手」は、gooのIDを取得する必要がある。この際に個人

情報の必須項目として「名前・ふりがな・郵便番号・性別・生年月日・職業・インターネット接続環境」を自己申告で入力する必要がある。

　またブログ編集時の設定画面では、個人プロフィールを入力するようになっている。入力項目は「写真・地域(都道府県)・地域(市区町村)・性別・生年月日・姓名」などであり、入力はいずれも任意である(入力しなくてもかまわない)。この個人情報は公開と非公開を選択することができるようになっており、「公開」にすると上記のうち「写真・地域(都道府県)・性別」がウェブ上でも公開される(これ以外の情報(生年月日など)は公開されない)。

　「gooブログ」の検索では、「性別」「地域別」の情報は上記の個人プロフィールによっているものと思われる。一方「年代別」の情報は、表面上は非公開であるが生年月日の申告内容をもとに割り出しているものと推測される。

　今回、「gooブログ」を対象にして次のような検索をおこなった。

検索手順(2012.7.27検索、"ビビンバ"/"ビビンパ"/"ピビンバ"/"ピビンパ"を例に)：

① gooのトップページ(http://www.goo.ne.jp/)で検索対象を「ブログ」に指定したうえで、"ビビンバ"を検索する(ダブルクオーテーション" "を必ず付ける)

② 検索結果は約52,000件と表示される

③ その状態から、検索対象を「女性/男性」および「10代未満/10代/20代/30代/40代/50代/60代以上」のように指定して、数表を作成する。

④ "ビビンパ"/"ピビンバ"/"ピビンパ"についても検索し、同様に処理する

　このような処理を経た結果、以下のような数表が作成される。

〈表 1〉「gooブログ検索」による「ビビンバ」などの出現件数と割合(2012)

	全体	男性	女性	10代未満	10代	20代	30代	40代	50代	60代以上
ビビンバ[ＢＢ]	約52,000	約6,000	約26,000	347	約4,000	約4,000	約2,000	822	204	282
	88%	87%	86%	81%	93%	90%	82%	74%	88%	91%
ビビンパ[ＢＰ]	約5,000	528	約3,000	56	222	326	303	97	19	21
	8%	8%	10%	13%	5%	7%	12%	9%	8%	7%
ビピンバ[ＰＢ]	約1,000	275	614	15	29	74	87	162	6	4
	2%	4%	2%	3%	1%	2%	4%	15%	3%	1%
ビピンパ[ＰＰ]	約1,000	129	547	12	34	66	62	23	3	2
	2%	2%	2%	3%	1%	1%	3%	2%	1%	1%

(2012.7.27検索)

　この表で、それぞれの項において男性と女性を合わせた件数が全体の件数よりも少なくなっているのは、性別を未登録の状態で利用することが可能になっている(かもしれない)ことが想像されるが、未詳である。年代についても、同様である。なお、「10代未満」となっているブログについては、そのほぼすべてが「年齢詐称」あるいは「代理執筆」であるものと思われる。

　なお、これと同じ文字列検索を、2011年(6月8日)にもおこなっている。
　ここで、さきほどの全国調査の結果と、「gooブログ検索」の2012年と2011年の結果、さらに書き言葉コーパスのBCCWJ(少納言)〔http://www.kotonoha.gr.jp/shonagon/search_form〕での検索結果を対照してみる。

〈表 2〉【ビビンバ】

	全国調査	gooブログ検索2012	gooブログ検索2011	BCCWJ
ビビンバ[ＢＢ]	79% ①	88% (約52,000) ①	88% (約58,000) ①	81% (58) ①
ビビンパ[ＢＰ]	6% ②	8% (約5,000) ②	9% (約6,000) ②	13% (9) ②
ビピンバ[ＰＢ]	3% ③	2% (約1,000) ③	2% (約1,000) ③	3% (2) ④
ビピンパ[ＰＰ]	1% ④	2% (約1,000) ③	1% (933) ④	4% (3) ③

(①~④は「順位」) / (カッコ内は件数) / (2011.6.8 / 2012.7.27検索)

⇒　順位一致　(BCCWJではある程度一致)

つまり、ここで見る限り、gooブログ検索での順位分布は、全国調査とほぼ同じ結果になっているのである。またBCCWJでは実例数があまり多く得られていないが、こちらの順位分布もある程度近似している。

次に、属性差について見てみよう。まず、男女差は観察されないが、これは全国調査でも同様である。

年代差については、ここでは試みとして、全国調査の回答者およびブログ執筆者のそれぞれを、若年グループ(20~39歳)と高年グループ(40歳以上)の2つに分類して比較してみる。「gooブログ検索」における「10代未満」「10代」は、ここでは対象から外す。

〈表 2a〉【ビビンバ】年層差

	若年[387人] (全国調査)	高年[987人] (全国調査)	若年[約6,918件] (gooブログ検索2012)	高年[約1,645件] (gooブログ検索2012)
ビビンバ〔ＢＢ〕	85%	76%	87% (約6,000)	80% (1,308)
ビビンバ〔ＢＰ〕	9%	4%	9% (629)	8% (137)
ピビンバ〔ＰＢ〕	3%	3%	2% (161)	10% (172)
ピビンバ〔ＰＰ〕	2%	1%	2% (128)	2% (28)

(2012.7.27検索)

表には示していないが、全国調査においては高年グループに「このことばを知らない」という回答がやや多くなっている(若年0%、高年11%)。

ここで注目したいのは、若年グループでは「ビビンバ〔ＢＢ〕」が多いという傾向が、全国調査と「gooブログ検索」とで共通している事実である。この食べものが日本に入ってきてからある程度の時間が経過した結果、「語形のゆれ」が収束して「ビビンバ〔ＢＢ〕に統一する方向に向かっていることを反映しているのかもしれない。

このように、ここでは「gooブログ検索」を用いても、全国調査と同様の年代差が観察された。

Ⅲ 「gooブログ検索」の結果が全国調査と符合する例

ほかの語の「表記のゆれ」についても見てみよう。全国調査の結果の詳細は、山

下ほか(2003)に掲載されている。

〈表 3〉【餃子】

	全国調査	gooブログ検索2012	gooブログ検索2011	BCCWJ
餃子	60% ①	92% (約400,000) ①	93% (約420,000) ①	86% (665) ①
ギョーザ	30% ②	5% (約21,000) ②	5% (約24,000) ②	9% (68) ②
ギョウザ	8% ③	3% (約12,000) ③	2% (約10,000) ③	5% (39) ③

(2011.6.8 / 2012.7.31検索)

⇒ 　順位一致

〈表 3a〉【餃子】年層差

	若年〔387人〕 (全国調査)	高年〔987人〕 (全国調査)	若年〔約55,447件〕 (gooブログ検索2012)	高年〔約16,239件〕 (gooブログ検索2012)
餃子	57%	62%	94% (約52,000)	92% (約15,000)
ギョーザ	33%	29%	4% (約2,000)	5% (783)
ギョウザ	10%	7%	3% (1447)	3% (456)

(2012.7.27検索)

⇒ 　年齢差は一致せず

〈表 4〉【麻婆豆腐】

	全国調査	gooブログ検索2012	gooブログ検索2011	BCCWJ
麻婆豆腐	35% ①	85% (約61,000) ①	82% (約69,000) ①	65% (80) ①
マーボー豆腐	29% ②	13% (約9,000) ②	14% (約12,000) ②	31% (38) ②
マーボ豆腐	17% ③	1% (約1,000) ③	2% (約2,000) ③	3% (4) ③
マーボードーフ	7% ④	0% (296) ④	1% (467) ④	0% (0) ⑥
マーボドーフ	6% ⑤	0% (76) ⑤	0% (61) ⑥	0% (0) ⑥
マーボードウフ	2% ⑥	0% (73) ⑥	0% (101) ⑤	1% (1) ④
マーボドウフ	1% ⑦	0% (25) ⑦	0% (16) ⑦	1% (1) ④

(2011.6.9検索 / 2012.8.2検索)

⇒ 　順位ほぼ一致

〈表 4a〉【麻婆豆腐】年層差

	若年[387人] (全国調査)	高年[987人] (全国調査)	若年[約9,997件] (gooブログ検索2012)	高年[約2,109件] (gooブログ検索2012)
麻婆豆腐	38%	34%	90% (約9,000)	77% (約1,629)
マーボー豆腐	35%	27%	9% (890)	lrlr17% (356)
マーボ豆腐	15%	18%	0% (25)	1% (12)

(2012.8.2検索)

⇒ 年齢差やや一致

　まず「餃子」については、「gooブログ検索」において90％以上を占める「餃子」が、全国調査においても１番多い表記になっている。「ギョーザ」が二番目であるという点も、両調査の結果が一致している。BCCWJにおいても、件数は少ないものの順位分布は同様になっている。

　なお年齢差については、全国調査において高年グループでは「餃子」の割合が高いという傾向が観察されているが、「gooブログ検索」ではそのようになっていない。

　「麻婆豆腐」についても、「gooブログ検索」において80％以上を占める「麻婆豆腐」が、全国調査においても１番多い表記になっている。それ以降、４番目までの順位も完全に一致している。一方BCCWJでは件数がかなり少なく、かろうじて順位分布が同様になっているのは３位までである。

　また年齢差については、全国調査において若年グループでは「麻婆豆腐」の占める割合が高い傾向が見られているが、「gooブログ検索」でも同様になっている。

　ただし、「餃子」「麻婆豆腐」ともに、「gooブログ検索」では全国調査と「順位」は一致しているものの、「割合(構成比)」はそれぞれかなり異なる点に留意しておく必要がある。

Ⅳ　「gooブログ検索」の結果が全国調査と符合しない例

　まず、「シューマイ」についての結果を見てみる。

〈表 5〉【シューマイ】

	全国調査		gooブログ検索2012		gooブログ検索2011		BCCWJ	
シューマイ	45%	①	16% (約12,000)	③	19% (約14,000)	③	30% (37)	②
シュウマイ	37%	②	51% (約38,000)	①	49% (約35,000)	①	42% (52)	①
焼売	11%	③	27% (約20,000)	②	27% (約19,000)	②	21% (26)	③
シウマイ	6%	④	5% (約4,000)	④	6% (約4,000)	④	8% (10)	④

(2011.6.9検索 / 2012.7.31検索)

⇒　順位一致せず

　「gooブログ検索」においては「シュウマイ」がもっとも多くなっている(ただし50%程度を占めているにすぎない)。BCCWJでも、一番多い表記は「シュウマイ」である。いっぽう全国調査では、「シューマイ」が1番多い表記になっている。

　ただし、次のように「シューマイ」と「シュウマイ」の数値を統合すると、それぞれの順位が一致する。「シュー〜」と「シュウ〜」とは長音表記の違いであって(発音は同じ)、各個人がブログをローマ字で打つ際に、「shu-」よりも入力が簡単な「shuu」が多く選ばれた可能性が予想される。

〈表 5a〉【シューマイ】統合

	全国調査		gooブログ検索2012		gooブログ検索2011		BCCWJ	
シューマイ ＋シュウマイ	82%	①	68% (約50,000)	①	68% (約49,000)	①	71% (89)	①
焼売	11%	②	27% (約20,000)	②	27% (約19,000)	②	21% (36)	②
シウマイ	6%	③	5% (約4,000)	③	6% (約4,000)	③	8% (10)	③

(2011.6.9検索 / 2012.7.31検索)

⇒　統合の結果、順位一致

　次に、「ウーロン茶」について取り上げる。

〈표 6〉【ウーロン茶】

	全国調査	gooブログ検索2012	gooブログ検索2011	BCCWJ
ウーロン茶	71%　①	49%（約43,000）②	49%（約45,000）②	84%（210）①
烏龍茶	26%　②	51%（約44,000）①	51%（約47,000）①	16%（ 40）②
烏竜茶	2%　③	0%　　　（11）③	0%　　　（14）③	0%（ 1）③

(2011.6.9検索 / 2012.7.31検索)

⇒　 順位一致せず (ただしBCCWJは全国調査と一致)

　「gooブログ検索」においては「烏龍茶」がもっとも多くなっているが、その占有率は50％程度である。全国調査では、「ウーロン茶」が1番多い表記になっている。【ウーロン茶】については、全国調査とBCCWJの順位分布が一致している一方、「gooブログ検索」はこれらと異なっている。

　ここで、「gooブログ検索」の結果が全国調査と符合しない「シューマイ」「ウーロン茶」に関して、もっとも多い表記形の占有率が、50％程度である点に着目しておく必要がある。つまり、この程度の占有率だと、全国調査の結果とは合わないことが十分に予想されるのである。占有率がさらに圧倒的である場合(さきほどの「ビビンバ」「餃子」「麻婆豆腐」)には、全国調査と符合する蓋然性が高い。

　以上をまとめると、次のように言うことができる。

▼ 「gooブログ検索」において、もっとも優勢な語形・表記形の占有率がかなり高い場合には、全国調査においてもその語形・表記形が一番多く答えられている蓋然性が高い。
　　　　　例 「ビビンバ」(88%)、「餃子」(92%)、「麻婆豆腐」(84%)

▼ 「gooブログ検索」において、もっとも優勢な語形・表記形の占有率がそれほど高くない場合には、全国調査とは必ずしも一致しない。
　　　　　例 「シュウマイ」(51%)、「烏龍茶」(51%)
　　［カッコ内は、「gooブログ検索2012」での各語形・表記形の占有率］

> ▼ BCCWJでは、「gooブログ検索」に比べて件数はあまり得られないものの、その順位分布は全国調査と比較的よく近似する。ただし件数がかなり少ない場合には、この限りではない。

　このように見てみると、ゆれがある複数の語形・表記形のうち「どの形がもっとも用いられているか」について知りたい場合、「gooブログ検索」においてもっとも優勢なものの占有率がかなり高ければ、全国調査においても同様の結果になることが期待できる。BCCWJについては、件数が比較的多く得られる場合には、全国調査の順位分布と似た結果が得られることになりそうである。

Ⅴ　さいごに

　今回試論的におこなった対照調査では、「gooブログ検索」は全国調査の結果とある程度一致することがわかった。ウェブ上で集めたデータが、質問法によって得られた結果とどの程度一致するのかといった問題については、まだ研究がそれほど進んでいない(新沼めぐみ(2010))。今後こうしたことへの分析を進め、言語研究の方法論をさらに豊かにすることに寄与してゆきたい。

▌ 引用文献

井上史雄(2011)「方言の評判」『日本語学』30-4

萱沼優(2010)「ら抜き言葉の男女差・年齢差」『WWWを使った日本語研究 日本大学学生レポート集2009』荻野綱男(編)

竹内一輝(2010)「「カップル」と「アベック」の年代差」『WWWを使った日本語研究日本大学学生レポート集2009』荻野綱男(編)

田野村忠温(2012)「日本語研究の観点から見た昨今のサーチエンジン事情 ―GoogleとYahoo!の技術提携の結果―」『計量国語学』28-5

照内操(2010)「「イチゴが売っている」という表現」『WWWを使った日本語研究日本大学学生レポート集2009』荻野綱男(編)

新沼めぐみ(2010)「質問紙調査とウェブ検索の違いについて ―「言葉の意味」と「慣用句の認識

　　　　と使用」を中心に－」『日本大学大学院国文学専攻論集』7

장원재(2009)「한국 음식명의 일본어 표기 혼용실태에 관한 일고찰-웹 문서를 중심으로」『日本語文学』日本語文学会 45

服部匡(2011)「ウェブを利用した研究例」『講座 ＩＴと日本語研究6 コーパスとしてのウェブ』明治書院

山下洋子ほか(2003)「平成14年度「ことばのゆれ」全国調査から①「ファーストフード」に食われる「ファストフード」『放送研究と調査』53-5

湯浅茂雄(2002)「外来語の表記」『現代日本語講座 第6巻 文字·表記』明治書院

『現代日本語書き言葉均衡コーパス』 に基づく語彙の分類
—実用的な語彙研究のために—

田中牧郎
国立国語研究所

Ⅰ 語彙調査とコーパス

　単語は、音や文などに比べて、言語の単位として一般の人々にとっても直感的に分かりやすいので、それを体系的に扱う語彙研究は、言語政策や言語教育といった実用的な領域にもなじみやすい面がある。様々な言語で、辞書編纂や教育用の語彙リスト作成に力が注がれているのは、そうした実用面での要請があるからにほかならない。

　しかし、実用的な語彙研究を真に有意義なものとするには、その言語が使われている社会の各層の語彙の実態を正しく把握することが前提となる。第二次世界大戦後の混乱期の中、日本語の合理化のための基礎的研究を行うことを目的に1948年に設置された国立国語研究所は、そのような要請にこたえるために、多くの語彙調査を行ってきた。そこで報告された調査結果や、確立された調査方法は、今も価値を失わないものが多い。一方で、従来の国立国語研究所の語彙調査は、文から単語を切り出し、切り出した単語のどこまでを同じ単語と判別するかといった作業を、すべて人手で行ってきたために、扱う量が少なく、新聞とか雑誌とか教科書とか、一回一回の調査では特定の媒体しか調査できず、日本語の各

層の語彙を十分に反映した報告ができていないという限界もあった。

　ところが現在は、英語研究で発展し、この10年ほどに日本語研究にも取り入れられた、コーパス言語学[1]に基盤を置いて語彙調査を実施していくことで、上記のような限界を克服していくことができるようになりつつある[2]。特に、2011年に国立国語研究所が公開した『現代日本語書き言葉均衡コーパス』は、現代日本語の書き言葉を代表できるように多様な媒体をサブコーパスとして含んでおり[3]、適切な媒体を選択して調査を行ったり、媒体どうしを比較したりすることによって、従来の語彙調査では望めなかった様々なデータを取得することができるようになっている。本稿では、このコーパスが含む次の6つの媒体を取り上げて、実用的な語彙研究に役立てていく方向での研究例を示していくことにする。

新聞：全国紙・地方紙からランダムにサンプルが採られたもの
出版書籍：出版された書籍(国会図書館図書目録による)からランダムにサンプルが採られたもの
図書館書籍：公共図書館に共通して所蔵される書籍(東京都の図書目録による)からランダムにサンプルが採られたもの
雑誌：雑誌目録からランダムにサンプルが採られたもの
ブログ：ヤフー株式会社から提供されたブログからランダムにサンプルが採られたもの
知恵袋：ヤフー株式会社から提供されたインターネット上の質問応答サイト「Yahoo!知恵袋」から、ランダムにサンプルが採られたもの

　また、コーパス中の文章をコンピューターで自動的に単語に区切り、見出し語や品詞、語種などの情報を正しく与えていく「形態素解析」の技術を高めていく研究も、『現代日本語書き言葉均衡コーパス』の開発と並行して進められ、国立国語研究所の語彙調査で用いられてきた言語単位を反映した形態素解析辞書UniDicの

1　英語コーパスの成果も踏まえた日本語コーパスの分野の入門書としては、石川(2012)が最新のものであり、記述も平明で、内容もバランスがとれている。

2　国立国語研究所の語彙調査の歴史と、コーパスへの流れについては、宮島(2007)、山崎(2009)が参考になる。

3　『現代日本語書き言葉均衡コーパス』は、http://www.kotonoha.gr.jp/shonagon/およびhttp://chunagon.ninjal.ac.jp/から利用できる。設計の考え方については、前川(2008)参照。完成版のマニュアルは、国立国語研究所コーパス開発センター(2011)。

開発によって、日本語学的に十分に満足できる水準に達してきた[4]。

　こうした近年の日本語コーパスをめぐる革新を踏まえて、以下では『現代日本語書き言葉均衡コーパス』に基づく語彙研究を行ったプロジェクトの成果を踏まえ、実用的な語彙研究に役立つ語彙分類のありようについて、具体例を示しながら考えていきたい[5]。

Ⅱ　「語彙レベル」の設定

　言語政策や言語教育においては、語彙の規範や標準を適用する範囲を定めたり、語彙を教授する順序や方法を決めたりすることが求められるが、それを体系的に行うためには、語彙にレベルを設定しておくと便利である。従来も、教育基本語彙や試験の出題基準などで、このようなレベル分けが行われ、広く活用されてきている[6]。従来のレベル分けは、語彙調査のデータも参考にはされているが、基本的には、教育専門家の見識に基づくものであり、個々の語彙がなぜそのレベルに属するかの客観的根拠はない。これに対して、以下に述べるコーパスの語彙頻度に基づくレベル分けは、語彙の実態に根拠を置いたものであることを特徴とする。このレベルがそのまま言語政策における語彙の仕分けに用いられたり、教育すべき語彙リストに直結したりするものではないが、語彙の実態に応じて、語彙政策や語彙教育のあり方を、開かれた場で議論していく際の重要なデータになるものと考えられる。

　さて、筆者達のプロジェクトでは、『現代日本語書き言葉均衡コーパス』に含まれる、先述の６つの媒体[7]ごとに「語彙レベル」を設定し、各媒体のすべての語彙

4　形態素解析辞書UniDicの開発の考え方については、伝ほか(2007)参照。UniDicは、http://www.tokuteicorpus.jp/dist/からダウンロードして利用できる。

5　このプロジェクトは、2006年度から2010年度に行われた特定領域研究「日本語コーパス」(領域代表者：前川喜久雄)における計画研究班「言語政策班」(研究代表者：田中)で進められた。最終成果は、田中ほか(2011)にまとめた。その概要は、http://www2.ninjal.ac.jp/tokuteiseisaku/参照。本稿で取り上げる内容の多くは、このプロジェクトの成果である。用いたデータは、『現代日本語書き言葉均衡コーパス』完成前のものであり、完成版とは異なる部分があることに注意されたい。

6　母語話者への国語教育の分野では阪本(1984)、非母語話者への日本語教育の分野では国際交流基金ほか(2002)などが、その代表的なものである。

7　『現代日本語書き言葉均衡コーパス』に含まれるサブコーパスのうち、新聞、出版書籍、図

にレベル情報を付与した。その作業手順は次の通りである。

〈表 1〉カバー率によるレベル分けの基準

レベル	カバー率
a	0 ～ 78%
b	～ 88%
c	～ 94%
d	～ 97%
e	～ 100%

(1) 各サブコーパス(媒体)の全サンプルに対して形態素解析辞書UniDicで形態素解析が施された短単位[8]で集計し、語彙頻度表を作成。

(2) 語彙を度数順に並べ、上位のものから度数を累積していき、その累積度数が当該サブコーパスにおける延べ語数の何パーセントを占めるかという「カバー率」(累積使用率)を算出。

(3) カバー率に表1のような基準を設けて、語彙をレベルaからeまでの5つに区画。

このようにして設定されたレベルは、最も高頻度のレベルaには基本的な語彙がきて、b→c→d→eと低頻度のレベルに進むにしたがって、より周辺的な語彙がくるようになる。このカバー率を基準とすることによって、語彙の総量が異なる媒体であっても相互に均質なレベル分けが可能になる。6つの媒体のうち、図書館書籍とブログを例にとって、レベル別語数を示したものが表2である。

書館書籍、雑誌には、サンプルの長さが固定されている「固定長サンプル」と、完結性を有するひとまとまりで長さはまちまちの「可変長サンプル」の二種類があるが(国立国語研究所コーパス開発センター(2011)参照)、ここでは、計量的研究に適した固定長サンプルを用いる。ブログ、知恵袋には固定長サンプルがないため、可変長サンプルを用いた。

8 『現代日本語書き言葉均衡コーパス』には、長短の二種の言語単位で形態素解析が施されているが、ここでは短単位を用いた。短単位がどのような単位であるかについては、国立国語研究所コーパス開発センター(2011)などを参照。

〈表 2〉図書館書籍・ブログのレベル別語数

	図書館書籍		ブログ	
	延べ語数	異なり語数	延べ語数	異なり語数
全体	3,938,696	86,002	6,127,125	76,823
レベルa	3,074,655	4,177	4,779,106	3,441
レベルb	395,994	6,330	617,945	4,724
レベルc	242,911	11,595	372,114	8,406
レベルd	118,642	14,176	181,482	10,285
レベルe	106,494	49,724	176,478	49,967

　表2の「全体」の行で「延べ語数」を見ると、ブログが600万語を超えており、400万語に達していない図書館書籍の1.5倍以上になっている。一方、「異なり語数」は、ブログ約77,000に対して、図書館書籍約86,000となっており、延べ語数の少ない図書館書籍の方が約9,000語も多くなっており、ブログよりも図書館書籍の方が、語彙が豊かであることが分かる。また、レベルa(カバー率78%以下)を見ると、ブログでは度数の上位約3,400語でその基準に達するのに対して、図書館書籍は約4,100語を要している。ブログは少ない種類の語が繰り返し用いられるのに対して、図書館書籍は多くの種類の語が使われている様子が分かる。レベルdまではブログよりも図書館書籍の語彙が豊かであるが、レベルeでは両者が同じになっている。このように、レベル分けを行ってみることで、媒体による語彙のありようの違いが浮かび上がってくるのである。

Ⅲ　語種と語彙レベルから見た媒体ごとの語彙の性格

　さて、レベル情報を用いた分析から語彙の性格をさらに考えていくために、語種の観点から整理してみよう。

　図1~3は、各レベルでの和語率、漢語率、外来語率を、媒体間で比較できるように作図したものである。これらのデータは、付属語と記号を除くすべての語彙を対象に、異なり語数における和語・漢語・外来語・混種語の構成比率を算出した結果をもとに、雑多な語彙を含む混種語率以外の数値をグラフ化したものである。

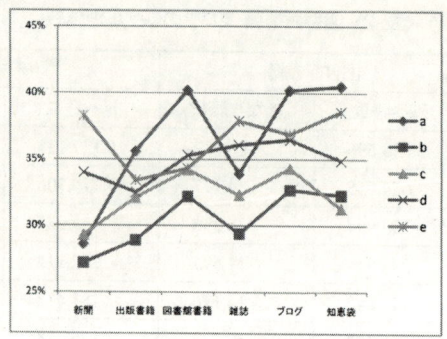

〈図1〉 各レベルにおける和語率の媒体比較

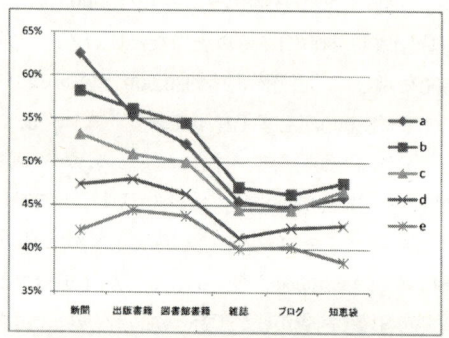

〈図 2〉 各レベルにおける漢語率の媒体比較

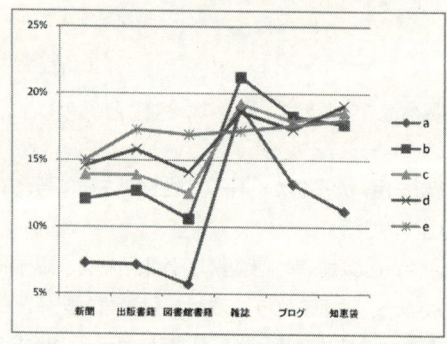

〈図 3〉 各レベルにおける外来語率の媒体比較

　まず、図1の和語率を見ると、最も基本的なレベルであるaで媒体間の差が大きくなっている。レベルaの和語率は、図書館書籍と知恵袋、ブログは特に高く、新聞で最も低くなっている。ついで基本的なレベルであるbとcも、aほどには媒体間の差は目立たないがほぼ同じ傾向を示す。一般に和語は日常語性が強いので、基本的なレベルで和語の多い図書館書籍、ブログ、知恵袋の語彙は日常語をよく反映しているのではないかと推測される。

　次に、図2の漢語率を見てみよう。どのレベルの線も右に行くほど下がっていく傾向を共通して示している。新聞が最も高く、ついで出版書籍、図書館書籍の順であり、雑誌、ブログ、知恵袋は低くなっており、とくに、基本的なレベルであるa・bの線の傾きが急である。一般に漢語は文章語性が強いので、基本的なレベルで漢語の多さが目立つ新聞や出版書籍は文章語をよく反映しているのではないかと考えられる。図1で基本的レベルでの和語率が高かった図書館書籍は、図2では、新聞や出版書籍ほどではないが、雑誌、ブログ、知恵袋に比較すると基本的レベルでの漢語率も高くなっており、図書館書籍は日常語性だけでなく文章語性も兼ね備えていると見ることができるだろう。

　さらに、図3の外来語率に目を転じると、どのレベルでも、雑誌、ブログ、知恵袋で高く、新聞、出版書籍、図書館書籍で低くなっている。一般に外来語は新奇な語彙や感覚的な語彙が多いので、雑誌、ブログ、知恵袋はそうした語彙を受け入れやすいことを示していよう。特に雑誌は、最も基本的なレベルであるaでもその傾向が強い。もう一点注目すべきこととして、図書館書籍の外来語率の低さがあげられる。もっとも周辺的なレベルe以外には外来語をあまり受け入れていない図書館書籍は、新奇で感覚的な語彙を避けるという点で、語彙が安定しているという性格を強く持っているのではないかと考えられる。同じ書籍でも出版書籍は、外来語率がある程度高く、新奇で感覚的な語彙を受け入れる面もあったと見られる。

　ここまで見てきたことを総合し、各媒体の語彙の性格をまとめると、次のようになる。

- 新聞は、文章語的な語彙が特に多く、それを語彙の基本的な部分にまで取り込んでいる。
- 出版書籍は、文章語をよく反映し、語彙の周辺的な部分には、新しく感覚

的な語彙も取り込んでいるところがある。
- 図書館書籍は、日常語も文章語もよく取り込み、安定した語彙から構成されている。
- 雑誌は、語彙の基本的な部分にまで、新しく感覚的なものを取り込んでいる。
- 知恵袋とブログは、ともに、日常的な語彙が多くを占め、新しく感覚的な語彙も取り込んでいる。

語彙レベルという枠組みを用いれば、語種以外の観点からも、さまざまに語彙の特徴を考察していくことができると考えられる。一例をあげれば、ある媒体でレベルaでありながら、他のいずれの媒体でもレベルaにならない語彙を抽出していけば、その媒体でひときわ特徴的な語彙を特定していくことができるだろう。そのようにして特定された語彙が共通して持っている性質を考察していくことで媒体の特徴を明らかにしていくことができる。表3は、その媒体ごとの特徴語を、度数の多い順に10語ずつあげたものである。

〈表 3〉各媒体の特徴語の例(当該サブコーパスでのみレベルaの語)

媒体	特徴語の例（度数上位10語）
新聞	会談、減、同日、衆院、参院、見通し、議長、高知、-区、与党
出版書籍	施策、取り消し、頻度、検出、算入、潜在、阻害、徴収、防御、間接
図書館書籍	族、候う、忽ち、女房、詩人、父、地獄、奇妙、何しろ、いえ
雑誌	スカート、ニット、渋谷、ジャケット、本紙、カジュアル、ベルト、プリント、ネックレス、収納
知恵袋	落札、ID、発送、存知、口座、どなた、振り込み、入金、手数、インストール
ブログ	ブログ、本日、眠い、久々、いや、目茶、先週、んっ、来週、お早う

Ⅳ 実用的な語彙分類の試み

1. 基本語彙

Ⅱ節とⅢ節で、各媒体における語彙の性格を、語彙レベルの枠組みを用いて明

らかにしてきた。こうした各媒体の語彙の性格をおさえた上で、レベル情報をさらに活用していけば、実用的な語彙研究に役立つ語彙分類が色々とできていく。本節では、その方向の研究例をいくつか示していこう。

　まず、基本語彙の抽出について考えてみよう。どのような媒体でもよく使われる語彙は基本度が常に高い基本語彙であると考えられる。表4は、すべての媒体でレベルaのものを抽出し、語種別に五十音順の冒頭の語彙を示したものである。

〈表　4〉基本語彙の例(6種の媒体のすべてでレベルa)

語種	基本語彙の例(語種別の冒頭)
和語	間(あいだ)、相手、会う、合う、赤、赤ちゃん、上がる、明るい、明らか、開ける、上げる、朝、足、味、汗、遊び、与える、頭、新しい、当たる、扱い、扱う、当てる、後、穴、…
漢語	愛、挨拶、安心、安全、安定、位(い)、以下、以外、意見、以降、医師、意識、以上、異常、以前、位置、一、一時、一番、一部、一緒、一杯、一般、移動、意味、依頼、医療、員、…
外来語	アップ、イメージ、イン、インターネット、カード、ガス、カット、カップ、カメラ、…

2. 重要語彙

　母語教育に実際に役立つ語彙リストは、基本語彙のリストとは異なると考えられる。なぜなら、基本語彙の中のある種のものは、日常の話し言葉などでもよく使われるものであるので、教育の場で取りに立てる必要性があまりないものも多いからである。そのような語彙を除いて、教育の目標として設定することが期待される重要語彙のリストを作成することを考えてみよう。この重要語彙リストは、規範的であること、文章語性を有することなどが、要件となろう。先に考察した各媒体の語彙の性格を見比べて、この要件に合致する媒体を求めれば、図書館書籍が最適だと言えるだろう。ただし、図書館書籍の語彙レベルだけで、重要度が十分に把握できるというわけではない。図書館書籍の語彙レベルを第一の目安として扱い、必要に応じて、他の媒体の語彙レベルを援用していくのが現実的な手順である。

リスト作成の具体的手順としては、図書館書籍で基本的なレベルにある語彙から、日常語がよく反映している知恵袋で基本的なレベルにある語彙を除外すれば、日常生活の中では身に付きにくい学習すべき重要語彙を特定できるのではないかと考えられる。重要語の範囲は、利用目的によって拡大したり縮小したりするが、ここでは、中学生の語彙学習を想定してみよう。阪本(1984)は、中学生段階までに学習すべき語彙として約20,000語をあげているが、図書館書籍のレベルaからcまでで約22,000語となるので、ここまでを中学生の学習にとっての重要語の範囲として扱うことにしてみよう[9]。

表5は、図書館書籍のレベルがaからcまでの語彙リストを品詞別に五十音順配列したもののうち、名詞の冒頭部分である。

〈表 5〉中学生の重要語彙リストの例(名詞冒頭)

ア、亜、アー、アーケード、アーサー*、アーチ、アーチスト、アート、アーノルド*、アーム、アーモンド、アーリー、アール*、RNA、RB、愛、藍、アイアン、ISO*、ISDN、IMF、合鍵、アイカワ(相川)*、哀願、愛敬、愛犬、アイコ(愛子)*、愛好、愛国、アイコン、挨拶、アイザワ(相澤)*、IC、ICPO*、哀愁、相性、愛称、愛情、愛人、アイス、合図、アイゼン、愛想、アイゾウ(愛三)*、間、アイダ(相田)*、間柄、アイチ(愛知)*、愛着、アイヅ(会津)*、相槌、相手、アイディア、IT、ID、アイテム、アイデンティティー、愛読、アイドル、アイヌ*、アイノスケ(愛之助)*、アイハラ(相原)*、アイビー、IBM*、愛撫、相棒、合間、愛用、哀楽、アイルランド*、アイロン、アインシュタイン*、アウシュビッツ*、アウト、青、‥

このリストには、先に述べた日常的に用いられる平易な語彙も含まれているので、知恵袋でレベルがa・bのものがそれに相当すると見なして、下線を付した。下線の語を除外しても、重要語彙とは言えそうにないものが含まれているように思われる。その理由として次のようなことが考えられる。すなわち、コーパスのサンプルに採られた文章の主題になる語は当該のサンプルでかなり高頻度になり、そうした語が重要語の基準とされる頻度を超える場合があるからである。

9　別の考え方として、レベルa・bの約11,000語を小学校終了段階の目標としたり、レベルaからdまでの約36,000語を高等学校終了段階の目標としたりと、様々な利用法が想定できよう。また、区画する位置を変えることで、想定される語数に合わせた範囲を、よりきめ細かく変えていくことも可能である。

このような語彙を排除するために、図書館書籍における使用サンプル数が極端に少ない、1、2、3のいずれかであるものに、網掛けを施した。ここまでの手順で使用した指標をまとめると、次のようになる。

重要度の指標：図書館書籍の語彙レベル(a・b・c を抽出)
日常度の指標：知恵袋の語彙レベル(a・b を除外)
専門度の指標：図書館書籍のサンプル数(1・2・3 を除外)

　重要度の指標は抽出するための指標、日常度と専門度の指標は排除するための指標である。この三つの指標を組み合わせることで、約17,000語の重要語彙リストができた。

　ところで、表5を見ていくと、「アーサー」「アイザワ(相澤)」など固有名詞も含まれており、これらは重要語彙にはそぐわないように思われる。表5ではすべての固有名詞に＊を付したが、中には、「アイヅ(会津)」「アインシュタイン」「アウシュビッツ」のように、教育上の重要語と考えられるものもあり、固有名詞の扱いについては別に研究が必要である。

　このようにして重要語彙のリストを、過不足の少ない内容で作成していくことができれば、その重要語の中を分類したり、教育の場でどのように扱っていくかを検討したりする研究に進むことができよう。そうした実用的な研究と、コーパスに基づく基礎的な研究とが連携を強めていくことが、次に望まれることであろう[10]。

Ⅴ　おわりに

　以上、『現代日本語書き言葉均衡コーパス』を用いて、媒体と語彙レベルの枠組みから語彙を分類し、実用的な語彙研究に役立てていく方向について述べてきた。本稿で述べたことは、コーパスに基づいて可能になる語彙分類のごく一例に過ぎないが、従来の語彙調査では望めなかった有益な知見が、コーパスを用いた

10　先に紹介した「言語政策班」の研究では、不十分ながら、重要語彙の教育を教科教育と連携する試みについて研究した。その概要は、田中ほか(2011)に記した。

語彙調査によって得られていくことが分かっていただけたのではないかと思う。今後は、本稿で述べたような方向をさらに進めて、コーパスを用いた基礎的な研究を幅広く展開していくことと、社会において語彙が問題にされる局面で、どのような情報が必要とされるのかについて目配りを行き届かせながら、そうした場面で役立つ説得力のあるデータを提供していくことが重要になっていくだろう。

▎参考文献

石川慎一郎(2012)『ベーシックコーパス言語学』ひつじ書房

国際交流基金・日本国際教育協会(2002)『日本語能力試験出題基準改訂版』凡人社

国立国語研究所コーパス開発センター(2011)『「現代日本語書き言葉均衡コーパス」利用の手引第1.0版』『現代日本語書き言葉均衡コーパス』DVD版所収

阪本一郎(1984)『新教育基本語彙』学芸図書

田中牧郎・相澤正夫・斎藤達哉・棚橋尚子・近藤明日子・河内昭浩・鈴木一史・平山允子(2011)『言語政策に役立つ、コーパスを用いた語彙表・漢字表等の作成と活用』特定領域研究「日本語コーパス」言語政策班報告書, CD-ROMによるデータ公開もあり

伝康晴・峯松信明・小木曽智信・内元清貴・小椋秀樹・小磯花絵・山田篤(2007)「コーパス日本語学のための言語資源―形態素解析用電子化辞書の開発とその応用―」『日本語科学』22, 国立国語研究所編、国書刊行会

前川喜久雄(2008)「KOTONOHA『現代日本語書き言葉均衡コーパス』の開発」『日本語の研究』4-1, 日本語学会編、武蔵野書院

宮島達夫(2007)「語彙調査からコーパスへ」『日本語科学』22, 国立国語研究所編、国書刊行会

山崎誠(2009)「国立国語研究所における諸研究―語彙調査の系譜を中心にして」『国文学解釈と鑑賞』74-1 至文堂

文字の認知単位

横山詔一
国立国語研究所教授

I 文字と語

1. 同形・類形異字

　漢字には字形は極めて類似しているが，実は別字である文字群が存在する。これを「同形・類形異字」という。図1に示す「かき」と「こけら」は，字形は極めて類似しているものの，発生が全く異なる別の文字である。漢字の辞書では，弁似という項目を設け，このような他人の空似の例を挙げて，使用に際して注意を促すことが行われている(日本規格協会・国立国語研究所・情報処理学会，2006)。漢字の専門家であっても，図1の文字を一文字単独で呈示された場合は，それが「かき」なのか「こけら」なのかを同定(認知)できない。画数に違いがあると指摘したところで，このような微差はノイズと区別できないのが普通であろう。

　文字の認知単位を「文字認知に役立つモノサシの目盛り」と考えるならば，その目盛りは個々の文字の側には消極的な形でしか刻印されていない，という逆説に直面する。文字の正確な認知には前後の文脈が必要であり，文字単独では成立しないとも言えよう。

| 柿 かき, シ(木部5画) | 柿 こけら, ハイ(木部4画) |

〈図 1〉同形・類形異字の例

　「柿」の例は特殊すぎる，例えば「犬」はどう見ても「犬(いぬ，ケン)」としか読めないだろう，という声が聞こえてきそうだが，本当にそうだろうか。「犬」と見える字は「大」に何かの事情でシミが付いたのかもしれないし，逆に「大」と見える字は「犬」や「太」のテンがかすれただけで「大」ではない可能性もあるだろう。土佐犬や秋田犬といった文脈に埋め込まれると，その時点で初めて三文字目の「犬」は「大や太ではない」と確定できる。文字同定・認知において，専門家も一般人も，この点に違いはない。それぞれの文字のなかに，文字認知に役立つモノサシの目盛りのようなものが固く刻印されていて，その目盛りは消えもしなければ変化もしない，というのは幻想である。以下，文字認知を支える柔軟な単位(しなやかな目盛り)と，文字を取り巻く状況(読み書きの生態系)が，どのような関係を切り結んでいるのかを探る。

2. 柔軟な目盛り

　横書き原稿の「旧中山道」を「いちにちじゅうやまみち」と読んだアナウンサーがいたそうである。「中山道(なかせんどう)」は，関西方面では読み方があまり知られていない固有名詞なのかもしれない。中山道になじみ(親近感)のない人の場合，「旧 / 中山道」と正しい単位で分割するよりも，「旧中 / 山道」と誤って分割してしまう確率が増大するだろう。なぜなら，山道は一般名詞で，読み方も難しくないからだ。前者は「きゅう / なかせんどう」となるが，後者は「～ / やまみち」と読むことになる。

　後者を選択した場合，第二段階として，山道の前に来る語の同定が意識的・無意識的に開始される。候補のうち「旧中」は見たことのない文字列なので棄却されるが，「一日中」であれば日常生活でもしばしば目にしたり耳にしたりするので親近感がある。旧中か一日中か，の二者択一になると，旧中はなじみがうすいため，一日中が採択される。この心的プロセスを別の角度から見ると，読み手の意

思決定(decision　making)の問題としてとらえることができる。ターゲットの文字列は固有名詞の中山道なのか，それとも一般名詞の山道なのか。読み手は，選択を迫られる。そこでは，中山道，山道の競合がポイントになる。(競合候補として，中山道，山道のほかにさまざまなパターンが考えられるが，議論を簡単にするために，中山道−山道に絞って説明した。文字認知に関する意思決定のモデルについては後述する。)

　最後に第三段階の処理がスタートする。「一日中」という語レベルの知識が背景に存在するため，文字レベルの認知にある種のバイアス効果が生じて「旧」を左右の文字要素に分解する心的作用を引き起こす。分解された文字要素は，やがて文字そのものに昇格して「1(いち)」と「日(にち)」だと認知されたのであろう。文字の認知単位は，語の認知単位と無縁ではない。認知のモノサシにおいては，「固い目盛り」があらかじめ刻印されているのではなく，「しなやかな目盛り」が柔軟に刻まれたり消されたりするようだ。

3. 語の優位性効果

　文字の認知(同定)は先頭から末尾へと順次進行するのであろうか。実験心理学における瞬間視の研究によると，そうではないらしい。図2に示すように，刺激を瞬間呈示すると，語に含まれる文字は，単独文字よりも正確に認知されるという意外な事実が報告されている。例えば，"WORD"(語)，"RWOD"(非語)，"D"(単独文字)の3条件で刺激を準備したとしよう。ターゲット文字である"D"の呈示位置は，語，非語，単独文字のいずれの条件においても同じになるようにあらかじめ調節しておく。呈示された刺激は百分の三秒程度で瞬間的に消え去り，すぐに同じ位置にマスクパターン"＃＃＃＃"が呈示される。その際に，"D"と"K"の2つをターゲット文字が存在した位置の上下に示した。実験参加者に与えられた課題は，どちらがターゲット文字かを選択することであった。なお，語で呈示された場合，ターゲット文字を除く字がうまく読み取れたとしても，当て推量だと50%の正答率しか得られない。D，Kのいずれを選択してもWORD，WORKというように両者とも意味のある語になるように工夫されていたからである。

　実験の結果，語に含まれる文字の方が，単独文字よりも正確に認知できることが明らかになった(Reicher，1969)。非語に含まれる文字は，単独文字と同程度の

正答率であった。このように，語に含まれる文字の認知成績が単独文字よりも優れる現象を「語の優位性効果」という。語の優位性効果は，語に含まれる文字の認知が先頭から末尾へと順次進行するのではなく，並列的に一括処理されている可能性があることを示している。文字の認知が継時的になされるのであれば，ターゲット文字の認知は単独文字が一番正確であるはずだが，そうではない。文字の認知には不思議な側面が隠れているようである。

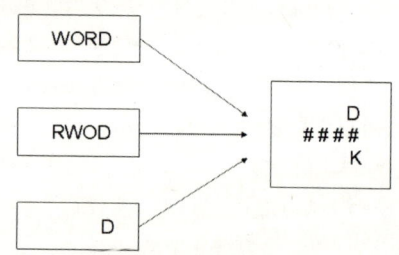

〈図 2〉語の優位性効果に関する実験パラダイム

Ⅱ 文字と社会環境

ここまで，文字の認知には「語の認知」という文脈が必要であることを説明してきた。次に，文字の認知に影響する社会的文脈の影響を探る。

1. 文字環境のモデル

日々の文字生活の中で，人間は意識的・無意識的にさまざまな文字刺激に接触している。その接触頻度の高低によって，その文字に対する記憶痕跡の強度が変化し，それが心的辞書(mental lexicon)の形成や言語行動に影響を与える。図3は漢字環境学の観点から文字生活を捉えた循環モデルの図である。ここには示していないが，接触頻度の要因以外に，嘘字をきらったりする規範意識や字体差に注意を向ける傾向が生まれて，文字に対する「なじみ」や「好み」が左右される可能性もある。

　「漢字心理」は人間が漢字を読む(識別や包摂も含む)場合だけではなく，漢字を使用する際にも重要な要因となり，それが社会的な使用頻度に波及する。日本語教育学における漢字習得の問題なども，大局的に見れば図3の「漢字政策」や「社会的な使用頻度」の部分に位置づく。ここでは，言語習得において記憶はどのような役割を演じるのかを，文字認知と「潜在記憶(implicit memory)」との関わりを探った実験などで考察する。

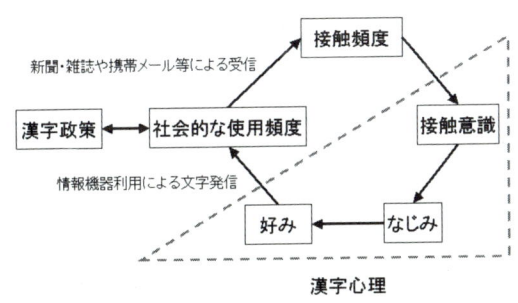

〈図 3〉 文字生活の循環モデル(横山, 2006)

2. 漢字のサブリミナル単純接触効果

　言語生活はどの表現を選択するかという「意思決定(decision making)」の連続である。ある表現が選択された背景には相手との親疎関係や上下関係などいろいろな要因が影響している。それらの要因のなかで重要な位置を占めるのは「選好(preference)」であろう。人間は自分が好きな表現を選んで使う傾向にあると考えられる。選好は図3の「好み」に対応する。

　では，日常生活における言語表現の選好は，どのようなメカニズムによって決定されるのであろうか。選好に影響する要因の説明でよく知られているのが，社会心理学の分野でZajonc(1968)が提唱してきた「単純接触効果(mere exposure effect)」である。単純接触効果とは，新奇な刺激に繰り返し接触しているだけで，その刺激に対する好意度が高まるという現象である。これは図3の「接触頻度」→「接触意識」→「なじみ」→「好み」の流れに相当する。

　この効果は知覚の閾下あるいは意識下でも生じることが多くの研究者によって

確認されており，「サブリミナル単純接触効果(subliminal mere exposure effect)」
と呼ばれる。例えば，Elliot & Dolan(1998)は表1に示す手続きで実験を行った。
漢字に縁のない英国人9名を調査対象者とし，彼らには新奇な漢字20字(隊，謙，
働など)を1文字ずつ0.05秒間だけ瞬間呈示して，続けてマスキング刺激を0.45秒
間呈示した。各漢字は10回ずつ呈示され，刺激呈示に要した時間は合計で1分40
秒であった。このような条件下では，漢字になじみのない英国人が新奇な漢字刺
激を知覚するのはほぼ不可能であり，その漢字刺激を見たという接触意識を持て
ない。そのため，"それを見たか否か"を尋ねる「再認(recognition)」課題では，接
触済みの刺激を選択する割合は約50%でチャンスレベルにとどまった。ところ
が，接触済みの漢字とそうでない漢字をペアで呈示して"どちらをより好むか"の
選好を2肢強制選択法で尋ねると，接触済みの漢字がチャンスレベル以上に選ば
れた。サブリミナル単純接触効果は，接触意識を伴わない状況でも課題遂行には
成功するという点で，後で紹介する潜在記憶の一種だと言えよう。

〈表 1〉潜在接触効果の実験パラダイム

学習モード	隊	50ミリ秒間だけ呈示
テスト	隊−働	「働」は呈示していない
	再認課題：さっき，どちらを見たか？	「隊」が正，「働」は誤
	選好課題：どちらが好きか？	正誤なし

3. 単純接触効果の地域差

地名に使われる漢字は，その地域住民の多くが長期間にわたって意識的・無意
識的に接触するものと考えられる。これは図3の「社会的な使用頻度」→「接触頻度」
の部分に対応する。例えば「葛」の場合，図4(a)(b)に示すような異体字(variant)の
ペアがある。この異体字ペアを東京都葛飾区住民(葛飾群)と，東京都山の手住民
(山の手群)に呈示すると，字体選好の傾向に違いがみられるかもしれないと考え
た。この仮説を検証するため，2005年12月に葛飾区金町と新宿区中野坂上に実験
の会場を設け，文字認知データを採取した。

葛飾群については，親の代から葛飾に住んでいて本人が葛飾生まれ葛飾育ちの
住民を調査対象者として，居住歴が10年以上もしくは5年以上の層も対象に含め

た。一方，山の手群は葛飾区に親戚や友人がおらず，その周辺を訪れたこともない層を抽出した。年齢要因は20代，30代，40代，50代とした。葛飾群と山の手群で年齢条件がなるべくそろうようにした。実験参加者は全員女性であった。実験では「ワープロを打っている場面だけをイメージするように」と伝え，異体字ペアを調査対象者に呈示して，より使いたいと感じる方の字を強制選択させた。

葛　　　葛

(a)　　　(b)

〈図 4〉 実験で呈示した異体字ペア

　全データを対象にした結果を表2に示す。先行研究に従って(a)を新字体，(b)を旧字体とした。葛飾群は旧字体を好む人数の割合が新字体の約1.7倍に達した。逆に，山の手群は新字体を好む人数の割合が旧字体の約1.7倍になった。葛飾群と山の手群は字体選好パターンが完全に逆転していることが示された。この結果から，葛飾群は山の手群よりも図4(b)の字体に接触する頻度が高いと考えられる。

　この実験を実施した2005年当時の日本のパソコンや携帯メールでは図4(a)の字体しか表示できないものが圧倒的に多数を占めていた。一方，その当時から教科書や新聞などの印刷メディアでは図4(b)が主流であった。当時の葛飾群は図3の「漢字政策」→「社会的な使用頻度」の部分についての感度が山の手群よりも高かったと考えられる。ちなみに，現在(2012年)の日本の漢字政策の一つである「新常用漢字表」では図4(b)が掲出されている。

〈表 2〉「葛」字体選好の地域差(カッコ内は%)

	新字体	旧字体	N
葛飾群	22(36.7)	38(63.3)	60(100)
山の手群	36(63.2)	21(36.8)	57(100)
N	58(49.6)	59(50.4)	117(100)

4. 異体字使用の意思決定モデル

　言語生活では，どの表現を選択するかという意思決定を絶え間なく瞬時に行う必要がある。例えば，相手に話しかける際は「様，さん，君，ちゃん」などの呼称が選択肢として浮上する。では，言語生活における文字選択は，どのようなメカニズムによって決定されるのであろうか。文字認知を意思決定理論の視座からとらえ直してみると，どのような風景が見えてくるのだろうか。

　日本語の漢字には異体字の豊富なバリエーションが存在する。異体字とは「桧－檜」や先の図4(a)(b)に掲出した異体字ペアのように，読みと意味は同じで字体だけが異なる文字の集合を指す。異体字を利用すれば，文字数，読み，意味はまったく等価で，形だけが異なる刺激ペアを作成できるため，文字認知研究の格好の刺激材料となる。計量国語学では，「桧－檜」などの新旧字体ペアのうち，使いたい方の字体を二者択一させる研究がすでに実施されている。

　最近の研究では，人間の異体字選択行動が動物生態学の「理想自由分布理論(the ideal free distribution theory：略称はIFD)」で精度よく予測できることが分かってきた(横山，2006)。理想自由分布理論とは，二つの餌場を1，2として，餌場間で分布する野生動物の個体数比R1／R2と，餌場での報酬比r1／r2が，式(1)の単純な関数関係で示せるという理論である(Fagen，1987)。これは，野生動物が餌場を選択する際の意思決定理論でもある。logは自然対数(底e)，パラメータSは反応感度，bは反応バイアスを示す。

$$\log (R1／R2)=S \log (r1／r2)+\log b \quad\text{……………………………………} (1)$$

　横山(2006)によって，式(1)がロジスティック回帰分析の形であることが明確に示され，この分野での最尤推定法の利用が始まった(Yokoyama & Wada，2006)。ロジスティック回帰分析は医学統計や生態学のほか，社会言語学でLabov(1972)によって開拓された変異理論の分野でも盛んに利用されている(松田，2006)。そのモデル式は式(2)である。Zは線型の関数である。二者択一で選択肢1と2のうち選択肢1を選ぶ確率をp1とおくと，選択肢2を選ぶ確率は1－p1となる。式(2)の左辺の項p1／(1－p1)をオッズ(odds)という。

$$\log\{p1 / (1 - p1)\} = Z \quad \text{(2)}$$

選択肢1と2の反応頻度をそれぞれR1，R2とおけば，反応の合計頻度NはR1＋R2である。選択肢1を選ぶ確率p1はR1／Nで，オッズは式(3)になる。

$$p1 / (1 - p1) = (R1 / N) / (R2 / N) = R1 / R2 \quad \text{(3)}$$

式(2)の右辺ZにS log (r1／r2)＋log bを代入すると式(4)になる。式(4)の左辺はp1／(1－p1)＝R1／R2であるから，式(4)は式(1)と等しい。

$$\log\{p1 / (1 - p1)\} = S \log (r1 / r2) + \log b \quad \text{(4)}$$

　さて，式(4)は字体選好課題の選択確率をどのくらい正確に予測できるのであろうか。「パソコンなどで字を書いている場面をイメージするように」と教示し，異体字ペアを調査対象者に呈示して，より使いたい方の字体を東京の女子大学生85名に直観的に選択させた。新旧両字体をJIS X0208-1983で表示可能な86組について，新聞における旧字体頻度をr1，新字体頻度をr2，実験で得た旧字体選択人数をR1，新字体選択人数をR2とした。これは，あたかも，新旧両字体を餌場，字体間の頻度比を餌場間の報酬比，新旧字体間の選択人数比を野生動物の分布数比，とみなしたかのようである。ロジスティック回帰分析を行い，最尤推定法で式(4)のパラメータを推定した。式(4)を変形すると式(5)が得られ，異体字ペアごとに旧字体選択確率p1の予測値が求まる。

$$p1 = 1 / \{ 1 + \exp[- 0.294 \log (r1 / r2) + 0.301] \} \quad \text{(5)}$$

　選択確率p1を100倍して旧字体選択率の予測値とし，実測値との一致度を相関係数で算出すると $r = .719 (p < .01,\ df = 84)$ となった。
　図5に旧字体選択率(%)の予測値と実測値の相関図(散布図)を示す。この結果から，人間の文字選択は，野生動物の生態学で提唱された意思決定理論のモデル式でかなり精度良く予測できることが明らかになった。
　携帯メールの世界では，文字を「書く」のは「選択する」ことである。現代の文字

認知を意思決定理論の観点からながめると，参考になる部分が大きい。文字の全体的形態と，その文字に書き手が接触した頻度の両者がセットになって，文字の認知単位が柔軟にしなやかに形成されるのであろう。

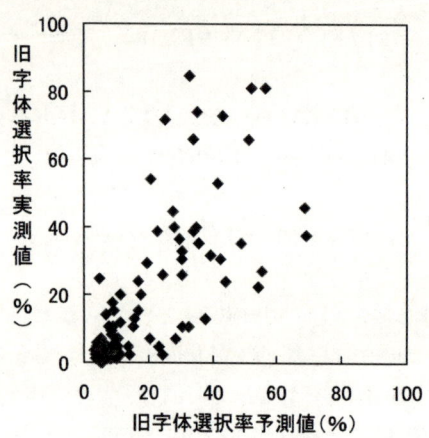

〈図 5〉旧字体選択率の予測値と実測値の相関図

▦ まとめ

漢字辞典には部首が掲出されている。そのためか部首は漢字の認知単位をなすと考える傾向が強いようだ。確かに部首の知識と漢字認知は無縁ではないが，部首の本来の目的は文字を検索するための分類法であり，一般の文字認知に直結するものではない。その証拠に，いわゆる214部首を熟知している人は少ない。文字の認知単位は，個々の文字の側には消極的な形でしか刻印されていないのである。文字の認知単位は「読み書きの生態系」のなかに「しなやかな形」で埋め込まれており，理想自由分布理論に類する意思決定メカニズムにもとづいて「目的にあうカタマリ」で切り出されてくるのであろう。

なじみの薄い新奇な文字を習得する過程において，形と音，あるいは形と意味(義)を頭の中で結びつける必要が生じる。形と音の結びつきを形成するための学

習は，形と音のペアを連合させることから，形－音の「対連合学習」と呼ばれる。仮名の読みの習得は形－音の対連合学習で済むが，漢字の読みの習得は形－音－義の三者連合によって成立する。対連合学習を促進する要因として，次のようなものが知られている。

　まず，「有意味度(meaningfulness)」が高い漢字や単語ほど，形－音の対連合学習が容易である。有意味度とは，漢字や単語を目にした際に心の中で産出される意味の豊富さで定義され，自由連想(free association)で生み出される単語の量をその指標とする。ちなみに，ある単語を刺激語とし，それについて連想する単語を自由に言わせる自由連想は無意識の世界を探る手法としてフロイトやユングによって100年以上も前に確立され，今も精神分析で用いられることを忘れてはならない。

　また，「親近度(familiarity)」も対連合学習に効果がある。親近度は図3に示す「なじみ」の感覚を指す。漢字や単語に対して，それにどのくらい接触したことがあるか，なじみをどの程度感じるかなどを，調査対象者が主観的に評定した結果を親近度(あるいは親密度)という。例えば日本語で「女」という文字の親近度は高い。一方，日本の生活ではほとんど目に触れない「妛」は，なじみがないので親近度は低い。親近度には，その刺激文字や刺激語の新聞や雑誌における使用頻度(usage frequency)や，調査対象者の接触頻度(exposure frequency)が色濃く反映されていると考えられている。ほかに，「心像性(imagery)」の要因も重要であるが，その説明は別の機会に譲る。

引用文献

松田謙次郎(2006)「変異理論と日本のフィールド言語学－邂逅と誤解の物語－」『日本のフィールド言語学－新たな学の創造に向けた富山からの提言－』，中井精一・ダニエル＝ロング・松田謙次郎(編)，真田真治(監修)，pp. 3-16

横山詔一(2006)「異体字選好における単純接触効果と一般対応法則の関係」『計量国語学』，25, pp.199-214

日本規格協会・国立国語研究所・情報処理学会(2006)「第1部第4章　文字情報の体系化(高田智和執筆)」『汎用電子情報交換環境整備プログラム成果報告書』

Elliot. R., and Dolan. R.(1998). Neural Response during Preference and Money Judgments for Subliminally Presented Stimuli: A Functional Neuroimaging Study. *The journal of Neuroscience,* 18, 4697-4704, Society for Neuroscience

Fagen, R. (1987). A generalized habitat matching rule. *Evolutionary Ecology,* 1, pp.5-10.

Labov,W. (1972). *Sociolinguistic patterns.* Philadelphia: University of Pennsylvania Press.

Reicher, G.(1969). Perceptual recognition as a function of meaningfulness of stimulus material. *Journal of Experimental Psychology,* 81, pp. 274-280.

Yokoyama, S. & Wada, Y. (in press, 2006). A logistic regression model of variant preference in Japanese kanji: an integration of mere exposure effect and the generalized matching law. *Glottometrics,* 12.

Zajonc, R.B.(1968). Attitudinal effect of mere exposure. *Journal of Personality and Social Psychology,* 9, 1-27

付記：本稿は, 大修館書店が発行した月刊『言語』35巻10号 36~43ページに掲載された「文字の認知単位」(横山詔一, 2006年10月刊)をもとに加筆修正したものである。

저자약력

▌저자약력은 본 책의 게재 순으로 되어 있음

▌**影浦峽**(かげうら きょう·가게우라 쿄)
* 東京大学大学院教育学研究科 教授
* 東京大学教育学部卒業, 東京大学大学院教育学研究科博士課程退学, Ph.D(マンチェスター大学), 学術情報センター助手, 国立情報学研究所助教授·准教授, 東京大学大学院教育学研究科准教授をへて現職. この間, 英シェフィールド大学計算機科学科客員, 西ポンプ·ファブラ大学, 仏ナント大学招聘研究員 等. Terminology誌編集委員.
* The Quantitative Analysis of the Dynamics and Structure of Terminologies. Amsterdam: John Benjamins 2012, "Analysing the status of borrowed morphemes in terminological structure: the case of Japanese terminologies," Terminology16(2). 2010, "An analysis of the motivatedness structure of Japanese terminologies," Mathematical Linguistics26(7).2008, "The dynamics of morphemes in Japanese terminology," Journal of Natural Language Processing10(4). 2003, The Dynamics of Terminology: A Descriptive Theory of Term Formation and Terminological Growth. Amsterdam: John Benjamins 2002.

▌**神崎享子**(かんざき きょうこ·간자키 쿄코)
* 国立大学法人豊橋技術科学大学 情報メディア基盤センター 研究員
* 早稲田大学大学院文学研究科日本語日本文化専攻 修士課程修了, 同大学院 博士課程 単位取得後満期退学, 神戸大学大学院自然科学研究科システム機能科学専攻 博士(学術)取得, 郵政省通信総合研究所(現:独立行政法人情報通信研究機構), 大学共同利用機関法人人間文化研究機構 国立国語研究所 理論構造研究系2012年から, 国立大学法人豊橋技術科学大学情報メディア基盤センター 研究員, 現在に至る. 自然言語処理, 言語学の研究に従事, WordNetやGenerative Lexiconに関する国際会議の開催など, 多くの学術集会の運営を行っている.
* 「複合動詞レキシコン」ver.1-形態的·統語的·意味的情報付与-」『言語処理学会第19回年次大会予稿集』2013, 「複合動詞データベース構築のための付与情報」『国立国語研究所論集(3)』国立国語研究所 2012, James Pustejovsky,Pierrette Bouillon,Hitoshi Isahara,Kyoko Kanzaki, Chungmin Lee (Ed.) Advances in Generative Lexical Theory, Springer. 2012, 「コーパスからの形容詞概念階層の構築と評価─実データによる形容

詞オントロジーの構築にむけて─」『自然言語処理15-4』(共著) 2008, Francis Bond, Hitoshi Isahara, Kyoko Kanzaki and Kiyotaka Uchimoto, Boot-strapping a WordNet using Multiple Existing WordNets. In LREC-2008, Marrakech. 2008, Kyoko Kanzaki, Qing Ma, Eiko Yamamoto, Masaki Murata, Hitoshi Isahara, Objective Hierarchy of Abstract Concepts - Organization of Abstract Nouns via Distribution of Adjectives -, Journal of Cognitive Science(JCS),Vol.4, No.2, 2004

▌ 강경완(姜炅完)

- 국민대학교 교양과정부 조교수
- 오사카(大阪)대학 대학원(박사)
- 関西関西外国大学 강사, 한국외국어대학교 강사 역임
- 「社会的コノテーションの多義性-「普通の人」を例に」『計量国語学27-2』, 「類義構造における社会的コノテーション-「青年」「若者」を例に」『日本研究46』

▌ 金水敏(きんすい さとし·긴스이 사토시)

- 大阪大学大学院文学研究科 教授
- 東京大学大学院人文科学研究科修士課程修了, 大阪女子大学学芸学部講師 助教授, 神戸大学文学部 助教授 역임
- 『ヴァーチャル日本語 役割語の謎』岩波書店 2003, 『日本語存在表現の歴史』ひつじ書房 2006, 『役割語研究の地平』(編) くろしお出版 2007, 『役割語研究の展開』(編) くろしお出版 2011, 『シリーズ日本語史3 文法史』(共著) 岩波書店 2011

▌ 김광태(金光泰)

- 한서대학교 일본학과 교수
- 한국외국어대학교 대학원(석사), 도후쿠(東北)대학 대학원 박사과정 수료, 한국외국어대학교 일어일문학과 대학원(박사)
- 한서대학교 인문사회학부 학부장 역임, 현 한국일본언어문화학회 편집위원장
- 「담화전략을 통한 담화스타일의 양상」『日本言語文化23』 2012, 「한일 양국인의 남녀별 감정표출의 양상」『日語日文學研究63』 2007, 「영상매체를 통한 일본인 언어행동의 이미지」『日語日文學28』 2005, 「일본어 부전공자격 교원연수생에 관한 조사분석」『日本語學研究5』 2002, 「連體修飾成分의 位置移動」『日本文化學報4』 1997

▌ 田中牧郎(たなか まきろう·다나카 마키로)

- 国立国語研究所 准教授

- 東北大学大学院博士課程後期退学, 昭和女子大学専任講師, 国立国語研究所研究員·主任研究員·グループ長 역임
- 『雑誌「太陽」による確立期現代語の研究』(博文館新社, 国立国語研究所報告122, 共編著) 国立国語研究所 2005, 『外来語言い換え手引き』(ぎょうせい, 共編著) 国立国語研究所「外来語」委員会 2006, 『病院の言葉を分かりやすく』(勁草書房, 共編著) 国立国語研究所「病院の言葉」委員会 2009, 『図解日本の語彙』(三省堂, 共編著) 沖森卓也·木村義之·田中牧郎·陳力衛·前田直子 2011, 『外来語研究の新展開』(おうふう, 共編著) 陣内正敬·田中牧郎·相澤正夫 2012

▌笹原宏之(ささはら ひろゆき·사사하라 히로유키)

- 早稲田大学 社会科学総合学術院 教授
- 早稲田大学文学研究科 博士後期課程 単位取得, 博士(文学), 文化女子大学専任講師, 国立国語研究所主任研究官等を経て, 早稲田大学社会科学総合学術院教授(現職)
- 『国字の位相と展開』(三省堂 金田一京助博士記念賞), 『日本の漢字』岩波書店, 『方言漢字』角川学芸出版, 『訓読みのはなし』光文社, 『漢字の現在』三省堂, 『当て字当て読み 漢字表現辞典』三省堂

▌송영빈(宋永彬)

- 이화여자대학교 인문학부 교수
- 한국외국어대학교 일본어과 및 동 대학교 대학원(석사), 와세다(早稲田)대학 대학원(석사), 동 대학원 박사 수료, 나고야(名古屋)대학 박사
- 일본학술진흥회 특별연구원, 한국과학기술원 전문용어언어공학연구센터 위촉 연구원
- 『아름다운 우리말 의학 전문용어 만들기』(공저), 『한자의 미래』(역서), 「전문용어의 난해함에 대해」, 「자음 어기의 품사 구성에서 본 물리학 전문용어」, 「한자 전문용어의 고유어화에 대해」

▌塩田雄大(しおだ たけひろ·시오다 다케히로)

- NHK放送文化研究所 専任研究員
- 学習院大学大学院 人文科学研究科 日本語日本文学専攻 博士, NHK放送文化研究所(1997年~現在)
- 「日本·韓国·中国の専門用語-日本語とはどのくらい似ているか」『国文学解釈と鑑賞 64-1』1999a, 「放送と方言」『展望 現代の方言』白帝社 1999b, 「放送の外来語—傾向と対策—」『外来語研究の新展開』おうふう 2012, 「標準語は規定されているのか」『日本語学32-6』2013, "Constraints on language use in public broadcasting" in

Patrick Heinrich and Christian Galan (eds.) Language Life in Japan: Transformations and Prospects, London: Routledge. 2010

安部清哉(あべ せいや·아베 세이야)

- 学習院大学文学部 教授, 日本語学会 評議員
- 東北大学大学院(文學修士), 同大学院文学研究科博士課程後期 単位修得, フェリス 女学院大学教授を経て, 2003年4月より現職(学習院大学教授)
- 『日本語源大辞典』(前田富祺監修, 編集委員) 小学館 2005, 『語彙史(シリーズ日本語 史3)』(安部清哉·金水敏共編)岩波書店 2009, 『日本語古典対照分類語彙表』(宮島達 夫·鈴木泰·石井久雄·安部清哉共編, 笠間書院, 2013, On the "Monsoon Asia Substratum" and Altaic Superstratum in East Asia, Guido Oebel edit., Japanische Beiträge zu Kultur und Sprache, LINCOM GmbH, Muenchen, Deu t s cheland. 2006, 「日本語お よびアジア言語における「南北方言境界線」から見たインド·ヨーロッパ語族二大分派 Centum-Satemの境界線」『東洋文化研究』15, 学習院大学東洋文化研究所安部清哉, 2013, 詳しくはHP参照= http://www.geocities.jp/abeseiya2005/

오미선(呉美善)

- 경희대학교 외국어대학 일본어학과 교수
- 한국외국어대학교 졸업(학사), 오차노미즈(お茶の水)여자대학 대학원(석사), 동 대 학원(박사), 경희대학교 외국어대학 일본어학과 학과장, 대학원 주임교수 역임
- 『일본어동사의 문법화에 관한 고찰』경희대학교 출판국 2004, 『일본어문법 Lebel UP』(공저) 다락원 2003, 『현대일본언어학개론』보고사 2003, 『일본어의 이해』보고 사 2000, 『즐거운일본어step1, 2』(공저) 다락원 2007

横山詔一(よこやま しょういち·요코야마 쇼이치)

- 国立国語研究所 教授
- 筑波大学大学院博士課程心理学研究科 博士(心理学:筑波大学), 上越教育大学助 手, 独立行政法人·国立国語研究所領域長, グループ長を経て, 2009年10月より大 学共同利用機関法人·国立国語研究所教授ならびに研究情報資料センター長, 徳川賞 【優秀賞】(社会言語科学会, 2010:論文賞として), 日本教育工学会論文賞(日本教 育工学会, 1997)
- 『表記と記憶』心理学モノグラフ No.26, 日本心理学会 1997, A logistic regression model of variant preference in Japanese kanji, Glottometrics 12 Germany. 2006, 「記 憶モデルによる敬語意識の変化予測」(共著)『記憶·思考·脳』(共著) 新曜社 2007, 「言

語の生涯習得モデルによる共通語化予測」(共著)『社会言語科学11』2008,『日本語の研究6(2)』2010

▌ 이우제(李羽濟)
• 백석예술대학교 외국어학부 조교수
• 한국외국어대학교 일본어과 졸업, 동 대학교 대학원(석사), 와세다(早稲田)대학 대학원(석사), 센슈(專修)대학 대학원(박사)
• 한국외국어대학교 조교, 일본 동경 경시청 한국어강사, NHK 한국어강사, 한국외국어대학교, 이화여자대학교,명지대학교,사이버한국외국어대학교 강사 역임, 숭실대학교, 명지대학교 대학원 강사 역임
• 『일본어의 언어표현과 커뮤니케이션 연구』(공저) 제이앤씨, 『시나공 JLPT일본어능력시험N2 문자어휘』(공저) 길벗이지톡

▌ 이윤호(李允昊)
• 간사이(関西)대학, 간사이(関西)외국어대학 강사
• 한국외국어대학교 일본어과 졸업, 동 대학교 대학원(석사), 고베(神戸)대학 대학원(석사), 동 대학원(박사)
• 『記述的觀点に基づく日本語『~込む』型複合動詞の用法の解明：韓国人母語話者を対象とした日本語教育への示唆』2012,「翻訳課題に見る韓国人学習者の日本語理解－『~込む』を中心にー」2011,「複合動詞の後項動詞「~込む」の意味特性についてー類義語『~込める』『~入る』『~入れる』との比較」2011

▌ 장원재(張元哉)
• 계명대학교 인문대학 일본어문학과 부교수
• 도쿄(東京)도립대학 대학원(박사)
• 「19世紀末の韓国語における日本製漢語－日韓同形漢語の視点からー」『日本語科学8』2000,「現代日韓両国語における漢語の形成と語彙交流」『国語学214』2003,「한국음식명의 일본어 표기 혼용실태에 관한 일고찰 -웹 문서를 중심으로-」『일본어문학45』2009,『현대 한일 어휘와 그 형성에 관한 대조연구』태학사 2009,「日韓の料理名に現れる調理方法の特徴」(공저)『일본어학연구33』2012

일본어학과 일본어교육

日本語学·日本語教育

3 어휘(語彙)

▌간행 및 편집위원장 : 한미경(한국외대)
▌간행위원 : 고수만(인하대)　　김광태(한서대)　　김준숙(백석예술대)
　　　　　　송영빈(이화여대)　　윤상실(명지대)　　윤호숙(사이버한국외대)
　　　　　　정상철(한국외대)　　정수현(동국대)　　최창완(가톨릭대)
　　　　　　황미옥(인천대)
▌편집위원 : 권경애(한국외대)　　김동규(한국외대)　　박민영(한국외대)
　　　　　　송정식(인하공전)　　오미영(숭실대)　　이우제(백석예술대)
　　　　　　이은미(명지대)　　　정상미(신라대)

일본어학과 일본어교육
③ 어휘

초판인쇄　2013년 5월 24일
초판발행　2013년 6월 1일

편　　　자　韓 美 卿
발 행 인　윤 석 현
발 행 처　J&C
책임편집　최인노·김선은·주수련
등록번호　제7-220호

우편주소　㉾ 132-702 서울시 도봉구 창동 624-1 북한산 현대홈시티 102-1106
대표전화　02) 992 / 3253
전　　　송　02) 991 / 1285
홈페이지　http://www.jncbms.co.kr
전자우편　jncbook@hanmail.net

ⓒ 韓美卿 2013 All rights reserved. Printed in KOREA

ISBN 978-89-5668-953-1 94730　　　정가 24,000원
　　　978-89-5668-950-0 94730 (set)